Os Assentamentos de Reforma Agrária no Brasil

OS ASSENTAMENTOS DE REFORMA AGRÁRIA NO BRASIL

João Claudio Todorov
Maria Beatriz de A. David
Philippe Waniez
Violette Brustlein
Francisco Graziano
Sonia Bergamasco
Vera Botta Ferrante
César Barreira
Luiz Antônio Maciel de Paula
Mario Riedl
Zander Soares Navarro
Auriléa Gomes Abelém
Jean Hébette
Marcelo Sampaio Carneiro
Maristela de Paula Andrade
Benjamin Alvino de Mesquita
Regina Célia Corbucci

Organizadores:
Benício Viero Schmidt
Danilo Nolasco C. Marinho
Sueli L. Couto Rosa

EDITORA UnB
DATAUnB

Supervisão editorial: Regina Marques

Projeto gráfico e editoração: Online Editora

Capa: Gorovitz/Maass

ISBN: 85-230-0517-X

Impresso no Brasil.

Ficha catalográfica elaborada pela Biblioteca Central da Universidade de Brasília.

A845 Os assentamentos de reforma agrária no Brasil / Benício Viero Schmidt, Danilo Nolasco C. Marinho, Sueli L. Couto Rosa (Organizadores). — Brasília: Editora Universidade de Brasília, c 1998.

306 p.

ISBN: 85-230-0517-X

1. Reforma agrária – Brasil 2. Camponeses – Condições sociais. I. Schmidt, Benício Viero. II. Marinho, Danilo Nolasco C. III. Couto Rosa, Sueli L.

CDU 332.021.82.63(81)
323.325(81)

EDITORA UNIVERSIDADE DE BRASÍLIA
SCS Q. 02 Bloco C Nº 78 Ed. OK 2º andar
70.300-500 Brasília DF
Fax: (061) 225-5611

Sumário

Prefácio 7
Professor João Claudio Todorov
Apresentação 9
Benício V. Schmidt, Danilo N. C. Marinho e Sueli L. Couto Rosa
Os assentamentos de reforma agrária no Brasil 13
Benício V. Schmidt, Danilo N. C. Marinho e Sueli L. Couto Rosa
Considerações gerais sobre o Censo Nacional dos Projetos de Assentamento de Reforma Agrária. A metodologia aplicada. Avaliação do trabalho de campo. Os números revelados pelo Censo. Conclusões.
Censo – Cadastro do beneficiário 20
Introdução. Os números totais. Nacionalidade e idade. Estado civil e sexo. Estudo e nível escolar. Atividade principal e outras habilidades. Assentamento. O cônjuge do beneficiário.
Amostra – Perfil socioeconômico das famílias assentadas 29
Introdução. Informações sobre condições econômicas, de vida e tecnológicas do beneficiário. Produção agropecuária. Pecuária – efetivo animal. Máquinas, implementos agrícolas e eletrodomésticos. Dados
Situação social e demográfica dos beneficiários da reforma agrária: um atlas 113
Maria Beatriz de Albuquerque David, Philippe Waniez e Violette Brustlein
Introdução: a política da reforma agrária. O recenseamento da reforma agrária: análise crítica e metodologia de elaboração dos mapas para o Atlas. A implantação dos assentamentos no espaço e no tempo. O estatuto jurídico. Idade, família e residência. Os níveis de formação. As migrações. Informações complementares. Anexos. Microrregiões geográficas.
A (difícil) interpretação da realidade agrária 153
Francisco Graziano Neto
Introdução: a deficiência histórica. Os ditames geográficos e ecológicos. A teoria distorcendo a realidade. As estatísticas enganadoras. Os assentamentos rurais. O Censo da Reforma Agrária. Conclusão: pelo fim do preconceito urbano.

No reino da modernização: o que os números da reforma agrária (não) revelam 171
Sonia Maria P. Pereira Bergamasco e Vera Lúcia Silveira Botta Ferrante
Preliminares: um breve comentário sobre o Censo. Fragmentos da história da Região. O que os números revelam. O perfil dos assentados: uma caracterização geral. Elementos da história ocupacional (a percepção truncada de trajetória). A (in) definição dos assentados. As formas de produção: o que os assentados declaram. A reprodução das condições de vida. Os locais e as condições de moradia. Organização interna: a construção de um espaço de iguais? O que os números não revelam.

Os assentamentos rurais no Ceará – uma experiência a ser seguida? 205
César Barreira e Luiz Antônio Maciel de Paula
Introdução. O censo da reforma agrária no Ceará. Conclusões.

Reforma agrária na Região Sul 221
Mario Riedl e Zander Soares Navarro
A estrutura fundiária no Estado do Rio Grande do Sul. As novas forças sociais em áreas rurais do Sul do Brasil. Análise dos dados do Censo da Reforma Agrária Considerações finais.

Assentamentos da reforma agrária na fronteira amazônica 237
Auriléa Gomes Abelém e Jean Hébette
Introdução. Quem é quem nos assentamentos. O ambiente do assentado. A título de conclusão.

Assentamentos e ações de reforma agrária no Maranhão 257
Marcelo S. Carneiro, Maristela de P. Andrade e Benjamin A. de Mesquita
Apresentação. O I Censo de Reforma Agrária no Brasil – os números. As categorias censitárias adotadas e as condições de obtenção das informações, no Maranhão, no âmbito do I Censo de Reforma Agrária. A reforma da miséria e a miséria da Reforma. Considerações finais.

Pequenas e médias propriedades rurais: estrutura fundiária e integração 281
Regina Célia Corbucci
Apresentação. Introdução. Pequenas e médias propriedades rurais. Região Centro-Oeste. Região Norte. Região Nordeste. Região Sudeste. Região Sul. Conclusões.

Prefácio

*Professor João Cláudio Todorov**

Logo após sua posse como Ministro Extraordinário de Política Fundiária, Raul Jungmann contatou o Conselho de Reitores das Universidades Brasileiras – CRUB, em particular com o grupo de trabalho sobre a reforma agrária, por mim presidido. O Ministro, generosamente, desafiou a universidade brasileira a executar um gigantesco trabalho de identificação dos beneficiários do processo de reforma agrária executado pelo INCRA.

O prazo oferecido para a execução foi exíguo e determinado, fundamentalmente, pelas pressões da sociedade e dos movimentos organizados a favor da dinamização da reforma agrária no Governo Fernando Henrique Cardoso. O Ministro exigia que o trabalho fosse realizado nos meses de dezembro de 1996 e janeiro de 1997.

O CRUB designou a Universidade de Brasília como executora do Convênio. Como Reitor, designei a equipe de coordenação nacional, integrada pelos professores Benício Viero Schmidt, Danilo Nolasco Marinho, Michelângelo Trigueiro e Sueli do Couto Rosa. Sociólogos que, por meio do DATA/UnB, se puseram a campo, com a intermediação administrativa da FINATEC. Foram formadas equipes de pesquisa em 26 Estados da Federação, contratados 41 professores-supervisores e 1.800 alunos-entrevistadores.

O trabalho de campo foi efetivamente realizado entre dezembro 1996 e janeiro 1997, com exceção do Estado do Pará, realizando seus trabalhos entre fevereiro e março do corrente ano. As condições operacionais foram as mais difíceis possíveis, dadas as chuvas e suas decorrências sobre as condições de acessibilidade aos assentamentos em todo o País. A coincidência entre a estação mais dramática do ano, especialmente no Norte do Brasil, e a imperiosa necessidade de realização da pesquisa, sem dúvida, é razão para dificuldades na cobertura total dos beneficiários em seus assentamentos.

---

* Ex-Reitor da Universidade de Brasília – UnB.

Dado o contexto em que foi realizado, o trabalho foi muito bem-sucedido. Foi o dinamismo e a empolgação de estudantes e professores das universidades brasileiras que possibilitou o sucesso. O efeito não planejado do trabalho foi possibilitar que professores e alunos tivessem contato com populações rurais do vasto e heterogêneo interior brasileiro, o que determinou o surgimento de grupos de pesquisa e extensão universitária tendo como objeto principal os assentamentos de reforma agrária.

Parabenizo os alunos e professores que tão abnegadamente participaram do I Censo da Reforma Agrária. Como Reitor da Universidade de Brasília, que liderou e executou este imenso trabalho, estou profundamente grato à confiança do Ministro Jungmann, ao INCRA e às universidades que conosco colaboraram. Este foi um ponto de partida, um referencial empírico, para tarefas mais avançadas a favor de uma reforma agrária democrática e socialmente eficaz.

Brasília, 31 de maio de 1998

Apresentação

*Benício Viero Schmidt**
Danilo Nolasco C. Marinho
Sueli L. Couto Rosa

Em um país onde a reforma agrária tem sido objeto de disputas maniqueístas e simplificadoras, o elemento mais ausente é uma base de dados segura e confiável. Um exemplo disto é o conflito entre os dados do Censo Agropecuário do IBGE (1985) e os diversos cadastramentos fundiários feitos pelo INCRA. Bases precárias de informações sistemáticas não possibilitaram cálculos exatos sobre variáveis centrais, pertinentes à questão agrária; como é o caso de definições estratégicas passíveis de considerações em uma política compreensiva de reforma agrária, como: a real extensão das terras improdutivas, o número efetivo de trabalhadores sem-terra, o caráter regional do desenvolvimento capitalista-empresarial contrastando com a natureza latifundiária da propriedade e posse de terras no Brasil, etc.

A falta de informações também, por decorrência, tende a alimentar um maniqueísmo primário, que ainda vê, na posse privada de pequenos lotes de terra, um antídoto ao latifúndio tradicional. Esta posição não leva em conta que a sociedade brasileira – especialmente nas três últimas décadas – tem sofrido enorme transformação, por meio da submissão de grande parte da produção agropecuária aos ditames da indústria, com exceção de regiões de fronteira (Norte e Centro-Oeste) e do Nordeste tradicional, onde impera, ainda, o latifúndio clássico. Dentre as múltiplas e contraditórias conseqüências, está a necessidade de reconhecimento do mercado de trabalho rural . Isto implica reconhecer padrões regionais distintos caracterizando o mundo rural brasileiro. A política governamental parece estar, neste momento, contaminada por seus aspectos distributivistas, por meio de cessão de lotes de terra individualizada, sem levar em consideração possíveis alternativas de política social, por natureza mais abrangentes e capazes de tratamento condigno da real situação dos agricultores e camponeses brasileiros.

* Professores responsáveis pela Coordenação Nacional do I Censo da Reforma Agrária.

O quadro é complexo. Maniqueísmos e ingenuidade não devem ser cientificamente aceitáveis e propagados. Não se pode desconhecer os contraditórios esforços do Estado brasileiro dedicados à questão agrária. As transformações capitalistas na agropecuária brasileira – obedecendo aos rígidos padrões de acumulação de capital produtivo – não deixaram de consolidar um cruento e improdutivo movimento de concentração fundiária que persiste ao longo das três últimas décadas. O crescimento demográfico dos centros urbanos, com a concomitante transformação das bases tecnológicas do setor de serviços e do setor industrial exerce, também, efeitos de pressão sobre a política fundiária rural.

Neste trajeto, só aparentemente paradoxal, se explicita um processo de desenvolvimento capitalista peculiar. O moderno e o tradicional convivem e aumentam a pressão de fatores sempre temidos, em termos de ordem social minimamente aceitável. Sob o ponto de vista político e institucional, é evidente que o Estado tem tomado as feições mais diversas: ora viabilizador da concentração de terras e outros fatores produtivos, ora como agente de distribuição desses fatores, sempre premido pelas circunstâncias originadas na desordem social. O Estado brasileiro pode ser visto, entre outras dimensões, como agente contraditório, pelo menos desde o período de hegemonia militar no sistema político (1964-84). A partir daí se tornam mais evidentes as tendências de visualização da questão fundiária como integrante de um conjunto de políticas sociais compensatórias.

Essas mudanças de ênfase são passíveis de identificação através do roteiro de criação de instituições de política agrária no âmbito do próprio Estado brasileiro: Superintendência da Reforma Agrária (SUPRA, governo Goulart 1961-64); Instituto Brasileiro de Reforma Agrária (IBRA) e Instituto Nacional de Reforma Agrária (INDA) em 1965; Grupo Interministerial de Trabalho sobre Reforma Agrária (1965); Instituto Brasileiro de Colonização e Reforma Agrária (INCRA,1970); Programa de Integração Nacional (PIN, 1970); Programa de Redistribuição de Terras e Estímulo à Agroindústria no Norte e no Nordeste (PROTERRA, 1971); Grupo Executivo das Terras do Araguaia-Tocantins (GETAT) e Grupo Executivo de Terras do Baixo Amazonas (GEBAM) em 1980; Ministério Extraordinário para Assuntos Fundiários (MEAF,1982); Ministério da Reforma e do Desenvolvimento Agrário (MIRAD,1985); Plano Nacional de Reforma Agrária (1985); Programa da Terra (1990); Lei Agrária (1993); Lei do Rito Sumário (1993) e Lei do Imposto Territorial Rural (1996).

Neste sentido, um retrato circunstanciado do mundo díspare e freqüentemente hostil, no qual vivem os assentados rurais sob responsabilidade da União (INCRA), poderá ajudar à geração de outros estudos mais detalhados, bem como as bases para políticas estratégicas. Visamos a atender uma necessidade básica, estabelecer as bases empíricas para o entendimento de matriz tão complexa e carregada de sentido, na medida em que tem sido objeto e palco de acirrados debates marcados pelas contrastantes representações políticas e ideológicas de atores centrais, tais como o MST, a Igreja, a CONTAG, a Confederação Nacional da Agricultura – CNA , a Sociedade Rural Brasileira – SRB e a União – INCRA.

É preciso destacar, ainda, os efeitos multiplicadores de caráter científico e social envolvidos no trabalho, que ora apresentamos. A maior mobilização havida no âmbito da universidade brasileira, em função de um projeto de pesquisa, envolvendo diretamente professores e estudantes de todos os Estados da Federação. Os efeitos sobre a sensibilização e a necessidade de rigor científico dos universitários, trazidos por esta pesquisa, já estão evidentes em todo território nacional. A grande ilustração dessa mobilização são os inúmeros grupos de trabalho e seminários que estão sendo criados e realizados em todo o Brasil, a partir do envolvimento universitário no projeto.

Efetivamente foi constatada a existência de 199.218 beneficiários e entrevistados 161.556 presentes nos seus lotes. Foram percorridos 1.460 projetos de assentamento no curto período de tempo exigido, pelo órgão contratante. O Censo foi realizado sobre o número de Projetos de Assentamento (PAs) existentes até a data de 31 de outubro de 1996, a partir da identificação fornecida pelo INCRA; estando fora do trabalho aqueles assentamentos criados posteriormente à esta data. Ressalte-se que, além do Censo, foi realizada uma Amostra Socioeconômica, tendo por base a existência de cada projeto de assentamento que entrevistou cerca de 9.000 beneficiários. A metodologia de amostragem buscou a representação numérica de todos projetos existentes até 31 de outubro de 1996.

Cabe ressaltar que as tabelas e gráficos contém apenas os destaques da base de dados que foi integralmente processada por meio eletrônico pelo CESPE/UnB, bem como as explicações de natureza metodológica e operacional do trabalho realizado. A publicação, em forma gráfica de todos os quadros disponíveis, inplicaria na geração de centenas de páginas. Para evitar problemas de manuseio a base completa está disponível para pesquisadores, na forma eletrônica.

O primeiro artigo, Os assentamentos de reforma agrária no Brasil, de Benício V. Schmidt, Danilo N. C. Marinho e Sueli L. Couto Rosa, professores da Universidade de Brasília, é uma apresentação do Censo e de seus resultados com comentários descritivos, visto que uma abordagem mais analítica seria diferenciada para cada um dos autores. Nos demais artigos encontram-se tratamentos mais analíticos dos resultados dos trabalhos.

Os artigos dedicados às diferentes Regiões brasileiras foram elaborados por profesores-pesquisadores que supervisionaram a aplicação dos instrumentos da pesquisa nos assentamentos locais. Buscam encontrar as razões dos dados e explicar alguns dilemas mais cruciais em cada situação regional, com suas respectivas peculiaridades. São os artigos dos professores Sonia Maria P. Bergamasco e Vera Lúcia Botta Ferrante (Região Sudeste), César Barreira e Luiz Antônio Maciel de Paula (Ceará), Mário Riedl e Zander Soares Navarro (Região Sul), Auriléa Gomes Abelém e Jean Hébette (Pará), Marcelo S. Carneiro, Maristela de P. Andrade e Benjamin A. de Mesquita (Maranhão).

Maria Beatriz de Albuquerque David, Philippe Waniez, Violette Brustlein, Francisco Graziano Neto e Regina Célia Corbutti dedicam seus trabalhos a questões mais gerais relativas a situação da reforma agrária brasileira, como nossos especialistas convidados.

Os assentamentos de reforma agrária no Brasil

Benício Viero Schmidt[1]
Danilo Nolasco C. Marinho[2]
Sueli L. Couto Rosa[3]

Considerações gerais sobre o Censo Nacional dos Projetos de Assentamento de Reforma Agrária

Antecedentes

O Censo e a Pesquisa Amostral nos Projetos de Reforma Agrária originaram-se de uma demanda do INCRA/Ministério Extraordinário de Política Fundiária em agosto de 1996, tendo em vista a necessidade de identificar todas as famílias assentadas em áreas de projetos de reforma agrária do Governo Federal, bem como traçar o perfil socioeconômico das mesmas.

A controvérsia sobre o número efetivo de famílias assentadas sempre representou um debate vazio devido à ausência de informações objetivas e atualizadas. Governo e organizações/movimentos sociais vinham apresentando dados discrepantes sobre o assunto,

---

1 Benício Viero Schmidt é cientista político; Doutor por Stanford University; pós-doutorado pela Universidade Paris I; ex-presidente da Fundação de Apoio à Pesquisa do Distrito Federal-FAP/DF; professor titular do doutorado sobre América Latina e Caribe - CEPPAC-UnB e diretor do DataUnB.

2 Danilo Nolasco C. Marinho é mestre em Sociologia Rural pela Mississipi State University; Doutor em Sociologia pela UnB; foi pesquisador e coordenador de estudos estratégicos da EMBRAPA; ex-diretor do CEPPAC-UnB; professor do Departamento de Sociologia da UnB e pesquisador do DataUnB.

3 Sueli L. Couto Rosa é mestra em Sociologia pela PUC/SP e Doutora em Sociologia pela UnB; professora aposentada da UFMT e professora visitante da UnB; pesquisadora do DataUnB; consultora do PNUD para desenvolvimento rural.

principalmente sobre as famílias efetivamente assentadas e suas condições reais de vida. Além disso, o INCRA identificou a necessidade de atualizar seu Cadastro de famílias assentadas, defasado em muitos Estados. Em função da premência do levantamento de dados e da agilidade exigida percebeu-se que o quadro de técnicos do INCRA era insuficiente para atender tal demanda.

O envolvimento das universidades brasileiras ocorreu a partir de um debate já iniciado e coordenado pelo Fórum de Reforma Agrária, realizado na Universidade de Brasília nos meses de junho e julho de 1996. As universidades representadas naquele Fórum apresentaram seu interesse em participar mais ativamente e se dispuseram a atender as demandas do Ministério Extraordinário de Política Fundiária, principalmente no que se referia às pesquisas. Desse modo, a participação das universidades no projeto do Censo e Pesquisa Amostral deu-se por meio do Conselho dos Reitores das Universidades Brasileiras (CRUB), colocando professores e estudantes à disposição do projeto. As universidades brasileiras, ao defenderem sua participação, destacavam a importância de envolver estudantes e professores nas atividades mais práticas e realistas do cotidiano do processo de reforma agrária, apostando no efeito multiplicador da experiência tanto em termos de formação de uma cultura a respeito do assunto, como no fortalecimento do debate teórico sobre a reforma agrária.

A Universidade de Brasília foi convidada pelo INCRA para coordenar o projeto, definindo a metodologia em conjunto com seus técnicos, assumir a tarefa de administrar os recursos, bem como designar os supervisores estaduais a partir de um perfil de pesquisador/professor em questões agrárias e possibilitar todas as condições técnicas e materiais necessárias ao desenvolvimento do Projeto. Participaram, efetivamente, 29 universidades entre federais, estaduais e comunitárias, 41 professores/supervisores e 1.800 estudantes.

Metodologia aplicada

A metodologia adotada para o projeto foi, basicamente, a de Censo, ou seja, contagem simples do beneficiário da reforma agrária em projetos de assentamento do INCRA, por meio de informações cadastrais. O objetivo do INCRA era atualizar seu cadastro, identificar novas famílias, levantar informações sumárias sobre estado civil, sexo, nível de escolaridade, localização e composição das famílias dentro dos PAs, tempo de assentamento e formas de exploração do lote. Para tanto, o Censo deveria cobrir todos os Projetos de Assentamento criados pelo INCRA desde 1964 até 31 de outubro de 1996, totalizando 1.647 Projetos de Assentamento – PAs, em todos os Estados do País.

Aproveitando o fato de que todos os PAs seriam visitados, constatou-se que seria razoável realizar uma pesquisa de caráter amostral, com o objetivo de traçar um perfil mínimo das condições socioeconômicas dos beneficiários da reforma agrária. A Pesquisa

Amostral correspondeu a um subconjunto representativo do universo de famílias encontradas em todos os PAs, sendo entrevistadas cerca de 9.000 famílias.

Considerando que a realidade enfocada é bastante desconhecida nos seus detalhes, o estudo teve um caráter exploratório, buscando fazer inferências em vários níveis e dimensões de informações (por Estado, por Região, por tipos de assentamento, histórico e tamanho dos PAs). A estratégia adotada para a Pesquisa Amostral foi a seguinte:

a) a unidade escolhida para a composição das amostras foi a família do beneficiário;

b) a formulação de estratégia para escolha dos grupos foi realizada mediante uma estratificação, sendo considerado cada PA um estrato;

c) todos os projetos de assentamento foram incluídos na composição da amostra;

d) a quantidade de famílias componentes de cada estrato foram definidas mediante simulações, com base nas estimativas disponíveis no INCRA.

A Pesquisa Socioeconômica ocorreu simultaneamente ao Censo. As informações coletadas pelos entrevistadores se ativeram exclusivamente às respostas dos beneficiários localizados, colhidas em formulário próprio, elaborado a partir de instrumento de coleta de informações socioeconômicas do Sistema de Informações de Projetos de Reforma Agrária – SIPRA do INCRA. Com isto, tinha-se conhecimento prévio dos limites de aprofundamento das análises a partir das informações solicitadas, que não previam cruzamentos maiores de variáveis, como tamanho da parcela e a área cultivada, infra-estrutura disponível e escoamento da produção, custo de produção, etc. Portanto, o resultado passível de ser obtido pela Pesquisa Amostral ficará restrito a uma descrição das condições gerais de vida das famílias, incluindo algumas informações sobre a renda monetária e a produção agropecuária.

Avaliação do trabalho de campo

O trabalho de campo referente ao Censo e a Amostra ocorreu, geralmente, uma semana após o treinamento realizado para todas as Regiões do País, nos meses de outubro e novembro de 1996, envolvendo técnicos do INCRA, professores-pesquisadores das universidades convidados como supervisores do trabalho de campo e membros da Coordenação Nacional/UnB e da Coordenação do INCRA-DF. Esses treinamentos, realizados em 16 horas, objetivaram passar para técnicos e professores/supervisores os objetivos do trabalho e as técnicas de preenchimento do formulário-padrão, produzido especialmente para a realização do Censo/Amostra. Foram discutidas, também, as competências cabíveis às superintendências do INCRA e às universidades para a elaboração e execução das tarefas.

O calendário de execução do trabalho de campo foi apresentado, propondo-se que o mesmo fosse realizado no prazo máximo de 30 dias, incluindo-se uma média de 15 dias de campo e o restante para o preenchimento e encaminhamento dos formulários para Brasília. O prazo final estabelecido pelo INCRA para finalização do Censo/Amostra foi 31 de dezembro de 1996.

Considerava-se como fundamental para o início dos trabalhos de campo que todas as universidades apresentassem a lista de estudantes selecionados (número previamente estabelecido por uma tabela do INCRA), que fossem previamente segurados e que o recurso de diárias-transporte e diárias-de-campo estivessem disponíveis antecipadamente nas contas-correntes bancárias dos supervisores estaduais, abertas especialmente para o Projeto. Apesar de muito questionado pelos supervisores, o valor das diárias-transporte permaneceu fixo para todos os Estados, mesmo levando-se em conta as diversidades regionais.

O início dos trabalhos, previsto para o dia 15 de novembro, sofreu atraso em mais de dez dias, devido aos trâmites burocráticos para o repasse dos recursos do INCRA para a Universidade de Brasília. Com isso, muitos supervisores redefiniram suas estratégias de campo, inclusive porque os estudantes precisavam conciliar a participação no projeto com o calendário de provas finais. Mesmo assim, 90% das universidades foram a campo e a grande maioria entregou os formulários no prazo estabelecido.

Os Estados do Amapá, Pará e Mato Grosso não iniciaram as atividades neste período, por razões diversas. No caso do Amapá, a própria superintendência do INCRA não reconheceu, a princípio, a importância do trabalho, necessitando de intervenção por parte da Diretoria de Assentamentos do INCRA-DF. No Estado do Mato Grosso, o atraso no repasse dos recursos na data programada inviabilizou o trabalho de campo dos estudantes selecionados, coincidindo a data da liberação com o início das provas finais. O trabalho foi executado durante o período de férias, em janeiro/97.

No Estado do Pará, as informações obtidas eram de que seria o maior Estado em número de famílias assentadas em todo o País. Assim, outras providências foram necessárias para que os trabalhos de campo fossem executados no menor tempo possível, ou seja, a contratação de maior número de supervisores (sete), um para cada região do Estado, e de alunos (trezentos e quatorze) distribuídos para cada área. As informações não se confirmaram pela pesquisa de campo.

Os números revelados pelo Censo

O controle e checagem de listagens dos projetos realmente recenseados torna-se difícil, pois os dados comparados entre as diversas listagens do INCRA não coincidem. Temos na Tabela 0.1 uma tentativa de identificação dos números mais próximos da realidade cruzando dados do INCRA e os obtidos pelo Censo, por exemplo: os números extraídos da Tabela do INCRA denominada Projetos em Execução criados até 2/5/97 apresentam os Projetos de Assentamento e os Projetos de Colonização. Incluindo-se esses dados, teríamos 331.740 famílias assentadas em 1.711 projetos. Este número, porém, é diferente do número repassado à Coordenação Nacional no início dos trabalhos, os quais acusavam 327.976 famílias em 1.647 projetos. Mais recentemente, o INCRA forneceu dados onde se excluiriam projetos de colonização ou emancipados, o número resultante seria aproximadamente de 254.173 famílias. Este dado não corresponde à realidade, pois o levantamento do Censo comprova que apenas 8% dos projetos de colonização possuem assentados. Entretanto, estes dados podem se reduzir ainda mais quando, em alguns Estados, as superintendências locais repassam outros números, sempre bem abaixo dos valores contidos nas tabelas fornecidas.

Assim, na Tabela 0.1, pode-se fazer a consideração de que os dados do INCRA estariam superestimados em 37%, considerando que as famílias não mais estão nas áreas a elas destinadas.

O modelo de controle dos dados do INCRA não passava por uma rotina de atualização, o que provocou dificuldades de aproximação efetiva com os resultados apurados. Por exemplo, a capacidade de famílias a serem assentadas, propostas no ato de criação do projeto, não corresponde ao que de fato se encontra na área. Isto deve-se ao fato do INCRA não ter, até recentemente, um controle das famílias que efetivamente foram assentadas e as que saíram dos lotes nos períodos seguintes ao assentamento. Tal acompanhamento passou a ser feito somente após a implantação do SIPRA em todos os Estados, a partir de 1996.

Outro dado importante é que o levantamento apenas incluiu as famílias assentadas até 31 de outubro de 1996, excluindo um grande número de projetos, alterando a capacidade de famílias assentadas, tal como projetado pelo INCRA.

Estas disparidades numéricas afetam o produto do trabalho a ser apresentado de várias maneiras. Primeiro, porque se permite uma polêmica sobre o verdadeiro número de assentados do processo de reforma agrária atingidos pelo Censo. Segundo, porque no processo do trabalho se reduziu a possibilidade dos supervisores estaduais terem controle do que realmente foi coberto, ou não, dentro do Estado.

O número de projetos listados pela planilha do INCRA não coincidia, na maioria das vezes, com o número de projetos criados. Nas estimativas dos supervisores, referentes ao número de famílias que não foram levantadas pelo Censo, sempre pesaram as informações locais extraídas junto aos próprios assentados e às superintendências do INCRA. Desse modo, as avaliações sobre o que não se atingiu no levantamento serão sempre aproximadas, mas ficam sustentadas no fato de que, com raras exceções, todos os projetos de assentamento foram visitados. Naqueles onde não se chegou, ou não se realizou o Censo e a Amostra, há justificativas para cada caso.

Outro fator, que interfere nos números, é a existência de reconcentração de lotes nas áreas de assentamento, principalmente nos projetos mais antigos, o que provoca a existência de um único beneficiário para vários lotes. Como não se fez o levantamento do número do lote, e nem sua dimensão, tornou-se impossível acompanhar tal situação com mais exatidão. Estes fatos sugerem uma verdadeira auditoria por parte do INCRA.

Na tentativa de estimar o número de famílias que provavelmente estão assentadas, mas não foram encontradas pelo entrevistador, buscou-se estabelecer um percentual para cada Estado, sempre a partir de informações do supervisor e avaliando cada caso de projetos e famílias não localizadas (ver Tabela 0.2). No total pode-se concluir que devem existir cerca de 200.000 famílias (incluindo as 1.778 não computadas do Paraná), estabelecidas em áreas de reforma agrária do INCRA, e que receberam os lotes até 31 de outubro de 1996. Deste modo, o número superestimado do INCRA, levando-se em consideração o número de 254.173 famílias, cairia para 22%. Na medida em que muitos projetos foram criados após 31/10/96, pode-se afirmar que o CENSO não localizou cerca de 36.000 famílias, ou seja, 20%.

Conclusões

A Coordenação Nacional avaliou que, além dos limites e realizações destacados acima, muitos fatores interferiram de algum modo e repercutiram nos dados. Para atender ao cronograma – excessivamente exíguo – estipulado pelo INCRA em 90 dias, o prazo de treinamento dos coordenadores de equipe e entrevistadores pode ter sido insuficiente, causando perdas nas informações no momento de preenchimento do formulário. Da mesma forma, o tempo para o levantamento de dados em campo, principalmente nas regiões de difícil acesso, foi muito curto, dificultando a cobertura de todas as famílias dos PAs ou impossibilitando o retorno do entrevistador para completar informações.

Apesar disto, o CENSO e a PESQUISA AMOSTRAL atingiram em torno de 80% das famílias efetivamente assentadas, variando este percentual de uma Região para outra. Cabe ressaltar, em relação ao Censo, que sua metodologia implica em um retrato instantâneo das famílias assentadas, sendo previsível a não-cobertura de 100%, já que ocorreram deslocamentos e ausências das famílias, por motivos vários. Por exemplo, nos casos de projetos novos, muitos não estavam demarcados e as famílias ainda não haviam sido totalmente assentadas.

Quanto aos dados apurados, identificou-se que nos PAs mais antigos houve uma grande evasão e muitas das famílias não foram localizadas (média de 35,0%), com margem maior nos Estados da Região Norte e Centro-Oeste. Entre os projetos mais novos identificou-se, também, ausência de famílias por conta do lote não ter sido demarcado, em função da precariedade das estradas e demais condições locais (entre 5,0% e 20,0). As Regiões Sul e Sudeste, por sua vez, apresentaram índices próximos ou mesmo superiores aos do INCRA, o que significa que há muitos agregados dentro dos lotes e uma grande mobilização pela reforma agrária nessas regiões. Confirma também a importância das condições mínimas de infra-estrutura para que se viabilizem os projetos de assentamento e sua sustentabilidade.

O Censo ainda revelou alguns dados interessantes, como o número de famílias localizadas no Estado do Maranhão, fato que o aponta como o maior Estado em número de famílias assentadas até o momento, embora abaixo do esperado. Na verdade, em termos de média, os Estados não atingem os dados previstos pelo INCRA.

Em síntese, considera-se que o CENSO e a PESQUISA AMOSTRAL dos projetos de reforma agrária do INCRA puderam trazer para o conhecimento da sociedade brasileira dados ainda desconhecidos sobre uma categoria social normalmente excluída, embora venha ganhando espaços e visibilidade na mídia e no debate político nacional.

Informações mais completas constam nos relatórios descritivos, que permitirão o desenvolvimento de novas e mais aprofundadas pesquisas sobre os assentamentos de reforma agrária do Brasil e que poderão contribuir para redefinir as ações governamentais.

Quanto à participação das universidades percebeu-se, claramente, que a temática já foi incluída no item de preocupações em futuros debates e em pesquisas acadêmicas. Os estudantes manifestaram entusiasmo com a experiência e estão dispostos a dar continuidade aos esforços de melhor conhecer e interagir com os projetos de reforma agrária.

Censo

Cadastro do beneficiário

Introdução

O levantamento de campo dos dados censitários foram realizados, na maioria dos Estados, no mês de dezembro de 1996, exceção dos Estados do Amapá (janeiro e fevereiro de 1997), Mato Grosso (fins de janeiro e fevereiro) e Pará (fevereiro e março). Foram incluídos no Censo os Projetos de Colonização (PCs), os Projetos de Assentamento Dirigido (PADs) e Projetos de Assentamento (PAs) criados até 31 de outubro de 1996; para os fins deste relatório todos serão chamados indistintamente de Projetos de Assentamento (PAs).

As superintendências estaduais do INCRA forneceram as listas dos PAs criados até a data estipulada, bem como os mapas de localização dos PAs e das parcelas individuais. Caberia às superintendências o fornecimento das listas dos beneficiários de cada PA, entretanto, poucas superintendências possuíam essas listas e, mesmo assim, desatualizadas. Quanto à listagem dos PAs, ocorreram muitas discrepâncias. Por exemplo, haviam PAs que possuíam nome e código, não possuíam decreto de criação e não existiam efetivamente. Quanto aos mapas, principalmente nas Regiões Norte e Centro-Oeste, encontravam-se bastante desatualizados, dificultando o acesso aos PAs e a localização das parcelas. Os problemas e dificuldades encontrados na realização do Censo em cada Estado estão descritos no Relatório Executivo.

As entrevistas foram orientadas e transcritas em formulário padronizado, estruturado para ser lido e processado por meio eletrônico de leitura ótica. Os dados processados foram tabulados por meio do *software* SAS.

O contexto de realização do Censo e a necessidade de fazê-lo rapidamente, impediu um treinamento mais rigoroso dos entrevistadores, aliado à situação inóspita dos locais de realização do trabalho como a ausência de energia elétrica nos PAs, chuvas intensas que umedeceram os formulários, caminhadas longas com os formulários nas mãos, que causaram danos aos mesmos. Esse conjunto de situações adversas prejudicou a leitura eletrônica dos dados, exigindo um árduo trabalho de conferência e restauração de centenas de milhares de formulários, provocando atraso no processamento dos resultados. A correção e remontagem dos formulários realizada na UnB foi trabalhosa e rigorosa, permitindo, desta forma, o aproveitamento da grande maioria das informações e praticamente viabilizando os resultados do Censo.

É relevante informar que o número de folhas processadas no Censo e na Amostra chegam próximo a um milhão, o que implicou na geração de centenas de páginas com quadros, tabelas e gráficos. Os dados apresentados neste relatório constituem uma seleção desses quadros com dados agregados. Os dados mais detalhados estão disponíveis em disquetes.

Os números totais

Cabe ressaltar que o Censo é um retrato instantâneo da realidade e, conseqüentemente, não pode captar situações dinâmicas. É o caso de famílias que, por vários motivos, não foram encontradas em suas residências no período de realização do Censo e, dado a exigüidade de tempo e à dificuldade de acesso, o entrevistador não poderia retornar ao local para realizar a entrevista. Uma premissa do Censo é que todo beneficiário teria necessariamente que pertencer a um PA e todo PA deveria possuir um código atribuído pelo INCRA.

A metodologia do Censo previa que só seriam computados os beneficiários efetivamente contatados e entrevistados. Assim, um vizinho não poderia responder por um beneficiário temporariamente ausente. Da mesma forma, só seriam entrevistados os beneficiários que encontravam-se no PA, mesmo que eventualmente não residissem naquele local. Exceção à essa regra ocorreu no Amapá, em um assentamento que, embora criado, não estava efetivamente constituído, onde os beneficiários foram entrevistados na superintendência local do INCRA.

A Tabela 1.1 e o Gráfico 1.1 mostram o número absoluto e relativo de beneficiários entrevistados distribuídos por Estado. A coluna 'número de beneficiários não considerados' refere-se a questionário preenchido pelo entrevistador, no qual não foi possível identificar a qual PA o beneficiário pertencia. O número total de beneficiários entrevistados para o Censo foi 159.778 (161.556, se somadas 1.778 entrevistas não processadas no Paraná), incluindo aqueles cujos PAs não foram localizados (2.021 beneficiários). O Estado da Federação que teve maior número de beneficiários entrevistados foi o Maranhão (27.445 beneficiários) constituindo 17,18% do total nacional. O menor número de entrevistados foi encontrado no Espírito Santo (542 entrevistados), constituindo

0,34% do total nacional. O Estado do Pará era considerado pelo INCRA, o Estado com maior número de beneficiários de projetos de reforma agrária, o que não se configurou realidade, tendo sido entrevistados nesse Estado 21.308 beneficiários (13,28% do total). Cabe ressaltar a grande divergência dos números apurados pelo Censo e os números de "potencial de assentamento" previstos pelo INCRA, conforme descrito no Relatório Executivo, principalmente nos Estados das Regiões Norte e Centro-Oeste. Outro dado relevante a ser considerado é a estimativa de não-cobertura do Censo feita pelas equipes de cada Estado. Desta forma, foram estimados níveis de não-cobertura, por Estado, que variaram de 0% até 40%, possibilitando a estimativa de uma média nacional em torno de 20%. O detalhamento dos valores percentuais de não-cobertura, por Estado, também apareceu no Relatório Executivo. O valor percentual de não-cobertura do Censo poderá, a título de exercício, ser acrescentado aos números totais obtidos pelo Censo.

Conforme citado no Relatório Executivo, 1.778 entrevistas do Estado do Paraná não foram incluídas devido a problemas técnicos de processamento. Essas entrevistas serão processadas e incluídas em um relatório complementar.

Gráfico 1.1
Distribuição dos Beneficiários Recenseados

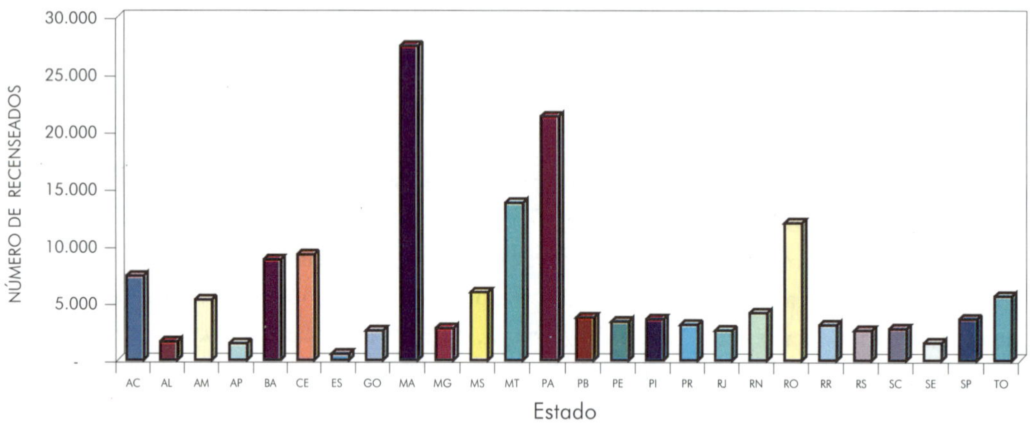

Nacionalidade e idade

O item 2 do formulário do Censo especifica se a nacionalidade do beneficiário é brasileira ou estrangeira. Como era esperado, conforme demonstra a Tabela 1.2, 95,89% dos beneficiários declararam ser brasileiros, 0,22% estrangeiros e 3,88% não responderam. Os beneficiários são majoritariamente homens com idade entre 36 e 47 anos (29,17%), a grande maioria enquadra-se na faixa etária de 28 a 57 anos (ver Tabelas 1.2, 1.3 e 1.4 e Gráfico e 1.2).

Gráfico 1.2
Idade dos Beneficiários

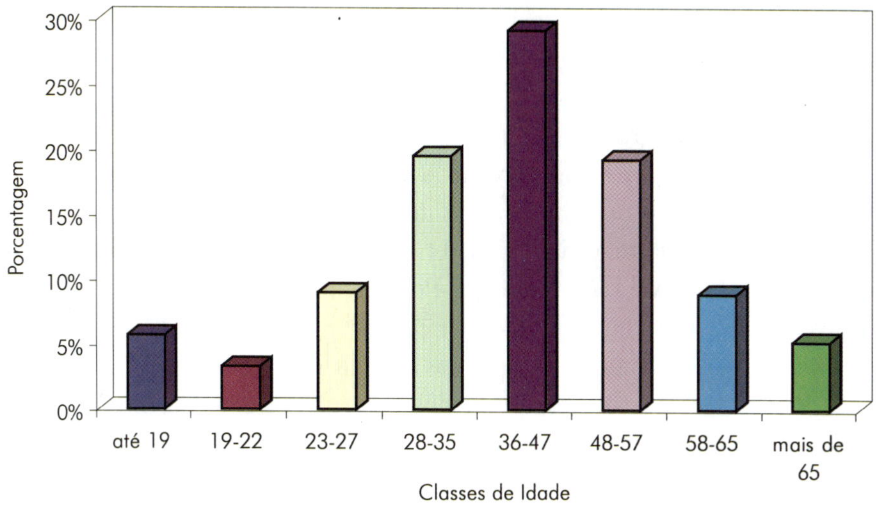

Estado civil e sexo

Estado civil do beneficiário foi identificado por meio de sua informação verbal. A Tabela 1.5 apresenta o percentual dos beneficiários que declararam um estado civil. Foi necessário discriminar na tabela a declaração de apenas um estado civil, já que alguns declararam mais de um e outros não declararam. Verifica-se que, em termos de média nacional, a maioria dos beneficiários são casados e amasiados, respectivamente 59,8% e 22,7%. Quanto ao sexo, verifica-se que média nacional é de 85,58% dos beneficiários do sexo masculino e 12,62% do sexo feminino (ver Tabela 1.6 e Gráfico 1.3).

Gráfico 1.3
Distribuição do sexo

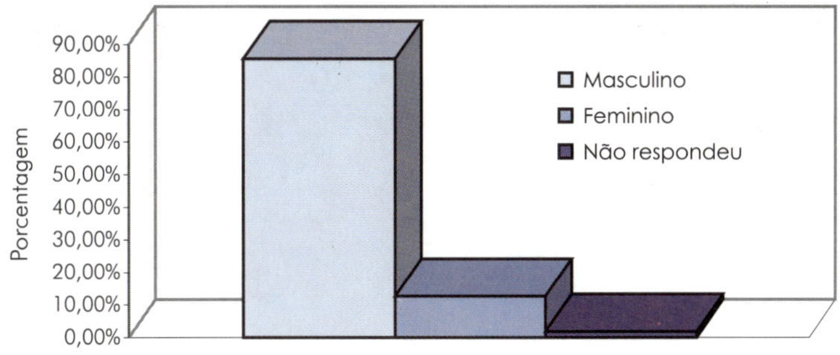

Estudo e nível escolar

A Tabela 1.7 mostra que os beneficiários de projeto de reforma agrária não estudavam no momento do Censo. Quanto ao nível de estudo, a referida tabela demonstra também o analfabetismo e a baixa escolaridade dos beneficiários, bem como a variabilidade do nível escolar entre as grandes Regiões e Estados do País. Quanto ao analfabetismo (Tabela 1.8), verifica-se em Estados como o Ceará que 49,83% dos beneficiários são analfabetos, ao passo que no Rio Grande do Sul apenas 7,16% são analfabetos. Na Região Nordeste a grande maioria dos beneficiários enquadrou-se entre os analfabetos, semi-analfabetos e no nível da 1ª série do 1º grau. Por outro lado, em Santa Catarina 35,67% dos beneficiários chegaram a 4ª série do 1º grau. Em geral, os níveis de escolaridade da Região Sul são maiores do que das demais Regiões, a Região Sudeste é intermediária, a Região Centro-Oeste e Norte possuem nível de escolaridade maior do que a Região Nordeste (Gráfico1.4).

Gráfico 1.4
Nível de Estudo dos Beneficiários

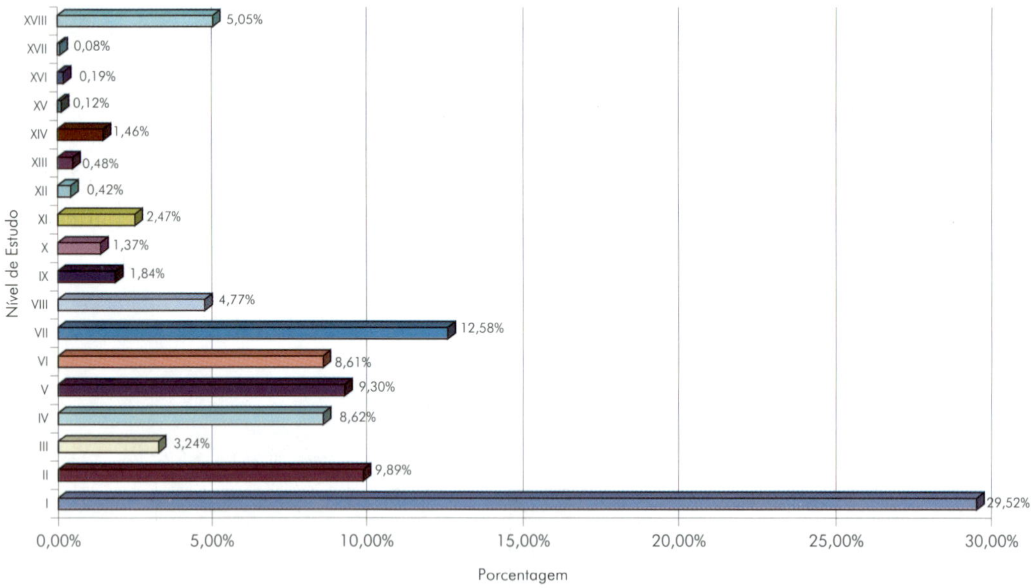

Atividade principal e outras habilidades

Cerca de 80% dos beneficiários se declararam como agricultores ou camponeses e, em menor freqüência (4,45%), como trabalhadores rurais; as demais atividades são pouco relevantes (ver Tabelas 1.9 e 1.10). No item "outras habilidades" aparece de forma majoritária (64,0% em nível nacional) a não-existência de outra habilidade e, de forma secundária, em nível nacional, aparecem outras habilidades como pecuarista (4,0%), atividades domésticas (3,0%) e pedreiro (2,0%).

Assentamento

Quanto a ocupação da área pelo beneficiário, cabe ressaltar que em alguns Estados existem áreas regularizadas, o que significa, em geral, a ocupação da área antes da mesma ser objeto da reforma agrária. No Nordeste é freqüente essa situação. Verifica-se que na Paraíba 21,93% dos beneficiários chegaram na área antes de 1960; é o mesmo caso no Ceará (16,60%) e no Piauí (12,96%). No nível nacional, verifica-se que o maior índice de ocupação (31,43%) foi entre 1990 e 1994 e a grande maioria das ocupações se deu após 1985, conforme mostra a Tabela 1.11. A variação entre os Estados quanto às datas de ocupação do PAs é grande. É importante lembrar que o Censo se refere aos PAs criados até 31 de outubro de 1996, sendo que um número significativo de PAs foi criado após essa data (Gráfico 1.5).

Gráfico 1.5
Ano de ocupação da área

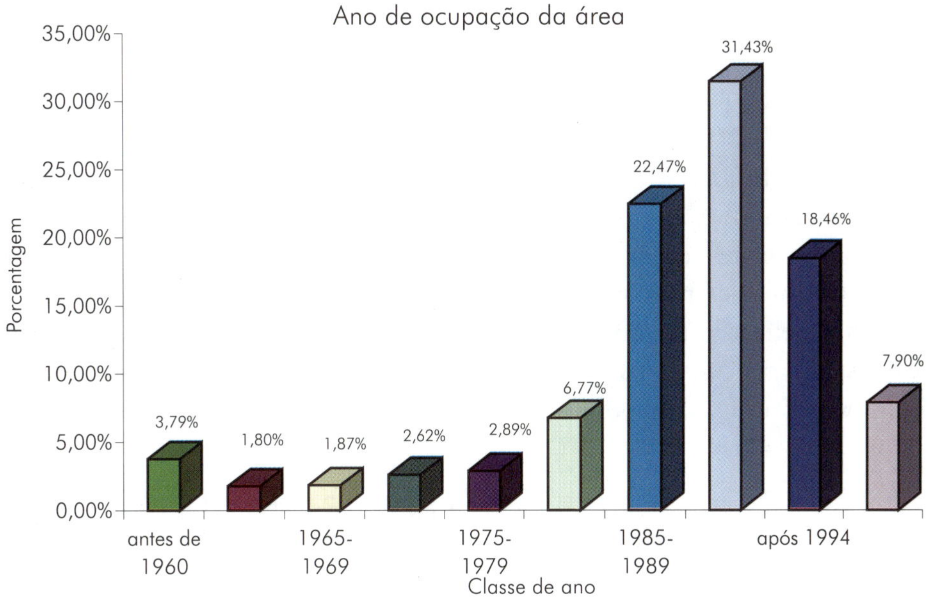

Quanto à situação do beneficiário por ocasião do Censo, ela comportava as seguintes possibilidades:

a) pré-assentado: candidato identificado e selecionado, aguardando homologação da Relação de Beneficiário pelo superintendente regional;

b) assentado: beneficiário, residente na área, cuja seleção foi homologada pelo superintendente regional, com anuência da comunidade envolvida;

c) agregado: família que se encontra morando na área sob responsabilidade de um beneficiário, possuindo produção agropecuária;

d) irregular: família morando na área sem autorização do INCRA; e

e) titulado: beneficiário portador de Título Definitivo expedido pelo INCRA (Gráfico 1.6).

Gráfico 1.6
Situação do beneficiário

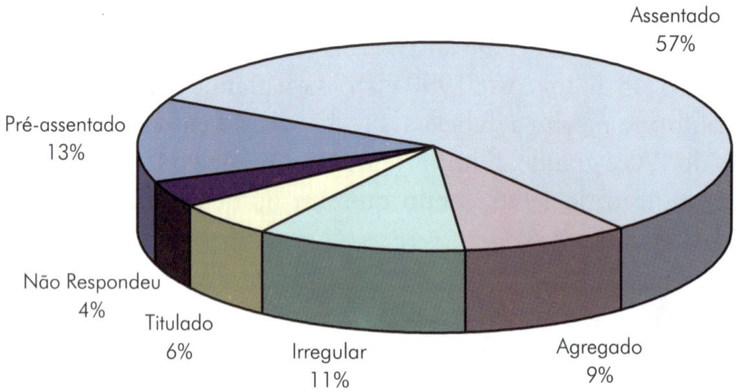

Verifica-se pela Tabela 1.16, que 56,55% dos beneficiários a nível nacional consideram-se como assentados. É grande a variabilidade entre os Estados; por exemplo, em Rondônia 37,94% dos beneficiários consideram-se como irregulares, ao passo que no Piauí apenas 0,84% consideram-se nessa situação. Cabe ressaltar que a situação administrativo-legal do beneficiário no PA baseia-se em sua própria informação e, portanto, não houve consultas a documentos para verificar a veracidade da mesma. Conforme mencionado no Relatório Executivo, há algumas dúvidas dos entrevistadores quanto ao que seria o pré-assentado.

Quanto à forma de exploração, verifica-se a predominância da forma individual (ver Tabela 1.12). Entretanto, existem variações estaduais relevantes. É o caso do Rio Grande do Sul que em 20,47% dos PAs possuem exploração coletiva. Existem outras variações significativas, como a predominância da forma de exploração mista no Ceará (71,56%).

Quanto ao local de moradia houve, em nível nacional, a predominância da moradia na parcela rural (48,41%) e na parcela para-rural (22,50%) (ver Tabela 1.13 e Gráfico 1.7). O que significa que os beneficiários, em sua maioria, moram nos PAs e em suas vilas internas, incluindo as áreas comunitárias de moradia. Os que residem em núcleos urbanos são 15,75% em nível nacional. Cabe ressaltar que existem PAs que formaram pequenos núcleos urbanos dentro de seus limites. Houve reclamações de parte dos entrevistadores quanto à imprecisão do que seria parcela rural, parcela para-rural e área comunitária, conforme descrito no Relatório Executivo.

Gráfico 1.7
Locais de moradia

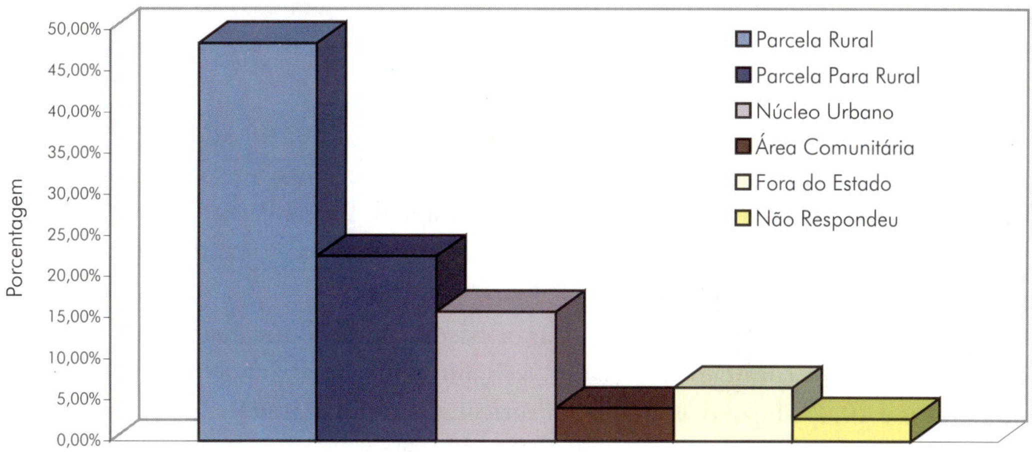

O cônjuge do beneficiário

Este item especifica algumas dimensões de constituição das famílias dos beneficiários assentados (ver Tabelas 1.14 a 1.19). Em geral, o cônjuge do beneficiário está na faixa etária entre 36-47 anos, tendo em vista a distribuição nacional (30,25%). A mesma preponderância desta faixa se dá em todos os Estados da Federação. O segundo grupo etário com maior freqüência, relativamente aos cônjuges, está na faixa entre 28 e 35 anos, com exceção dos Estados de São Paulo e Espírito Santo, que concentram a segunda posição na faixa dos 48-57 anos (SP com 23,27% e ES com 24,12%). A menor freqüência relativa em termos etários está em cônjuges com idade até 19 anos (3,60% para o País). As exceções a este padrão estão nos Estados do Pará, Paraná, Santa Catarina, Rio Grande do Sul, Maranhão, Amazonas, Rondônia, Amapá, Piauí e Roraima, onde os cônjuges da faixa etária minoritária estão com idade igual ou superior a 65 anos. Em termos nacionais, todavia, o grupo mais idoso está com 4,18%, pouco acima daqueles com idade até 19 anos (3,60%).

Quanto à instrução escolar dos cônjuges é notável que 97,81% não estudam. Isto é verificado em todos os Estados, com percentuais oscilando entre 94,0% a 99,0%; com baixíssimas diferenças entre eles. Escoimados os que não responderam, maioria simples nos Estados de Goiás, Minas Gerais, Rio de Janeiro, São Paulo, Rio Grande do Sul, Mato Grosso, Acre, Amazonas, Mato Grosso do Sul, Rondônia, Rio Grande do Norte, Amapá e Roraima, a grande concentração está na categoria dos analfabetos (28,57%), enquanto a segunda concentração se dá em estudos completos até a 4 ª série do 1º grau (15,49%). As exceções a este padrão são dadas pelos Estados do Paraná e Santa Catarina, onde a segunda concentração está em estudos até a 3ª série do 1º grau. Interessante verificar a presença de cônjuges com grau superior completo, ou ainda incompleto, nos Estados do Pará (33 pessoas), Mato Grosso (83), Acre (43), Rondônia (129), totalizando o País 445 cônjuges de beneficiários nesta situação de alta escolaridade relativa. O destaque contrastante é o Estado do Amapá, com nenhuma pessoa tendo alcançado a educação superior, mesmo incompleta.

No que concerne à atividade principal, a grande maioria (42,03%) é doméstica, seguindo-se a atividade agrícola (25,13%), para todo o País. As exceções ao padrão nacional identificado são atestadas pelos Estados de Pernambuco, Bahia, Paraná, Santa Catarina, Rio Grande do Sul, Alagoas e Sergipe, onde a maioria tem na agricultura sua atividade principal como cônjuge do(a) beneficiário(a).

Correlacionada à atividade principal, está a existência de "outras habilidades". Neste quesito 65,0% dos cônjuges se declaram sem alternativa à atividade principal, 14,0% domésticas e 10,0% ligadas às atividades agrícolas, subsidiariamente.

Quanto ao sexo do cônjuge, cerca de 70,0% são mulheres, sendo a maior concentração feminina no Paraná (80,40%) e a menor no Amazonas (56,34%).

Amostra
Perfil socioeconômico das famílias assentadas

Introdução

A pesquisa amostral realizada com os beneficiários dos projetos de assentamento de reforma agrária foi uma decorrência do I Censo da Reforma Agrária. Aproveitando que todos os PAs seriam visitados, verificou-se que seria razoável realizar uma pesquisa de caráter amostral, com o objetivo de traçar um perfil mínimo das condições socioeconômicas do beneficiário da reforma agrária. Esta pesquisa amostral correspondeu a um subconjunto representativo do universo de famílias encontradas em todos os PAs, sendo entrevistadas cerca de 8.711 famílias. Considerando que a realidade enfocada é bastante desconhecida nos seus detalhes, o estudo teve um caráter exploratório, buscando fazer inferências em vários níveis e agregações de informações (por Estado, por Região, tipos de assentamentos, histórico e dimensão dos PAs).

A estratégia adotada pela pesquisa amostral foi a seguinte:

a) a unidade para a composição das amostras foi a família do assentado;

b) a formulação dos grupos selecionados foi mediante uma estratificação, sendo considerado cada PA um estrato;

c) todos os projetos de assentamento foram incluídos na composição da amostra;

d) a quantidade de famílias componentes de cada estrato foram definidas mediante simulações, com base nas estimativas disponíveis no INCRA (ver Tabela 1.20).

Desta forma, a pesquisa socioeconômica ocorreu simultaneamente ao Censo. As informações coletadas pelos entrevistadores se ativeram exclusivamente às respostas dos beneficiários localizados, colhidas em um formulário próprio, adaptado para ser lido por meios eletrônicos. Esse instrumento foi construído a partir de um formulário de coleta de informações socioeconômicas do Sistema de Informações de Projetos de Reforma Agrária – SIPRA do INCRA. Com isto, de antemão já se tinha conhecimento dos limites de aprofundamento das análises a partir das informações solicitadas, que não previam cruzamentos de variáveis, como tamanho da parcela e da área produzida, infra-estrutura disponível e escoamento da produção, custo de produção, etc. Portanto, o resultado passível de ser atingido pela pesquisa amostral fica restrito à uma descrição das condições gerais de vida das famílias, incluindo algumas informações sobre renda monetária e produção agropecuária.

As dificuldades enfrentadas para a realização da pesquisa, bem como informações de caráter qualitativo sobre a situação dos PAs, são descritas no Relatório Executivo.

A proposta metodológica previu a amostragem de, no mínimo, cinco beneficiários em todos os PAs. Entretanto, este relatório vai agregar os resultados em nível de Estados e não de PA por dois motivos: primeiro, para facilitar a visualização e interpretação dos dados, já que a amostra representa 1.460 PAs; segundo, porque, embora tenha havido a amostragem de, no mínimo, cinco beneficiários por PA, esses não responderam a todos os itens dos formulários, ocorrendo situações em que apenas um ou dois beneficiários responderam a determinado item, comprometendo, desta forma, a realização de inferência estatística no nível do PA quanto ao determinado item.

É importante enfatizar que não deve ser esperado da pesquisa amostral a consecução de objetivos que ela não se propôs a atingir. Como a pesquisa amostral foi realizada em conjunto com o Censo, ela também se configurou como um retrato instantâneo da realidade, o que significa que não é adequada para captar situações dinâmicas ou complexas e que se desenvolvam ao longo do tempo. Este é o caso da renda das famílias assentadas, item controverso na pauta da questão agrária brasileira. O preço de produtos agropecuários possui extrema variabilidade regional e sazonal, e a renda baseada na produção agropecuária só pode ser aferida por meio do acompanhamento do processo de produção e comercialização dos produtos ao longo do ano agrícola. O custo de produção na agricultura familiar é bastante complexo e, certamente, não poderia ser levantado em uma única e sumária entrevista.

Outra observação importante de caráter metodológico é que todo o levantamento de dados obtido na pesquisa foi baseado na informação verbal do beneficiário, o que significa a possibilidade de existir omissões e imprecisões, mas, por outro lado, evita a realização de conjecturas por parte do entrevistador ou a sua caracterização como observador ou fiscal do governo, o que traria uma série de problemas de relacionamento com as organizações e lideranças dos assentamentos.

É relevante informar que o número de folhas processadas no Censo e na Amostra foi próximo a um milhão, o que implicou na geração de centenas de páginas com quadros, tabelas e gráficos. Os dados apresentados neste relatório constituem uma seleção desses quadros com dados agregados. Os dados mais detalhados estão disponíveis em disquetes.

A pesquisa amostral foi baseada em quatro tipos de formulários. O primeiro apresenta informações sobre história ocupacional, educação, associativismo, renda monetária, habitação, saúde, créditos recebidos, nível tecnológico e assistência técnica; o segundo, informações sobre produção agropecuária; o terceiro, informações sobre o plantel de pecuária; o quarto, informações sobre maquinário, implementos agrícolas e eletrodomésticos.

Informações sobre condições econômicas, de vida e tecnológicas do beneficiário

Comentários sobre a amostra socioeconômica

História ocupacional do chefe da família, anterior ao assentamento

A atividade anterior do beneficiário do processo de reforma agrária é quase absolutamente agrícola, com ênfase na categoria agricultor/camponês. Isto se verifica em todos os Estados, com exceção de Minas Gerais e Espírito Santo onde predomina, isoladamente, a categoria de trabalhador rural, ou seja, pessoas que trabalhavam na agricultura na condição de assalariados.

Interessante é destacar as nove ocupações anteriores com maior freqüência para o País: agricultor/camponês (53,96%), trabalhador rural (8,30%), outras atividades (2,84%), garimpeiro (1,47%), motorista (1,45%), pedreiro (1,42%), seringueiro (1,38%), bóia-fria (1,30%) e capataz/vaqueiro (1,28%). Ainda que sem muita relevância estatística para o conjunto, é importante notar a presença de atividades urbanas típicas (motorista e pedreiros), bem como a atividade extremamente móvel e circunstancial dos seringueiros (ver Tabela 1.21).

As atividades anteriores, de caráter urbano, têm maior incidência absoluta em alguns Estados. Motoristas estão presentes, em maior número, no Mato Grosso (vinte), Rondônia (vinte) e Tocantins (onze); enquanto os pedreiros estão presentes em maior número no Mato Grosso (vinte e sete), Pará (doze), Rio de Janeiro e Goiás (nove).

A presença de ocupações anteriores de natureza urbana é notável entre os assentados de áreas de fronteira social. Isto indica capacidade de atração, combinada com prováveis efeitos da fragilidade das estruturas de emprego urbano na atual conjuntura do País.

A mobilidade horizontal (geográfica) dos assentados, tomando-se a origem dos atuais beneficiários amostrados, é baixa. Originários do próprio município do assentamento compõem a grande maioria (36,60%), sendo de outro município, mas no mesmo Estado da Federação é o segundo grupo em importância (33,02%); enquanto provenientes de outro Estado são 18,49% dos amostrados (ver Tabela 1.22).

Portanto, os assentados atuais são de proveniência majoritariamente agrícola e moradores da própria localidade, tomando-se o País com um todo.

Na decomposição regional, há algumas mudanças sensíveis. No Centro-Oeste predominam provenientes de outros municípios do Estado (33,67%) e os de fora do Estado (30,18%). No Nordeste há prevalência dos originários do próprio local (52,45%). No Norte a maioria vem de fora do Estado (34,81%). No Sudeste prevalece o localismo (46,49%). Enquanto no Sul a população maior vem de outros municípios do Estado (64,82%).

Tomando-se como referência de baixa mobilidade horizontal dos beneficiários, o Nordeste e o Sudeste têm um padrão consistente; enquanto o Norte e o Centro-Oeste apresentam as maiores taxas de mobilidade. Isto, aliás, é plenamente compatível com o conceito ativo de "sociedade de fronteira", que caracteriza as duas Regiões.

Esses fatos permitem a interpretação sobre os eventuais efeitos de atração de populações errantes pelo processo de reforma agrária em marcha. Diferentemente do período de hegemonia do regime militar, por meio das frentes de ocupação, hoje é possível afirmar que esta atração está minorada. O localismo impera, com exceção das áreas ainda tipicamente de fronteira (Norte e Centro-Oeste). Além de contar com uma base populacional fundamentalmente originária do próprio setor agrícola, os assentados são provenientes do próprio município ou do próprio Estado. Isto aponta para mudanças pertinentes ao quadro geral demográfico do País, atualmente em fase de estabilização; bem como aponta para as raízes locais dos assentados envolvidos. De fato, quanto à procedência dos sujeitos a serem assentados, a reforma agrária pode ser considerada como um processo de *municipalização de fato* (ver Tabela 1.22 e Gráfico 1.8).

Gráfico 1.8
Localização do chefe da família antes do assentamento, por Região

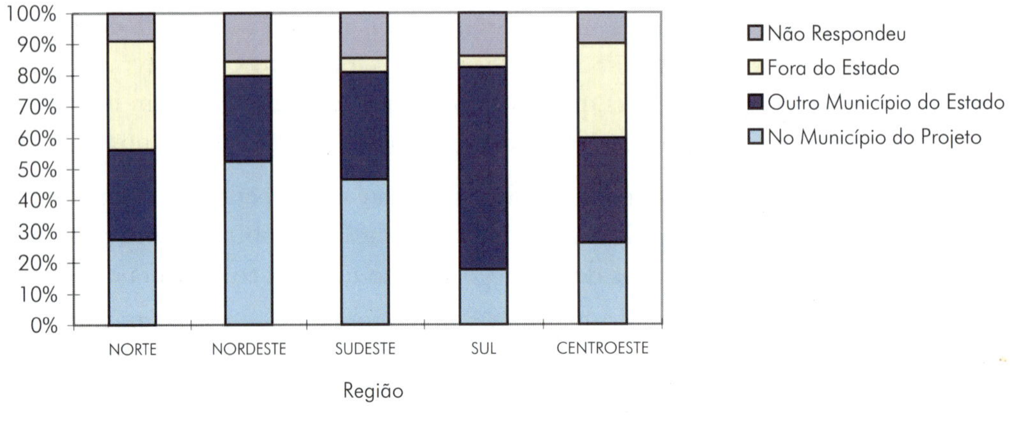

Relação trabalho/produção

Considerando os totais nacionais, as categorias posseiro (16,57%), proprietário (16,35%), assalariado (12,45%) e arrendatário (12,18%) são as que têm maior incidência. A menor é a de foreiro (1,20%). Todavia, examinada a distribuição por Estado da Federação, apenas Rio de janeiro, Maranhão, Mato Grosso, Amapá, Piauí e Tocantins apresentam hegemonia de posseiros. Ceará, Paraná, Mato Grosso do Sul e Paraíba têm predominância isolada de arrendatários. O Rio Grande do Sul e o Rio Grande do Norte apresentam liderança de parceiros. Os proprietários predominam no Pará, Santa Catarina, Acre, Rondônia e Roraima. O maior grupo isolado de Estados têm predominância de assalariados: Pernambuco, Goiás, Bahia, Minas Gerais, São Paulo, Espírito Santo, Alagoas e Sergipe (ver Tabela 1.23 e Gráfico 1.9).

Em termos, pois, da pirâmide situacional de trabalho e produção, tomados os grupos de Estados isoladamente, as maiores incidências estão com *assalariados* (8 Estados), *posseiros* (6 Estados), *proprietários* (5 Estados) e *arrendatários* (4 Estados).

Gráfico 1.9
Relação trabalho/produção/situação

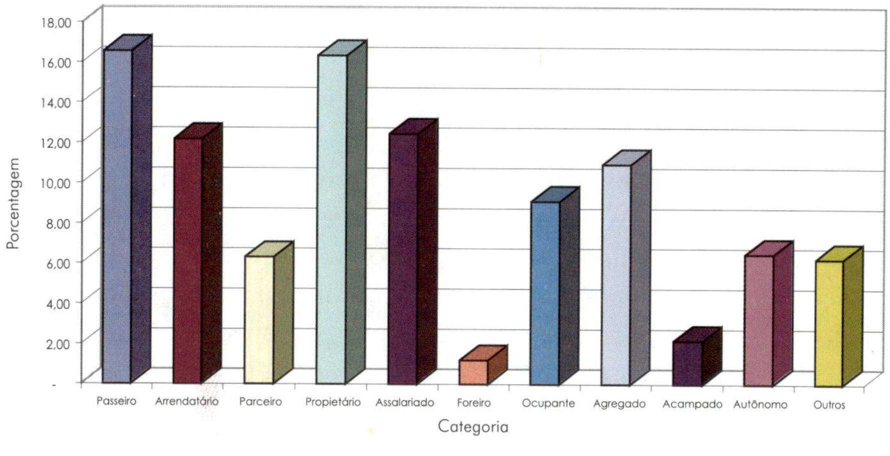

Educação e material escolar

Esta parte da amostra repousou sobre uma avaliação pessoal do beneficiário sobre a prestação de serviços básicos de suporte à escolarização, qualidade e acesso a dois bens públicos fundamentais: *merenda e material escolar.*

No País, como um todo, a avaliação é majoritariamente favorável em relação ao material escolar (bom 17,9%, regular 28,5%, totalizando 46,4% de aprovação), enquanto a percepção de que o serviço é precário ou não existe soma 34,4%. O mesmo padrão se dá nas Regiões, com percepção mais favorável no Sul (64,0%) e menor no Centro-Oeste e Nordeste (42,0%). A pior avaliação é do Nordeste (39,0%).

Quanto à merenda escolar, o global nacional já difere do outro serviço, material escolar. A percepção negativa é majoritária (37,9%), enquanto 30,6% a avaliam favoravelmente. Levando-se em conta as Regiões, o Sul está mais satisfeito (67,0%) e o Nordeste está mais insatisfeito (45,0%). Ou seja, o Estado brasileiro ainda não atingiu metas mínimas de atendimento quanto à merenda escolar; sendo isto agravado no caso da Região Nordeste, enquanto o Sul parece ser o melhor atendido (ver Tabela 1.24 e Gráfico 1.10).

Gráfico 1.10
Material e Merenda Escolar

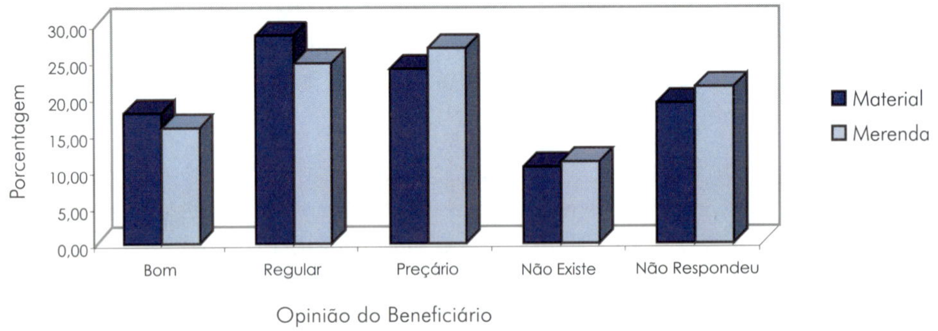

Associativismo

A dimensão "associativismo" mede o grau de participação dos beneficiários amostrados em diferentes organizações sociais. Entre os 8.711 amostrados com respostas positivas, o maior envolvimento individualizado é com a Igreja. Na verdade, esta variável diz respeito a todas as igrejas; sendo a católica a predominante. Cerca 53,27% têm estreitas relações de associação social por meio de uma igreja. Um segundo grupo, quase equivalente (52,85%) freqüenta outras associações, além das cooperativas (7,65%) e sindicatos (27,96%). A matriz de associabilidade não é integrada por células ou afiliações excludentes: tornando-se evidente que a soma das freqüências relativas ultrapassa a 100%, por esta razão.

O desempenho das Regiões segue este padrão nacional, com destaque para a influência da Igreja no Sul do Brasil, onde 72,68% dos amostrados declara algum tipo de vinculação militante. A grande exceção à predominância da Igreja, como agência de socialização e participação, está no Sudeste. Nesta Região o maior envolvimento é com associações diversas (41,44%), ficando a Igreja em segundo lugar (28,83%).

Nos Estados segue-se o padrão nacional, com exceção do Rio de Janeiro. Por sua vez, este Estado apresenta o menor envolvimento dos amostrados com a Igreja (6,02%). Aí o envolvimento maior é com outras associações (12,04%); sendo, de qualquer modo, o Estado com o menor índice geral de participação associativa (ver Tabelas 1.25 e 1.26 e Gráfico 1.11).

Em relação ao Rio de Janeiro é de bom alvitre reconhecer os efeitos sociais do fenômeno de conurbação. A geração, em muitos casos, de uma verdadeira *simbiose entre o urbano e o rural* evidencia o emergente individualismo das populações assentadas no território do Rio de Janeiro.

Gráfico 1.11
Associativismo por Região

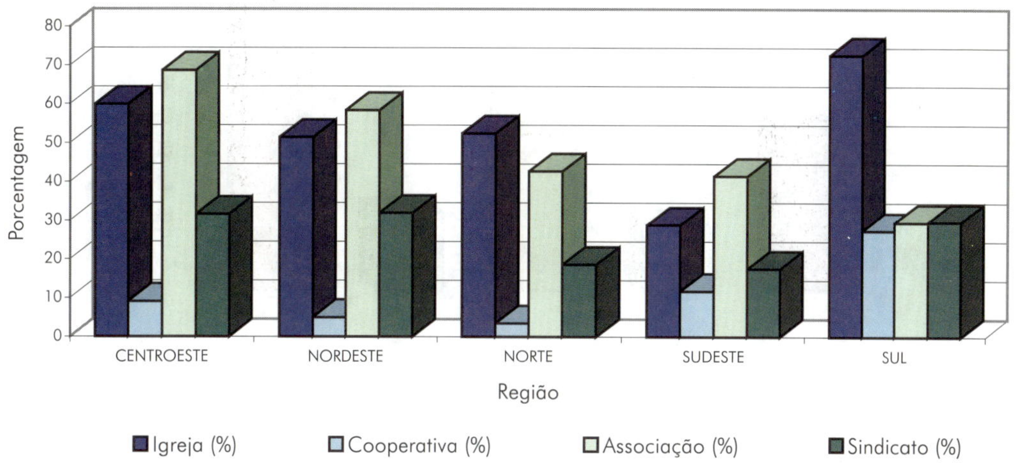

Renda monetária familiar e associativa

Os dados sobre Renda Monetária foram colhidos em duas situações: renda familiar e renda associativa. Se objetivou levantar as diversas formas de captação de renda familiar, tanto por meio de salários de membros da família, como remessas diversas de parentes, aposentadorias, serviços prestados e outras rendas. Estas informações também foram colhidas junto às associações, nos casos do beneficiário compartilhar de recursos captados de forma coletiva. Neste caso, as rendas das associações, dos diversos elementos, seriam divididas pelo número de associados, compondo então a parte que caberia a cada um. Portanto, em tese, a renda monetária seria a soma das diversas rendas da família, adquirida de forma associativa ou familiar.

Os dados por Região sobre este quadro vai nos evidenciar que, em linhas gerais, as Regiões Sudeste e Centro-Oeste apresentam, em valores monetários (Reais), a maior concentração de renda, sendo Salário e Outras Rendas as que congregam maior volume. Deve-se observar como os recursos monetários advindos de aposentadoria pesam na formação da renda familiar. De menor peso aparece o item Remessas Diversas. A Região Nordeste apresenta, em todas as situações, o menor número de valores de renda e, de forma não muito convincente, se aproximam os números da Região Norte dos da Região Sul. Deve-se frisar, contudo, que todas estas informações representam apenas a média dos assentados que responderam ao quadro. Se poucos responderam, a média por Região pode estar um tanto desvirtuada (ver Tabelas 1.27 e 1.28 e Gráficos 1.12 e 1.13).

Gráfico 1.12
Renda Monetária Familiar

Gráfico 1.13
Renda Monetária Associativa

Para efeito de análise, pode-se comparar os dados regionais com a média nacional, buscando perceber a média em termos de salário mínimo (1996). O item "Outras Rendas" apresenta um fator importante de captação, superior a 12 SM (salário mínimo) anuais por família e o item "Salário" faz uma média de quase 7 SM anuais por família. Número muito próximo deste é o oferecido pela aposentadoria. Em termos gerais e nacionais, somando-se todos os itens, pode-se perceber que há famílias de assentados (nem todos responderam a esse quadro) que chegam a auferir perto de 30 SM por ano, extraídos de diferentes fontes de renda.

Quanto à renda monetária associativa, ela também revela uma forma extra de se auferir renda, incluindo também os resultados monetários adquiridos pelas associações. Em tese, se propunha somar os dois itens, mas as famílias que forneceram as informações nem sempre responderam. Logo, sua importância está na identificação da capacidade das associações em fornecer recursos de apoio à formação da renda do assentado.

Identificou-se que os itens "Agricultura" e "Pecuária" apresentam fortes meios de arrecadação, principalmente nas Regiões Sul e Sudeste. Na Região Sudeste, as Associações não vendem força de trabalho assalariado, o que parece ser mais comum na Região Centro-Oeste. A Região Nordeste revela não obter muita renda monetária por meio de suas associações representando, novamente, a Região menos significativa. Outro dado interessante é observar que, em relação ao País, a Renda Monetária Associativa é sempre menor quando comparada com os valores adquiridos pela própria família, principalmente quanto ao item "Outras Rendas". Novamente deve-se considerar, aqui, a possibilidade de omissão de informações.

Deve-se destacar que este quadro foi identificado pelos entrevistadores como um dos mais difíceis de se completar, principalmente no que se refere a Renda Associativa. Deve-se lembrar que para preenchê-lo o entrevistador contava apenas com a informação do assentado, em sua maioria analfabeto, com pouca compreensão de grandeza de números e que, além do mais, deveria recorrer à memória, já que esses dados não são contabilizados na família. Mesmo os dados das Associações repousaram sobre o exercício da capacidade de memória do entrevistado a respeito dos números.

Habitação

Sobre um total amostrado de 8.711 beneficiários, os tipos de habitação prevalecentes são madeira (31,90%), taipa (28,20%) e alvenaria (22,99%), tomando-se em conta o País como um todo.

O padrão regional difere um pouco: no Centro-Oeste predomina a madeira (49,17%); no Nordeste, a taipa (45,35%); no Norte, a madeira (50,89%); no Sudeste, a alvenaria (65,38%); enquanto no Sul, a madeira (73,46%) lidera os tipos de habitação.

Tomando-se os Estados como referência, há nitidamente três padrões acentuados: *alvenaria* predomina nos Estados do Ceará, Pernambuco, Goiás, Minas Gerais, Rio de Janeiro, São Paulo, Paraíba, Rio Grande do Norte, Espírito Santo, Alagoas e Sergipe. Os tipos de habitação de *madeira* predominam no Pará, Paraná, Santa Catarina, Rio Grande do Sul, Mato Grosso, Acre, Mato Grosso do Sul, Rondônia, Amapá e Roraima. Enquanto a *taipa* é o tipo predominante na Bahia, Maranhão, Piauí e Tocantins (ver Tabelas 1.29 e 1.30 e Gráfico 1.14).

Gráfico 1.14
Tipos de habitação dos beneficiários, por Região

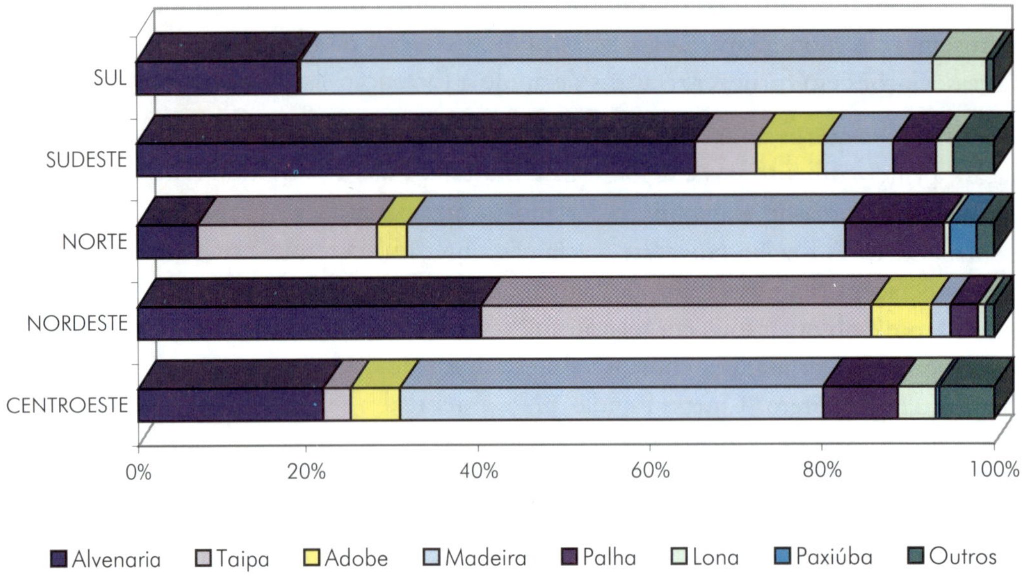

Estado de conservação

O padrão nacional identifica o Estado de "regular" como predominante, de modo isolado (38,13%), vindo a seguir "bom" (28,86%) e "precário"(24,62%).

Tomadas as Regiões, temos que no Centro-Oeste a avaliação de "bom" estado de conservação é a predominante (36,95%), no Nordeste é o "regular" (37,03%), bem como nas Regiões Norte (39,67%), Sudeste (34,59%) e Sul (44,85%). A percepção de precariedade aparece mais sensivelmente no caso do Centro-Oeste (27,39%) (ver Tabelas 1.30 e 1.31 e Gráfico 1.15).

Gráfico 1.15
Estado de Conservação da Habitação

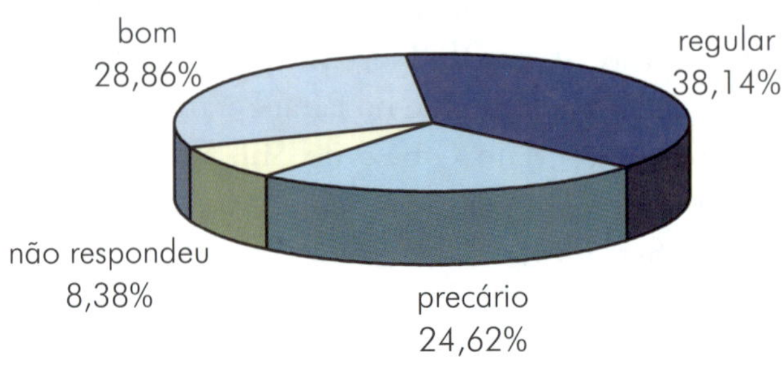

Fonte de água

O quadro nacional se compõe, basicamente, por três tipos predominantes de fontes fornecedoras de água: poço (46,07%), riacho (14,17%) e cacimba (13,02%). Quando as Regiões são examinadas, temos predominância de riacho e poço para o Centro-Oeste; poço e cacimba para o Nordeste; poço e riacho para Norte; poço e riacho para o Sudeste e poço e cacimba para o Sul (ver Tabelas 1.32).

Condições hidrosanitárias

As condições hidrosanitárias, em geral, estão longe de ser satisfatórias. Isto pode ser indicado pelo número enorme de negativas de respostas; o que pode ser imputado à absoluta falta de qualquer das condições aludidas pela pergunta. Implica dizer que um grande número de beneficiários não tem acesso às condições mínimas de segurança hidrosanitárias. Este é o caso das tendências apresentadas pelos beneficiários nos Estados a seguir, que não responderam aos quesitos: Ceará (66,77%), Pernambuco (67,70%), Bahia (63,79%), Minas Gerais (50,88%), Maranhão (58,51%), Paraíba (52,53%), Alagoas (74,19%), Sergipe (62,50%), Piauí (74,39%), Roraima (57,21%) e Tocantins (58,38%). O Estado de São Paulo foi o que apresentou o menor número de respostas ausentes ou negativas (5,83%).

Entre as respostas positivas, destaca-se o fato de que água encanada é usufruída apenas por 13,05% dos assentados. As demais repostas incidem sobre fossa (33,30%), cisterna (19,80%) e banheiro (19,02%). Particularmente em relação à água encanada, como o melhor indicador de condições aceitáveis, o Sul é que tem a maior disponibilidade (26,41%) e o Norte a menor (7,97%). Entre os Estados, os destaques positivos são para Rio de Janeiro (57,00%) e Paraná (61,00%); enquanto os negativos vão para a condição de recepção de água encanada para Amapá e Roraima (0%).

Uma conclusão sumária indica a extrema fragilidade das condições hidrosanitárias em geral para o País (ver Tabela 1.33 e Gráficos 1.16 e 1.17).

Gráfico 1.16
Nível de respostas à questão Condições Hidrosanitárias

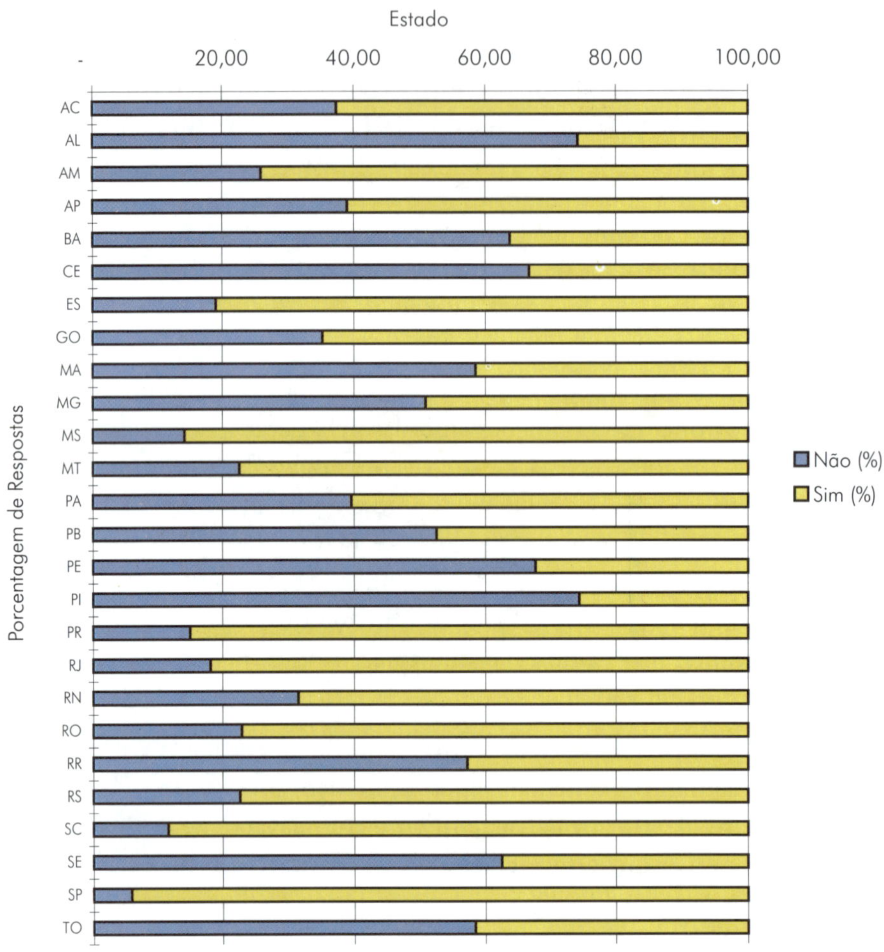

Gráfico 1.17
Condições hidrosanitárias das habitações, por Região

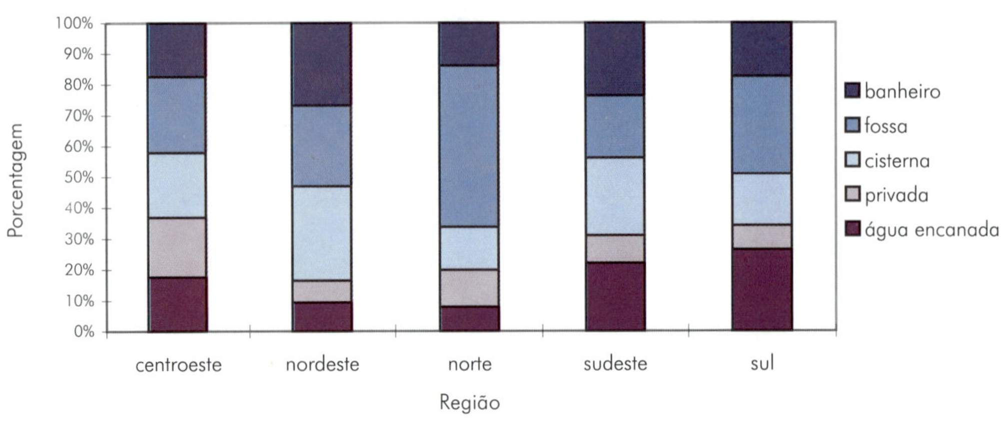

Energia utilizada

A disponibilidade de energia elétrica nos projetos de assentamento predomina nas Regiões Sudeste (49,9%) e Sul (47,9%), sendo mínima na Região Norte (5,46%). Essa discrepância reflete as diferenças dramáticas na disponibilidade dos fatores entre as Regiões brasileiras. Por outro lado, uso de querosene e óleo diesel é bastante comum nas Regiões Norte, Centro-Oeste e Nordeste (respectivamente 64,3%, 50,7% e 48,0%) e menos freqüente no Sul e no Sudeste. A utilização de biogás é mais comum nas Regiões Sul e Centro-Oeste (13,1% e 9,2%, respectivamente). As demais fontes de energia são pouco significativas nos projetos de assentamento (ver Tabela 1.34 e Gráfico 1.18).

Gráfico 1.18
Fonte de energia da habitação - Brasil

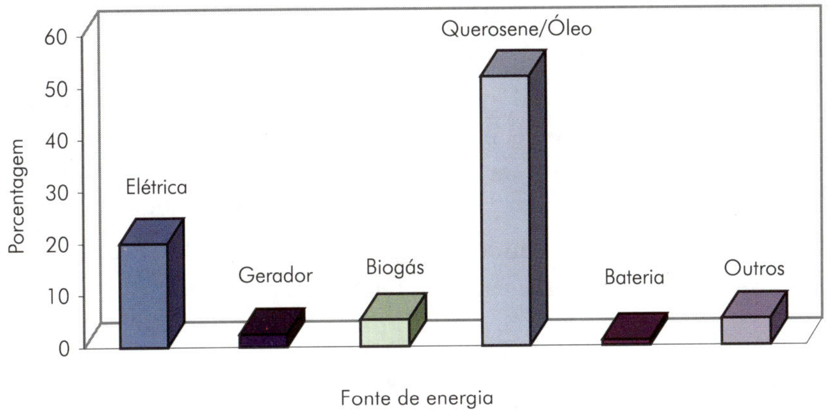

Saúde

Existência e qualidade da assistência

Este quesito mediu a avaliação dos beneficiários sobre a existência e a qualidade dos serviços de saúde, tanto nos projetos de assentamento onde residem, como no município onde se localiza o assentamento. Pediu-se a avaliação pertinente ao funcionamento de três instituições básicas de saúde: *hospital, posto de saúde e agente de saúde.*

Para o Brasil, como um todo, o grande destaque é a freqüência relativa de beneficiários que não responderam aos itens. Assim, quanto a hospital, 36,10%; quanto aos PAs, 10,90%; quanto aos municípios, negaram-se a responder sobre a qualidade do serviço. Em relação aos postos de saúde, estas freqüências são de 27,70% nos PAs e 16,00% nos municípios. Em relação aos agentes de saúde, não responderam respectivamente à existência nos PAs (25,80%) e nos municípios (21,90%).

Em geral, a avaliação é negativa (não respondem, qualidade precária, a constatação de inexistência do serviço ou de desconhecimento). As avaliações "bom" e "regular" são as menos freqüentes, quando somadas, relativamente aos PAs (hospital 1,10%, postos de saúde 10,50%, agentes de saúde 25,80%); e relativamente à existência e qualidade dos serviços em nível dos municípios (hospital 41,80%, postos de saúde 38,80%, agentes de saúde 28,10%). Portanto, em nível nacional, os serviços de saúde são percebidos prioritariamente nos municípios; revelando-se a extrema fragilidade dos Projetos de Assentamento.

Tomadas as Regiões brasileiras, nos PAs, é notável o número de beneficiários que não querem responder ao quesito relativo a hospital (30,70% no Centro-Oeste; 45,15% no Norte; 25,18% no Nordeste; 37,34% no Sul e 43,60% no Sudeste), relativo a postos de saúde (18,33% no Centro-Oeste; 30,37% no Norte; 26,04% no Nordeste; 33,71% no Sul e 34,88% no Sudeste) e relativo a agentes de saúde (22,44% no Centro-Oeste; 29,77% no Norte; 19,72% no Nordeste; 29,70% no Sul e 41,74% no Sudeste).

Nos PAs, ainda, obedecendo as clivagens regionais e somando-se as categorias bom e regular – que sintetiza uma eventual avaliação positiva – há a seguinte distribuição: *hospital* (Centro-Oeste, 0,43%; Norte, 2,42%; Nordeste, 0,44%; Sul, 0,28% e Sudeste, 0,19%); *postos de saúde* (Centro-Oeste, 17,21%; Norte, 14,61%; Nordeste, 4,75%; Sul, 8,81% e Sudeste, 10,39%); *agentes de saúde* (Centro-Oeste, 21,67%; Norte, 25,99%; Nordeste, 31,14%; Sul, 23,50% e Sudeste, 7,61%). Ao nível dos PAs a existência e acesso a hospitais é percebida como a carência relativamente maior.

Quanto aos serviços oferecidos pelos Municípios – e tomando-se as Regiões como referência – o número relativo de beneficiários amostrados que não respondem ao quesito tem a seguinte distribuição: *hospital* (CO, 7,13%; NO, 16,23%; NE, 7,18%; Sul, 10,36% e SE, 13,19%); *postos de saúde* (CO, 8,85%; NO, 24,51%; NE, 12,90%; Sul, 8,40% e SE, 15,79%); *agentes de saúde* (CO, 12,12%; NO, 27,79%; NE, 20,45%; Sul, 16,50% e SE, 28,01%).

Nos municípios, a percepção de bom e regular acesso aos serviços tem a seguinte distribuição regional: *hospital* (CO, 54,81%; NO, 35,13%; NE, 42,26%; Sul, 44,24% e SE, 48,20%); *postos de saúde* (CO, 50,46%; NO, 32,62%; NE, 35,06%; Sul, 49,43% e SE, 52,03%); *agentes de saúde* (CO, 32,69%; NO, 26,79%; NE, 27,62%; Sul, 30,90% e SE, 21,52%).

Apesar da precariedade sendo a norma, é visível que os serviços de saúde, em geral, tanto para o País como para as Regiões, estão mais disponíveis ao nível de municípios do que ao nível dos próprios projetos de assentamento do INCRA (ver Tabelas 1.35, 1.36 e 1.37).

Doenças

O quadro sobre Saúde refere-se às doenças mais comuns na família do beneficiário no último ano. As respostas variavam em mais de 20 tipos de doenças, mas algumas são muito freqüentes e bem mais presentes em boa parte da população. A gripe, a diarréia, a verminose e piolho são as mais citadas. Em percentagem bem menor vê-se a desnutrição, pneumonia e a dengue, mas ocorrentes em todos os Estados. A malária é muito freqüente na Região Norte em índices relativamente altos. Outras doenças não identificadas atingem cerca de 12,00% das respostas.

Considerando a freqüência, as doenças que mais incidem na população de assentados em todo o País são: a gripe (32,00%), verminose (14,00%), outras doenças (12,00%), diarréia (9,90%), malária (8,10%), piolho (5,20%), pneumonia (2,90%), dermatose (2,40%), desnutrição (1,10%). As doenças sexualmente transmissíveis são as que apresentam menor freqüência (0,10%), mas este dado pode ter sido omitido pelo entrevistado, assim como outros que dependem de um maior esclarecimento do assentado.

Há uma tabela onde se responde sobre o número de doenças ocorridas no último ano e revela uma grande variação por Região. No País, 22,00% responderam que houve apenas uma ocorrência e 21,00% disseram que não houve nenhuma (ver Tabelas 1.38 e 1.39 e Gráfico 1.19).

Gráfico 1.19
As 15 doenças mais freqüentes no Brasil

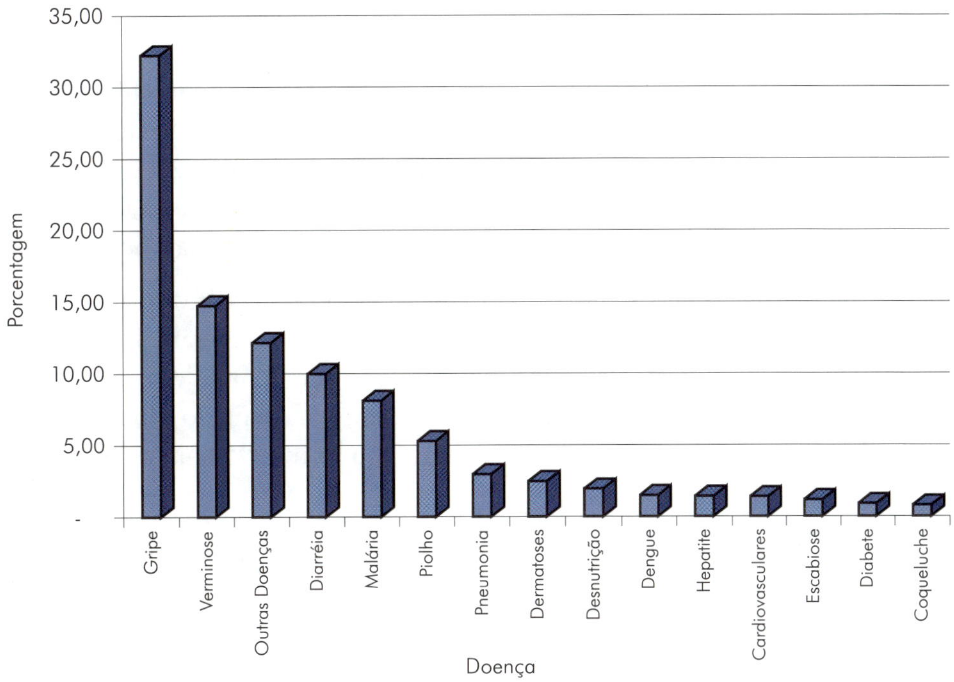

Créditos recebidos

Alimentação, fomento agrícola e habitação

Ao se analisar a Distribuição Percentual dos Créditos de Alimentação, Fomento Agrícola e Habitação, no País, percebe-se que há uma maior concentração de distribuição nos últimos dois anos (50,61% para Alimentação; 55,16% para Fomento Agrícola; e 52,28% para habitação). A maior regularidade e acompanhamento destes recursos, por parte do INCRA, explicam estes dados.

Ao serem distribuídos por Região vai se observar que nas Regiões Norte e Centro-Oeste os números relativos estão próximos dos números do País e decaem acentuadamente nas demais Regiões onde os recursos vinham sendo distribuídos há mais tempo. A Região Sudeste, por exemplo, evidencia que desde 1992 os assentados já estavam sendo atendidos com este crédito. Na Região Sul observou-se que estes créditos foram também distribuídos nos anos 87 e 88. Deve-se destacar que os três tipos de crédito estão distribuídos de forma muito próxima, o que revela que o mesmo beneficiário recebe, em geral, as três modalidades ao mesmo tempo (ver Tabelas 1.40, 1.41 e 1.42).

Como os valores desses créditos são padronizados oficialmente, o seu valor monetário pode ser adquirido por meio da multiplicação de vezes ou de anos recebidos por cada beneficiário.

Procera Custeio e Procera Investimento

Este quadro procurou indagar quantas vezes o beneficiário havia recebido o Procera Custeio e o Procera Investimento. Obtiveram-se respostas, em nível nacional, de variações não muito grandes. Responderam ao quesito Procera Custeio 2.113 assentados e 15,9 % deles disseram não ter recebido; 54,9% receberam uma vez; 21,0% receberam duas vezes; 5,5% receberam três vezes e apenas 2,0 % receberam mais de três vezes.

Entre os 1.964 entrevistados que responderam ao item Procera Investimento, 18,8% não receberam; 50,1% receberam apenas uma vez; 17,7% receberam três vezes e por volta de 5,0% responderam que receberam mais que isto. Entende-se que este dado contém muita omissão nas respostas, pois dificilmente o assentado saberia responder com exatidão quantas vezes foi beneficiado já que não há muita regularidade na liberação desse crédito.

No quadro de distribuição por Região, percebe-se que a Região Nordeste foi a que recebeu em maior número (939 entre as famílias que responderam) e a Região Sudeste a que menor recebeu (166 entre as 2.113 respostas). Comparado com o quadro nacional, percebe-se que é mantido o mesmo nível de distribuição, predominando sempre o recebimento, até três vezes, com destaque do recebimento de apenas uma vez, isto tanto no Crédito como no Investimento (ver Tabelas 1.43 e 1.44).

Nível tecnológico e assistência técnica

O levantamento de dados sobre a utilização de insumos e práticas tecnológicas modernas, visando à maior produtividade e estabilidade da produção agropecuária, foi o objeto deste item. Observa-se também neste item a vantagem da Região Sul, principalmente, e a Região Sudeste, sobre as demais Regiões no que se refere ao nível tecnológico. Algumas práticas possuem alta incidência em certos Estados, como é o caso de sementes ou mudas selecionadas, que no Paraná 90,2% dos beneficiários utilizam, ao passo que no Maranhão apenas 14,9% utilizam esta prática (ver Tabelas 1.45 e 1.46 e Gráfico 1.20). Quanto ao agregado nacional, verifica-se que o "controle de sanidade animal" é a prática que aparece com maior freqüência (45,7%), o que leva à interpretação de que o entrevistado pode ter entendido que qualquer atenção quanto à sanidade de seus animais pode ter sido interpretado como "controle". Outra prática freqüente em nível nacional foi "tratos culturais adequados" (41,6%), que na verdade pode significar uma variedade de práticas tecnológicas. Conclui-se que, embora o nível tecnológico não seja alto nos PAs, ele foi maior do que a expectativa dos pesquisadores. Recomenda-se cautela na interpretação dos resultados do Espírito Santo e Amapá, visto que poucos entrevistados responderam ao item e o desvio padrão para ambos Estados é alto.

O item 11 do formulário refere-se ao grau de atendimento da assistência técnica. Significa, basicamente, a assistência técnica governamental, que é a que comumente atende aos projetos de assentamento. É um levantamento de opinião do beneficiário a respeito de seu nível de satisfação quanto a assistência técnica (ver Tabelas 1.47 e 1.48 e Gráfico 1.21). Novamente aparece a vantagem da Região Sul em relação as demais Regiões. O índice médio de "bom" na Região Sul é 33,9%, ao passo que na Região Norte é 11,1%. Os índices de "nenhum" atendimento nas Regiões Norte, Centro-Oeste e Nordeste são, respectivamente, 56%, 53,6% e 49,5%. O que significa que nessas Regiões predomina a ausência de assistência técnica mais do que uma assistência técnica de má qualidade.

Os dados agregados, nos Estados e Regiões, são coerentes com o panorama geral do desenvolvimento socioeconômico brasileiro. Por outro lado, se a análise for realizada em nível de cada projeto de assentamento, as generalizações devem ser cautelosas, já que a heterogeneidade é grande. Existem PAs com boas condições econômicas e bom nível de vida no Norte e no Nordeste, e o inverso também ocorre. Há PAs em más condições econômicas e de vida na Região Sul, entretanto, essa não é a regra geral.

Gráfico 1.20

por Região – 1996

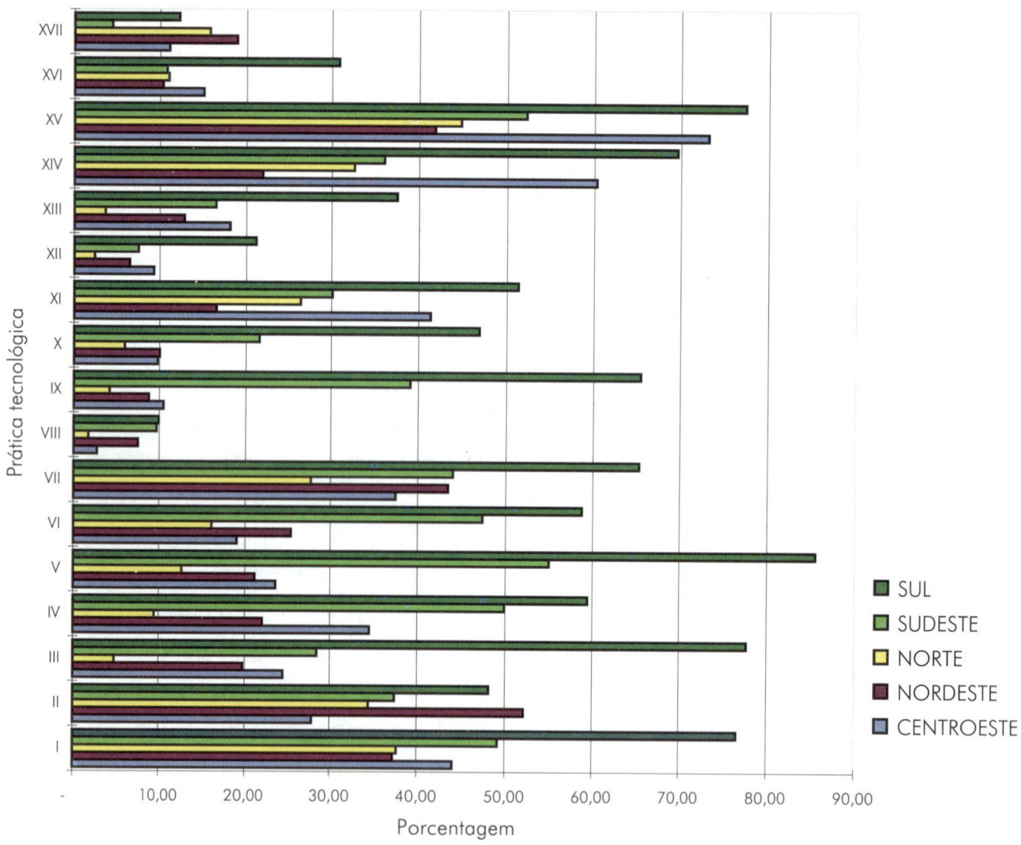

Gráfico 1.21

Opinião quanto ao atendimento da assistência técnica

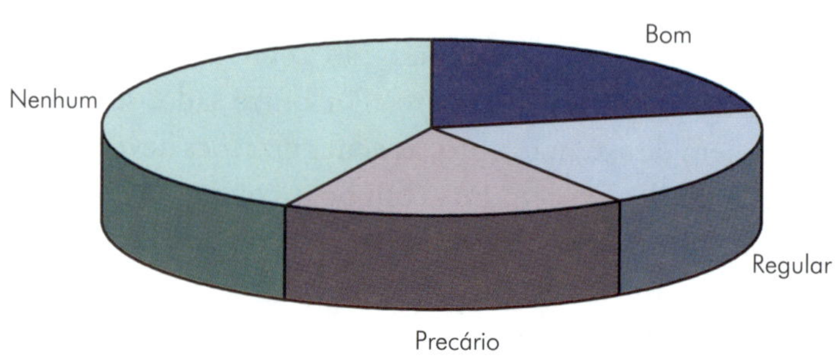

Produção agropecuária

Este capítulo refere-se ao formulário anexo "Produção Agropecuária", que teve como objetivo levantar informações para elaborar um perfil da produção agropecuária dos beneficiários dos projetos de assentamento. Como os dados são decorrentes de pesquisa amostral, as tabelas e gráficos que se seguem referem-se a valores médios. Os valores absolutos, as médias, medianas, quartis, desvio padrão, valores máximos e valores mínimos encontram-se na base de dados informatizada. As tabelas que acompanham o presente relatório referem-se a apenas aos 20 produtos de maior ocorrência nas cinco Regiões e no País. Ressalte-se que maior ocorrência não significa maior área plantada, maior produção ou maior importância econômica, mas que o produto é plantado mais freqüentemente pelos beneficiários.

Em nível nacional, o milho é o produto cultivado do qual mais foi reportada a ocorrência. A área média plantada de milho é 1,85 ha, a produção média é 37 sacos por ano. Destacam-se outros produtos a nível nacional como o arroz, o feijão, a mandioca, o feijão-de-corda, a farinha de mandioca, o café, a cana-de-açúcar e produtos típicos da pequena produção como batata-doce, inhame, banana, abóbora, aipim/macaxeira, entre outros (ver Tabelas 1.49 e 1.50).

Por Região, além da produção de produtos de expressão nacional como milho, arroz, feijão, mandioca, banana, abóbora, existem produtos típicos das Regiões. Na Região Sul, além dos produtos de expressão nacional, destacam-se a produção de batata-doce, batata inglesa, soja, amendoim, fumo, erva-mate e cebola. Notável também nessa Região é a área média de produção de soja de 2,28 ha. Na Região Norte, além dos produtos de expressão nacional, destacam-se na produção regional: abacaxi, laranja, feijão-de-corda, melancia, cupuaçu. Da mesma forma, na Região Nordeste, destaca-se a produção de feijão-de-corda, farinha de mandioca, inhame, polvilho, algodão, caju, coco anão, manga. Usando o mesmo critério, destaca-se na Região Sudeste, cana-de-açúcar, aipim/macaxeira, quiabo, laranja, maracujá, inhame, mamão, maxixe e abacate. Na Região Centro-Oeste, destaca-se a cana-de-açúcar, algodão, café, farinha de mandioca e abacaxi.

Quanto ao sistema de exploração da terra, foram colocadas as possibilidades: isolada; consorciada; rotação e a combinação dessas alternativas. Verificou-se, em nível nacional, o predomínio da produção isolada (54,40%), seguida da consorciada (41,40%) e da freqüência bem menor da rotação (3,00%), sendo os valores das combinações dos sistemas pouco expressivos.

O sistema de irrigação utilizado na produção foi classificado em três tipos: superfície, aspersão e localizado. Em todos os tipos predominaram em larga medida as respostas negativas, isto é, não utilizam nenhum sistema de irrigação. Quanto à irrigação em superfície, destaca-se, entre os que responderam afirmativamente, a irrigação por sulcos, seguida da irrigação por inundação. Quanto à irrigação por aspersão, destaca-se, entre os que responderam afirmativamente, a irrigação permanente; sendo, neste item, a irrigação mecanizada pouco significativa. Quanto à irrigação localizada, destacam-se, entre os que responderam afirmativamente, a micro-aspersão e o gotejamento, embora com baixa freqüência.

O destino da produção agropecuária dos assentamentos, em nível nacional, é, predominantemente, os atravessadores. Os atacadistas e varejistas também são importantes destinos da produção dos PAs e, de forma secundária, a produção é destinada também a outros beneficiários, às cooperativas e bodegas comunitárias. A Região Sul constitui-se em exceção ao resto do País, devido à sua produção ser, de forma majoritária, destinada às cooperativas.

Pecuária – efetivo animal

Este capítulo refere-se ao formulário anexo "Pecuária", que tem como objetivo estabelecer o efetivo de animais nos projetos de assentamento. O formulário foi organizado em seis itens: estoque inicial, nascimentos, compra, venda, autoconsumo e morte. Esta concepção do formulário foi delineada no sentido de verificar a dinâmica do efetivo animal ao longo do ano. É necessário cautela na interpretação desses resultados, tendo em vista que os beneficiários são, predominantemente, analfabetos (por exemplo: 97% de analfabetos no Ceará), e, portanto, têm dificuldade em sua memória numérica. Nas tabelas que acompanham o presente relatório os dados foram agregados por categorias de animais, por exemplo, vacas, bezerros, novilhas, novilhotas, foram incluídos em bovinos.

Em nível nacional, verifica-se que a categoria animal mais comum nos assentamentos são as aves (inclui galinhas, patos, perus), cujo estoque médio em janeiro de 1996 era de 28,75 cabeças. Destacam-se também os ovinos, caprinos e suínos. Em seguida aparecem os bovinos com o estoque inicial médio de 4,00. Ao nível regional, contrário de outros dados, há uma distribuição mais homogênea quanto ao efetivo animal (ver Tabela 2.43).

Depreende-se, dos dados nacionais, que predominam nos assentamentos os pequenos animais domésticos, com destaque relativo, além das aves, para os ovinos e caprinos, em quantidade um pouco menor para suínos e bovinos. Os asininos, muares e equídeos mantém uma média nacional mais ou menos aproximada no item estoque inicial (estoque em 1/1/96). Em termos de nascimentos no período só se destacam as aves e suínos, que praticamente dobram de produção e revelam um papel importante no momento da venda e no consumo da família. Por exemplo, o consumo de aves é superior ao do estoque inicial e o de suínos é quase o mesmo. Revela-se baixo o item compra, com exceção dos bovinos e caprinos (4,67 e 3,27, respectivamente). Já os suínos e caprinos aparecem mais em termos de venda (3,56 e 4,77, respectivamente).

Máquinas, implementos agrícolas e eletrodomésticos

Refere-se ao anexo "Maquinário" que compõe o quarto formulário da pesquisa amostral. Os itens que compõem este formulário foram divididos em três grupos: veículos e implementos agrícolas; implementos agrícolas manuais; eletrodomésticos.

Quanto aos veículos e implementos agrícolas, verifica-se que as bicicletas se constituem no item mais possuído pelos beneficiários de projetos de assentamento, sendo os percentuais médios para a Região Norte e Sudeste 28,53% e 21,71%, respectivamente. Na Região Sul este percentual chega apenas a 6,65%. Quanto à posse de caminhões médios, observa-se o percentual médio maior na Região Sul (1,449%) e o menor na Região Nordeste (0,20%). Da mesma forma, a Região Sul lidera no percentual de tratores por beneficiários (11,89%), sendo o Nordeste a Região que menos o possui (0,42%). Existem equipamentos tipicamente relacionados às demandas da exploração agropecuária da Região, como é o caso da moto-serra, que na Região Norte lidera o índice médio de posse que é de 18,92%, ao passo que na Região Nordeste é de 1,22%. A nível nacional, além dos maquinários já comentados observa-se também a freqüência significativa de utilização de arado de tração animal (8,32%). Em termos metodológicos, cabe ressaltar que em relação a determinados quesitos houve omissão de respostas por parte do entrevistado, contribuindo para o rebaixamento do percentual (ver Tabelas 1.51 e 1.52).

Os chamados implementos agrícolas manuais foram separados dos demais como um artifício para diminuir a quantidade desses maquinários e facilitar a visualização das tabelas e a análise das mesmas. Enxada, foice e machado se constituem nos instrumentos de uso agrícolas mais comuns, conforme pode ser verificado na tabela. O maior índice de posse de enxada (65,74% no Nordeste) ainda é subestimado, pois dificilmente uma propriedade rural não teria uma enxada. A subestimação decorre da omissão de resposta dos beneficiários. Alguns implementos são de utilização mais regional, como é o caso de carroças, com 6,43% no Nordeste e 34,44% na Região Sul. Em nível nacional, verifica-se o percentual significativo de itens como plantadeira, carro-de-mão, cavadeira, pá, pulverizador costal, entre outros (ver Tabela 1.53).

Quanto aos aparelhos eletrodomésticos, o fogão e o rádio aparecem de forma importante em todas as Regiões, atingindo, em nível nacional, 28,95% e 29,27%, respectivamente. O fato do fogão não atingir 100% das residências dos beneficiários deve-se a omissão de resposta e à inclusão apenas dos fogões de fabricação industrial. Aparelhos de custo mais alto, como televisor e geladeira, aparecem com mais freqüência nas Re-giões Sudeste (24,08% e 24,08%) e Sul (19,88% e 20,04%) e com menor freqüência na Região Norte (6,44% e 4,95%). Outros aparelhos como máquina-de-costura e aparelhos de som apresentam percentuais significativos em algumas Regiões, atingindo em nível nacional 10,23% e 6,84%, respectivamente (ver Tabela 1.54).

OBSERVAÇÃO: Os comentários sobre a produção das Associações dos Projetos de Assentamento e sobre os dependentes dos beneficiários não foram incorporados neste relatório mas constam, em detalhes, do Banco de Dados.

Dados

Gráficos

Gráfico 1.1. Distribuição dos beneficiários recenseados
Gráfico 1.2. Idade dos beneficiários
Gráfico 1.3. Distribuição do sexo
Gráfico 1.4. Nível de estudo dos beneficiários
Gráfico 1.5. Ano de ocupação da área
Gráfico 1.6. Situação dos beneficiários
Gráfico 1.7. Locais de moradia
Gráfico 1.8. Localização do chefe da família antes do assentamento, por Região
Gráfico 1.9. Relação trabalho/produção/situação
Gráfico 1.10. Material e merenda escolar
Gráfico 1.11. Associativismo por Região
Gráfico 1.12. Renda monetária familiar.
Gráfico 1.13. Renda monetária associativa
Gráfico 1.14. Tipos de habitação dos beneficiários, por Região
Gráfico 1.15. Estado de conservação da habitação
Gráfico 1.16. Nível de resposta à questão condições hidrosanitárias
Gráfico 1.17. Condições hidrosanitárias das habitações, por Região
Gráfico 1.18. Fonte de energia da habitação – Brasil
Gráfico 1.19. As 15 doenças mais freqüentes no Brasil
Gráfico 1.20. Porcentagem de assentados que utilizam a prática tecnológica, por Região – 1996
Gráfico1.21. Opinião quanto ao atendimento da assistência técnica

Tabelas

Tabela 0.1. Total estimado de beneficiários, considerando estimativa de não-cobertura pelo supervisor
Tabela 0.2. Comparação entre os resultados do Censo e a capacidade de beneficiários, tanto em relação aos PAs quanto em relação aos PCs
Tabela 0.3. Distribuição das famílias segundo o ano de criação dos Projetos de Assentamento
Tabela 1.1. Censo – Distribuição dos projetos e beneficiários recenseados, por Estado – 1996
Tabela 1.2. Censo – distribuição da nacionalidade dos beneficiários, por Estado – 1996
Tabela 1.3. Censo – Número de beneficiários segundo classe de idade, por Estado – 1996
Tabela 1.4. Censo – Porcentagem de beneficiários segundo classe de idade, por Estado – 1996
Tabela 1.5. Censo – Número de estados civis declarados pelos beneficiários por Estado – 1996
Tabela 1.6. Censo – Distribuição do sexo dos beneficiários, por Estado – 1996
Tabela 1.7. Censo – Situação quanto ao estudo dos beneficiários, por Estado –1996
Tabela 1.8. Censo – Porcentagem do nível de estudo dos beneficiários, por Estado – 1996
Tabela 1.9. Censo – Distribuição das atividades principais dos beneficiários, por Estado – 1996
Tabela 1.10. Censo – Distribuição de outras habilidades que os beneficiários possuem, por Estado – 1996
Tabela 1.11. Censo – Porcentagem do ano de ocupação da área pelos beneficiários, por Estado – 1996
Tabela 1.12. Censo – Distribuição das formas de exploração dos beneficiários, por Estado –1996
Tabela 1.13. Censo – Porcentagem dos locais de moradias dos beneficiários, por Estado – 1996
Tabela 1.14. Censo – Freqüências da faixa etária do cônjuge segundo classes, por Estado – 1996
Tabela 1.15. Censo – Porcentagens da faixa etária do cônjuge segundo classes, por Estado – 1996
Tabela 1.16. Censo – Situação quanto ao estudo dos côjuges, por Estado – 1996
Tabela 1.17. Censo – Freqüência do nível de estudo dos cônjuges, por Estado – 1996
Tabela 1.18. Censo – Distribuição das atividades principais dos cônjuges, por Estado – 1996
Tabela 1.19. Censo – Distribuição de outras habilidades dos cônjuges, por Estado – 1996

Tabela 1.20. Amostra – Tamanho das amostras nos Estados, Regiões e no País – 1996
Tabela 1.21. Amostra – 30 atividades dos beneficiários antes de seu assentamento, Brasil – as 30 mais freqüentes – 1996
Tabela 1.22. Amostra – Localização do chefe da família antes do assentamento, por Região – 1996
Tabela 1.23. Amostra – Perfil da relação trabalho/produção/situação, por Região – 1996
Tabela 1.24. Amostra – Opinião quanto à distribuição de material escolar e merenda, por Região – 1996
Tabela 1.25. Amostra – Participação do beneficiário em organizações, por Região – 1996
Tabela 1.26. Amostra – Renda monetária familiar média, segundo Região, em Reais – 1996
Tabela 1.27. Amostra – Renda monetária associativa média, segundo Região, em Reais – 1996
Tabela 1.28. Amostra – Tipos de habitação, por Região – 1996
Tabela 1.29. Amostra – Estado de conservação da habitação, por Região – 1996
Tabela 1.30. Amostra – Fonte de água da habitação, por Região – 1996
Tabela 1.31. Amostra – Condições hidrosanitárias da habitação, por Estado – 1996
Tabela 1.32. Amostra – Energia utilizada pela habitação, por Região – 1996
Tabela 1.33. Amostra – Existência e qualidade da assistência hospitalar, por Região – 1996
Tabela 1.34. Amostra – Existência e qualidade da assistência nos postos de saúde, por Região – 1996
Tabela 1.35. Amostra – Existência e qualidade dos agentes de saúde, por Região – 1996
Tabela 1.36. Amostra – As 10 doenças mais freqüentes na família, por Região – 1996
Tabela 1.37. Amostra – Doenças mais freqüentes na família – Brasil – 1996
Tabela 1.38. Amostra – Porcentagem de créditos de alimentação recebidos desde 1985, por Região – 1996
Tabela 1.39. Amostra – Porcentagem de créditos de fomento agrícola recebidos desde 1985, por Região – 1996
Tabela 1.40. Amostra – Porcentagem de créditos de habitação recebidos desde 1985, por Região – 1996
Tabela 1.41. Amostra – Taxa de resposta à questão sobre PROCERA
Tabela 1.42. Amostra – Dentre os que responderam PROCERA Custeio, o nº de vezes que recebeu
Tabela 1.43. Amostra – Dentre os que responderam PROCERA Investimento, o nº de vezes que recebeu
Tabela 1.44. Amostra – Nível tecnológico utilizado nas práticas agropecuárias, por Estado – 1996
Tabela 1.45. Amostra – Nível tecnológico utilizado nas práticas agropecuárias, por Região – 1996
Tabela 1.46. Amostra – Opinião quanto ao nível de atendimento da assistência técnica, por Estado – 1996
Tabela 1.47. Amostra – Opinião quanto ao nível de atendimento da assistência técnica, por Região – 1996
Tabela 1.48. Amostra – Produção agropecuária dos beneficiários, por Região – 1996
Tabela 1.48a. Amostra – Presença do uso de sistemas de irrigação, por Estado – 1996
Tabela 1.48b. Amostra – Presença do uso de sistemas de irrigação, por Região – 1996
Tabela 1.48c. Amostra – Dentre os que usam sistema de irrigação, que técnica utilizam, por Estado – 1996
Tabela 1.48d. Amostra – Dentre os que usam sistema de irrigação, que técnica utilizam, por Região – 1996
Tabela 1.49. Amostra – Efetivo animal dos beneficiários, por Região – 1996
Tabela 1.50. Amostra – Percentual de beneficiários que possuem veículos e implementos agrícolas, por Região – 1996
Tabela 1.51. Amostra – Porcentagem de beneficiários que possuem veículos e implementos agrícola – 1996
Tabela 1.52. Amostra – Percentual de beneficiários que possuem implementos agrícolas manuais – 1996
Tabela 1.53. Amostra – Porcentagem de beneficiários que possuem implementos agrícolas manual, Brasil – 1996
Tabela 1.54. Amostra – Porcentagem de beneficiários que possuem eletrodomésticos, por Região – 1996

Tabela 0.1 – Total estimado de beneficiários, considerando estimativa de não-cobertura pelo supervisor

Estado	Beneficiários Recenseados	Estimativa de não Atingimendo do Supervisor	Total de Beneficiários Estimado	INCRA: Capacidade de Beneficiários (apenas Pas)	Razão entre Tot. CENSO e PAs
AC	7.368	15%	8473,2	5.844	144,99%
AM	5.261	35%	7102,35	11.139	63,76%
AP	1.458	35%	1968,3	4.632	42,49%
PA	21.308	40%	29831,2	46.560	64,07%
RR	3.074	50%	4611	8.322	55,41%
RO	12.016	30%	15620,8	18.708	83,50%
TO	5.599	20%	6718,8	8.777	76,55%
NORTE	56.084	–	74325,65	103.982	71,48%
AL	1.607	10%	1767,7	1.899	93,09%
BA	8.787	20%	10544,4	15.709	67,12%
CE	9.250	13%	10452,5	11.262	92,81%
MA	27.455	20%	32946	33.903	97,18%
PB	3.716	15%	4273,4	4.329	98,72%
PE	3.369	15%	3874,35	3.949	98,11%
PI	3.569	20%	4282,8	6.160	69,53%
RN	4.124	6%	4371,44	5.630	77,65%
SE	1.523	2%	1553,46	2.141	72,56%
NORDESTE	63.400	–	74066,05	84.982	87,15%
ES	542	40%	758,8	934	81,24%
MG	2.793	15%	3211,95	4.156	77,28%
RJ	2.614	15%	3006,1	2.330	129,02%
SP	3.597	5%	3776,85	2.348	160,85%
SUDESTE	9.546	–	10753,7	9.768	110,09%
PR	3.118	20%	3741,6	4.841	77,29%
RS	2.604	10%	2864,4	2.964	96,64%
SC	2.756	10%	3031,6	3.447	87,95%
SUL	8.478	–	9637,6	11.252	85,65%
GO	2.580	15%	2967	9.067	32,72%
MS	5.941	20%	7129,2	5.845	121,97%
MT	13.749	35%	18561,15	29.277	63,40%
CENTROESTE	22.270	–	28657,35	44.189	64,85%
TOTAL	159.778	–	197440,35	254.173	77,68%

Fonte: 1°CensodaReformaAgrária-INCRA/CRUB/UnB

Tabela 0.2 – Comparação entre os resultados do Censo e a capacidade de beneficiários, tanto em relação aos PAs quanto em relação aos PCs

Estado	INCRA: capacidade de Beneficiários (apenas PA)	INCRA: capacidade de Beneficiários (Pas e PCs)	Beneficiários Recenseados	Razão entre CENSO e PAs	Razão entre CENSO e (PAs+PCs)
AC	5.844	13.080	7.368	126,08%	56,33%
AM	11.139	18.639	5.261	47,23%	28,23%
AP	4.632	4.632	1.458	31,48%	31,48%
PA	46.560	69.822	21.308	45,76%	30,52%
RR	8.322	21.662	3.074	36,94%	14,19%
RO	18.708	26.359	12.016	64,23%	45,59%
TO	8.777	8.777	5.599	63,79%	63,79%
NORTE	103.982	162.971	56.084	53,94%	34,41%
AL	1.899	1.899	1.607	84,62%	84,62%
BA	15.709	15.795	8.787	55,94%	55,63%
CE	11.262	12.300	9.250	82,13%	75,20%
MA	33.903	41.030	27.455	80,98%	66,91%
PB	4.329	5.300	3.716	85,84%	70,11%
PE	3.949	4.066	3.369	85,31%	82,86%
PI	6.160	6.305	3.569	57,94%	56,61%
RN	5.630	5.630	4.124	73,25%	73,25%
SE	2.141	2.141	1.523	71,13%	71,13%
NORDESTE	84.982	94.466	63.400	74,60%	67,11%
ES	934	934	542	58,03%	58,03%
MG	4.156	4.156	2.793	67,20%	67,20%
RJ	2.330	3.151	2.614	112,19%	82,96%
SP	2.348	2.691	3.597	153,19%	133,67%
SUDESTE	9.768	10.932	9.546	97,73%	87,32%
PR	4.841	5.585	3.118	64,41%	55,83%
RS	2.964	3.098	2.604	87,85%	84,05%
SC	3.447	3.531	2.756	79,95%	78,05%
SUL	11.252	12.214	8.478	75,35%	69,41%
GO	9.067	9.155	2.580	28,45%	28,18%
MS	5.845	6.676	5.941	101,64%	88,99%
MT	29.277	35.326	13.749	46,96%	38,92%
CENTROESTE	44.189	51.157	22.270	50,40%	43,53%
TOTAL	254.173	331.740	159.778	62,86%	48,16%

Fonte: I CensodaReformaAgrária-INCRA/CRUB/UnB

Tabela 0.3 – Distribuição das famílias segundo o ano de criação dos Projetos de Assentamento

Estado	Número de famílias				(%)de famílias			
	Por ano de criação do projeto				Por ano de criação do projeto			
	Até 85	86-94	95-96	Não identif.	Até 85	86-94	95-96	Não identif.
AC	1.875	1.898	533	3.044	25,51	25,82	7,25	41,41
AM	1.274	3.555	348	22	24,50	68,38	6,69	0,42
AP	-	1.082	334	1	-	76,36	23,57	0,07
PA	64	13.332	6.758	801	0,31	63,62	32,25	3,82
RR	4.650	5.761	1.315	56	39,47	48,90	11,16	0,48
RO	1.424	371	1.248	5	46,72	12,17	40,94	0,16
TO	-	3.637	1.764	60	-	66,60	32,30	1,10
NORTE	9.287	29.636	12.300	3.989	16,82	53,68	22,28	7,22
AL	-	706	858	4	-	45,03	54,72	0,26
BA	133	5.215	3.008	364	1,53	59,81	34,50	4,17
CE	1.060	4.583	3.531	17	11,53	49,86	38,42	0,18
MA	6	13.986	13.107	14	0,02	51,58	48,34	0,05
PB	-	1.136	2.548	19	-	30,68	68,81	0,51
PE	424	1.707	1.165	25	12,77	51,40	35,08	0,75
PI	63	1.174	2.310	2	1,78	33,08	65,09	0,06
RN	63	2.147	1.841	47	1,54	52,39	44,92	1,15
SE	86	917	510	9	5,65	60,25	33,51	0,59
NORDESTE	1.835	31.571	28.878	501	2,92	50,28	46,00	0,80
ES	-	309	231	2	-	57,01	42,62	0,37
MG	-	1.983	754	14	-	72,08	27,41	0,51
RJ	565	1.680	360	-	21,69	64,49	13,82	-
SP	332	1.397	500	1.362	9,25	38,90	13,92	37,93
SUDESTE	897	5.369	1.845	1.378	9,45	56,58	19,44	14,52
PR	318	2.150	593	10	10,35	70,01	19,31	0,33
RS	2	1.612	943	13	0,08	62,72	36,69	0,51
SC	82	1.986	655	2	3,01	72,88	24,04	0,07
SUL	402	5.748	2.191	25	4,81	68,71	26,19	0,30
GO	78	869	1.613	2	3,04	33,92	62,96	0,08
MS	743	3.945	1.080	36	12,80	67,97	18,61	0,62
MT	4	5.632	7.785	120	0,03	41,59	57,49	0,89
CENTROESTE	825	10.446	10.478	158	3,77	47,68	47,83	0,72
TOTAL	13.246	82.770	55.692	6.051	8,40	52,47	35,30	3,84

Fonte: I Censo da Reforma Agrária-INCRA/CRUB/UnB

Tabela 1.1 – Censo – Distribuição dos projetos e beneficiários recenseados, por Estado – 1996

Estado	Projetos (1)	Beneficiários recenseados	% no País	Beneficiários identificados (2)	% de beneficiários identificados
AC	29	7.368	4,61	7.350	99,76
AL	15	1.607	1,01	1.568	97,57
AM	25	5.261	3,29	5.199	98,82
AP	11	1.458	0,91	1.417	97,19
BA	76	8.787	5,50	8.720	99,24
CE	132	9.250	5,79	9.191	99,36
ES	11	542	0,34	542	100,00
GO	51	2.580	1,61	2.562	99,30
MA	137	27.455	17,18	27.112	98,75
MG	44	2.793	1,75	2.751	98,50
MS	31	5.941	3,72	5.804	97,69
MT	116	13.749	8,61	13.541	98,49
PA	102	21.308	13,34	20.954	98,34
PB	60	3.716	2,33	3.703	99,65
PE	67	3.369	2,11	3.321	98,58
PI	29	3.569	2,23	3.549	99,44
PR	68	3.118	1,95	3.071	98,49
RJ	24	2.614	1,64	2.605	99,66
RN	57	4.124	2,58	4.098	99,37
RO	46	12.016	7,52	11.782	98,05
RR	20	3.074	1,92	3.048	99,15
RS	42	2.604	1,63	2.570	98,69
SC	72	2.756	1,72	2.725	98,88
SE	22	1.523	0,95	1.522	99,93
SP	44	3.597	2,25	3.591	99,83
TO	94	5.599	3,50	5.461	97,54
Total	1.425	159.778	100,00%	157.757	98,74%

Fonte: I Censo da Reforma Agrária - INCRA/CRUB/UnB.

Nota: 1 – Este número refere-se aos PAs que sofreram crítica eletrônica. Os números reais de PAs recenseados é de 1.460 (criados até 31/10/96).

2 – Beneficiários identificados são aqueles cujos PAs foram identificados.

Tabela 1.2 – Censo – Distribuição da nacionalidade dos beneficiários, por Estado – 1996

	Não Respondeu		Nacionalidade Brasileira		Nacionalidade Estrangeira	
Estado	Freqüência	%	Freqüência	%	Freqüência	%
AC	278	3,78	7.024	95,56	48	0,65
AL	14	0,89	1.553	99,04	1	0,06
AM	444	8,54	4.732	91,02	23	0,44
AP	13	0,92	1.404	99,08	-	-
BA	328	3,76	8.383	96,14	9	0,10
CE	166	1,81	9.019	98,13	6	0,07
ES	9	1,66	532	98,16	1	0,18
GO	92	3,59	2.464	96,17	6	0,23
MA	397	1,46	26.679	98,40	36	0,13
MG	306	11,12	2.443	88,80	2	0,07
MS	282	4,86	5.508	94,90	14	0,24
MT	669	4,94	12.859	94,96	13	0,10
PA	999	4,77	19.905	94,99	50	0,24
PB	82	2,21	3.613	97,57	8	0,22
PE	368	11,08	2.945	88,68	8	0,24
PI	20	0,56	3.520	99,18	9	0,25
PR	32	1,04	3.031	98,70	8	0,26
RJ	28	1,07	2.557	98,16	20	0,77
RN	395	9,64	3.694	90,14	9	0,22
RO	793	6,73	10.947	92,91	42	0,36
RR	10	0,33	3.030	99,41	8	0,26
RS	165	6,42	2.399	93,35	6	0,23
SC	29	1,06	2.689	98,68	7	0,26
SE	33	2,17	1.487	97,70	2	0,13
SP	108	3,01	3.476	96,80	7	0,19
TO	69	1,26	5.383	98,57	9	0,16
Total	6.129	3,89%	151.276	95,89%	352	0,22%

Fonte: I Censo da Reforma Agrária - INCRA/CRUB/UnB

Tabela 1.3 – Censo – Número de beneficiários segundo classe de idade, por Estado – 1996

Estado	Classes de Idade (anos)							
	até 19	19-22	23-27	28-35	36-47	48-57	58-65	mais de 65
AC	1.611	245	592	1.135	1.727	1.068	541	431
AL	54	31	140	283	526	375	109	50
AM	457	238	546	1.018	1.561	791	366	222
AP	67	80	156	315	410	215	93	81
BA	550	157	571	1.476	2.368	2.009	985	604
CE	244	323	892	2.034	2.690	1.816	752	440
ES	42	5	28	77	168	142	57	23
GO	98	37	155	427	846	620	259	120
MA	1.494	1.261	2.860	5.477	7.624	4.926	2.155	1.315
MG	276	40	165	427	789	561	256	237
MS	407	172	408	1.051	1.591	1.144	654	377
MT	458	479	1.384	2.905	4.028	2.543	1.192	552
PA	662	798	2.001	4.174	6.248	4.061	1.903	1.106
PB	78	87	330	716	936	700	400	456
PE	100	64	278	641	913	728	369	228
PI	121	212	443	870	1.017	649	195	42
PR	117	75	265	606	1.079	612	238	79
RJ	152	37	165	477	710	509	278	277
RN	173	95	310	819	1.183	903	375	240
RO	791	328	961	2.275	3.749	2.059	1.047	571
RR	140	78	283	620	979	587	256	105
RS	154	130	339	565	830	354	117	81
SC	157	73	260	686	876	444	166	63
SE	61	21	129	237	476	403	134	61
SP	219	40	187	582	990	897	491	185
TO	296	93	327	878	1.703	1.218	625	321
Total	8.976	5.206	14.182	30.763	46.018	30.337	14.009	8.266

Fonte: I Censo da Reforma Agrária - INCRA/CRUB/UnB

Tabela 1.4 – Censo – Porcentagem de beneficiários segundo classe de idade, por Estado – 1996

Estado	Classes de Idade (anos)							
	% até 19	% 19-22	% 23-27	% 28-35	% 36-47	% 48-57	% 58-65	% mais de 65
AC	21,92	3,33	8,05	15,44	23,50	14,53	7,36	5,86
AL	3,44	1,98	8,93	18,05	33,55	23,92	6,95	3,19
AM	8,79	4,58	10,50	19,58	30,03	15,21	7,04	4,27
AP	4,73	5,65	11,01	22,23	28,93	15,17	6,56	5,72
BA	6,31	1,80	6,55	16,93	27,16	23,04	11,30	6,93
CE	2,65	3,51	9,71	22,13	29,27	19,76	8,18	4,79
ES	7,75	0,92	5,17	14,21	31,00	26,20	10,52	4,24
GO	3,83	1,44	6,05	16,67	33,02	24,20	10,11	4,68
MA	5,51	4,65	10,55	20,20	28,12	18,17	7,95	4,85
MG	10,03	1,45	6,00	15,52	28,68	20,39	9,31	8,62
MS	7,01	2,96	7,03	18,11	27,41	19,71	11,27	6,50
MT	3,38	3,54	10,22	21,45	29,75	18,78	8,80	4,08
PA	3,16	3,81	9,55	19,92	29,82	19,38	9,08	5,28
PB	2,11	2,35	8,91	19,34	25,28	18,90	10,80	12,31
PE	3,01	1,93	8,37	19,30	27,49	21,92	11,11	6,87
PI	3,41	5,97	12,48	24,51	28,66	18,29	5,49	1,18
PR	3,81	2,44	8,63	19,73	35,14	19,93	7,75	2,57
RJ	5,83	1,42	6,33	18,31	27,26	19,54	10,67	10,63
RN	4,22	2,32	7,56	19,99	28,87	22,04	9,15	5,86
RO	6,71	2,78	8,16	19,31	31,82	17,48	8,89	4,85
RR	4,59	2,56	9,28	20,34	32,12	19,26	8,40	3,44
RS	5,99	5,06	13,19	21,98	32,30	13,77	4,55	3,15
SC	5,76	2,68	9,54	25,17	32,15	16,29	6,09	2,31
SE	4,01	1,38	8,48	15,57	31,27	26,48	8,80	4,01
SP	6,10	1,11	5,21	16,21	27,57	24,98	13,67	5,15
TO	5,42	1,70	5,99	16,08	31,18	22,30	11,44	5,88
Total	5,69%	3,30%	8,99%	19,50%	29,17%	19,23%	8,88%	5,24%

Fonte: I Censo da Reforma Agrária - INCRA/CRUB/UnB

Tabela 1.5 – Censo – Número de estados civis declarados pelos beneficiários, por Estado – 1996

Estado	Um estado civil		Mais de um estado civil		Não respondeu	
	Freqüência	%	Freqüência	%	Freqüência	%
AC	1.208	16,44	5.923	80,59	219	2,98
AL	1.547	98,66	13	0,83	8	0,51
AM	4.867	93,61	7	0,13	325	6,25
AP	1.410	99,51	3	0,21	4	0,28
BA	8.351	95,77	70	0,80	299	3,43
CE	9.093	98,93	19	0,21	79	0,86
ES	521	96,13	1	0,18	20	3,69
GO	2.512	98,05	1	0,04	49	1,91
MA	26.389	97,33	393	1,45	330	1,22
MG	2.442	88,77	3	0,11	306	11,12
MS	5.510	94,93	1	0,02	293	5,05
MT	12.992	95,95	10	0,07	539	3,98
PA	20.389	97,30	136	0,65	429	2,05
PB	3.660	98,84	5	0,14	38	1,03
PE	3.082	92,80	-	-	239	7,20
PI	3.483	98,14	44	1,24	22	0,62
PR	3.044	99,12	10	0,33	17	0,55
RJ	889	34,13	1.701	65,30	15	0,58
RN	3.824	93,31	2	0,05	272	6,64
RO	10.852	92,11	9	0,08	921	7,82
RR	3.009	98,72	22	0,72	17	0,56
RS	2.369	92,18	2	0,08	199	7,74
SC	2.030	74,50	666	24,44	29	1,06
SE	1.490	97,90	-	-	32	2,10
SP	3.435	95,66	8	0,22	148	4,12
TO	5.369	98,32	19	0,35	73	1,34
Total	143.767	91,13%	9.068	5,75%	4.922	3,12%

Fonte: I Censo da Reforma Agrária - INCRA/CRUB/UnB

Tabela 1.6 – Censo – Distribuição do sexo dos beneficiários, por Estado – 1996

Estado	Sexo Masculino		Sexo Feminino		Não respondeu	
	Freqüência	%	Freqüência	%	Freqüência	%
AC	5.979	81,35	1.048	14,26	323	4,39
AL	1.344	85,71	215	13,71	9	0,57
AM	4.071	78,30	880	16,93	248	4,77
AP	1.177	83,06	228	16,09	12	0,85
BA	7.253	83,18	1.262	14,47	205	2,35
CE	8.394	91,33	749	8,15	48	0,52
ES	465	85,79	70	12,92	7	1,29
GO	2.327	90,83	219	8,55	16	0,62
MA	22.738	83,87	3.962	14,61	412	1,52
MG	2.243	81,53	297	10,80	211	7,67
MS	4.919	84,75	678	11,68	207	3,57
MT	11.766	86,89	1.629	12,03	146	1,08
PA	17.793	84,91	2.875	13,72	286	1,36
PB	3.056	82,53	626	16,91	21	0,57
PE	2.744	82,63	547	16,47	30	0,90
PI	3.057	86,14	476	13,41	16	0,45
PR	2.836	92,35	221	7,20	14	0,46
RJ	2.122	81,46	466	17,89	17	0,65
RN	3.678	89,75	340	8,30	80	1,95
RO	10.489	89,03	968	8,22	325	2,76
RR	2.497	81,92	532	17,45	19	0,62
RS	2.289	89,07	240	9,34	41	1,60
SC	2.498	91,67	198	7,27	29	1,06
SE	1.262	82,92	244	16,03	16	1,05
SP	3.076	85,66	476	13,26	39	1,09
TO	4.938	90,42	459	8,41	64	1,17
Total	135.011	85,58%	19.905	12,62%	2.841	1,80%

Fonte: I Censo da Reforma Agrária - INCRA/CRUB/UnB

Tabela 1.7: Censo – Situação quanto ao estudo dos beneficiários, por Estado – 1996

Estado	Estuda		Não estuda	
	Freqüência	%	Freqüência	%
AC	183	2,49	7.167	97,51
AL	98	6,25	1.470	93,75
AM	136	2,62	5.063	97,38
AP	51	3,60	1.366	96,40
BA	217	2,49	8.503	97,51
CE	314	3,42	8.877	96,58
ES	13	2,40	529	97,60
GO	30	1,17	2.532	98,83
MA	410	1,51	26.702	98,49
MG	40	1,45	2.711	98,55
MS	137	2,36	5.667	97,64
MT	214	1,58	13.327	98,42
PA	489	2,33	20.465	97,67
PB	134	3,62	3.569	96,38
PE	180	5,42	3.141	94,58
PI	169	4,76	3.380	95,24
PR	116	3,78	2.955	96,22
RJ	28	1,07	2.577	98,93
RN	118	2,88	3.980	97,12
RO	114	0,97	11.668	99,03
RR	172	5,64	2.876	94,36
RS	35	1,36	2.535	98,64
SC	23	0,84	2.702	99,16
SE	84	5,52	1.438	94,48
SP	57	1,59	3.534	98,41
TO	98	1,79	5.363	98,21
Total	3.660	2,32%	154.097	97,68%

Fonte: I Censo da Reforma Agrária - INCRA/CRUB/UnB

Tabela 1.8 – Censo – Porcentagens do nível de estudo dos beneficiários, por Estado – 1996

Estado	I	II	III	IV	V	VI	VII	VIII	IX	X	XI	XII	XIII	XIV	XV	XVI	XVII	XVIII
AC	26,60	7,02	2,41	7,25	7,06	6,11	11,46	3,89	1,65	1,17	2,79	0,31	0,52	1,88	0,22	0,46	0,07	19,14
AL	46,36	13,27	4,08	7,21	5,55	5,48	7,08	3,00	1,28	0,57	1,66	0,38	0,19	1,15	0,06	0,06	-	2,61
AM	16,02	6,54	3,35	8,23	9,23	9,50	14,96	8,00	3,10	2,65	4,79	0,73	0,90	3,42	0,17	0,25	0,04	8,10
AP	28,72	5,36	1,27	11,64	10,59	8,05	12,14	6,70	1,69	2,05	4,09	0,99	0,92	2,33	0,14	0,14	0,42	2,75
BA	34,36	16,49	4,43	9,13	7,92	6,70	7,79	3,25	0,84	0,75	1,26	0,25	0,26	1,00	0,06	0,09	0,05	5,39
CE	49,83	7,58	4,22	9,20	8,52	6,84	5,96	2,34	0,72	0,45	0,77	0,18	0,11	0,35	0,03	-	0,03	2,85
ES	32,84	6,09	1,29	7,01	8,12	9,78	19,37	2,95	2,21	0,92	2,21	0,18	0,55	0,55	-	-	-	5,90
GO	19,63	12,65	3,36	7,22	10,97	9,60	16,59	5,58	2,77	1,72	3,28	0,31	0,62	2,58	0,08	0,04	0,16	2,85
MA	44,78	12,96	3,81	7,96	7,13	6,41	6,36	2,70	0,98	0,71	1,21	0,20	0,14	0,44	0,02	0,03	0,03	4,12
MG	23,99	4,98	0,73	9,92	11,67	12,65	15,70	3,56	1,34	1,09	1,93	0,36	0,47	0,84	0,07	0,07	0,15	10,47
MS	20,50	5,10	2,19	10,27	11,58	10,72	16,56	7,00	2,41	1,93	3,31	0,33	0,45	1,86	0,21	0,14	0,16	5,31
MT	18,43	4,22	1,99	8,40	10,42	10,76	18,26	8,15	3,54	2,91	4,65	0,78	0,90	3,09	0,29	0,32	0,10	2,81
PA	28,62	9,24	5,03	10,49	11,85	9,36	10,84	4,58	1,69	1,26	2,07	0,55	0,48	1,28	0,08	0,12	0,10	2,34
PB	40,40	18,58	3,38	9,72	6,75	5,78	7,37	2,27	1,03	0,73	1,19	0,43	0,11	1,00	0,05	0,03	0,11	1,08
PE	35,89	14,33	2,02	9,09	9,42	7,59	9,85	2,92	1,26	0,69	1,17	0,21	0,39	1,08	-	0,09	0,15	3,82
PI	28,77	25,64	4,48	5,38	7,04	7,41	10,54	2,73	1,44	0,68	1,83	0,65	0,20	0,90	0,03	0,06	0,14	2,09
PR	13,22	4,14	1,69	9,41	13,64	13,61	24,75	7,49	2,51	1,76	2,61	0,29	0,46	0,62	0,13	0,03	0,26	3,39
RJ	19,88	7,10	2,38	5,26	9,44	11,44	16,93	6,33	2,15	1,96	3,22	0,46	0,65	2,65	0,15	0,61	0,08	9,29
RN	28,53	26,57	3,54	6,59	7,30	6,81	7,42	2,81	1,22	0,73	1,51	0,34	0,32	0,63	-	0,02	0,07	5,59
RO	19,11	6,15	3,07	7,62	10,66	10,18	20,34	4,59	2,30	1,62	3,67	0,21	0,76	2,14	0,13	0,84	0,01	6,59
RR	21,23	10,47	3,41	10,53	9,25	8,43	12,50	7,32	2,26	1,80	4,63	0,79	1,05	2,10	0,46	0,03	0,13	3,61
RS	7,16	3,23	0,74	4,67	8,44	12,33	21,32	20,12	5,29	2,88	3,77	0,70	0,74	1,91	0,23	0,23	-	6,23
SC	10,94	2,39	0,77	8,40	10,24	11,93	35,67	6,39	1,61	0,99	3,41	0,33	0,26	0,62	0,15	-	0,07	5,83
SE	46,45	11,63	1,84	9,59	6,70	5,65	7,16	2,50	1,31	0,99	1,38	0,59	0,26	0,85	0,13	-	0,26	2,69
SP	14,42	3,87	1,00	7,94	10,44	10,33	21,80	5,90	3,29	2,98	4,71	1,06	1,34	3,82	0,53	0,50	0,03	6,04
TO	27,56	9,71	2,25	10,79	9,63	9,43	11,90	4,30	1,79	1,48	2,20	0,53	0,53	1,10	0,05	0,04	0,20	6,50
Total	29,52%	9,89%	3,24%	8,62%	9,30%	8,61%	12,58%	4,77%	1,84%	1,37%	2,47%	0,42%	0,48%	1,46%	0,12%	0,19%	0,08%	5,05%

Fonte: I Censo da Reforma Agrária - INCRA/CRUB/UnB

Nota: I - Analfabeto II - Alfabetização(incompleta) III - Alfabetização (completa) IV - 1ª série do 1° grau menor V - 2ª série do 1° grau menor VI - 3ª série do 1° grau menor VII - 4ª série do 1° grau menor VIII - 5ª série do 1° grau maior IX - 6ª série do 1° grau maior X - 7ª série do 1° grau maior XI - 8ª série do 1° grau maior XII - 1ª série do 2° grau XIII - 2ª série do 2° grau XIV - 3ª série do 2° grau XV - Superior (incompleto) XVI - Superior (completo) XVII - Outros XVIII - Ausência de Resposta

Tabela 1.9 – Censo – Distribuição das atividades principais dos beneficiários, por Estado – 1996

Estado	Agricultor/ Camponês		Doméstica		Professora Cursada		Trabalhador Rural		Pecuarista		Outras Atividades		Sem Informação	
	Freqüência	%	Freqüência	%	Freqüência	%	Freqüência	%	Freqüência	%	Freqüência	%	Freqüência	%
AC	4.439	60,39	419	5,70	39	0,53	229	3,12	555	7,55	909	12,37	760	10,34
AL	1.381	88,07	29	1,85	2	0,13	66	4,21	1	0,06	58	3,70	31	1,98
AM	4.049	77,88	235	4,52	64	1,23	35	0,67	55	1,06	463	8,91	298	5,73
AP	1.273	89,84	44	3,11	6	0,42	1	0,07	5	0,35	82	5,79	6	0,42
BA	7.251	83,15	231	2,65	6	0,07	453	5,19	69	0,79	319	3,66	391	4,48
CE	8.105	88,18	289	3,14	13	0,14	43	0,47	16	0,17	619	6,73	106	1,15
ES	321	59,23	19	3,51	-	-	156	28,78	-	-	25	4,61	21	3,87
GO	2.194	85,64	93	3,63	4	0,16	11	0,43	128	5,00	98	3,83	34	1,33
MA	24.215	89,31	736	2,71	58	0,21	54	0,20	31	0,11	1.280	4,72	738	2,72
MG	1.544	56,13	81	2,94	8	0,29	662	24,06	79	2,87	140	5,09	237	8,62
MS	3.576	61,61	252	4,34	17	0,29	418	7,20	748	12,89	555	9,56	238	4,10
MT	9.624	71,07	371	2,74	45	0,33	1.390	10,27	975	7,20	889	6,57	247	1,82
PA	16.372	78,13	1.209	5,77	51	0,24	1.318	6,29	304	1,45	1.365	6,51	335	1,60
PB	3.340	90,20	103	2,78	3	0,08	150	4,05	2	0,05	74	2,00	31	0,84
PE	2.777	83,62	92	2,77	5	0,15	195	5,87	1	0,03	223	6,71	28	0,84
PI	3.097	87,26	187	5,27	4	0,11	77	2,17	-	-	143	4,03	41	1,16
PR	2.919	95,05	16	0,52	17	0,55	5	0,16	6	0,20	65	2,12	43	1,40
RJ	1.790	68,71	163	6,26	4	0,15	65	2,50	35	1,34	431	16,55	117	4,49
RN	3.611	88,12	71	1,73	6	0,15	34	0,83	3	0,07	264	6,44	109	2,66
RO	8.434	71,58	394	3,34	29	0,25	492	4,18	880	7,47	1.103	9,36	450	3,82
RR	2.384	78,22	278	9,12	26	0,85	49	1,61	17	0,56	232	7,61	62	2,03
RS	2.269	88,29	41	1,60	3	0,12	4	0,16	15	0,58	154	5,99	84	3,27
SC	2.596	95,27	10	0,37	7	0,26	2	0,07	1	0,04	40	1,47	69	2,53
SE	1.399	91,92	16	1,05	3	0,20	3	0,20	-	-	64	4,20	37	2,43
SP	2.780	77,42	79	2,20	9	0,25	306	8,52	212	5,90	146	4,07	59	1,64
TO	2.447	44,81	97	1,78	-	-	803	14,70	266	4,87	555	10,16	1.293	23,68
Total	124.187	78,72%	5.555	3,52%	429	0,27%	7.021	4,45%	4.404	2,79%	10.296	6,53%	4.690	2,97%

Fonte: I Censo da Reforma Agrária - INCRA/CRUB/UnB

Tabela 1.10 – Censo – Distribuição de outras habilidades que os beneficiários possuem, por Estado – 1996

Estado	Sem Outra habilidade		Doméstica		Pedreiro		Trabalhador Rural		Pecuarista		Agricultor/ Camponês		Outras Atividades Rurais		Outras Atividades	
	Freqüência	%	Freqüência	%	Freqüência	%	Freqüência	%	Freqüência	%	Freqüência	%	Freqüência	%	Freqüência	%
AC	4.762	64,79	147	2,00	8	0,11	29	0,39	758	10,31	551	7,50	365	4,97	730	9,93
AL	1.353	86,29	32	2,04	15	0,96	18	1,15	3	0,19	33	2,10	Ñ-	Ñ-	114	7,27
AM	2.720	52,32	291	5,60	96	1,85	48	0,92	99	1,90	274	5,27	84	1,62	1.587	30,53
AP	996	70,29	71	5,01	24	1,69	3	0,21	7	0,49	46	3,25	6	0,42	264	18,63
BA	5.453	62,53	528	6,06	299	3,43	214	2,45	85	0,97	310	3,56	503	5,77	1.328	15,23
CE	6.952	75,64	113	1,23	347	3,78	12	0,13	281	3,06	345	3,75	21	0,23	1.120	12,19
ES	345	63,65	17	3,14	18	3,32	40	7,38	3	0,55	10	1,85	25	4,61	84	15,50
GO	1.630	63,62	62	2,42	80	3,12	146	5,70	87	3,40	166	6,48	13	0,51	378	14,75
MA	19.536	72,06	1.069	3,94	221	0,82	145	0,53	85	0,31	638	2,35	1.621	5,98	3.797	14,00
MG	2.105	76,52	72	2,62	88	3,20	38	1,38	37	1,34	79	2,87	4	0,15	328	11,92
MS	2.893	49,84	121	2,08	60	1,03	50	0,86	650	11,20	574	9,89	397	6,84	1.059	18,25
MT	5.244	38,73	635	4,69	230	1,70	2.538	18,74	730	5,39	1.248	9,22	689	5,09	2.227	16,45
PA	15.283	72,94	736	3,51	184	0,88	304	1,45	837	3,99	783	3,74	388	1,85	2.439	11,64
PB	2.678	72,32	247	6,67	102	2,75	12	0,32	25	0,68	85	2,30	17	0,46	537	14,50
PE	2.330	70,16	171	5,15	43	1,29	182	5,48	32	0,96	196	5,90	9	0,27	358	10,78
PI	2.109	59,43	127	3,58	214	6,03	5	0,14	12	0,34	153	4,31	71	2,00	858	24,18
PR	2.144	69,81	87	2,83	83	2,70	4	0,13	45	1,47	120	3,91	35	1,14	553	18,01
RJ	1.630	62,57	94	3,61	87	3,34	23	0,88	36	1,38	217	8,33	30	1,15	488	18,73
RN	2.761	67,37	112	2,73	191	4,66	44	1,07	23	0,56	140	3,42	139	3,39	688	16,79
RO	6.786	57,60	·222	1,88	106	0,90	158	1,34	1.717	14,57	1.010	8,57	345	2,93	1.438	12,21
RR	2.035	66,77	83	2,72	102	3,35	23	0,75	52	1,71	155	5,09	105	3,44	493	16,17
RS	1.544	60,08	94	3,66	53	2,06	74	2,88	70	2,72	66	2,57	94	3,66	575	22,37
SC	2.258	82,86	42	1,54	19	0,70	2	0,07	2	0,07	29	1,06	30	1,10	343	12,59
SE	1.031	67,74	36	2,37	73	4,80	17	1,12	2	0,13	23	1,51	7	0,46	333	21,88
SP	1.729	48,15	123	3,43	64	1,78	592	16,49	240	6,68	258	7,18	54	1,50	531	14,79
TO	3.110	56,95	84	1,54	83	1,52	99	1,81	244	4,47	225	4,12	119	2,18	1.497	27,41
Total	101.417	64,29%	5.416	3,43%	2.890	1,83%	4.820	3,06%	6.162	3,91%	7.734	4,90%	5.171	3,28%	24.147	15,31%

Fonte: I Censo da Reforma Agrária - INCRA/CRUB/UnB

Tabela 1.11 – Censo – Porcentagens do ano de ocupação da área pelos beneficiários, por Estado – 1996

Estado	Classe de Ano									
	antes de 1960	1960 1964	1965 1969	1970 1974	1975 1979	1980 1984	1985 1989	1990 1994	após 1994	Não Respondeu
AC	0,63	0,53	0,72	1,82	2,14	12,80	18,84	30,27	16,64	15,61
AL	2,30	1,59	1,98	3,76	3,00	4,66	8,29	30,29	40,18	3,95
AM	1,19	0,69	0,79	1,46	2,75	5,06	8,04	26,27	44,64	9,10
AP	4,73	2,47	3,03	3,74	3,39	7,13	17,29	19,76	33,24	5,22
BA	2,18	1,02	1,23	1,26	2,19	9,61	42,66	23,52	10,11	6,22
CE	16,60	6,51	5,98	6,26	4,08	5,78	12,99	10,85	24,95	6,01
ES	0,18	-	0,37	-	0,18	1,48	42,25	19,74	30,81	4,98
GO	1,33	0,51	1,17	1,05	1,52	2,07	16,16	42,08	29,59	4,53
MA	7,37	4,14	3,94	6,57	7,13	8,96	19,53	27,90	9,33	5,12
MG	4,87	1,89	1,42	2,07	2,14	3,93	21,74	32,17	14,21	15,56
MS	0,07	-	0,02	0,10	0,40	2,84	24,55	41,45	19,92	10,65
MT	0,24	0,26	0,27	0,69	1,50	6,22	18,12	43,31	23,43	5,97
PA	0,32	0,34	0,29	0,86	1,52	6,98	21,04	39,02	15,30	14,32
PB	21,93	7,80	8,10	8,64	6,10	6,51	11,86	13,83	7,97	7,26
PE	5,03	2,14	2,98	3,52	3,79	5,54	22,73	33,72	15,30	5,24
PI	12,96	5,44	6,85	7,27	5,04	5,07	10,20	16,03	26,01	5,13
PR	0,72	0,16	0,39	0,55	0,78	6,61	56,37	23,54	7,82	3,06
RJ	3,92	2,53	3,80	3,84	3,61	11,17	23,53	25,57	11,71	10,33
RN	0,83	0,27	0,34	0,56	0,59	1,22	24,67	34,38	22,50	14,64
RO	0,10	0,04	0,07	0,19	1,38	7,38	28,54	39,99	16,10	6,20
RR	0,03	-	-	0,16	1,87	6,53	13,02	41,17	33,30	3,90
RS	0,08	0,08	0,00	0,19	0,12	0,16	27,35	31,63	35,72	4,67
SC	0,44	0,22	0,15	0,15	0,18	2,64	48,77	28,73	14,02	4,70
SE	5,39	1,31	1,45	1,45	0,72	1,31	31,54	34,76	14,45	7,62
SP	1,45	1,03	1,31	0,72	0,64	2,51	29,88	25,48	33,83	3,15
TO	0,42	0,48	0,59	1,03	1,68	8,50	23,37	38,51	19,81	5,62
Total	3,79%	1,80%	1,87%	2,62%	2,89%	6,77%	22,47%	31,43%	18,46%	7,90%

Fonte: I Censo da Reforma Agrária - INCRA/CRUB/UnB

Tabela 1.12 – Censo – Distribuição das formas de exploração dos beneficiários, por Estado – 1996

Estado	Exploração individual		Exploração coletiva		Exploração mista	
	Freqüência	%	Freqüência	%	Freqüência	%
AC	6.405	96,88	149	2,25	57	0,86
AL	1.488	96,56	48	3,11	5	0,32
AM	4.606	93,31	265	5,37	65	1,32
AP	1.134	80,71	226	16,09	45	3,20
BA	6.841	82,31	241	2,90	1.229	14,79
CE	2.380	26,19	205	2,26	6.504	71,56
ES	499	93,10	30	5,60	7	1,31
GO	2.273	89,07	172	6,74	107	4,19
MA	23.726	90,63	1.455	5,56	998	3,81
MG	2.275	88,49	139	5,41	157	6,11
MS	5.212	95,37	180	3,29	73	1,34
MT	12.382	94,44	519	3,96	210	1,60
PA	18.998	93,67	1.054	5,20	230	1,13
PB	3.520	95,29	36	0,97	138	3,74
PE	2.284	72,14	312	9,85	570	18,00
PI	2.739	85,22	292	9,09	183	5,69
PR	2.863	93,96	37	1,21	147	4,82
RJ	2.291	95,86	81	3,39	18	0,75
RN	2.970	82,82	254	7,08	362	10,09
RO	10.086	88,09	1.218	10,64	146	1,28
RR	2.793	93,85	143	4,81	40	1,34
RS	1.792	72,05	509	20,47	186	7,48
SC	2.358	89,56	241	9,15	34	1,29
SE	943	62,37	31	2,05	538	35,58
SP	3.358	94,35	176	4,95	25	0,70
TO	5.123	95,31	148	2,75	104	1,93
Total	131.339	86,59%	8.161	5,38%	12.178	8,03%

Fonte: I Censo da Reforma Agrária - INCRA/CRUB/UnB

Tabela 1.13 – Censo – Porcentagens dos locais de moradias dos beneficiários, por Estado – 1996

Estado	Parcela Rural	Parcela Para Rural	Núcleo Urbano	Área Comunitária	Fora do Estado	Não respondeu
AC	73,18	15,99	1,09	0,08	3,03	6,63
AL	32,97	3,70	23,53	36,99	2,61	0,19
AM	37,35	38,68	5,67	8,21	5,40	4,67
AP	64,71	0,78	2,12	19,48	12,42	0,49
BA	58,99	16,49	10,19	7,06	3,82	3,44
CE	39,02	19,38	16,00	13,55	11,40	0,65
ES	51,48	32,10	3,69	2,77	-	9,96
GO	86,57	6,87	2,19	0,43	3,01	0,94
MA	7,37	40,42	42,15	1,25	7,45	1,36
MG	75,06	1,64	6,58	0,76	2,47	13,49
MS	78,64	2,76	1,72	4,93	3,51	8,44
MT	67,37	14,12	6,06	0,85	9,10	2,51
PA	36,83	41,73	14,08	3,48	2,49	1,39
PB	77,23	2,13	12,94	0,27	6,67	0,76
PE	55,56	3,43	10,96	16,95	7,95	5,15
PI	20,17	0,08	36,60	1,32	40,69	1,13
PR	98,99	0,16	0,33	0,10	0,16	0,26
RJ	74,59	7,29	6,22	1,04	7,33	3,53
RN	24,57	9,35	29,48	3,07	28,62	4,90
RO	61,48	28,06	3,92	0,14	2,86	3,55
RR	35,04	49,64	12,01	0,49	2,20	0,62
RS	71,71	4,79	5,10	15,41	0,19	2,80
SC	93,17	0,73	0,55	2,64	0,33	2,57
SE	17,74	13,34	58,28	2,37	7,23	1,05
SP	83,54	1,03	7,41	4,71	0,84	2,48
TO	65,08	16,04	9,23	3,86	4,34	1,45
Total	48,41%	22,50%	15,75%	4,03%	6,56%	2,75%

Fonte: I Censo da Reforma Agrária - INCRA/CRUB/UnB

Tabela 1.14 – Censo – Freqüências da faixa etária do cônjuge segundo classes, por Estado – 1996

Estado	Classes de Idade (anos)							
	até 19	19-22	23-27	28-35	36-47	48-57	58-65	mais de 65
AC	195	375	606	950	1.285	714	283	444
AL	42	73	148	272	407	177	63	45
AM	146	296	439	771	1.090	440	182	135
AP	47	89	137	209	248	112	45	28
BA	185	387	712	1.390	2.116	1.319	518	415
CE	236	560	960	1.784	2.304	1.184	442	335
ES	11	22	39	74	134	103	28	16
GO	49	122	225	474	695	380	119	78
MA	1.086	1.904	2.781	4.531	6.029	2.910	1.062	717
MG	43	88	210	453	642	363	142	114
MS	146	308	494	961	1.404	716	291	216
MT	290	620	1.135	2.334	3.062	1.554	532	333
PA	764	1.295	1.926	3.473	4.937	2.564	882	563
PB	74	229	345	620	768	517	266	199
PE	76	181	298	525	730	456	198	163
PI	94	232	392	681	879	417	121	43
PR	92	169	311	651	917	386	126	43
RJ	34	98	190	402	564	329	156	227
RN	119	178	330	773	1.003	605	187	237
RO	284	693	1.151	2.118	3.014	1.506	505	260
RR	66	129	228	463	715	338	105	59
RS	70	129	201	460	628	194	52	57
SC	82	198	326	553	669	305	73	60
SE	27	62	104	228	391	220	69	39
SP	41	84	207	511	904	647	245	142
TO	112	226	430	909	1.509	814	283	151
Total	4.411	8.747	14.325	26.570	37.044	19.270	6.975	5.119

Fonte: I Censo da Reforma Agrária - INCRA/CRUB/UnB

Tabela 1.15 – Censo – Porcentagens da faixa etária do cônjuge segundo classes, por Estado – 1996

Estado	Classes de Idade (anos)							
	até 19	19-22	23-27	28-35	36-47	48-57	58-65	mais de 65
AC	4,02	7,73	12,49	19,58	26,48	14,72	5,83	9,15
AL	3,42	5,95	12,06	22,17	33,17	14,43	5,13	3,67
AM	4,17	8,46	12,55	22,03	31,15	12,58	5,20	3,86
AP	5,14	9,73	14,97	22,84	27,10	12,24	4,92	3,06
BA	2,63	5,50	10,11	19,74	30,05	18,73	7,36	5,89
CE	3,02	7,17	12,30	22,86	29,52	15,17	5,66	4,29
ES	2,58	5,15	9,13	17,33	31,38	24,12	6,56	3,75
GO	2,29	5,70	10,50	22,13	32,45	17,74	5,56	3,64
MA	5,17	9,06	13,23	21,56	28,68	13,84	5,05	3,41
MG	2,09	4,28	10,22	22,04	31,24	17,66	6,91	5,55
MS	3,22	6,79	10,89	21,19	30,95	15,78	6,42	4,76
MT	2,94	6,29	11,51	23,67	31,05	15,76	5,40	3,38
PA	4,66	7,89	11,74	21,17	30,10	15,63	5,38	3,43
PB	2,45	7,59	11,43	20,54	25,45	17,13	8,81	6,59
PE	2,89	6,89	11,34	19,98	27,79	17,36	7,54	6,20
PI	3,29	8,11	13,71	23,82	30,75	14,59	4,23	1,50
PR	3,41	6,27	11,54	24,16	34,03	14,32	4,68	1,60
RJ	1,70	4,90	9,50	20,10	28,20	16,45	7,80	11,35
RN	3,47	5,19	9,62	22,52	29,22	17,63	5,45	6,91
RO	2,98	7,27	12,08	22,22	31,62	15,80	5,30	2,73
RR	3,14	6,13	10,84	22,02	34,00	16,07	4,99	2,81
RS	3,91	7,20	11,22	25,68	35,06	10,83	2,90	3,18
SC	3,62	8,74	14,39	24,40	29,52	13,46	3,22	2,65
SE	2,37	5,44	9,12	20,00	34,30	19,30	6,05	3,42
SP	1,47	3,02	7,44	18,37	32,51	23,27	8,81	5,11
TO	2,53	5,10	9,70	20,50	34,03	18,36	6,38	3,41
Total	3,60%	7,14%	11,70%	21,70%	30,25%	15,74%	5,70%	4,18%

Fonte: I Censo da Reforma Agrária - INCRA/CRUB/UnB

Tabela 1.16 – Censo – Situação quanto ao estudo dos cônjuges, por Estado – 1996

Estado	Estuda		Não estuda	
	Freqüência	Porcentagem	Freqüência	Porcentagem
AC	173	2,35	7.177	97,65
AL	44	2,81	1.524	97,19
AM	141	2,71	5.058	97,29
AP	47	3,32	1.370	96,68
BA	231	2,65	8.489	97,35
CE	239	2,60	8.952	97,40
ES	7	1,29	535	98,71
GO	46	1,80	2.516	98,20
MA	399	1,47	26.713	98,53
MG	53	1,93	2.698	98,07
MS	127	2,19	5.677	97,81
MT	178	1,31	13.363	98,69
PA	507	2,42	20.447	97,58
PB	91	2,46	3.612	97,54
PE	110	3,31	3.211	96,69
PI	120	3,38	3.429	96,62
PR	153	4,98	2.918	95,02
RJ	17	0,65	2.588	99,35
RN	125	3,05	3.973	96,95
RO	161	1,37	11.621	98,63
RR	170	5,58	2.878	94,42
RS	23	0,89	2.547	99,11
SC	31	1,14	2.694	98,86
SE	68	4,47	1.454	95,53
SP	45	1,25	3.546	98,75
TO	148	2,71	5.313	97,29
Total	3.454	2,19%	154.303	97,81%

Fonte: I Censo da Reforma Agrária - INCRA/CRUB/UnB

Tabela 1.17 – Censo – Freqüência do nível de estudo dos cônjuges, por Estado – 1996

Estado	I	II	III	IV	V	VI	VII	VIII	IX	X	XI	XII	XIII	XIV	XV	XVI	XVII	XVIII
AC	1386	408	179	444	467	423	697	327	151	58	183	22	26	129	15	28	3	2404
AL	640	104	74	62	81	64	109	43	20	13	22	5	4	15	0	6	0	306
AM	723	174	147	266	373	396	544	309	130	80	164	30	21	144	3	12	8	1675
AP	305	29	8	101	101	108	150	65	14	19	39	10	11	29	0	0	1	427
BA	2536	1018	352	598	568	564	687	310	78	59	108	14	31	143	3	3	10	1638
CE	2587	447	379	669	799	844	977	379	119	72	155	11	13	61	2	3	3	1671
ES	153	29	9	32	43	39	82	18	7	2	7	1	0	5	0	1	0	114
GO	386	159	49	151	220	249	402	151	68	52	82	16	16	80	6	1	1	473
MA	8911	2336	979	1716	1680	1633	1986	891	318	207	335	51	48	164	4	5	10	5838
MG	480	69	18	174	232	276	434	110	49	28	44	13	13	39	2	2	3	765
MS	1010	170	82	444	529	553	810	270	119	88	145	22	19	105	8	16	8	1406
MT	1851	293	143	793	1095	1196	2075	780	340	256	461	68	92	329	29	54	6	3680
PA	4628	1165	774	1671	1901	1798	2085	926	325	215	386	88	84	254	14	16	17	4607
PB	1085	450	161	267	250	227	298	111	30	28	55	10	8	38	3	7	11	664
PE	895	234	73	218	187	223	347	119	39	20	42	11	8	54	2	9	1	839
PI	789	581	212	156	175	204	377	128	33	42	85	8	13	52	2	1	7	684
PR	384	66	41	181	294	424	800	229	67	43	61	8	7	36	1	2	9	418
RJ	390	91	42	86	218	237	389	158	47	32	70	7	12	72	2	12	0	740
RN	672	619	231	196	242	299	340	205	71	45	62	17	14	78	2	4	1	1000
RO	1864	451	307	741	1046	1211	1984	451	163	107	273	35	107	162	10	119	3	2748
RR	503	209	66	180	196	223	309	146	55	43	104	19	20	67	12	3	1	892
RS	148	35	15	58	132	222	453	439	90	42	57	5	15	46	5	3	1	804
SC	271	27	19	160	217	285	924	150	42	21	64	5	2	24	2	2	5	505
SE	534	107	45	115	80	87	117	28	11	13	17	4	5	12	0	1	1	345
SP	457	89	45	212	283	333	665	185	105	78	124	31	24	92	5	16	1	846
TO	1029	292	114	474	473	486	732	289	114	77	155	35	26	127	2	5	5	1026
Total	34617	9652	4564	10165	11882	12604	18773	7217	2605	1740	3300	546	639	2357	134	331	116	36515

Fonte: I Censo da Reforma Agrária - INCRA/CRUB/UnB

Nota: I - Analfabeto, II - Alfabetização(incompleta), III - Alfabetização (completa), IV - 1ª série do 1° grau menor, V - 2ª série do 1° grau menor, VI - 3ª série do 1° grau menor, VII - 4ª série do 1° grau menor, VIII - 5ª série do 1° grau maior, IX - 6ª série do 1° grau maior, X - 7ª série do 1° grau maior XI - 8ª série do 1° grau maior, XII - 1ª série do 2° grau, XIII - 2ª série do 2° grau, XIV - 3ª série do 2° grau, XV - Superior (incompleto), XVI - Superior (completo), XVII - Outros, XVIII - Ausência de Resposta.

Tabela 1.18 – Censo – Distribuição das atividades principais dos cônjuges, por Estado – 1996

Estado	Agricultor/ Camponês		Doméstica		Professora Cursada		Trabalhador Rural		Pecuarista		Outras Atividades		Sem Informação	
	Freqüência	%	Freqüência	%	Freqüência	%	Freqüência	%	Freqüência	%	Freqüência	%	Freqüência	%
AC	928	12,63	3.396	46,20	81	1,10	59	0,80	77	1,05	1.040	14,15	1.769	24,07
AL	559	35,65	540	34,44	12	0,77	45	2,87	1	0,06	60	3,83	351	22,39
AM	1.323	25,45	1.734	33,35	66	1,27	40	0,77	18	0,35	468	9,00	1.550	29,81
AP	383	27,03	537	37,90	8	0,56	2	0,14	1	0,07	66	4,66	420	29,64
BA	3.414	39,15	3.033	34,78	63	0,72	222	2,55	2	0,02	341	3,91	1.645	18,86
CE	1.345	14,63	5.278	57,43	46	0,50	23	0,25	3	0,03	1.021	11,11	1.475	16,05
ES	99	18,27	230	42,44	4	0,74	62	11,44	-	-	30	5,54	117	21,59
GO	398	15,53	1.559	60,85	20	0,78	4	0,16	8	0,31	165	6,44	408	15,93
MA	8.931	32,94	9.475	34,95	94	0,35	78	0,29	7	0,03	2.378	8,77	6.149	22,68
MG	277	10,07	1.265	45,98	36	1,31	314	11,41	5	0,18	186	6,76	668	24,28
MS	988	17,02	2.960	51,00	47	0,81	107	1,84	62	1,07	339	5,84	1.301	22,42
MT	2.682	19,81	5.154	38,06	151	1,12	1.096	8,09	177	1,31	772	5,70	3.509	25,91
PA	4.866	23,22	10.012	47,78	128	0,61	418	1,99	29	0,14	999	4,77	4.502	21,49
PB	1.335	36,05	1.403	37,89	29	0,78	69	1,86	1	0,03	188	5,08	678	18,31
PE	1.309	39,42	927	27,91	31	0,93	178	5,36	1	0,03	201	6,05	674	20,30
PI	496	13,98	2.052	57,82	28	0,79	28	0,79	1	0,03	257	7,24	687	19,36
PR	1.839	59,88	634	20,64	34	1,11	1	0,03	1	0,03	111	3,61	451	14,69
RJ	335	12,86	1.207	46,33	18	0,69	21	0,81	3	0,12	358	13,74	663	25,45
RN	1.012	24,69	1.943	47,41	59	1,44	12	0,29	-	-	353	8,61	719	17,55
RO	1.819	15,44	6.524	55,37	78	0,66	181	1,54	58	0,49	775	6,58	2.347	19,92
RR	438	14,37	1.463	48,00	52	1,71	11	0,36	-	-	198	6,50	886	29,07
RS	900	35,02	663	25,80	20	0,78	31	1,21	4	0,16	159	6,19	793	30,86
SC	1.921	70,50	197	7,23	19	0,70	2	0,07	1	0,04	90	3,30	495	18,17
SE	805	52,89	319	20,96	17	1,12	2	0,13	-	-	84	5,52	295	19,38
SP	675	18,80	1.631	45,42	21	0,58	252	7,02	19	0,53	187	5,21	806	22,45
TO	565	10,35	2.175	39,83	157	2,87	117	2,14	7	0,13	1.542	28,24	898	16,44
Total	39.642	25,13%	66.311	42,03%	1.319	0,84%	3.375	2,14%	486	0,31%	12.368	7,84%	34.256	21,71%

Fonte: I Censo da Reforma Agrária - INCRA/CRUB/UnB

Tabela 1.19 – Censo – Distribuição de outras habilidades dos cônjuges, por Estado – 1996

Estado	Sem Outra habilidade		Doméstica		Pedreiro		Trabalhador Rural		Pecuarista		Agricultor/ Camponês		Outras Atividades Rurais		Outras Atividades	
	Freqüência	%	Freqüência	%	Freqüência	%	Freqüência	%	Freqüência	%	Freqüência	%	Freqüência	%	Freqüência	%
AC	4.274	58,15	392	5,33	1	0,01	14	0,19	80	1,09	420	5,71	71	0,97	2.098	28,57
AL	1.283	81,82	149	9,50	2	0,13	3	0,19	Ñ-	0,00	110	7,02	1	0,06	20	1,28
AM	3.294	63,36	662	12,73	9	0,17	22	0,42	8	0,15	439	8,44	59	1,13	706	13,58
AP	1.068	75,37	157	11,08	2	0,14	Ñ-	0,00	1	0,07	129	9,10	Ñ-	0,00	60	4,23
BA	4.460	51,15	2.195	25,17	25	0,29	36	0,41	6	0,07	1.391	15,95	204	2,34	403	4,62
CE	6.535	71,10	811	8,82	10	0,11	5	0,05	16	0,17	1,043	11,35	4	0,04	767	8,35
ES	329	60,70	69	12,73	1	0,18	55	10,15	1	0,18	41	7,56	5	0,92	41	7,56
GO	1.444	56,36	354	13,82	2	0,08	9	0,35	12	0,47	571	22,29	2	0,08	168	6,56
MA	17.539	64,69	4.315	15,92	20	0,07	55	0,20	4	0,01	2.548	9,40	897	3,31	1.734	6,40
MG	2.001	72,74	291	10,58	5	0,18	193	7,02	2	0,07	167	6,07	Ñ-	0,00	92	3,34
MS	3.556	61,27	708	12,20	3	0,05	119	2,05	119	2,05	743	12,80	108	1,86	448	7,72
MT	7.727	57,06	2.066	15,26	19	0,14	1.627	12,02	125	0,92	743	5,49	227	1,68	1.007	7,44
PA	15.692	74,89	2.320	11,07	20	0,10	164	0,78	102	0,49	1.649	7,87	151	0,72	856	4,09
PB	2.208	59,63	769	20,77	9	0,24	13	0,35	2	0,05	553	14,93	4	0,11	145	3,92
PE	2.150	64,74	689	20,75	3	0,09	70	2,11	7	0,21	267	8,04	4	0,12	131	3,94
PI	2.010	56,64	391	11,02	11	0,31	10	0,28	Ñ-	0,00	783	22,06	47	1,32	297	8,37
PR	1.462	47,61	1.052	34,26	2	0,07	2	0,07	3	0,10	351	11,43	4	0,13	195	6,35
RJ	1.763	67,68	220	8,45	10	0,38	23	0,88	2	0,08	322	12,36	4	0,15	261	10,02
RN	2.322	57,47	637	15,54	7	0,17	14	0,34	4	0,10	849	20,72	20	0,49	212	5,17
RO	8.022	68,09	1.351	11,47	11	0,09	260	2,21	110	0,93	1.247	10,58	112	0,95	669	5,68
RR	2.457	80,61	142	4,66	13	0,43	13	0,43	8	0,26	165	5,41	24	0,79	226	7,41
RS	1.515	58,95	428	16,65	2	0,08	44	1,71	9	0,35	337	13,11	54	2,10	181	7,04
SC	2.061	75,63	336	12,33	1	0,04	Ñ-	0,00	Ñ-	0,00	121	4,44	5	0,18	201	7,38
SE	909	59,72	297	19,51	11	0,72	2	0,13	Ñ-	0,00	111	7,29	4	0,26	188	12,35
SP	2.370	66,00	477	13,28	4	0,11	112	3,12	33	0,92	412	11,47	60	1,67	123	3,43
TO	3.383	61,95	475	8,70	4	0,07	68	1,25	13	0,24	317	5,80	95	1,74	1.106	20,25
Total	101.867	64,57%	21.753	13,79%	207	0,13%	2.933	1,86%	667	0,42%	15.829	10,03%	2.166	1,37%	12.335	7,82%

Fonte: I Censo da Reforma Agrária - INCRA/CRUB/UnB

Tabela 1.20 – Amostra – Tamanho das amostras nos Estados, Regiões e no País – 1996

Estado	População	Amostra	% da População Amostrada
AC	7.368	246	3,34
AM	5.261	270	5,13
AP	1.458	77	5,28
PA	21.308	961	4,51
RR	3.074	215	6,99
RO	12.016	537	4,47
TO	5.599	495	8,84
NORTE	56.084	2.801	4,99
AL	1.607	93	5,79
BA	8.787	486	5,53
CE	9.250	650	7,03
MA	27.455	817	2,98
PB	3.716	455	12,24
PE	3.369	291	8,64
PI	3.569	164	4,60
RN	4.124	241	5,84
SE	1.523	176	11,56
NORDESTE	63.400	3.373	5,32
ES	542	58	10,70
MG	2.793	228	8,16
RJ	2.614	166	6,35
SP	3.597	103	2,86
SUDESTE	9.546	555	5,81
PR	3.118	282	9,04
RS	2.604	292	11,21
SC	2.756	202	7,33
SUL	8.478	776	9,15
GO	2.580	173	6,71
MS	5.941	214	3,60
MT	13.749	819	5,96
CENTROESTE	22.270	1.206	5,42
BRASIL	159.778	8.711	5,45%

Fonte: I Censo da Reforma Agrária - INCRA/CRUB/UnB

Tabela 1.21 – Amostra – 30 atividades do beneficiário antes de seu assentamento, Brasil – as 30 mais freqüentes – 1996

Atividade anterior	% Estimada de beneficiários envolvidos
Agricultor/Camponês	53,96
Trabalhador Rural	8,31
Outras Atividades	2,82
Garimpeiro	1,48
Motorista	1,45
Pedreiro	1,42
Seringueiro	1,39
Boia Fria	1,30
Capataz/Vaqueiro	1,28
Diarista	1,08
Outras Atividades Rurais	1,04
Comerciante	0,98
Doméstica	0,89
Pecuarista	0,71
Carpinteiro	0,64
Servente	0,46
Professora Cursada	0,46
Tratorista	0,44
Mecânico	0,41
Administrador	0,38
Pescador	0,38
Professora Leiga	0,32
Servidor Público Civil	0,32
Comerciário	0,30
Vigilante	0,28
Madeireiro	0,27
Metalúrgico	0,27
Camelô/Ambulante/Vendedor	0,27
Marceneiro	0,27
Operador de Moto Serra	0,25

Fonte: I Censo da Reforma Agrária - INCRA/CRUB/UnB

Tabela 1.22 – Amostra – Localização do chefe da família antes do assentamento, por Região - 1996

Região	No Município do Projeto		Outro Município do Estado		Fora do Estado		Não Respondeu	
	%Estimada	Desvio Padrão da %	% Estimada	Desvio Padrão da %	% Estimada	Desvio Padrão da %	%Estimada	Desvio Padrão da %
NORTE	27,35	0,82	28,88	0,84	34,81	0,88	8,89	0,52
NORDESTE	52,45	0,84	27,25	0,75	4,68	0,35	15,56	0,61
SUDESTE	46,49	2,06	34,41	1,96	4,50	0,86	14,59	1,46
SUL	17,65	1,31	64,82	1,64	3,61	0,64	13,92	1,19
CENTROESTE	26,20	1,23	33,67	1,32	30,18	1,29	9,95	0,84
BRASIL	36,60	0,52	33,02	0,52	18,49	0,4	11,84	0,36

Fonte: I Censo da Reforma Agrária - INCRA/CRUB/UnB

Tabela 1.23 – Amostra – Perfil da relação trabalho/produção/situação, por Região – 1996

Região	Posseiro		Arrendatário		Parceiro		Proprietário	
	%Estimada	Desvio Padrão da %	% Estimada	Desvio Padrão da %	% Estimada	Desvio Padrão da %	%Estimada	Desvio Padrão da %
CENTROESTE	18,7	1,12	10,82	0,89	3,81	0,55	16,54	1,06
NORDESTE	13,38	0,61	16,17	0,66	10,98	0,56	5,12	0,4
NORTE	18,22	0,74	5,32	0,43	3,6	0,36	29,82	0,87
SUDESTE	14,94	1,55	6,97	1,11	11,35	1,38	10,56	1,34
SUL	10,8	1,03	27,98	1,5	9,08	0,96	13,5	1,14
BRASIL	16,57	0,43	12,18	0,38	6,32	0,25	16,35	0,40

Região	Assalariado		Foreiro		Ocupante		Agregado	
	%Estimada	Desvio Padrão da %	% Estimada	Desvio Padrão da %	% Estimada	Desvio Padrão da %	%Estimada	Desvio Padrão da %
CENTROESTE	17,14	1,08	0,17	0,12	8,92	0,82	5,71	0,67
NORDESTE	16,04	0,66	2,83	0,3	5,66	0,41	11,86	0,58
NORTE	8,23	0,53	0,15	0,07	13,02	0,64	10,64	0,59
SUDESTE	25,3	1,89	0,4	0,27	8,37	1,2	6,97	1,11
SUL	8,22	0,92	0,12	0,12	0,86	0,31	6,38	0,81
BRASIL	12,45	0,35	1,20	0,14	9,11	0,34	10,95	0,38

Região	Acampado		Autônomo		Outros	
	%Estimada	Desvio Padrão da %	% Estimada	Desvio Padrão da %	% Estimada	Desvio Padrão da %
CENTROESTE	5,63	0,66	6,06	0,68	6,49	0,71
NORDESTE	0,44	0,12	7,58	0,47	9,94	0,54
NORTE	0,34	0,11	6,13	0,46	4,52	0,4
SUDESTE	1,79	0,58	7,57	1,15	5,78	1,01
SUL	18,28	1,29	1,47	0,4	3,31	0,6
BRASIL	2,17	0,14	6,47	0,28	6,23	0,26

Fonte: I Censo da Reforma Agrária - INCRA/CRUB/UnB

Tabela 1.24 – Opinião quanto à distribuição de material escolar e merenda, por Região – 1996

Região	Material Escolar					Merenda Escolar				
	Naõ Respondeu	Bom	Regular	Precário	Não Existe	Naõ Respondeu	Bom	Regular	Precário	Não Existe
NORTE	18,16	18,43	28,79	26,61	8,02	24,21	13,36	25,35	27,70	9,38
NORDESTE	17,12	14,81	28,67	26,50	12,89	18,81	11,82	23,68	31,10	14,58
SUDESTE	25,23	26,31	23,42	13,51	11,53	25,41	31,89	22,88	16,58	3,24
SUL	20,75	30,28	33,89	12,24	2,84	20,88	33,51	33,89	8,76	2,96
CENTROESTE	39,53	20,16	21,96	13,95	4,39	36,95	24,29	20,16	14,73	3,88
BRASIL	19,20	17,90	28,50	23,90	10,50	21,40	15,90	24,70	26,70	11,20

Fonte: I Censo da Reforma Agrária - INCRA/CRUB/UnB

Tabela 1.25 – Amostra – Participação do beneficiário em organizações, por Região – 1996

	Porcentagem de beneficiários envolvidos com			
Região	Igreja (%)	Cooperativa (%)	Associação (%)	Sindicato (%)
CENTROESTE	59,95	9,12	68,74	31,59
NORDESTE	51,41	4,98	58,40	31,98
NORTE	52,45	3,48	42,66	18,59
SUDESTE	28,83	11,71	41,44	17,48
SUL	72,68	27,32	29,51	29,64
BRASIL	53,27	7,66	52,85	27,96

Fonte: I Censo da Reforma Agrária - INCRA/CRUB/UnB

Tabela 1.26 – Amostra – Renda monetária familiar média, segundo Região, em Reais – 1996

Região	Salário	Remessas Diversas	Aposentadorias	Serviços Prestados	Outras Rendas
CENTROESTE	1.148,98	621,38	962,94	493,84	1.751,47
NORTE	930,63	381,48	714,04	400,21	1.469,51
NORDESTE	400,25	185,94	585,08	242,31	699,19
SUL	971,72	227,27	727,25	420,07	958,87
SUDESTE	1.321,40	557,27	964,82	506,65	2.134,35
BRASIL	722,19	297,04	686,38	347,56	1.231,35

Fonte:I Censo da Reforma Agrária-INCRA/CRUB/UnB

Tabela 1.27 – Amostra – Renda monetária associativa média, segundo Região, em Reais – 1996

Região	Agricultura	Pecuária	Trabalho Assalariado	Serviços Prestados	Outras Rendas
CENTROESTE	1.213,74	1.285,90	1.448,56	1.422,85	1.609,24
NORTE	1.180,55	1.918,70	987,16	542,61	631,09
NORDESTE	320,22	167,27	199,75	74,44	119,28
SUL	2.992,78	2.133,40	280,00	740,88	1.540,17
SUDESTE	2.023,65	1.902,57	-	146,67	1.135,09
BRASIL	946,68	1.038,30	469,80	339,08	506,05

Fonte:I Censo da Reforma Agrária-INCRA/CRUB/UnB

Tabela 1.28 – Amostra – Tipos de habitação, por Região – 1996

Região	Alvenaria		Taipa		Adobe		Madeira	
	%Estimada	Desvio Padrão da %	% Estimada	Desvio Padrão da %	% Estimada	Desvio Padrão da %	%Estimada	Desvio Padrão da %
CENTROESTE	22,04	1,17	3,17	0,49	5,76	0,66	49,17	1,41
NORDESTE	40,36	0,87	45,34	0,89	7,00	0,45	2,26	0,26
NORTE	7,25	0,47	21,16	0,74	3,45	0,33	50,89	0,91
SUDESTE	65,38	2,09	7,09	1,13	7,69	1,17	8,10	1,20
SUL	19,24	1,41	0,28	0,19	-	-	73,46	1,58
BRASIL	22,99	0,40	28,20	0,42	4,78	0,22	31,90	0,40

Região	Alvenaria	Taipa	Adobe	Madeira	Palha	Lona	Paxiúba	Outros
CENTROESTE	22,04	3,17	5,76	49,17	8,60	4,51	0,42	6,34
NORDESTE	40,36	45,34	7,00	2,26	3,15	0,90	-	1,00
NORTE	7,25	21,16	3,45	50,89	11,50	0,70	3,07	1,99
SUDESTE	65,38	7,09	7,69	8,10	5,06	2,02	-	4,66
SUL	19,24	0,28	-	73,46	-	6,18	-	0,84

Fonte: I Censo da Reforma Agrária - INCRA/CRUB/UnB

Tabela 1.29 – Amostra – Estado de conservação da habitação, por Região – 1996

Região	Naõ Respondeu		Bom		Regular		Precário	
	%Estimada	Desvio Padrão da %	% Estimada	Desvio Padrão da %	% Estimada	Desvio Padrão da %	%Estimada	Desvio Padrão da %
CENTROESTE	3,88	0,97	36,95	2,44	31,78	2,35	27,39	2,25
NORDESTE	10,29	0,41	27,58	0,60	37,03	0,65	25,07	0,58
NORTE	6,74	0,58	32,61	1,08	39,67	1,12	20,92	0,93
SUDESTE	12,25	1,35	32,43	1,93	34,59	1,96	20,72	1,67
SUL	10,05	1,03	28,74	1,55	44,85	1,70	16,24	1,26
BRASIL	8,38	0,30	28,86	0,50	38,14	0,54	24,62	0,49

Fonte: I Censo da Reforma Agrária - INCRA/CRUB/UnB

Tabela 1.30 – Amostra – Fonte de água da habitação, por Região – 1996

Região	%Estimada	Desvio Padrão da %	% Estimada	Desvio Padrão da %	% Estimada	Desvio Padrão da %	%Estimada	Desvio Padrão da %
CENTROESTE	2,11	0,41	7,67	0,75	21,84	1,17	52,53	1,41
NORDESTE	15,80	0,61	10,97	0,53	5,19	0,37	29,80	0,77
NORTE	3,53	0,32	8,37	0,49	21,03	0,72	47,38	0,88
SUDESTE	4,16	0,84	6,05	1,01	14,74	1,50	42,16	2,09
SUL	5,45	0,78	0,91	0,33	10,52	1,05	47,01	1,72
BRASIL	7,08	0,25	8,48	0,3	14,17	0,37	46,07	0,52

Região	%Estimada	Desvio Padrão da %	% Estimada	Desvio Padrão da %	% Estimada	Desvio Padrão da %	%Estimada	Desvio Padrão da %
CENTROESTE	4,13	0,56	0,42	0,18	0,42	0,18	10,88	0,88
NORDESTE	19,12	0,66	7,70	0,45	1,26	0,19	10,16	0,51
NORTE	11,97	0,57	1,80	0,23	1,67	0,23	4,25	0,35
SUDESTE	13,04	1,42	0,19	0,18	0,95	0,41	18,71	1,65
SUL	13,51	1,18	0,78	0,30	0,39	0,21	21,43	1,41
BRASIL	13,02	0,36	3,96	0,22	1,27	0,13	8,87	0,29

Fonte: I Censo da Reforma Agrária - INCRA/CRUB/UnB

Tabela 1.31 – Amostra – Condições hidrosanitárias da habitação, por Estado – 1996

Estado	Água Encanada		Privada		Cisterna		Fossa		Banheiro	
	%Estimada	Desvio Padrão da %	% Estimada	Desvio Padrão da %	% Estimada	Desvio Padrão da %	%Estimada	Desvio Padrão da %	%Estimada	Desvio Padrão da %
CENTROESTE	17,63	0,91	19,22	0,94	21,05	0,97	24,60	1,03	17,50	0,91
NORDESTE	9,39	0,56	7,07	0,49	30,48	0,89	26,23	0,85	26,84	0,85
NORTE	7,97	0,57	11,94	0,68	13,85	0,72	52,26	1,05	13,99	0,73
SUDESTE	22,03	1,29	8,96	0,89	25,16	1,36	20,09	1,25	23,76	1,33
SUL	26,41	1,09	7,74	0,66	16,71	0,92	31,62	1,14	17,51	0,94
BRASIL	13,05	0,33	9,20	0,28	19,80	0,40	33,30	0,50	19,02	0,42

Fonte: I Censo da Reforma Agrária - INCRA/CRUB/UnB

Tabela 1.32 – Amostra – Energia utilizada pela habitação, por Região – 1996

Região	Elétrica		Gerador		Biogás		Querosene/Óleo	
	%Estimada	Desvio Padrão da %	% Estimada	Desvio Padrão da %	% Estimada	Desvio Padrão da %	%Estimada	Desvio Padrão da %
CENTROESTE	19,98	1,12	2,65	0,45	9,29	0,81	50,75	1,40
NORDESTE	26,65	0,74	0,56	0,13	3,02	0,29	48,09	0,84
NORTE	5,46	0,42	4,71	0,39	5,28	0,41	64,33	0,88
SUDESTE	49,91	2,06	-	-	3,06	0,71	26,13	1,81
SUL	47,94	1,71	0,26	0,17	13,14	1,16	16,75	1,28
BRASIL	20,03	0,40	2,46	0,18	5,14	0,22	51,90	0,54

Continuação

Região	Bateria		Outros	
	%Estimada	Desvio Padrão da %	% Estimada	Desvio Padrão da %
CENTROESTE	1,41	0,33	12,44	0,92
NORDESTE	0,89	0,16	2,28	0,25
NORTE	1,18	0,20	4,43	0,38
SUDESTE	0,36	0,25	3,42	0,75
SUL	0,39	0,21	7,09	0,88
BRASIL	1,03	0,12	5,08	0,24

Fonte: I Censo da Reforma Agrária - INCRA/CRUB/UnB

Tabela 1.33 – Amostra – Existência e qualidade da assistência hospitalar, por Região – 1996

Região	No Projeto					
	Não Respondeu (%)	Bom (%)	Regular (%)	Precário (%)	Nenhum (%)	Desconhece (%)
CENTROESTE	30,70	0,17	0,26	0,60	66,81	1,46
NORDESTE	28,18	0,20	0,24	0,51	67,71	3,17
NORTE	45,15	1,32	1,10	1,47	46,73	4,22
SUDESTE	43,60	-	0,19	0,37	54,73	1,11
SUL	37,34	0,28	-	0,14	58,04	4,20
BRASIL	36,10	0,60	0,50	0,80	58,80	3,20

Região	No Município					
	Não Respondeu (%)	Bom (%)	Regular (%)	Precário (%)	Nenhum (%)	Desconhece (%)
CENTROESTE	7,14	17,02	33,79	22,27	9,72	10,06
NORDESTE	7,18	15,41	27,02	31,60	10,99	7,79
NORTE	16,23	13,13	21,98	26,56	14,72	7,38
SUDESTE	13,20	25,09	23,23	24,16	9,85	4,46
SUL	10,36	21,43	22,83	23,67	12,04	9,66
BRASIL	10,90	16,10	25,70	27,40	12,10	7,90

Fonte: I Censo da Reforma Agrária - INCRA/CRUB/UnB

Tabela 1.34 – Amostra – Existência e qualidade da assistência nos postos de saúde, por Região – 1996

Região	No Projeto					
	Não Respondeu (%)	Bom (%)	Regular (%)	Precário (%)	Nenhum (%)	Desconhece (%)
CENTROESTE	18,33	7,31	9,90	11,88	49,40	3,18
NORDESTE	26,04	1,85	2,90	8,15	57,45	3,61
NORTE	30,37	5,69	8,92	16,42	33,02	5,58
SUDESTE	34,88	6,12	4,27	10,95	40,45	3,34
SUL	33,71	2,24	6,57	8,25	43,08	6,15
BRASIL	27,70	4,20	6,30	11,70	45,70	4,40

Região	No Município					
	Não Respondeu (%)	Bom (%)	Regular (%)	Precário (%)	Nenhum (%)	Desconhece (%)
CENTROESTE	8,86	15,99	34,48	24,85	3,10	12,73
NORDESTE	12,90	12,57	22,51	27,66	6,44	17,92
NORTE	24,51	11,41	21,23	24,03	5,54	13,29
SUDESTE	15,80	29,74	22,30	20,82	2,60	8,74
SUL	8,40	23,11	26,33	30,39	0,70	11,06
BRASIL	16,00	14,70	24,10	25,80	4,90	14,40

Fonte: I Censo da Reforma Agrária - INCRA/CRUB/UnB

Tabela 1.35 – Amostra – Existência e qualidade dos agentes de saúde, por Região – 1996

Região	No Projeto					
	Não Respondeu (%)	Bom (%)	Regular (%)	Precário (%)	Nenhum (%)	Desconhece (%)
CENTROESTE	22,44	13,16	8,51	7,22	41,01	7,65
NORDESTE	19,72	18,37	12,77	8,12	32,46	8,56
NORTE	29,77	14,10	11,89	10,43	23,42	10,39
SUDESTE	41,74	6,68	0,93	1,48	36,55	12,62
SUL	29,79	13,85	9,65	7,41	29,51	9,79
BRASIL	25,80	15,00	10,80	8,30	30,70	9,40

Região	No Município					
	Não Respondeu (%)	Bom (%)	Regular (%)	Precário (%)	Nenhum (%)	Desconhece (%)
CENTROESTE	12,12	11,78	21,93	10,15	10,83	33,19
NORDESTE	20,45	13,14	14,49	12,30	8,32	31,30
NORTE	27,79	12,15	14,65	11,75	10,87	22,80
SUDESTE	28,01	14,10	7,42	7,42	16,70	26,35
SUL	16,50	17,20	13,71	8,39	14,13	30,07
BRASIL	21,90	13,00	15,10	11,10	10,60	28,30

Fonte: I Censo da Reforma Agrária - INCRA/CRUB/UnB

Tabela 1.36 – Amostra – As 10 doenças mais freqüentes na família, por Região – 1996

Região	Doença	% Estimada de Ocorrência	Desvio Padrão da %
CENTROOESTE	Gripe	31,18	0,95
	Outras Doenças	15,73	0,75
	Verminose	13,08	0,69
	Diarréia	8,14	0,56
	Malária	6,51	0,51
	Piolho	4,56	0,43
	Dermatoses	3,77	0,39
	Dengue	2,79	0,34
	Pneumonia	2,42	0,32
	Desnutrição	2,23	0,30
NORDESTE	Gripe	33,23	0,57
	Verminose	17,91	0,46
	Diarréia	12,20	0,39
	Outras Doenças	11,83	0,39
	Piolho	5,14	0,27
	Pneumonia	2,85	0,20
	Dermatoses	2,72	0,20
	Desnutrição	2,54	0,19
	Dengue	2,01	0,17
	Malária	1,95	0,17
NORTE	Gripe	29,47	0,55
	Verminose	15,49	0,44
	Malária	15,46	0,44
	Diarréia	9,89	0,36
	Outras Doenças	8,88	0,35
	Piolho	5,86	0,29
	Pneumonia	2,72	0,20
	Hepatite	2,26	0,18
	Dermatoses	1,88	0,17
	Desnutrição	1,47	0,15
SUDESTE	Gripe	36,23	1,72
	Outras Doenças	16,12	1,31
	Verminose	11,57	1,14
	Diarréia	9,64	1,05
	Piolho	7,58	0,95
	Pneumonia	4,41	0,73
	Cardiovasculares	4,41	0,73
	Diabete	2,34	0,54
	Dermatoses	2,20	0,52
	Hepatite	1,24	0,40
SUL	Gripe	42,48	1,52
	Outras Doenças	25,21	1,33
	Diarréia	7,73	0,82
	Pneumonia	6,14	0,74
	Verminose	5,61	0,71
	Piolho	3,60	0,57
	Cardiovasculares	2,65	0,49
	Diabete	1,27	0,34
	Escabiose	1,06	0,31
	Hepatite	0,85	0,28

Fonte: I Censo da Reforma Agrária - INCRA/CRUB/UnB

Tabela 1.37 – Amostra – Doenças mais freqüentes na família – Brasil – 1996

Doença	% Estimada de Ocorrência	Desvio Padrão da %
Gripe	32,21	0,38
Verminose	14,77	0,28
Outras Doenças	12,15	0,26
Diarréia	10,00	0,24
Malária	8,12	0,21
Piolho	5,30	0,18
Pneumonia	2,97	0,14
Dermatoses	2,47	0,13
Desnutrição	1,94	0,11
Dengue	1,49	0,10
Hepatite	1,43	0,10
Cardiovasculares	1,39	0,09
Escabiose	1,18	0,09
Diabete	0,90	0,09
Coqueluche	0,79	0,08
Lechmaniose	0,74	0,07
Cólera	0,58	0,06
Hanseniase	0,37	0,05
Epilepsia	0,36	0,05
Difiteria	0,25	0,04
Bócio	0,24	0,04
Doença de Chagas	0,12	0,03
Meningite	0,12	0,03
Doenças Sex. Transmissíveis	0,11	0,03

Fonte: I Censo da Reforma Agrária - INCRA/CRUB/UnB

Tabela 1.38 – Amostra – Porcentagem de créditos de alimentação recebidos desde 1985, por Região

Região	Ano em que recebeu o crédito alimentação											
	1985 (%)	1986 (%)	1987 (%)	1988 (%)	1989 (%)	1990 (%)	1991 (%)	1992 (%)	1993 (%)	1994 (%)	1995 (%)	1996 (%)
CENTROESTE	0,37	2,21	1,48	-	0,74	1,85	1,85	1,85	11,81	7,75	21,40	48,71
NORDESTE	0,76	3,05	7,85	7,96	6,54	3,27	4,14	3,60	6,33	8,51	20,17	27,81
NORTE	-	0,39	-	4,28	3,50	0,78	2,33	4,28	5,45	8,95	18,29	51,75
SUDESTE	2,27	5,68	2,27	9,09	10,23	1,14	9,09	10,23	15,91	11,36	10,23	12,50
SUL	3,49	6,40	11,92	12,21	5,81	3,49	3,78	6,69	4,94	6,40	11,63	23,26
BRASIL	1,17	3,30	6,34	7,14	5,33	2,66	3,73	4,32	7,19	8,20	18,06	32,55

Fonte: I Censo da Reforma Agrária - INCRA/CRUB/UnB

Tabela 1.39 – Amostra – Porcentagem de créditos de fomento agrícola recebidos desde 1985, por Região

Região	Ano em que recebeu o fomento agrícola											
	1985 (%)	1986 (%)	1987 (%)	1988 (%)	1989 (%)	1990 (%)	1991 (%)	1992 (%)	1993 (%)	1994 (%)	1995 (%)	1996 (%)
CENTROESTE	0,68	0,68	1,36	0,34	1,36	2,38	2,04	1,70	4,76	6,80	25,51	52,38
NORDESTE	0,62	2,14	6,60	6,06	4,99	2,23	4,01	3,57	5,44	12,39	23,08	28,88
NORTE	0,26	0,26	0,52	6,48	3,37	0,26	1,81	4,40	8,29	11,40	18,39	44,56
SUDESTE	-	1,36	1,36	4,08	4,08	3,40	5,44	5,44	16,33	8,16	29,93	20,41
SUL	1,67	4,35	7,69	12,37	6,35	6,35	4,01	5,35	6,02	8,70	17,06	20,07
BRASIL	0,67	1,87	4,67	6,09	4,36	2,54	3,47	3,83	6,63	10,72	22,24	32,92

Fonte: I Censo da Reforma Agrária - INCRA/CRUB/UnB

Tabela 1.40 – Amostra – Porcentagem de créditos de habitação recebidos desde 1985, por Região

Região	Ano em que recebeu o crédito de habitação											
	1985 (%)	1986 (%)	1987 (%)	1988 (%)	1989 (%)	1990 (%)	1991 (%)	1992 (%)	1993 (%)	1994 (%)	1995 (%)	1996 (%)
CENTROESTE	1,83	-	5,50	-	1,83	2,75	4,59	6,42	8,26	17,43	27,52	23,85
NORDESTE	0,13	1,31	3,28	4,07	2,23	1,71	1,97	1,97	7,35	20,47	27,95	27,56
NORTE	-	-	-	3,98	2,27	1,14	1,70	5,68	7,95	7,95	18,18	51,14
SUDESTE	2,08	3,13	2,08	3,13	4,17	5,21	7,29	7,29	15,63	17,71	11,46	20,83
SUL	1,07	3,57	6,79	6,43	5,36	2,14	1,79	6,79	7,14	18,93	18,21	21,79
BRASIL	0,56	1,62	3,65	4,15	2,95	2,04	2,46	4,08	8,01	18,20	23,68	28,60

Fonte: I Censo da Reforma Agrária - INCRA/CRUB/UnB

Tabela 1.41 – Amostra – Taxa de resposta à questão sobre PROCERA

Respondeu	PROCERA - Custeio %	PROCERA - Investimento %
Sim	26,20	24,30
Não	73,80	75,70

Fonte: I Censo da Reforma Agrária - INCRA/CRUB/UnB

Tabela 1.42 – Amostra – Dentre os que responderam PROCERA Custeio, o número de vezes que recebeu

Região	Número de vezes que recebeu (%)				
	Nenhuma	1	2	3	mais de 3
CENTROESTE	2,26	79,10	12,43	2,82	3,39
NORDESTE	20,77	51,44	18,53	7,24	2,02
NORTE	28,21	54,23	10,34	3,13	4,08
SUDESTE	23,49	60,84	11,45	0,60	3,61
SUL	1,37	51,56	38,09	6,25	2,73
BRASIL	15,90	54,90	21,00	5,50	2,60

Fonte: I Censo da Reforma Agrária-INCRA/CRUB/UnB

Tabela 1.43 – Amostra – Dentre os que responderam PROCERA Investimento, o número de vezes que recebeu

Região	Número de vezes que recebeu (%)				
	Nenhuma	1	2	3	mais de 3
CENTROESTE	1,80	57,19	20,14	8,27	12,59
NORDESTE	33,13	45,10	16,17	4,20	1,40
NORTE	25,76	59,09	7,88	2,73	4,55
SUDESTE	18,83	60,99	11,66	4,04	4,48
SUL	5,10	41,63	27,55	14,90	10,82
BRASIL	18,80	50,10	17,70	7,20	6,30

Fonte: I Censo da Reforma Agrária-INCRA/CRUB/UnB

Tabela 1.44 – Amostra – Nível tecnológico utilizado nas práticas agropecuárias, por Estado – 1996

Estado	I	II	III	IV	V	VI	VII	VIII	IX	X	XI	XII	XIII	XIV	XV	XVI	XVII
AC	43,80	24,20	11,30	2,06	1,03	6,19	13,40	-	4,12	4,64	22,20	3,61	6,70	17,00	42,30	16,00	9,79
AL	44,40	28,60	15,90	11,10	17,50	14,30	15,90	7,94	4,76	6,35	9,52	1,59	3,17	-	12,70	3,17	6,35
AM	33,70	46,30	1,95	3,41	15,60	21,50	25,40	3,41	8,29	9,76	9,76	0,98	4,88	16,10	17,60	5,37	30,20
AP	71,70	53,30	-	-	10,00	48,30	16,70	3,33	6,67	18,30	3,33	5,00	3,33	5,00	5,00	1,67	31,70
BA	44,30	27,10	9,20	17,70	31,80	27,10	31,10	1,89	13,70	10,40	13,20	1,18	2,83	18,90	34,20	9,20	26,90
CE	38,30	52,40	31,80	20,70	2,49	15,30	55,70	11,10	1,99	7,13	22,20	6,80	23,20	26,50	58,00	16,70	24,90
ES	77,80	22,20	-	31,10	57,80	48,90	26,70	17,80	20,00	4,44	6,67	8,89	-	2,22	13,30	2,22	-
GO	51,00	33,10	23,60	56,10	66,90	33,10	56,70	7,64	28,00	22,30	27,40	11,50	26,10	68,20	72,00	11,50	7,01
MA	14,90	56,00	1,40	4,55	6,83	10,20	18,60	0,88	4,73	2,28	7,01	0,18	2,28	16,30	16,60	2,28	29,20
MG	33,10	47,20	39,30	47,20	55,80	36,20	40,50	6,13	34,40	23,90	39,90	6,75	16,00	54,60	72,40	13,50	3,68
MS	51,80	23,50	48,20	57,20	20,50	11,40	47,60	2,41	20,50	13,30	39,20	6,02	13,30	49,40	65,10	18,70	23,50
MT	40,50	27,80	19,00	24,00	14,40	17,70	30,60	1,62	3,98	6,04	45,10	9,57	17,50	61,10	75,40	15,00	8,98
PA	30,80	45,00	2,89	3,91	9,99	17,10	20,80	1,88	3,91	2,89	33,10	2,46	3,91	42,10	43,10	9,84	15,80
PB	37,50	59,70	11,90	34,90	44,30	48,10	60,00	10,90	7,59	20,50	14,40	6,84	12,70	12,70	43,30	8,35	11,10
PE	40,20	56,60	33,20	12,90	36,70	39,50	45,70	14,10	5,08	12,10	19,10	1,95	12,90	27,70	52,30	11,70	4,69
PI	26,60	69,10	16,00	13,80	-	11,70	26,60	3,19	1,06	-	4,26	-	6,38	31,90	45,70	2,13	10,60
PR	90,20	43,60	80,70	69,70	87,90	54,90	72,70	7,20	86,40	54,90	68,90	29,50	39,00	87,10	91,70	34,80	11,00
RJ	38,90	16,00	13,70	41,20	34,40	65,60	38,90	13,00	41,20	11,50	22,90	3,82	9,16	10,70	41,20	7,63	8,40
RN	42,50	40,30	46,60	60,20	10,90	27,60	54,80	9,50	8,60	11,80	10,90	19,50	9,95	20,40	37,10	11,80	2,26
RO	44,80	27,10	9,83	6,95	9,11	13,70	46,30	0,96	2,88	9,35	35,50	3,12	2,88	33,60	59,70	18,50	15,10
RR	55,40	25,90	-	0,72	12,20	16,50	24,50	-	1,44	0,72	27,30	-	-	9,35	15,80	2,88	22,30
RS	68,40	56,10	69,50	77,00	90,30	70,30	65,40	17,10	52,40	55,40	55,00	24,20	40,10	71,40	75,50	43,10	12,30
SC	69,60	43,30	85,10	21,10	75,80	47,90	55,20	3,61	55,20	24,20	22,20	5,67	32,00	43,30	60,80	8,25	13,90
SE	83,90	91,10	31,50	39,90	58,30	44,00	76,80	10,70	47,60	22,60	56,00	32,70	48,20	50,60	83,30	25,60	13,10
SP	77,10	57,30	43,80	75,00	80,20	40,60	64,60	7,29	53,10	39,60	34,40	12,50	35,40	55,20	51,00	14,60	2,08
TO	29,40	22,00	3,02	34,90	26,90	14,00	31,60	2,47	4,12	5,77	18,70	1,92	2,75	44,20	64,80	9,89	6,59

Fonte: I Censo da Reforma Agrária - INCRA/CRUB/UnB

Nota: I - Utilização de sementes ou mudas selecionadas - II - Tratos Culturais Adequados - III - Uso de Mecanização - Tração Animal - IV - Uso de Mecanização - Tração Motora - V - Uso de Adubação Química - VI - Uso de Adubação Orgânica ou Verde - VII - Utilização de Defensivos Agrícolas - VIII - Práticas de Irrigação e Drenagem - XI - Correção do Solo - X - Práticas de Conservação do Solo - XI - Manejo Racional das Pastagens - XII - Práticas de Armazenamento e Conservação de Forragens - XIII - Utilização de Ração Concentrada - XIV - Mineralização - XV - Controle de Sanidade Animal - XVI - Práticas de Melhoramento do Rebanho - XVII Outro Sistema de Desenvolvimento Próprio

Tabela 1.45 – Amostra – Nível tecnológico utilizado nas práticas agropecuárias, por Região – 1996

Estado	I	II	III	IV	V	VI	VII	VIII	IX	X	XI	XII	XIII	XIV	XV	XVI	XVII
CENTROESTE	44,01	27,94	24,55	34,53	23,65	19,06	37,52	2,69	10,48	9,78	41,32	9,28	18,16	60,28	73,15	15,07	11,08
NORDESTE	37,32	52,13	19,75	22,08	21,14	25,44	43,40	7,37	8,69	10,02	16,60	6,37	12,84	21,97	41,79	10,34	18,89
NORTE	37,73	34,49	4,73	9,42	12,66	16,14	27,73	1,69	4,11	5,85	26,47	2,37	3,57	32,56	44,73	11,01	15,80
SUDESTE	49,20	37,47	28,51	49,89	54,94	47,36	43,91	9,66	39,08	21,61	30,11	7,36	16,55	36,09	52,18	10,80	4,37
SUL	76,62	48,14	77,72	59,42	85,56	58,73	65,34	9,90	65,47	46,91	51,31	21,18	37,55	69,60	77,44	30,81	12,24
BRASIL	38,76	41,69	17,28	20,25	20,85	21,47	34,48	3,88	11,73	9,97	24,87	5,19	10,30	33,39	45,78	11,36	17,09

Fonte: I Censo da Reforma Agrária - INCRA/CRUB/UnB

Nota: I - Utilização de sementes ou mudas selecionadas - II - Tratos Culturais Adequados - III - Uso de Mecanização - Tração Animal - IV - Uso de Mecanização - Tração Motora - V - Uso de Adubação Química - VI - Uso de Adubação Orgânica ou Verde - VII - Utilização de Defensivos Agrícolas - VIII - Práticas de Irrigação e Drenagem - IX - Correção do Solo - X - Práticas de Conservação do Solo - XI - Manejo Racional das Pastagens - XII - Práticas de Armazenamento e Conservação de Forragens -XIII Utilização de Ração Concentrada - XIV - Mineralização - XV - Controle de Sanidade Animal - XVI - Práticas de Melhoramento do Rebanho - XVII - Outro Sistema de Desenvolvimento Próprio.

Tabela 1.46 – Amostra – Opinião quanto ao nível de atendimento da assistência técnica, por Estado – 1996

Estado	Bom		Regular		Precário		Nenhum	
	%Estimada	Desvio Padrão da %	% Estimada	Desvio Padrão da %	% Estimada	Desvio Padrão da %	%Estimada	Desvio Padrão da %
AC	12,22	2,17	12,67	2,21	14,93	2,37	60,18	3,25
AL	19,77	4,20	12,79	3,52	5,81	2,47	61,63	5,13
AM	7,72	1,67	9,35	1,82	25,61	2,72	57,32	3,09
AP	14,71	4,22	16,18	4,39	19,12	4,69	50,00	5,96
BA	14,99	1,61	14,56	1,59	27,19	2,01	43,25	2,23
CE	29,91	1,74	28,04	1,71	13,55	1,30	28,50	1,72
ES	15,79	4,61	29,82	5,78	31,58	5,88	22,81	5,30
GO	28,40	3,36	15,98	2,73	18,93	2,92	36,69	3,59
MA	6,01	0,85	8,76	1,01	11,90	1,15	73,33	1,58
MG	36,41	3,44	20,11	2,86	10,33	2,17	33,15	3,36
MS	16,24	2,59	19,29	2,77	15,74	2,56	48,73	3,51
MT	12,10	1,13	14,52	1,22	14,90	1,24	58,47	1,71
PA	4,14	0,64	7,96	0,87	19,08	1,27	68,81	1,50
PB	33,56	2,11	28,15	2,01	14,19	1,56	24,10	1,91
PE	15,50	2,11	19,56	2,31	20,30	2,35	44,65	2,90
PI	6,80	2,04	8,16	2,22	14,97	2,89	70,07	3,71
PR	32,08	2,75	28,68	2,66	18,87	2,30	20,38	2,37
RJ	15,48	2,83	17,42	2,96	9,68	2,31	57,42	3,86
RN	23,35	2,74	25,11	2,80	13,66	2,22	37,89	3,14
RO	15,40	1,70	17,70	1,80	18,16	1,82	48,74	2,36
RR	3,68	1,33	11,05	2,21	12,11	2,30	73,16	3,12
RS	42,35	2,79	29,89	2,58	15,66	2,05	12,10	1,84
SC	24,37	2,95	28,93	3,12	26,40	3,03	20,30	2,77
SE	41,04	3,53	26,59	3,17	30,06	3,29	2,31	1,08
SP	50,50	4,93	17,82	3,77	5,94	2,33	25,74	4,31
TO	10,84	1,40	10,84	1,40	24,12	1,93	54,20	2,25

Fonte: I Censo da Reforma Agrária - INCRA/CRUB/UnB

Tabela 1.47 – Amostra – Opinião quanto ao nível de atendimento da assistência técnica, por Região – 1996

Região	Bom		Regular		Precário		Nenhum	
	%Estimada	Desvio Padrão da %	% Estimada	Desvio Padrão da %	% Estimada	Desvio Padrão da %	%Estimada	Desvio Padrão da %
CENTROESTE	15,20	1,03	15,55	1,04	15,64	1,04	53,61	1,43
NORDESTE	16,62	0,56	16,72	0,57	17,11	0,57	49,55	0,76
NORTE	11,10	0,76	12,97	0,82	19,85	0,97	56,08	1,21
SUDESTE	30,38	2,01	19,92	1,75	11,67	1,40	38,03	2,12
SUL	33,92	1,66	29,21	1,59	19,65	1,39	17,23	1,32
BRASIL	21,45	1,21	18,87	1,15	16,78	1,08	42,90	1,37

Fonte: I Censo da Reforma Agrária - INCRA/CRUB/UnB

Tabela 1.48 – Amostra – Produção agropecuária dos beneficiários, por Região – 1996

Região	Produto	Unidade de Medida	Área Média Explorada (ha)	Produção Média	Venda Média	Consumo Médio
CENTROESTE	Milho	SACO-60kg	2,32	55,60	0,41	32,73
	Arroz-de-sequeiro	SACO-60kg	2,19	49,03	8,06	24,24
	Mandioca	SACO-50kg	1,63	98,67	-	33,79
	Feijão (outros)	SACO-60kg	1,93	9,74	1,01	3,50
	Banana	QUILO	3,08	7.326,79	5.413,31	502,54
	Cana-de-açúcar	TONELADA	1,18	4,72	-	2,61
	Algodão arbóreo	QUILO	2,38	2.064,00	2.439,00	-
	Café	SACO-60kg	1,73	19,93	14,77	2,53
	Arroz beneficiado	SACO-60kg	1,76	42,51	0,86	28,90
	Amendoim	QUILO	1,33	322,11	-	161,00
	Abacaxi	CENTO	.	10,43	0,05	7,28
	Abóbora	QUILO	2,60	540,47	-	333,87
	Feijão-de-corda	SACO-60kg	1,92	9,69	-	2,06
	Algodão herbáceo	ARROBA	2,44	62,00	95,00	-
	Arroz Irrigado	SACO-60kg	1,50	29,44	7,25	20,30
	Farinha-de-mandioca	SACO-50kg	1,75	20,93	17,87	5,04
	Abacaxi	QUILO	-	1.110,71	33,33	833,33
	Laranja	SACO-60kg	-	9,56	-	7,13
NORDESTE	Milho	SACO-60kg	1,93	16,53	1,82	6,61
	Feijão-de-corda	SACO-60kg	1,78	5,51	-	2,53
	Feijão (outros)	SACO-60kg	1,83	5,97	0,92	2,35
	Mandioca	SACO-50kg	1,76	62,93	-	15,65
	Arroz-de-sequeiro	SACO-60kg	1,94	42,17	7,73	18,08
	Farinha-de-mandioca	SACO-50kg	1,87	26,85	12,81	7,32
	Inhame	ARROBA	1,55	196,88	154,83	11,76
	Batata doce	SACO-60kg	1,20	11,61	-	5,96
	Banana	CENTO	1,79	396,60	298,65	24,69
	Aipim/Macaxeira	QUILO	1,43	1.554,97	511,06	444,01
	Goma/Polvilho	SACO-60kg	-	6,25	-	2,26
	Algodão herbáceo	ARROBA	2,27	33,48	27,22	-
	Abóbora	QUILO	1,83	546,25	-	292,25
	Caju gigante	QUILO	-	288,35	247,11	14,37
	Melancia	TONELADA	1,70	0,96	-	0,42
	Coco anão	CENTO	1,92	9,16	7,43	1,72
	Laranja	CENTO	1,39	39,45	-	15,85
	Manga	CENTO	1,67	17,14	-	9,83
	Abacaxi	CENTO	1,53	31,67	8,03	4,59
	Castanha-do-Brasil	SACO-60kg	2,36	6,18	6,46	-
NORTE	Milho	SACO-60kg	2,05	32,75	1,50	18,17
	Arroz-de-sequeiro	SACO-60kg	2,11	50,33	10,32	23,30
	Feijão (outros)	SACO-60kg	1,68	8,05	1,38	2,96
	Mandioca	SACO-50kg	1,80	82,66	-	22,50
	Farinha-de-mandioca	SACO-50kg	1,85	51,61	22,45	15,79
	Café	SACO-60kg	3,09	27,30	32,56	1,81
	Arroz beneficiado	SACO-60kg	2,34	55,36	21,14	21,20
	Abacaxi	CENTO	1,52	6,37	3,38	2,85
	Abóbora	QUILO	2,52	801,89	-	409,70
	Laranja	CENTO	1,29	30,60	-	16,38
	Batata doce	SACO-60kg	1,75	4,45	-	3,67
	Feijão-de-corda	SACO-60kg	-	4,44	-	2,88

Continuação

Tabela 1.48 – Amostra – Produção agropecuária dos beneficiários, por Região – 1996

Região	Produto	Unidade de Medida	Área Média Explorada (ha)	Produção Média	Venda Média	Consumo Médio
NORTE	Aipim/Macaxeira	QUILO	1,30	2.300,58	158,70	439,44
	Melancia	TONELADA	2,88	1,34	-	0,23
	Banana	CENTO	1,67	378,27	236,32	10,00
	Cana-de-açúcar	TONELADA	1,50	2,22	-	1,72
	Cupuaçu	QUILO	2,69	331,90	199,17	29,76
	Doces	QUILO	-	74,12	-	73,42
	Caju gigante	QUILO	-	297,19	35,46	55,39
	Limão	CENTO	-	23,25	-	6,53
SUDESTE	Milho	SACO-60kg	2,09	32,41	1,04	16,05
	Feijão (outros)	SACO-60kg	1,63	6,21	0,87	2,74
	Mandioca	SACO-50kg	1,83	91,39	-	26,83
	Cana-de-açúcar	TONELADA	1,60	8,98	-	4,79
	Arroz-de-sequeiro	SACO-60kg	1,58	36,97	7,05	18,72
	Aipim/Macaxeira	QUILO	1,47	1.878,97	709,55	378,97
	Farinha-de-mandioca	SACO-50kg	1,67	11,20	6,56	6,43
	Banana	QUILO	1,50	2.768,08	1.785,88	360,00
	Abóbora	QUILO	1,18	699,38	-	478,60
	Quiabo	SACO-50kg	1,29	6,41	22,12	1,17
	Café	SACO-60kg	2,15	9,16	19,00	1,62
	Laranja	SACO-60kg	1,33	23,40	14,18	6,60
	Batata doce	SACO-60kg	-	9,60	-	3,57
	Maracujá	QUILO	-	2.559,09	1.549,50	0,83
	Arroz irrigado	SACO-60kg	1,63	38,32	14,17	24,53
	Inhame	ARROBA	1,33	311,67	224,04	7,70
	Jiló	QUILO	1,00	3.091,00	1.594,88	12,33
	Maxixe	SACO-50kg	1,00	24,13	33,32	0,34
	Abacate	QUILO	2,00	188,33	50,00	100,00
	Mamão	QUILO	-	453,33	532,00	62,00
SUL	Milho	SACO-60kg	2,82	90,38	0,62	41,39
	Feijão (outros)	SACO-60kg	1,74	17,38	2,13	4,15
	Arroz-de-sequeiro	SACO-60kg	1,27	15,42	1,95	11,23
	Mandioca	SACO-50kg	1,25	108,85	-	56,20
	Batata doce	SACO-60kg	1,38	12,42	-	10,84
	Batata inglesa	SACO-60kg	1,00	4,83	-	4,30
	Soja	SACO-60kg	2,75	157,88	156,83	-
	Amendoim	QUILO	2,33	159,11	-	133,46
	Alface	CENTO	5,00	3,75	-	3,73
	Fumo	QUILO	1,58	2.439,59	2.353,07	-
	Queijo	QUILO	5,00	306,81	157,72	108,57
	Erva-mate plantada	ARROBA	2,08	67,36	43,28	1,22
	Cana-de-açúcar	TONELADA	1,60	4,30	-	3,57
	Cebola	SACO-60kg	1,00	1,23	-	1,05
	Abóbora	QUILO	2,25	903,26	-	626,33
	Aipim/Macaxeira	QUILO	1,13	4.285,26	34,48	1.106,25
	Pêssego	QUILO	1,00	246,48	-	152,60
	Batata salsa	SACO-50kg	-	5,25	-	4,83
	Mel de abelha	QUILO	-	73,22	7,48	33,15

Fonte: I Censo da Reforma Agrária - INCRA/CRU/UnB

Tabela 1.48a – Amostra – Presença do uso de sistemas de irrigação, por Estado – 1996

Estado	Superfície		Aspersão		Localizado	
	Não Usa	Usa	Não Usa	Usa	Não Usa	Usa
AC	86,25	13,75	91,43	8,57	99,80	0,20
AL	94,23	5,77	97,44	2,56	100,00	-
AM	88,94	11,06	96,66	3,34	98,33	1,67
AP	51,67	48,33	99,26	0,74	99,26	0,74
BA	98,33	1,67	98,44	1,56	99,88	0,12
CE	99,54	0,46	99,39	0,61	99,77	0,23
ES	92,59	7,41	99,07	0,93	99,07	0,93
GO	96,61	3,39	99,74	0,26	100,00	-
MA	95,63	4,37	99,72	0,28	99,78	0,22
MG	98,71	1,29	97,63	2,37	99,78	0,22
MS	91,70	8,30	99,62	0,38	99,62	0,38
MT	99,69	0,31	95,87	4,13	99,81	0,19
PA	92,27	7,73	98,59	1,41	99,36	0,64
PB	98,79	1,21	97,83	2,17	99,43	0,57
PE	95,58	4,42	95,58	4,42	96,29	3,71
PI	96,31	3,69	99,72	0,28	99,72	0,28
PR	99,96	0,04	99,74	0,26	99,96	0,04
RJ	99,76	0,24	98,32	1,68	99,52	0,48
RN	99,31	0,69	99,54	0,46	98,85	1,15
RO	79,55	20,45	96,45	3,55	99,43	0,57
RR	91,30	8,70	95,91	4,09	100,00	-
RS	97,09	2,91	98,74	1,26	99,87	0,13
SC	93,74	6,26	99,62	0,38	100,00	-
SE	99,09	0,91	98,64	1,36	100,00	-
SP	99,08	0,92	98,46	1,54	99,08	0,92
TO	95,36	4,64	99,56	0,44	99,78	0,22

Fonte: I Censo da Reforma Agrária - INCRA/CRUB/UnB

Tabela 1.48b – Amostra – Presença do uso de sistemas de irrigação, por Região – 1996

Estado	Superfície		Aspersão		Localizado	
	Não Usa	Usa	Não Usa	Usa	Não Usa	Usa
CENTROESTE	98,22	1,78	96,97	3,03	99,82	0,18
NORDESTE	97,70	2,30	98,69	1,31	99,41	0,59
NORTE	88,99	11,01	97,72	2,28	99,49	0,51
SUDESTE	98,63	1,37	98,17	1,83	99,47	0,53
SUL	97,84	2,16	99,52	0,48	99,95	0,05
BRASIL	95,41	4,59	98,37	1,63	99,59	0,41

Fonte: I Censo da Reforma Agrária - INCRA/CRUB/UnB

Tabela 1.48c – Amostra – Dentre os que usam sistema de irrigação, que técnica utilizam, por Estado – 1996

Estado	Superfície (%)		Aspersão (%)			Localizado (%)			
	Faixas	Inundação	Sulcos	Mecanizado	Permanente	Portátil	Xique Xique	Micro-Aspersão	Gotejamento
AC	23,44	13,36	3,69	-	29,58	-	-	-	-
AL	3,13	-	1,08	6,38	-	0,80	-	-	-
AM	10,94	-	5,99	2,13	-	8,80	14,29	-	-
AP	-	1,84	19,05	-	-	-	-	-	-
BA	-	2,30	1,23	8,51	5,63	-	-	-	-
CE	-	1,38	0,15	-	2,11	2,40	14,29	-	-
ES	-	0,46	1,08	-	-	0,80	-	-	-
GO	-	-	2,00	-	-	0,80	-	-	-
MA	1,56	2,76	10,91	-	-	3,20	14,29	8,00	-
MG	-	2,30	-	-	-	8,00	-	-	-
MS	-	-	3,23	-	-	-	-	-	-
MT	-	0,46	0,15	2,13	43,66	-	-	-	-
PA	1,56	17,97	13,98	14,89	3,52	9,60	-	24,00	23,81
PB	15,63	0,92	0,92	25,53	0,70	16,00	57,14	16,00	-
PE	-	4,15	2,30	17,02	7,75	4,00	-	48,00	38,10
PI	-	1,38	1,38	-	-	-	-	-	-
PR	-	-	-	-	-	4,00	-	-	-
RJ	-	-	-	4,26	0,70	2,40	-	-	4,76
RN	-	-	0,31	-	0,70	-	-	-	19,05
RO	17,19	2,30	19,35	4,26	4,93	11,20	-	4,00	4,76
RR	3,13	5,99	2,92	-	0,70	12,00			
RS	-	7,83	0,77	10,64	-	3,20	-	-	-
SC	3,13	29,49	-	4,26	-	1,60	-	-	-
SE	3,13	-	0,31	-	-	4,80	-	-	-
SP	-	-	0,31	-	-	3,20	-	-	9,52
TO	17,19	5,07	8,91	-	-	3,20	-	-	-

Fonte: I Censo da Reforma Agrária - INCRA/CRUB/UnB

Tabela 1.48d – Amostra – Dentre os que usam sistema de irrigação, que técnica utilizam, por Região – 1996

Estado	Superfície (%)		Aspersão (%)			Localizado (%)			
	Faixas	Inundação	Sulcos	Mecanizado	Permanente	Portátil	Xique Xique	Micro-Aspersão	Gotejamento
CENTROESTE	-	0,46	5,38	2,13	43,66	0,80	-	-	-
NORDESTE	23,44	12,90	18,59	57,45	16,90	31,20	85,71	72,00	57,14
NORTE	73,44	46,54	73,89	21,28	38,73	44,80	14,29	28,00	28,57
SUDESTE	-	2,76	1,38	4,26	0,70	14,40	-	-	14,29
SUL	3,13	37,33	0,77	14,89	-	8,80	-	-	-

Fonte: I Censo da Reforma Agrária - INCRA/CRUB/UnB

Tabela 1.49 – Amostra – Efetivo animal dos beneficiários, por Região – 1996

Região	Grupo animal	Valores médios					
		Estoque Inicial	Nascimentos	Compra	Venda	Auto Consumo	Morte
CENTROESTE	Asinino	1,31	0,76	0,74	0,65	-	0,69
	Ave	29,92	60,19	4,30	10,98	36,10	19,59
	Bovino	5,04	5,45	3,51	3,35	0,89	1,47
	Caprino	6,97	7,37	3,80	6,71	4,14	3,60
	Equídeo	1,54	1,23	1,16	0,83	0,17	0,61
	Muar	1,42	6,78	1,36	1,67	3,47	1,80
	Ovino	7,40	10,88	2,86	1,79	7,39	4,38
	Suíno	4,65	9,50	1,83	3,84	4,75	2,23
NORDESTE	Asinino	1,48	1,34	0,75	0,92	0,99	0,66
	Ave	20,43	35,34	2,97	6,48	21,60	14,48
	Bovino	2,46	2,34	1,85	1,73	1,04	0,98
	Caprino	6,21	6,23	2,31	4,67	2,98	4,97
	Equídeo	1,29	1,34	0,79	0,69	0,62	0,68
	Muar	1,33	1,91	0,89	0,61	1,57	0,64
	Ovino	6,39	4,91	3,31	3,79	2,95	2,67
	Suíno	3,85	6,36	1,41	2,61	3,03	2,75
NORTE	Asinino	1,31	0,76	0,74	0,65	-	0,69
	Ave	29,92	60,19	4,53	10,98	36,10	19,59
	Bovino	5,04	5,46	3,51	3,35	0,89	1,47
	Caprino	6,97	7,37	3,80	6,71	4,14	3,60
	Equídeo	1,54	1,23	1,16	0,83	0,16	0,61
	Muar	1,43	6,78	1,36	1,67	3,47	1,80
	Ovino	7,40	10,88	2,86	1,79	7,39	4,38
	Suíno	4,65	9,50	1,84	3,84	4,75	2,73
SUDESTE	Asinino	1,63	1,00	2,00	1,00	-	-
	Ave	38,10	56,23	4,27	12,57	37,89	19,28
	Bovino	4,17	3,71	3,79	3,00	0,56	1,12
	Caprino	4,70	3,00	2,17	5,00	2,00	2,00
	Equídeo	1,66	1,02	1,24	0,75	0,71	0,90
	Muar	1,23	6,25	1,25	-	4,00	0,67
	Ovino	7,09	6,33	3,00	6,50	10,44	1,20
	Suíno	3,49	7,25	1,59	2,98	2,36	1,69
SUL	Asinino	-	-	-	-	-	-
	Ave	44,04	70,90	6,99	8,05	56,66	22,42
	Bovino	4,06	2,80	3,10	1,78	1,03	0,92
	Caprino	4,00	2,00	0,67	-	5,00	4,00
	Equídeo	1,43	0,61	1,00	0,22	0,03	0,47
	Muar	4,33	11,67	1,33	3,50	12,00	5,50
	Ovino	8,55	4,56	3,27	6,86	2,40	4,00
	Suíno	6,81	10,56	1,99	3,51	4,70	2,93
BRASIL	Asinino	1,46	1,26	0,76	0,88	0,89	0,66
	Ave	28,75	52,77	4,67	9,76	34,16	18,61
	Bovino	4,01	4,19	3,12	2,93	1,09	1,30
	Caprino	6,19	6,25	2,42	4,78	3,12	4,82
	Equídeo	1,53	1,23	1,07	0,75	0,38	0,72
	Muar	1,37	4,13	1,10	1,08	2,68	1,28
	Ovino	6,71	5,95	3,28	3,91	4,16	2,97
	Suíno	4,76	8,77	1,80	3,56	4,23	2,89

Fonte: I Censo da Reforma Agrária - INCRA/CRUB/UnB

Tabela 1.50 – Amostra – Percentual de beneficiários que possuem Veículos e Implementos Agrícolas, por Região – 1996

Região	Máquina	Estimativa de % dos que possuem	Estimativa da quantidade Média de quem possui
CENTROESTE	Caminhão grande	0,15	1,50
	Caminhão médio	0,37	1,00
	Camioneta	3,43	1,00
	Carro de passeio	4,23	1,00
	Charrete	1,46	1,05
	Trator	4,23	1,21
	Moto	2,19	1,10
	Bicicleta	19,78	1,47
	Grade niveladora	1,24	1,18
	Pulverizador para acoplar em trator	0,44	1,33
	Carreta para trator	1,97	1,15
	Outros veículos/Tratores	0,58	1,00
	Arado/Tração animal	6,79	1,08
	Cultivador tração animal	1,82	1,04
	Grade	1,97	1,33
	Semeadeira	1,68	1,04
	Colhetadeira	0,37	1,00
	Trilhadeira	0,66	1,00
	Arado terraceador	0,44	1,00
	Roçadeira	0,66	1,33
	Triturador	5,69	1,00
	Chapa /Forno	1,31	1,00
	Conjunto de irrigação	0,22	1,00
	Debulhadeira de milho	0,73	1,10
	Máquina de cortar mandioca	0,73	1,00
	Ensiladeira	0,07	2,00
	Motor diesel	1,75	1,13
	Motor elétrico	1,68	1,13
	Máquina de moer cana-de-açúcar	1,24	1,00
	Máquina de beneficiamento de arroz	0,66	1,00
	Motor serra	16,64	1,08
	Bomba d'água elétrica	6,35	1,09
	Quirerador	0,73	1,00
	Motor bomba para irrigação	1,31	1,06
	Outros motores	0,73	1,40
NORDESTE	Caminhão grande	0,17	1,00
	Caminhão médio	0,20	1,00
	Camioneta	0,89	1,03
	Carro de passeio	1,23	1,00
	Charrete	0,06	1,00
	Trator	0,43	1,13
	Moto	1,69	1,02
	Bicicleta	21,99	1,39
	Grade niveladora	0,09	1,00
	Pulverizador para acoplar em trator	0,20	1,14
	Carreta para trator	0,11	1,75
	Outros veículos/Tratores	0,06	1,00
	Arado/Tração animal	3,12	1,12

Tabela 1.50 – Amostra – Percentual de beneficiários que possuem Veículos e Implementos Agrícolas, por Região – 1996

Região	Máquina	Estimativa de % dos que possuem	Estimativa da quantidade Média de quem possui
NORDESTE	Cultivador tração animal	3,83	1,16
	Grade	0,14	1,20
	Semeadeira	0,46	1,19
	Colhetadeira	0,14	1,00
	Trilhadeira	0,11	1,00
	Arado terraceador	0,31	1,18
	Roçadeira	9,06	1,52
	Triturador	0,06	1,50
	Chapa/Forno	0,69	1,08
	Conjunto de irrigação	0,60	1,48
	Debulhadeira de milho	0,03	1,00
	Debulhadeira de feijão	0,09	1,00
	Máquina de cortar mandioca	0,54	1,05
	Ensiladeira	1,06	2,41
	Motor diesel	1,17	1,29
	Motor elétrico	0,40	1,36
	Máquina de moer cana-de-açúcar	0,14	1,00
	Máquina de beneficiamento de arroz	0,14	1,40
	Motor serra	1,23	1,07
	Bomba d'água elétrica	0,54	1,00
	Motor bomba para irrigação	0,49	1,12
	Outros motores	0,26	1,44
NORTE	Caminhão grande	0,29	1,00
	Caminhão médio	0,54	1,00
	Camioneta	1,46	1,03
	Carro de passeio	1,87	1,04
	Charrete	0,83	1,00
	Trator	1,50	1,19
	Moto	2,20	1,00
	Bicicleta	28,54	1,56
	Grade niveladora	0,12	1,00
	Pulverizador para acoplar em trator	0,25	1,17
	Carreta para trator	0,46	1,00
	Outros veículos/Tratores	0,08	2,00
	Arado/Tração animal	2,12	1,14
	Cultivador tração animal	0,50	1,33
	Grade	0,29	1,14
	Semeadeira	1,71	1,51
	Colhetadeira	0,12	2,00
	Trilhadeira	0,62	1,13
	Arado terraceador	0,71	2,12
	Roçadeira	4,03	1,96
	Triturador	1,08	1,00
	Chapa/Forno	5,66	1,15
	Conjunto de irrigação	0,12	1,00
	Debulhadeira de milho	0,62	1,00
	Debulhadeira de feijão	0,12	1,00
	Maquina de cortar mandioca	2,50	1,00

Tabela 1.50 – Amostra – Percentual de beneficiários que possuem Veículos e Implementos Agrícolas, por Região – 1996

Região	Máquina	Estimativa de % dos que possuem	Estimativa da quantidade Média de quem possui
NORTE	Ensiladeira	0,08	1,50
	Motor diesel	4,62	1,06
	Motor elétrico	0,92	1,05
	Máquina de moer cana de açúcar	1,75	1,00
	Máquina de beneficiamento de arroz	1,16	1,14
	Motor serra	18,93	1,12
	Bomba d'água elétrica	2,95	1,17
	Quirerador	0,42	1,10
	Motor bomba para irrigação	0,67	1,13
	Outros motores	0,62	1,13
SUDESTE	Caminhão grande	0,48	2,00
	Caminhão médio	0,79	1,00
	Camioneta	2,06	1,00
	Carro de passeio	7,61	1,04
	Charrete	3,65	1,09
	Trator	5,86	1,11
	Moto	1,90	1,00
	Bicicleta	21,71	1,50
	Grade niveladora	1,74	1,00
	Pulverizador para acoplar em trator	1,58	1,00
	Carreta para trator	3,96	1,08
	Outros veículos/Tratores	1,74	1,00
	Arado/Tração animal	7,77	1,35
	Cultivador tração animal	4,12	1,04
	Grade	5,07	1,03
	Semeadeira	1,43	1,11
	Colhetadeira	0,32	1,00
	Arado terraceador	1,43	1,11
	Roçadeira	2,54	1,44
	Triturador	3,49	1,05
	Chapa/Forno	0,32	1,50
	Conjunto de irrigação	1,11	1,00
	Debulhadeira de milho	1,74	1,00
	Debulhadeira de feijão	0,16	1,00
	Máquina de cortar mandioca	1,27	1,00
	Ensiladeira	0,79	1,00
	Motor diesel	3,01	1,21
	Motor elétrico	4,12	1,31
	Máquina de moer cana-de-açúcar	2,38	1,13
	Máquina de beneficiamento de arroz	0,95	1,00
	Motor serra	2,85	1,00
	Bomba d'água elétrica	11,41	1,14
	Quirerador	0,16	1,00
	Motor bomba para irrigação	1,58	1,00
	Outros motores	0,79	1,40
SUL	Caminhão grande	0,25	1,00
	Caminhão médio	1,50	1,00

Tabela 1.50 – Amostra – Percentual de beneficiários que possuem Veículos e Implementos Agrícolas, por Região – 1996

Região	Máquina	Estimativa de % dos que possuem	Estimativa da quantidade Média de quem possui
SUL	Camioneta	1,50	1,00
	Carro De Passeio	5,99	1,07
	Charrete	1,00	1,08
	Trator	11,73	1,16
	Moto	1,25	1,00
	Bicicleta	6,66	1,25
	Grade Niveladora	4,66	1,09
	Pulverizador Para Acoplar Em Trator	3,41	1,12
	Carreta Para Trator	4,58	1,13
	Outros Veículos/Tratores	1,50	1,11
	Arado/Tração Animal	37,94	1,40
	Cultivador Tração Animal	1,16	1,21
	Grade	18,14	1,09
	Semeadeira	7,90	1,81
	Colhetadeira	1,91	1,00
	Trilhadeira	12,98	1,01
	Arado Terraceador	4,24	1,12
	Roçadeira	2,41	1,69
	Triturador	1,75	1,00
	Chapa /Forno	0,42	1,20
	Conjunto De Irrigação	1,00	1,00
	Debulhadeira De Milho	1,66	1,00
	Debulhadeira De Feijão	1,33	1,00
	Maquina De Cortar Mandioca	0,17	1,00
	Ensiladeira	2,00	1,00
	Motor Diesel	4,66	1,07
	Motor Elétrico	7,57	1,31
	Maquina De Moer Cana De Açúcar	2,41	1,00
	Maquina De Beneficiamento De Arroz	0,17	1,00
	Motor Serra	11,90	1,02
	Bomba D'água Elétrica	6,07	1,15
	Quirerador	1,41	1,06
	Motor Bomba Para Irrigação	1,50	1,72
	Outros Motores	4,58	1,13

Fonte: 1° Censo da Reforma Agrária - INCRA/CRUB/UnB

Tabela 1.51 – Amostra – Porcentagem de beneficiários que possuem veículos e implementos agrícola – 1996

Máquina	Estimativa de % dos que possuem	Estimativa da quantidade média de quem possui
Caminhão grande	0,23	1,19
Caminhão médio	0,53	1,00
Camioneta	1,58	1,01
Carro de passeio	2,92	1,03
Charrete	0,85	1,05
Trator	3,15	1,17
Moto	1,86	1,02
Bicicleta	21,34	1,46
Grade niveladora	0,99	1,09
Pulverizador para acoplar em trator	0,77	1,13
Carreta para trator	1,34	1,13
Outros veículos/Tratores	0,45	1,10
Arado/Tração animal	8,33	1,30
Cultivador tração animal	2,32	1,14
Grade	3,17	1,11
Semeadeira	2,02	1,56
Colheitadeira	0,42	1,08
Trilhadeira	2,02	1,02
Arado terraceador	1,03	1,30
Roçadeira	5,14	1,62
Triturador	1,64	1,01
Chapa/Forno	2,03	1,14
Conjunto de irrigacao	0,51	1,22
Debulhadeira de milho	0,63	1,02
Debulhadeira de feijão	0,25	1,00
Máquina de cortar mandioca	1,09	1,01
Ensiladeira	0,76	1,78
Motor diesel	2,76	1,12
Motor elétrico	1,93	1,26
Máquina de moer cana-de-açúcar	1,19	1,02
Máquina de beneficiamento de arroz	0,55	1,12
Motor serra	9,74	1,09
Bomba d'água elétrica	3,54	1,13
Quirerador	0,42	1,05
Motor bomba para irrigação	0,87	1,23
Outros motores	1,03	1,20

Fonte: I Censo da Reforma Agrária - INCRA/CRUB/UnB

Tabela 1.52 - Amostra - Percentual de beneficiários que possuem Implementos Agrícolas Manuais - 1996

Região	Máquina	Estimativa de % dos que possuem	Estimativa da quantidade média de quem possui
CENTROESTE	Arreios	17,08	1,35
	Cangalhas	0,44	1,17
	Carro de boi	1,02	1,07
	Carroças	12,92	1,04
	Riscador tração animal	1,09	1,13
	Ancinho	2,04	1,18
	Cavadeira	18,10	1,30
	Outros tração animal	0,15	1,00
	Alavanca	5,99	1,07
	Arado manual	2,63	1,06
	Cavadeira tatu	3,14	1,26
	Chibanca	1,46	1,25
	Cultivado manual	1,53	1,38
	Enxada	52,63	2,93
	Enxadeco	17,74	1,68
	Foice	42,92	2,54
	Formigador	2,04	1,04
	Machado	36,57	1,52
	Pá	13,80	1,37
	Picareta	4,23	1,09
	Plantadeira	20,44	1,63
	Pulverizador costal	15,55	1,11
	Riscador/Engenhoca manual	0,22	1,00
	Carro-de-mão	10,73	1,07
	Roceira manual/Estroenga	0,51	2,14
	Bomba d'água manual	2,04	1,04
	Marreta	7,74	1,27
	Balança	4,89	1,12
	Caitetu manual	0,66	1,22
	Cano de irrigação	0,44	22,00
	Sulcador	1,09	1,67
	Outros manuais	7,66	2,20
	Forrageira	0,37	1,00
	Roda d'água	0,58	1,00
NORDESTE	Arreios	8,24	1,32
	Cangalhas	15,99	1,36
	Carro de boi	1,97	1,10
	Carroças	6,43	1,06
	Riscador tração animal	0,20	1,00
	Ancinho	1,54	1,20
	Cavadeira	13,93	1,26
	Outros tração animal	0,17	1,00
	Alavanca	12,61	1,28
	Arado manual	1,74	1,15
	Cavadeira tatu	3,52	1,28

Tabela 1.52 - Amostra - Percentual de beneficiários que possuem Implementos Agrícolas Manuais - 1996

Região	Máquina	Estimativa de % dos que possuem	Estimativa da quantidade média de quem possui
NORDESTE	Formigador	5,09	1,03
	Machado	49,76	1,38
	Pá	33,17	1,25
	Picareta	15,24	1,32
	Plantadeira	9,35	1,32
	Pulverizador costal	9,18	1,15
	Riscador/Engenhoca manual	0,54	1,26
	Carro-de-mão	18,50	1,11
	Roceira manual/Estroenga	7,35	1,44
	Bomba d'água manual	1,17	1,07
	Marreta	10,55	1,23
	Balança	4,55	1,16
	Caitetu manual	0,63	1,05
	Gadanho/Garfo	2,14	1,25
	Pé-de-cabra	6,38	1,08
	Cano de irrigação	0,37	20,77
	Sulcador	0,14	1,20
	Outros manuais	9,12	1,62
	Forrageira	1,00	1,17
	Roda d'água	0,14	1,00
NORTE	Arreios	13,77	1,48
	Cangalhas	5,74	1,23
	Carro de boi	1,96	1,09
	Carroças	8,36	1,09
	Riscador tração animal	0,17	1,50
	Ancinho	8,11	1,31
	Cavadeira	24,67	1,38
	Outros tração animal	0,12	1,00
	Alavanca	10,11	1,26
	Arado manual	1,54	1,16
	Cavadeira tatu	6,03	1,41
	Chibanca	3,70	1,26
	Cultivado manual	1,21	1,38
	Enxada	61,44	2,59
	Enxadeco	26,83	1,52
	Foice	52,04	2,79
	Formigador	1,12	1,26
	Machado	52,87	1,61
	Pá	26,54	1,35
	Picareta	9,11	1,26
	Plantadeira	30,57	1,67
	Pulverizador costal	13,10	1,17
	Riscador/Engenhoca manual	1,04	1,04
	Carro-de-mão	12,73	1,11
	Roceira manual/Estroenga	5,24	2,13

Tabela 1.52 - Amostra - Percentual de beneficiários que possuem Implementos Agrícolas Manuais - 1996

Região	Máquina	Estimativa de % dos que possuem	Estimativa da quantidade média de quem possui
NORTE	Pé-de-cabra	5,20	1,15
	Cano de irrigação	0,37	9,22
	Sulcador	0,04	1,00
	Outros manuais	9,61	2,11
	Forrageira	0,29	1,14
	Roda d'água	0,37	1,11
SUDESTE	Arreios	11,41	1,32
	Cangalhas	3,01	1,37
	Carro de boi	3,49	1,27
	Carroças	9,19	1,09
	Riscador tração animal	1,27	1,00
	Ancinho	7,13	1,33
	Cavadeira	22,66	1,28
	Outros tração animal	1,43	2,44
	Alavanca	6,34	1,18
	Arado manual	4,91	1,19
	Cavadeira tatu	9,51	1,18
	Chibanca	5,71	1,14
	Cultivado manual	2,69	1,12
	Enxada	49,13	3,24
	Enxadeco	23,14	1,79
	Foice	40,41	2,01
	Formigador	3,17	1,05
	Machado	40,25	1,37
	Pá	25,83	1,41
	Picareta	6,18	1,13
	Plantadeira	17,75	1,35
	Pulverizador costal	14,10	1,07
	Riscador/Engenhoca manual	0,95	1,00
	Carro-de-mão	16,32	1,17
	Roceira manual/Estroenga	0,95	1,50
	Bomba d'água manual	2,06	1,08
	Marreta	12,20	1,35
	Balança	7,13	1,11
	Gadanho/Garfo	2,22	1,14
	Pé-de-cabra	8,24	1,08
	Cano de irrigação	0,63	13,25
	Sulcador	3,49	1,14
	Outros manuais	5,23	2,09
	Forrageira	0,63	1,00
	Roda d'água	0,48	1,00
SUL	Arreios	2,33	1,18
	Cangalhas	6,74	1,25
	Carro de boi	2,41	1,03

Tabela 1.52 - Amostra - Percentual de beneficiários que possuem Implementos Agrícolas Manuais - 1996

Região	Máquina	Estimativa de % dos que possuem	Estimativa da quantidade média de quem possui
SUL	Alavanca	0,58	1,00
	Arado manual	11,06	1,30
	Cavadeira tatu	0,50	1,33
	Chibanca	0,17	2,00
	Cultivado manual	4,66	2,20
	Enxada	39,27	3,78
	Enxadeco	0,42	1,00
	Foice	35,86	2,47
	Formigador	3,58	1,14
	Machado	22,88	1,27
	Pá	17,89	1,67
	Picareta	3,33	1,23
	Plantadeira	25,96	1,70
	Pulverizador costal	20,97	1,13
	Riscador/Engenhoca manual	0,08	2,00
	Carro-de-mão	2,50	1,37
	Roceira manual/Estroenga	0,17	1,00
	Bomba d'água manual	0,50	1,00
	Marreta	2,50	1,10
	Balança	4,66	1,23
	Gadanho/Garfo	0,58	1,00
	Pé-de-cabra	2,66	1,13
	Cano de irrigação	0,75	15,22
	Sulcador	2,08	1,00
	Outros manuais	8,32	1,58
	Forrageira	17,14	1,05
	Roda d'água	0,33	1,00

Fonte: 1° Censo da Reforma Agrária - INCRA/CRUB/UnB

Tabela 1.53 – Amostra – Porcentagem de beneficiários que possuem implementos agrícolas manual, Brasil – 1996

Implemento Agrícola	Estimativa de % dos que possuem	Estimativa da quantidade média de quem possui
Arreios	10,47	1,38
Cangalhas	8,82	1,33
Carro de boi	1,99	1,11
Carroças	11,81	1,07
Riscador tração animal	0,40	1,11
Ancinho	3,73	1,30
Cavadeira	17,57	1,30
Outros tração animal	0,41	1,51
Alavanca	8,93	1,24
Arado manual	3,27	1,21
Cavadeira tatu	4,14	1,31
Chibanca	9,40	1,47
Cultivado manual	2,01	1,55
Enxada	57,99	2,75
Enxadeco	21,47	1,59
Foice	51,48	2,31
Formigador	3,25	1,07
Machado	44,39	1,46
Pá	25,98	1,34
Picareta	9,76	1,27
Plantadeira	19,40	1,58
Pulverizador costal	13,07	1,14
Riscador/Engenhoca manual	0,59	1,13
Carro-de-mão	13,54	1,12
Roçadeira manual/Estroenga	4,37	1,67
Bomba d'água manual	1,33	1,09
Marreta	9,75	1,26
Balança	5,05	1,16
Caitetu manual	1,04	1,13
Gadanho/Garfo	1,61	1,24
Pé-de-cabra	5,11	1,11
Cano de irrigação	0,45	16,46
Sulcador	0,75	1,21
Outros manuais	8,66	1,85
Forrageira	2,82	1,07
Roda d'água	0,32	1,03

Fonte: I Censo da Reforma Agrária - INCRA/CRUB/UnB

Tabela 1.54 – Amostra – Porcentagem de beneficiários que possuem eletrodomésticos, por Região – 1996

Região	Eletrodoméstico	Estimativa de % dos que possuem	Estimativa da quantidade média de quem possui
CENTROESTE	Máquina de costura	10,95	1,03
	Centrífuga	0,07	1,00
	Descascador de arroz	0,58	1,00
	Motor a gasolina	1,61	1,00
	Freezer p/guardar leite	3,21	1,02
	Geladeira	7,01	1,01
	Fogão	21,68	1,09
	Vídeo Cassete	0,07	1,00
	Televisor	7,23	1,05
	Aparelho de som	3,50	1,02
	Rádio	19,27	1,08
	Outros bens de consumo	3,21	1,41
NORDESTE	Máquina de costura	6,98	1,03
	Descascador de arroz	0,23	1,00
	Motor a gasolina	0,60	1,05
	Freezer p/guardar leite	0,20	1,00
	Geladeira	7,43	1,00
	Fogão	28,57	1,05
	Vídeo Cassete	0,11	1,00
	Televisor	15,44	1,04
	Aparelho de som	8,18	1,10
	Rádio	33,11	1,14
	Outros bens de consumo	1,94	1,34
NORTE	Máquina de costura	14,56	1,05
	Centrífuga	0,08	1,00
	Descascador de arroz	0,58	1,14
	Motor a gasolina	4,41	1,08
	Freezer p/guardar leite	1,54	1,24
	Geladeira	4,95	1,04
	Fogão	27,12	1,11
	Vídeo Cassete	0,25	1,00
	Televisor	6,45	1,08
	Aparelho de som	4,87	1,05
	Rádio	28,70	1,12
	Outros bens de consumo	6,45	2,15

Fonte: I Censo da Reforma Agrária - INCRA/CRUB/UnB

Tabela 1.54 – Amostra – Porcentagem de beneficiários que possuem eletrodomésticos, por Região – 1996

Região	Eletrodoméstico	Estimativa de porcentagem dos que possuem	Estimativa da quantidade média de quem possui
SUDESTE	Máquina de costura	15,69	1,05
	Descascador de arroz	0,16	1,00
	Motor a gasolina	1,58	1,10
	Freezer para guardar leite	3,01	1,00
	Geladeira	24,09	1,04
	Fogão	37,08	1,14
	Vídeo cassete	1,11	1,00
	Televisor	24,09	1,11
SUL	Descascador de arroz	1,91	1,00
	Motor a gasolina	8,65	1,08
	Ordenhadeira mecânica	1,50	1,11
	Freezer para guardar leite	15,56	1,08
	Geladeira	20,05	1,02
	Fogão	37,77	1,28
	Televisor	19,88	1,03
	Aparelho de som	7,65	1,07
	Rádio	29,03	1,11
	Outros bens de consumo	20,80	1,76

Fonte: I Censo da Reforma Agrária–INCRA/CRUB/UnB.

Situação social e demográfica dos beneficiários da reforma agrária: um atlas

Maria Beatriz de Albuquerque David[1]
Philippe Waniez[2]
Violette Brustlein[3]

Introdução: a política da reforma agrária

Nas últimas décadas, os programas de colonização, a regularização fundiária e a desapropriação – esta última principalmente a partir de 1985 – foram as formas tradicionalmente utilizadas para enfrentar a questão do acesso à terra no Brasil. Na realidade, essas formas de acesso à terra têm sido empregadas mais para atender às pressões sociais e políticas, freqüentemente explosivas, que para visar à obtenção de um desenvolvimento rural duradouro, relacionado aos incrementos sustentados da produção, da produtividade e do emprego, que resultariam em melhoras na qualidade de vida da população. Hoje, num momento em que a demanda por terra exige uma política agrária muito mais criativa e efetiva, novas formas de acesso à terra têm sido propostas, tais como o arrendamento, o leilão de terras e o crédito fundiário.

Um programa de reforma agrária que busque transformar as condições de vida de seus beneficiários deve estar inserido em uma estratégia produtiva que assegure a sustentabilidade dessa agricultura. Esta deve ser pensada não só como meio de sobrevivência das famílias, mas principalmente como fonte geradora de excedentes que assegurem novos investimentos e permitam a ampliação da produção e da produtividade da agricultura brasileira.

1 Da Diretoria de Pesquisa do IPEA e professora adjunta da FCE-UERJ.
2 Do Instituto de Pesquisa Científica para o Desenvolvimento em Cooperação da França – Orstom.
3 Do Credal – Conselho Nacional de Pesquisa Científica da França – CNRS.

Histórico recente da política agrária

O processo de democratização e o retorno ao regime civil propiciaram um clima favorável ao ressurgimento das reivindicações em torno da reforma agrária. O Movimento dos Sem Terra (MST) e a Confederação Nacional dos Trabalhadores na Agricultura (Contag) puderam, desde essa época e até hoje, aumentar significativamente suas representatividades. A mudança de regime foi acompanhada pelo lançamento de um ambicioso programa de reforma agrária (o Primeiro Plano Nacional de Reforma Agrária), que previa beneficiar mais de 1 milhão de agricultores sem-terra mediante desapropriações essencialmente no centro-sul do País. O Governo Sarney (1985/90) havia fixado, inicialmente, a meta de dar acesso à propriedade da terra a 1,4 milhão de famílias, mas beneficiou efetivamente apenas 90 mil, menos de 6% do total pretendido. Durante o Governo Collor (1990/92), prometeu-se terra inicialmente a 500 mil famílias, mas praticamente se interrompeu tanto o processo de inscrição de novas terras ao cadastro como novas desapropriações. Nesse período, somente 23 mil famílias receberam o título de propriedade de terras, provenientes do estoque deixado pelo governo precedente. O Governo Itamar Franco (1992/94), que havia previsto dar acesso à terra a 20 mil famílias em 1993 e a 60 mil em 1994, beneficiou somente 12.600 famílias. Em seu programa de governo, o atual presidente havia previsto distribuir 400 mil títulos de propriedade, mas, após sua eleição, tal objetivo de campanha foi reduzido à meta de beneficiar 260 mil famílias nos quatro anos de seu mandato (1995/98) [ver David (1995, p. 163)]. Em seu primeiro ano de governo (1995), foram assentadas 42.912 famílias; em 1996, 62.044 famílias [Incra (1995)]; em 1997, de janeiro a agosto, mais 21 mil famílias foram assentadas, deixando antever que a meta fixada para 1997 (80 mil famílias assentadas) dificilmente será cumprida. Entretanto, é importante esclarecer que os dados referentes ao total de famílias beneficiadas incluem as regularizações de títulos, ou seja, regularização fundiária (ver tabela a seguir).

Número de Famílias Beneficiadas pelos Programas de Reforma Agrária

Período	Governo	Famílias Beneficiadas por Projetos de Colonização	Famílias Beneficiadas por Programas de Regularização de Títulos	Famílias Beneficiadas por Assentamentos da R.A	Total de Famílias Beneficiadas
1964/84	Regime Autoritário	15 mil	113 mil	–	228,0
1985/94	Sarney, Collor e Itamar	–	–	125,6	125,6
1994/97	Fernando Henrique	–	–	125,9	125,9

Nota: Os dados referentes às famílias beneficiadas até o ano de 1995 representam a capacidade de assentamento dos projetos e não o número de famílias efetivamente assentadas.

O recenseamento da reforma agrária: análise crítica e metodologia de elaboração dos mapas para o Atlas

O recenseamento efetuado: críticas e limitações

No Brasil, a questão agrária tem sido objeto de lutas sociais e políticas intensas, mas a ausência de uma base de dados confiáveis sobre o assunto limita o debate democrático. A falta de informações suficientes conduz também à tomada de posições muitas vezes maniqueístas, tanto do lado dos defensores dos agricultores sem terra como do de seus opositores, em especial os grandes proprietários e seus aliados. É bem verdade que os recenseamentos agropecuários apresentam uma primeira aproximação quantitativa, notadamente sobre a utilização efetiva do solo, mas não permitem avaliar os resultados da política de reforma agrária praticada pelo governo brasileiro e, menos ainda, identificar o que resta a empreender nesse campo.

Em decorrência de uma demanda do Incra, que desejava identificar todas as famílias instaladas nas áreas dos projetos, realizou-se um recenseamento dos projetos de reforma agrária. A metodologia utilizada foi a de um recenseamento exaustivo, visando principalmente atualizar as fichas do Incra, ou seja, identificar as famílias e coletar dados sobre características elementares, tais como estado civil, sexo, nível de escolaridade etc. Embora o recenseamento tenha permitido, ao menos de maneira parcial, obter essas informações, é de se lamentar a perda da oportunidade de abordar certos aspectos importantes do problema agrário. Não se dispõe, por exemplo, de nenhuma informação sobre as parcelas ou lotes e sua utilização com culturas ou pastagens. Para preencher essas lacunas, o recenseamento foi complementado por uma pesquisa por amostragem, referente a 9 mil explorações, destinada a avaliar os recursos disponíveis e os aspectos produtivos. As condições sociais e o acesso aos serviços médicos e educativos foram também objeto dessa mesma pesquisa, por amostragem, realizada em conjunto com o recenseamento.

A realização do recenseamento propriamente dito enfrentou inúmeras dificuldades materiais, decorrentes principalmente de problemas institucionais do Incra: desatualização ou mesmo inexistência de listas de beneficiários e mapas dos limites dos projetos, meios de locomoção deficientes etc. Apesar de conhecer as dificuldades de acesso ao campo no período das chuvas, o Incra definiu o prazo de realização do Censo coincidindo com a estação de chuvas. Outro fator que influenciou negativamente o trabalho de recenseamento e, portanto, a qualidade das informações, foi o prazo escasso de dois meses estipulado pelo Ministério Extraordinário de Política Fundiária para a sua realização. Todos esses problemas são claramente expostos no I Censo da Reforma Agrária – Relatório Final e explicam as restrições que pesam sobre os dados coletados.

O recenseamento foi realizado em 1.460 projetos oficiais de reforma agrária delimitados pelo Incra, existentes em 31 de outubro de 1996, e permitiu identificar 199.218 beneficiários, dos quais 161.556 estavam presentes em suas parcelas e puderam ser entrevistados. O relatório executivo (I Censo da Reforma Agrária do Brasil – Relatório Final) apresenta as tabelas estatísticas resultantes de uma primeira exploração, tanto do recenseamento como da pesquisa por amostragem, feitas pelos coordenadores do Censo. Ele fornece os dados em nível agregado, ou seja, o País em seu conjunto, e apenas algumas informações estaduais.

O trabalho de campo do recenseamento foi feito, em grande parte, no final do ano de 1996 e contou com a participação de 29 universidades coordenadas pela UnB. A diferença verificada entre os dados do Incra sobre a estimativa do número de famílias assentadas e os fornecidos pelo Censo deve-se, em grande parte, ao fato de que o número de famílias que constavam nas informações do instituto representava a capacidade de assentamento por projeto e não o de famílias efetivamente assentadas. Em média, portanto, 25% das famílias não foram encontradas, em muitos casos, simplesmente porque nunca chegaram a ser assentadas; em outros, pela própria dificuldade de acesso aos projetos de assentamento ou ainda pela recusa de algumas famílias em responder aos questionários. Em alguns lugares, especialmente no Sul, a presença de agregados era bastante significativa, superando, assim, os números totais de pessoas que constavam dos cadastros. O abandono dos lotes nos assentamentos mais antigos da região Norte chega a 30%. A maioria dos beneficiários tem na atividade rural sua ocupação principal. A forma de exploração do lote é majoritariamente individual, notando-se o associativismo na comercialização da produção. Nos Estados do Sul e do Sudeste, os beneficiários organizados em cooperativas ficam em torno de 20% a 30%.

O relatório em si responde a certas preocupações dos gestores da reforma agrária e melhora, sem dúvida, o conhecimento sobre a situação dos assentamentos e dos assentados. No entanto, as estatísticas nacionais elaboradas ou mesmo as estaduais são demasiado agregadas para que se avaliem adequadamente os impactos da reforma em termos de ocupação do território. Em um país tão vasto e heterogêneo como o Brasil, o exame do processo de diferenciação espacial torna-se um elemento crucial na compreensão da reforma agrária

Metodologia dos mapas apresentados

Com a perspectiva de realizar uma análise geográfica fina, propusemo-nos a efetuar uma nova exploração do conjunto das fichas do levantamento censitário (a pesquisa por amostragem não foi levada em consideração por questões de representatividade geográfica). A utilização do programa Fox Pro (um gestor de base de dados para Macintosh), do Statistical Analisy System (SAS) para elaboração das estatísticas, do Cabral 500 e do

Cabral Visão para a representação cartográfica e do Adobe Illustrator para o acabamento dos mapas permitiu a realização deste trabalho.

As tabulações por SAS foram programadas para produzir estatísticas sobre a base de 558 microrregiões geográficas, nível espacial intermediário entre os 5 mil municípios (nível muito desagregado levando em consideração a população em questão) e os 27 Estados (nível muito agregado quando se consideram suas dimensões). Todas as perguntas constantes do recenseamento foram objeto de tratamento, mas só se escolheu uma parte delas: a que apresentava uma variação estatística conjugada com uma variação geográfica. Chegou-se, assim, a um conjunto de indicadores de natureza demográfica e sociológica.

Em razão da grande variabilidade da superfície das microrregiões geográficas, não se utilizou a técnica usual de mapas em variações de tonalidade (denominados mapas coropléticos), onde a superfície de cada unidade espacial recebe uma cor relacionada com a variação estatística verificada na região. Um procedimento similar aplicado ao Brasil conduz, quase sempre, a uma superestimação da importância das regiões mais extensas, ainda que se trate, na maioria das vezes, de regiões menos populosas (a Amazônia, por exemplo).

Assim, em todos os mapas deste trabalho, a população (em geral, número de beneficiários da reforma agrária) é representada por um círculo localizado no centro da microrregião, e cuja superfície é proporcional à população. Mesmo quando os círculos se superpõem, limitando a leitura individual de cada valor, o efeito visual resultante (aquele que finalmente se deseja obter com esse tipo de mapa) traduz satisfatoriamente o fenômeno de concentração. Em certos mapas foram utilizados círculos brancos e pretos para representar uma mesma população, o que permite avaliar corretamente sua distribuição espacial (tal é o caso do número total de beneficiários segundo o lugar de assentamento e o lugar de nascimento e também do número de assassinatos e de ocupação de terras). Esses mapas são bastante simples, mas sua reprodução não é desejável, pois o nível de informação que transmitem é relativamente pobre. Preferiu-se, de maneira geral, recorrer a uma cartografia mais elaborada valendo-se de cores.

Colorir os círculos equivale a agregar à quantidade cartográfica (a população) uma qualidade, em que a variabilidade dos valores traduz-se na variabilidade das cores. Essa qualidade pode ser uma simples relação, como no caso da percentagem dos beneficiários não-residentes em suas parcelas ou lotes, bem como a dos beneficiários em situação irregular. Essas relações efetivos-percentagens conduzem a uma leitura ponderada do mapa, agregando ao efetivo de uma variável particular (representado pela superfície do círculo) a sua participação relativa (percentagem) na população total de que tal variável faz parte.

Recorre-se, ainda, aos círculos coloridos para representar as classes contidas em uma classificação multivariada, como é o caso das repartições por idade dos beneficiários, seu nível de escolaridade ou o ano de ocupação da terra. Simultaneamente, utilizou-se a técnica do diagrama triangular (ou árvore de classificação), com o propósito de levar em consideração o conjunto de modalidades de cada variável reagrupada em três categorias por microrregião. Assim, cada microrregião viu-se dotada de uma cor específica, representando a classe da qual faz parte. O círculo da microrregião foi, então, colorido com essa tonalidade. Chega-se, assim, a um mapa de síntese, que proporciona muito mais informações que um mapa em círculos brancos e pretos. Sua leitura, porém, é mais difícil por causa da necessidade da comparação constante entre o diagrama triangular e o mapa.

Todas essas técnicas de representação cartográfica de dados estatísticos são bem conhecidas. Tal, no entanto, não impede que freqüentemente sejam publicados mapas de má qualidade, como, por exemplo, os intitulados "A geografia dos assentamentos rurais do Brasil", publicados (em cores) por pesquisadores da Unesp e da USP com base nos dados de 1994 do Incra e do MST. Nesses mapas, os efetivos não foram expressos por símbolos proporcionais e as cores não foram ordenadas em gamas crescentes representando os efetivos. Em tais condições, a leitura global dos mapas torna-se impossível. A apresentação de uma simples tabela de dados teria sido, nesse caso, bem melhor.

Todos os mapas aqui apresentados foram concebidos de acordo com os princípios da cartografia temática estatística e permitem apresentar um panorama bem completo (o mais completo possível, tendo em vista o que o recenseamento permite fazer) da situação dos beneficiários da política de reforma agrária do governo.

A implantação dos assentamentos no espaço e no tempo

Os assentamentos não apresentam uma distribuição geográfica uniforme sobre o conjunto do território nacional (Mapa 1).

A questão da reforma agrária atinge o País em seu conjunto. Nenhum Estado foi poupado. Observa-se, porém, que as Regiões Sudeste e Sul aparecem de forma pouco expressiva na política agrária. Ainda que exista nos Estados do Rio de Janeiro, Santa Catarina, Rio Grande do Sul e, sobretudo, no interior menos desenvolvido do Paraná uma relativa concentração de explorações agrícolas criadas por projetos do Incra, seu número ainda é pouco significativo se comparado às outras regiões do país (menos de 2% do total em cada um desses Estados).

Os projetos do Incra desenvolveram-se, principalmente, a partir de eixos principais. O mais importante (cerca de 40 mil explorações, 25% do total), no oeste do Maranhão e no norte do Mato Grosso. Correspondendo, inicialmente, ao traçado da Rodovia BR

158 até Marabá (e daí para o Norte em direção a Tucuruí, BR 230), depois tal eixo orienta-se para o Nordeste, mais especificamente para o Maranhão, seguindo o traçado da ferrovia que liga Carajás a São Luís. O segundo eixo de desenvolvimento dos projetos do Incra (cerca de 30 mil explorações, 18% do total) segue a rodovia federal que liga Campo Grande a Rio Branco, ou seja, o oeste do Mato Grosso do sul ao sul do Acre. Nesses dois eixos de implantação, o ano de ocupação é normalmente posterior a 1984 (Mapa 2), e metade das instalações é recente (criadas depois de 1991). Esse movimento prosseguiu, com uma intensidade menor, no Mato Grosso e seguindo as vias de comunicação que ligam Porto Velho a Manaus e Boa Vista: aqui, 87% dos perímetros foram ocupados depois de 1991.

Assim, quase metade dos assentamentos foi realizada no espaço pioneiro do oeste do País. A "marcha para o Oeste" não se limita aos assentamentos realizados pelo Incra, mas pode-se verificar que a política de instalação de agricultores coincide nessa parte do País com a frente de ocupação. O recenseamento agropecuário realizado pelo IBGE em 1996 permitirá uma melhor avaliação da participação dos assentamentos no total das exportações agropecuárias dessas regiões, que se encontram em rápido processo de transformação.

A concentração dos projetos do Incra no Nordeste reflete uma agricultura regionalizada: a franja litorânea e o agreste são os mais beneficiados, ao passo que o sertão fica marginalizado. O interior da Bahia, ao contrário, com 3.500 instalações, aparece com uma melhor distribuição. No total, o conjunto da Região Nordeste reúne quase 65 mil implantações. O Maranhão agrupa mais de 40% (27 mil implantações), seguido de longe pelo Ceará e a Bahia.

Se uma parte do Maranhão participa ativamente da expansão da frente pioneira leste-amazoniana, a dinâmica do resto do Estado assemelha-se mais àquela da Região. De fato, as implantações são, na sua grande maioria, anteriores a 1984. Essas correspondem freqüentemente à dos perímetros ditos "regularizados", isto é, ocupados antes de serem incluídos nos projetos de reforma agrária. Por exemplo, na Paraíba, 22% dos beneficiários ocuparam suas terras antes de 1960. No Ceará tal percentual corresponde a 17% e no Piauí a 13%.

Encontram-se no Nordeste, também, instalações recentes, posteriores a 1991, notadamente no Ceará e no Rio Grande do Norte, comprovando que o acesso dos nordestinos à terra não é um problema resolvido pelo desenvolvimento das frentes de colonização.

Mapa 1 – Número de assentamentos em 1996

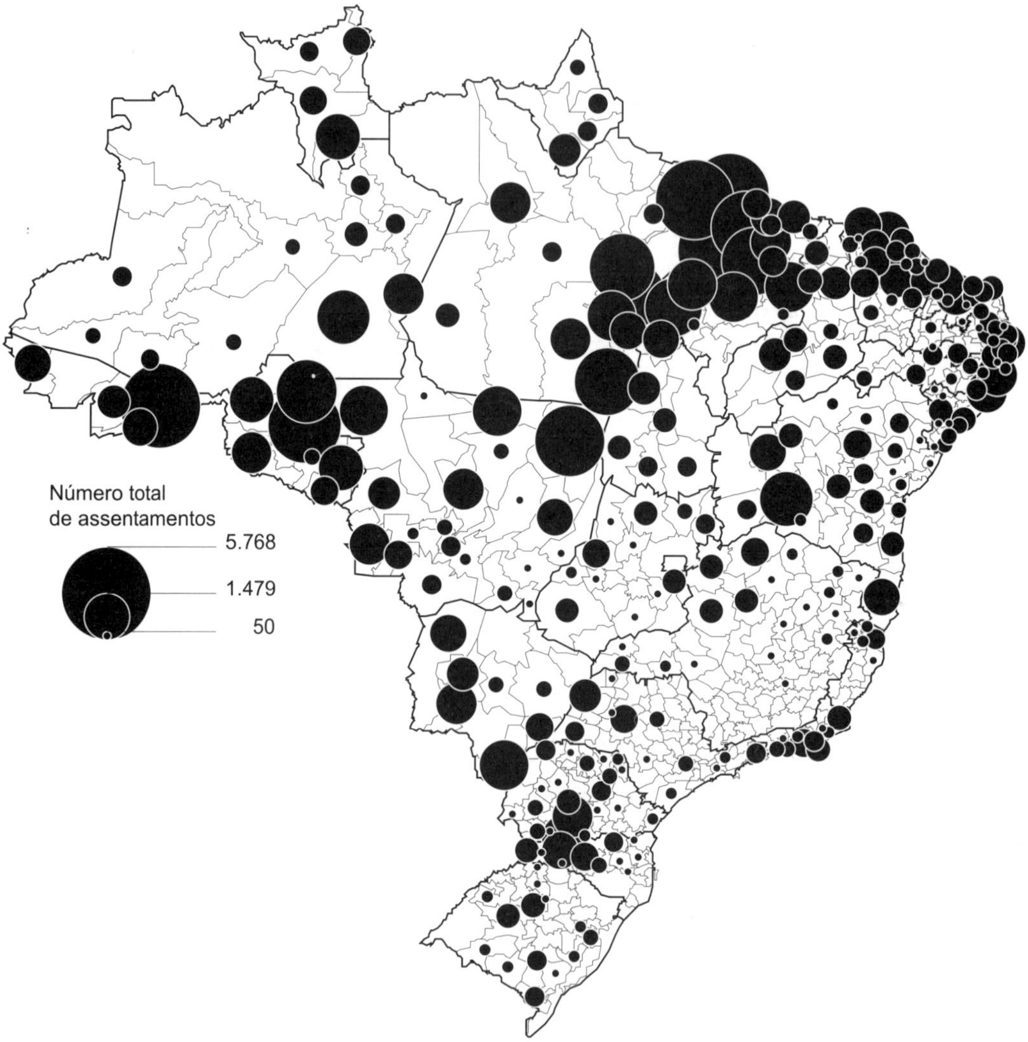

Fonte: I Censo da Reforma Agrária do Brasil – 1996

Mapa 2 – Ano de ocupação da área pelos beneficiários

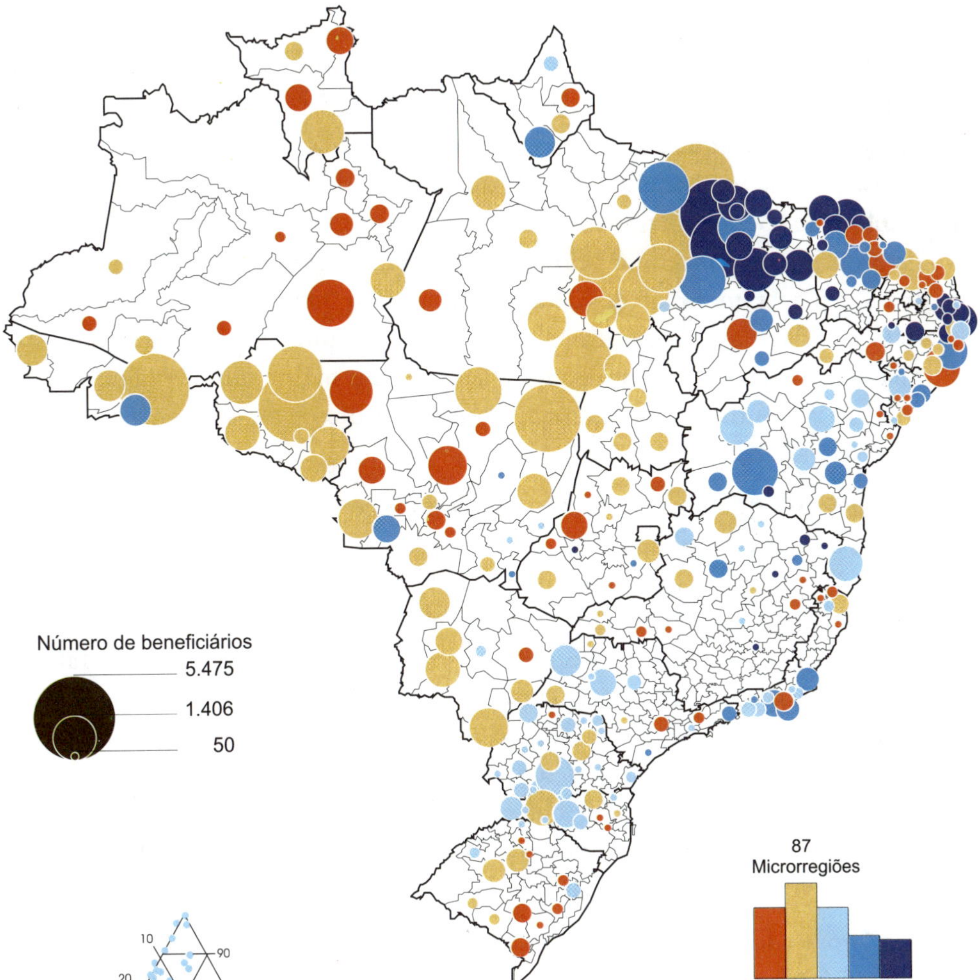

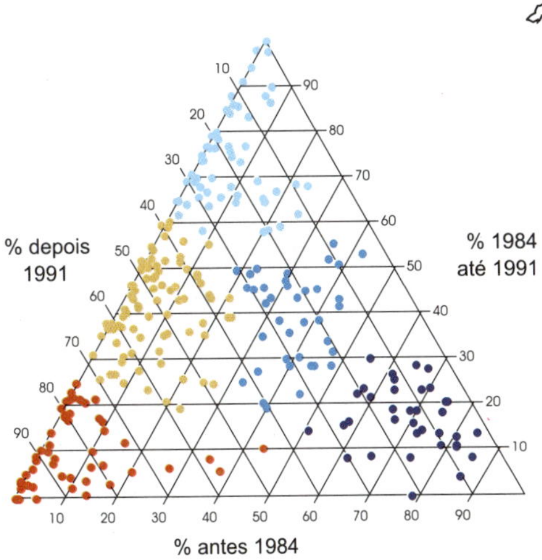

Medianas dos grupos de anos

	% antes 1984	% 1984 até 1991	% depois 1991
	69,8	16,5	12,1
	37,2	41,4	27,0
	2,4	74,2	19,2
	5,4	43,0	50
	1,0	5,9	87,1

Fonte: I Censo da Reforma Agrária do Brasil – 1996

O estatuto jurídico

O recenseamento distingue cinco estatutos. O do *assentado*, o mais freqüente (57%), corresponde à homologação do beneficiário pela Superintendência do Incra e à aprovação pela comunidade rural em questão. Os *pré-assentados* (13%) são os candidatos registrados e selecionados que esperam a homologação. Os *agregados* (9%) são os residentes na propriedade de um beneficiário sem que se trate do próprio assentado. Os *titulados* são aqueles que tiveram a oportunidade, ainda rara (5,6%), de possuir um título definitivo de propriedade concedido pelo Incra. Os irregulares (11%) correspondem às famílias que se encontram nas áreas sem a autorização do Incra. No entanto, deve-se considerar com cuidado a importância relativa desses estatutos, porque resultaram da soma de declarações feitas pelos interessados e não de uma análise minuciosa de documentos cadastrados. Por outro lado, a distinção entre o estatuto de *pré-assentado* e o de *assentado* não aparece claramente no censo.

A sucessão desses diferentes estatutos traduz o longo caminho que devem percorrer os candidatos à espera de um estatuto econômico e social definitivo. O mapa dos *assentados* (Mapa 3) apresenta uma grande diversidade de repartições geográficas. A proporção dos que estão em situação regular (*assentados*) sobrepassa seguidamente os 80% nos assentamentos mais antigos do Nordeste, assim como nos Estados do Sul. Tal comportamento seria esperado, uma vez que com o decorrer do tempo grande parte das situações pendentes tende à regularização. No entanto, os casos do Mato Grosso, do Tocantins e do sul do Maranhão que apresentam uma proporção elevada de casos definitivamente resolvidos (entre 70% e 85%) têm a mesma similaridade. Essa proporção parece relativamente importante, sobretudo se a idade dos assentamentos for levada em consideração, uma vez que são bem mais recentes.

O Mato Grosso do Sul parece, ao contrário, apresentar uma situação pouco favorável, com apenas 60% dos casos resolvidos (em processo de legalização). Isso se deve à presença de numerosos *agregados*, cuja proporção é duas vezes superior (18%) à do conjunto do País. O oeste do Maranhão aparece em uma situação semelhante à do Mato Grosso, mas com quatro vezes mais beneficiários. Há, sem dúvida, motivos para preocupar com a situação dessa região, que conta com uma forte proporção de irregulares (Mapa 4), superior a 10%, mas atingindo 40% no Pará, Estado vizinho.

Finalmente, em Rondônia e no leste do Pará, que apresentam um número de assentados igual a, respectivamente, 4.300 e 2.200, a proporção de irregulares, normalmente superior a 30%, parece bastante preocupante. Trata-se de famílias que não dispõem de nenhuma autorização do Incra para residir no local e que não se incluem nas outras categorias. São claramente camponeses "sem-terra", normalmente em conflito aberto, em nível local, com outros grupos de interesses, e, no plano nacional, com o governo federal e mais diretamente com o Incra.

Mapa 3 –Situação dos beneficiários em 1996
Assentado

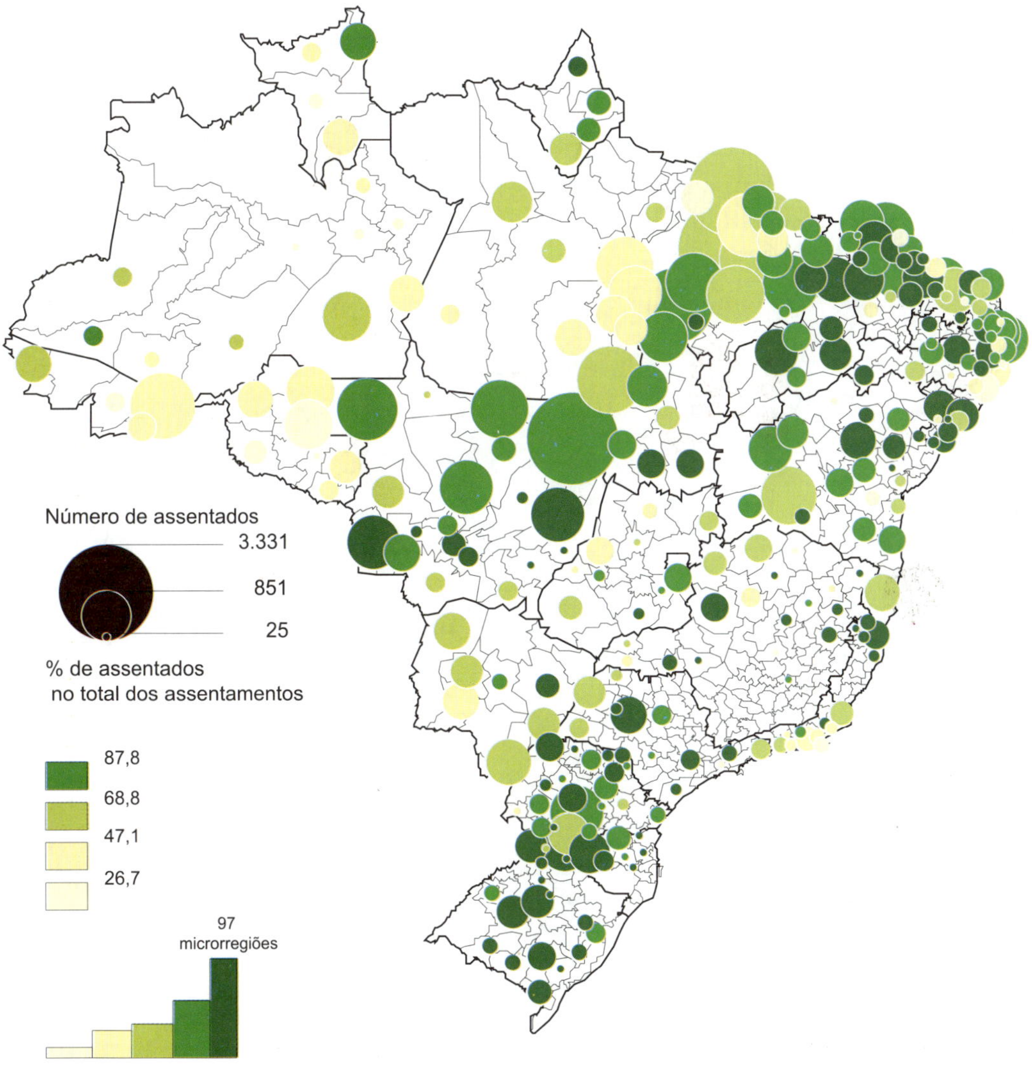

Fonte: I Censo da Reforma Agrária do Brasil – 1996

Mapa 4 –Situação dos beneficiários em 1996
Irregular

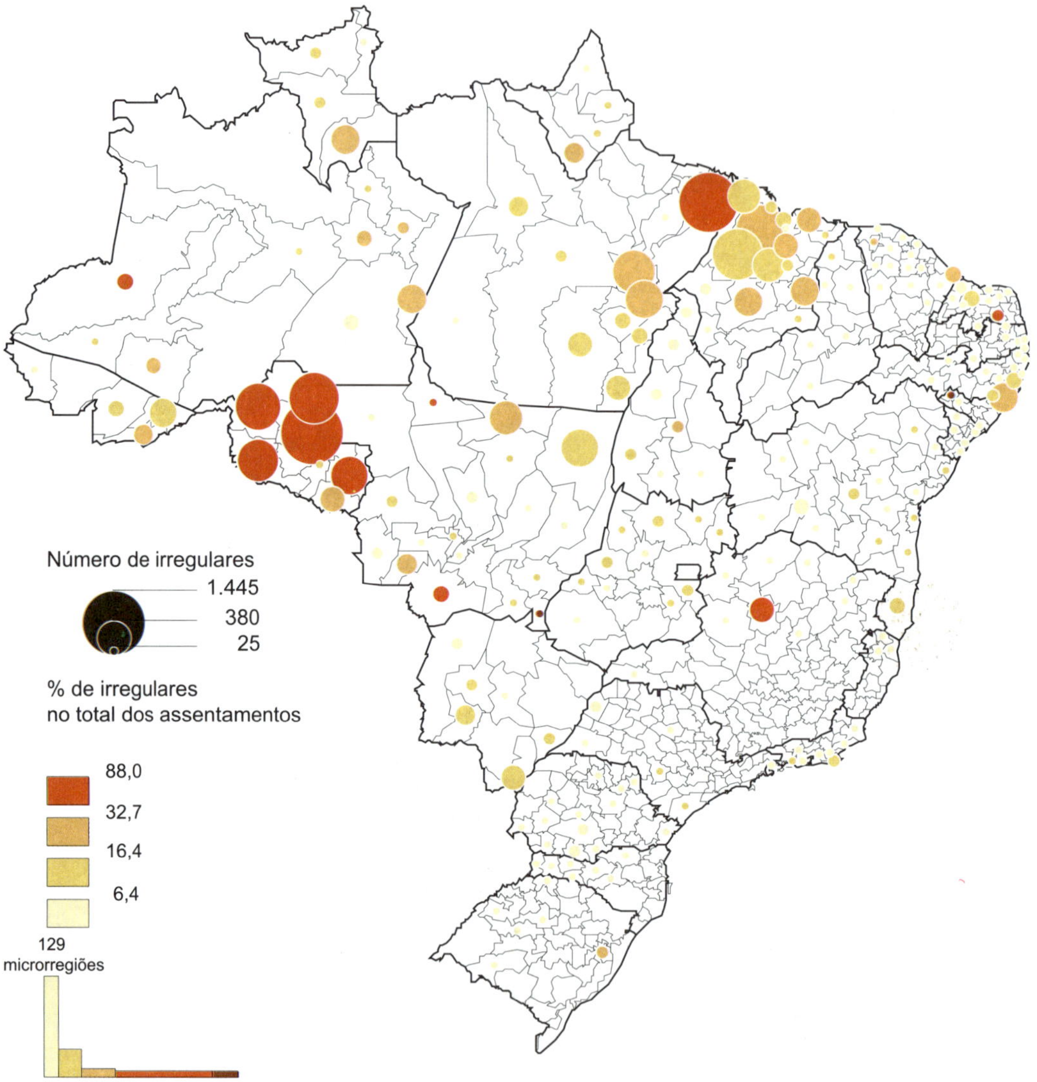

Fonte: I Censo da Reforma Agrária do Brasil – 1996

Idade, família e residência

O questionário do recenseamento compreende vários itens destinados a proporcionar uma imagem da população objeto do Censo, tais como repartição por idade, composição da família e lugar de residência.

Os beneficiários são, majoritariamente, homens com idade entre 30 e 47 anos. Ao repartí-los em três grupos por idade (menos de 35 anos, de 35 a 45 anos e mais de 45 anos), obtém-se uma imagem regional bastante diferenciada (Mapa 5). No que diz respeito aos dois grandes eixos de colonização, 40% dos chefes de exploração pertencem aos estratos mais jovens. No Nordeste, a situação é mais contrastante entre os Estados mais ao norte (Maranhão, Piauí e Ceará), onde habitam majoritariamente os mais jovens, e a Bahia, onde a maioria pertence à categoria de mais de 45 anos. Esse é também o caso de São Paulo. Finalmente, os Estados do Sul compreendem as regiões onde a participação dos assentados de menos de 35 anos representa mais de 50% do total.

Ainda que a descrição da família faça parte de um questionário especial denominado "anexo de dependentes" (os dependentes do beneficiário), as fichas fornecidas não permitiram avançar muito na análise das características das referidas famílias. Se a relação final refere-se aos cônjuges, não há nenhuma informação sobre os filhos, ainda que um código das ligações familiares (filhos, avós, primos e outros) referentes a cada dependente com relação ao beneficiário estivesse previsto. Por isso, não é possível saber quantas pessoas são ligadas a cada beneficiário.

Para se ter uma idéia, mesmo que aproximada, do tamanho da família, recorreu-se ao artifício de considerar o número de folhas de registro de cada família como uma *proxy* do número de pessoas por família. Como cada anexo compreende até três dependentes, não é possível avaliar com exatidão o número de pessoas atingidas. Três grupos foram formados: uma ou duas folhas (famílias relativamente pequenas); três folhas (famílias médias); e quatro folhas ou mais (famílias numerosas). Ainda que o indicador estatístico seja frágil, os mapas obtidos representam as duas categorias extremas que são particularmente significativas. As pequenas famílias (Mapa 6) concentram-se no Mato Grosso e em Rondônia. Elas são encontradas também em grande quantidade no Rio Grande do Sul e no Estado do Rio de Janeiro. Enquanto o Maranhão situa-se em uma posição intermediária, o resto do Nordeste apresenta uma proporção elevada de famílias numerosas (Mapa 7), a qual sobrepassa, freqüentemente, 30% do total das explorações.

A grande maioria dos beneficiários reside diretamente em suas parcelas ou lotes de exploração ou muito próximo a estes (cerca de 71% deles). Mas cerca de 1/3 mora fora da propriedade, como, por exemplo, em áreas comunitárias, pequenas vilas situadas no interior do perímetro do projeto (4%), ou bem no centro urbano do município (6,5%). É no Nordeste, excluindo-se a Bahia, que a fixação de residência fora da parcela é mais freqüente (Mapa 8). Esse é o caso, especificamente, de 28 mil explorações, ou seja, cerca de 45% das instalações da região. Verifica-se, assim, um tipo de ocupação do espaço caracterizado por uma disjunção entre local de trabalho e de residência, ao passo que na frente pioneira eles se confundem.

Mapa 5 –Idade do beneficiário em 1996

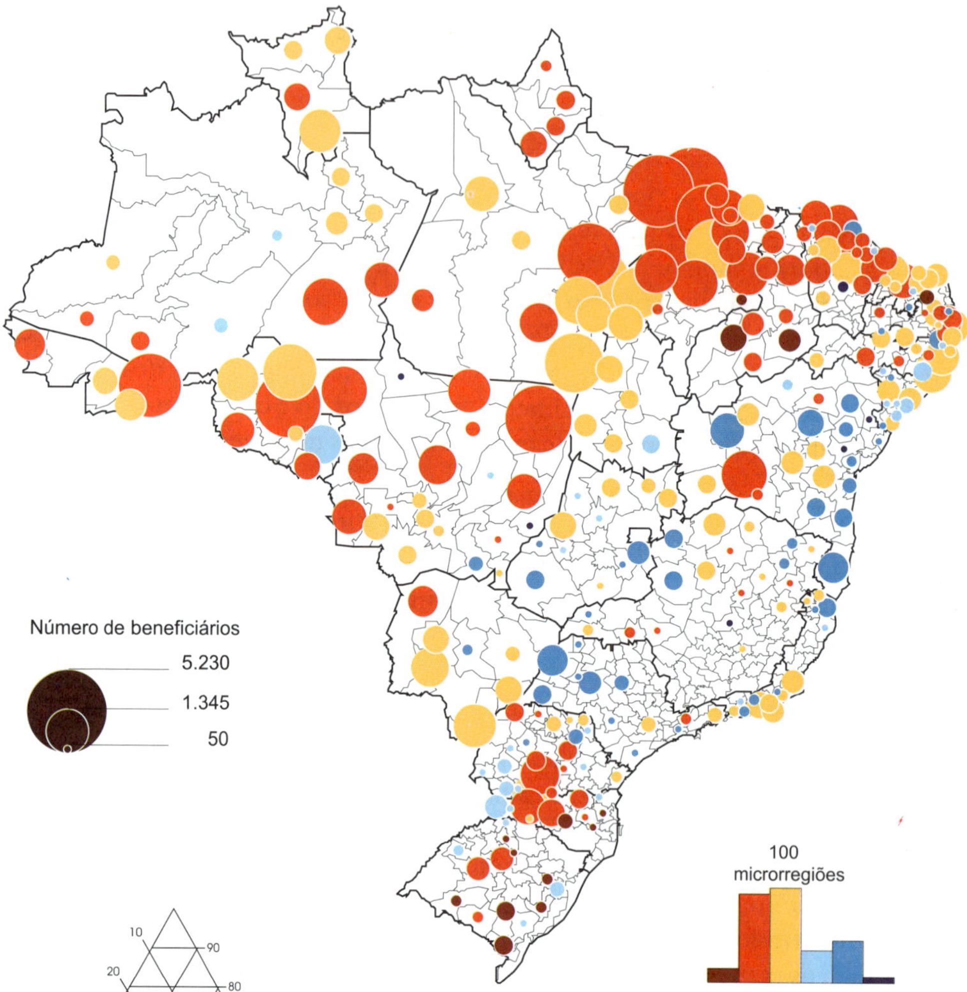

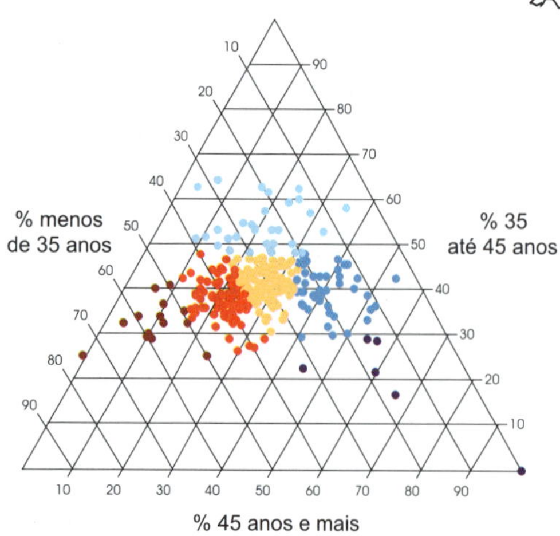

Medianas dos grupos de idades

	% menos de 35 anos	% 35 até 45 anos	% 45 anos e mais
	16,7	21,7	60,9
	20,1	39,4	40,8
	25,5	52,6	23,8
	30,4	41,4	29,1
	39,7	37,8	22,8
	55,1	32,5	10,5

Fonte: I Censo da Reforma Agrária do Brasil – 1996

Mapa 6 –Tamanho da família

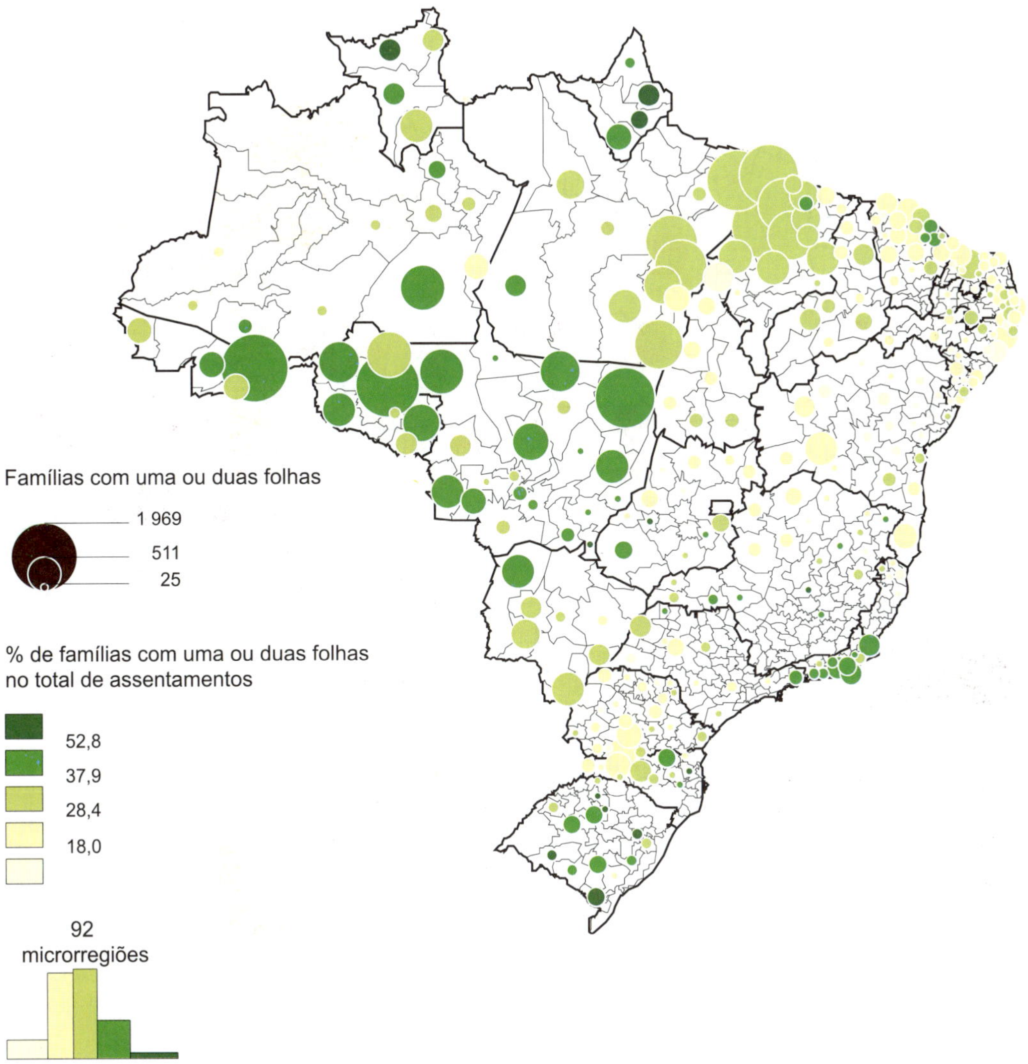

Fonte: I Censo da Reforma Agrária do Brasil – 1996

Mapa 7 –Tamanho da família

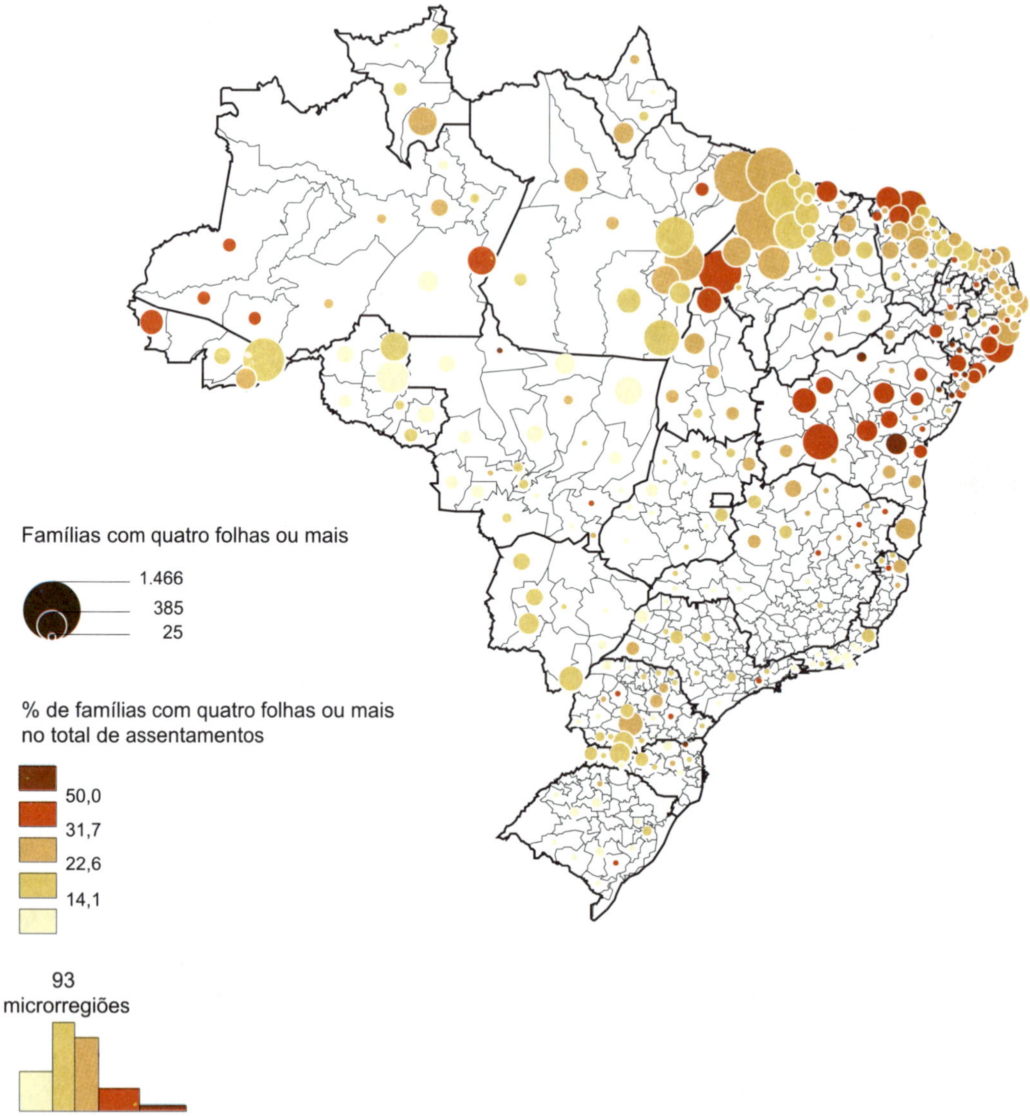

Fonte: I Censo da Reforma Agrária do Brasil – 1996

Mapa 8 –Local de moradia do beneficiário
Fora da parcela ou do lote

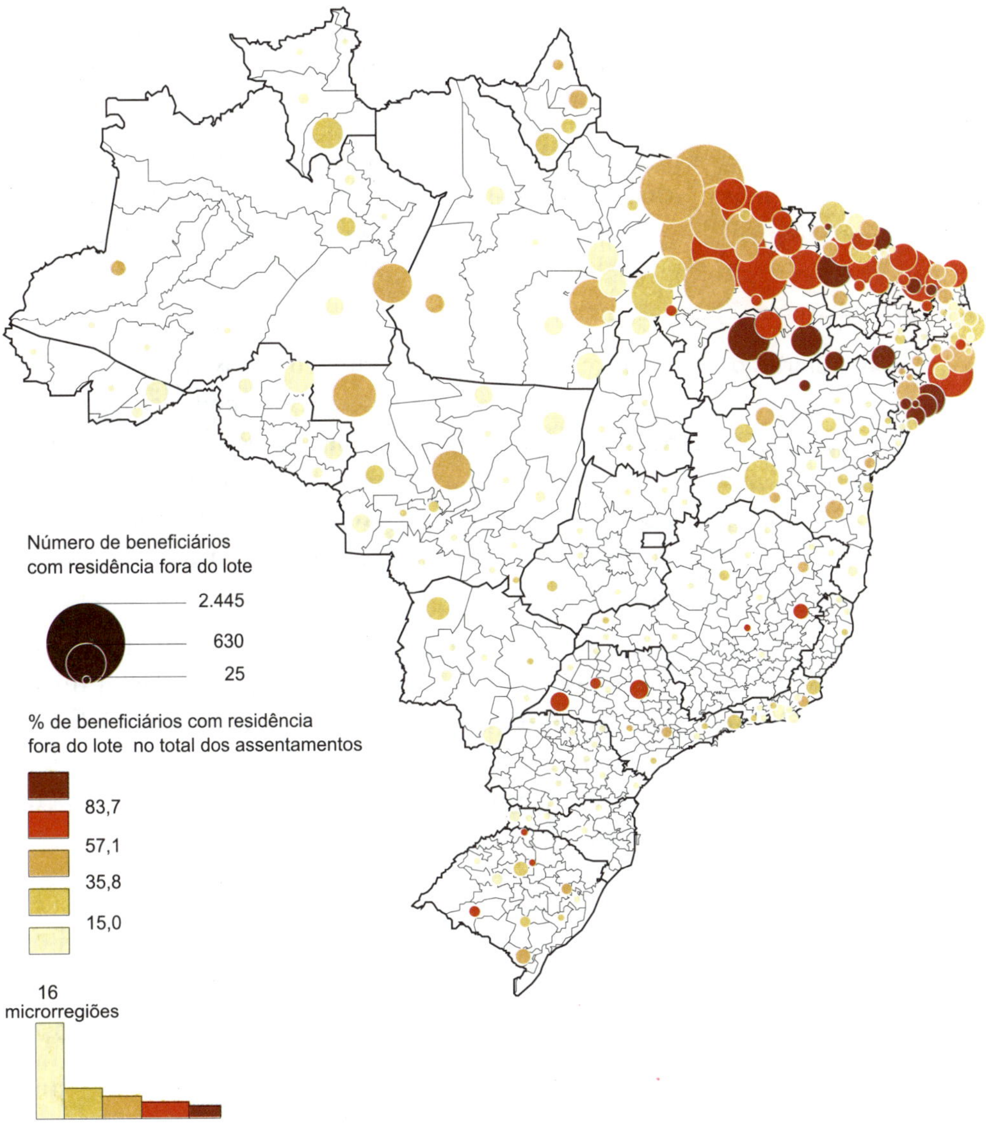

Fonte: I Censo da Reforma Agrária do Brasil – 1996

Os níveis de formação

Os beneficiários foram divididos em três grupos por nível de escolaridade: analfabetos, alfabetizados até a segunda série do primeiro grau e da terceira série do primeiro grau em diante. O nível de formação dos beneficiários é, em geral, muito ruim: cerca de 30% deles são analfabetos. Apesar dessa tela de fundo muito preocupante, observam-se diferenças regionais marcantes no Sul e na frente pioneira do Oeste, especialmente nos Estados de Mato Grosso e Rondônia (Mapa 9).

Existem duas populações diferentes de beneficiários do ponto de vista do nível de formação: os nordestinos e os outros. Pode-se verificar que, no Ceará, mais de 60% dos beneficiários são analfabetos. Mesmo sem atingir esse extremo, o resto do Nordeste permanece em uma situação deplorável: a taxa de analfabetos entre os beneficiários não se situa, a não ser excepcionalmente, abaixo de 30%.

Nos demais Estados os níveis de formação são mais diferenciados. São melhores no Sul do que na frente pioneira do Pará, onde o mau desempenho pode ser explicado pela grande participação de nordestinos. No eixo de colonização do Oeste, o Mato Grosso do Sul situa-se em uma posição intermediária, mas não muito boa. Em compensação, o desempenho do Mato Grosso e de uma parte de Rondônia é impressionante: nessas áreas, a maioria das microrregiões caracteriza-se por uma proporção de beneficiários com nível de escolaridade elevado, superior a 50%.

A situação encorajante da frente pioneira do Oeste, no que se refere ao nível de escolaridade, é complementada pela capacidade de seus beneficiários exercerem uma outra profissão além da de agricultor ou camponês (80% das respostas à questão sobre a atividade principal). É precisamente no Mato Grosso que os agricultores declaram-se freqüentemente capazes de exercer outra atividade (Mapa 10). No Nordeste, a percentagem de respostas positivas é a mais baixa do País.

Mapa 9 –Nível de escolaridade do beneficiário

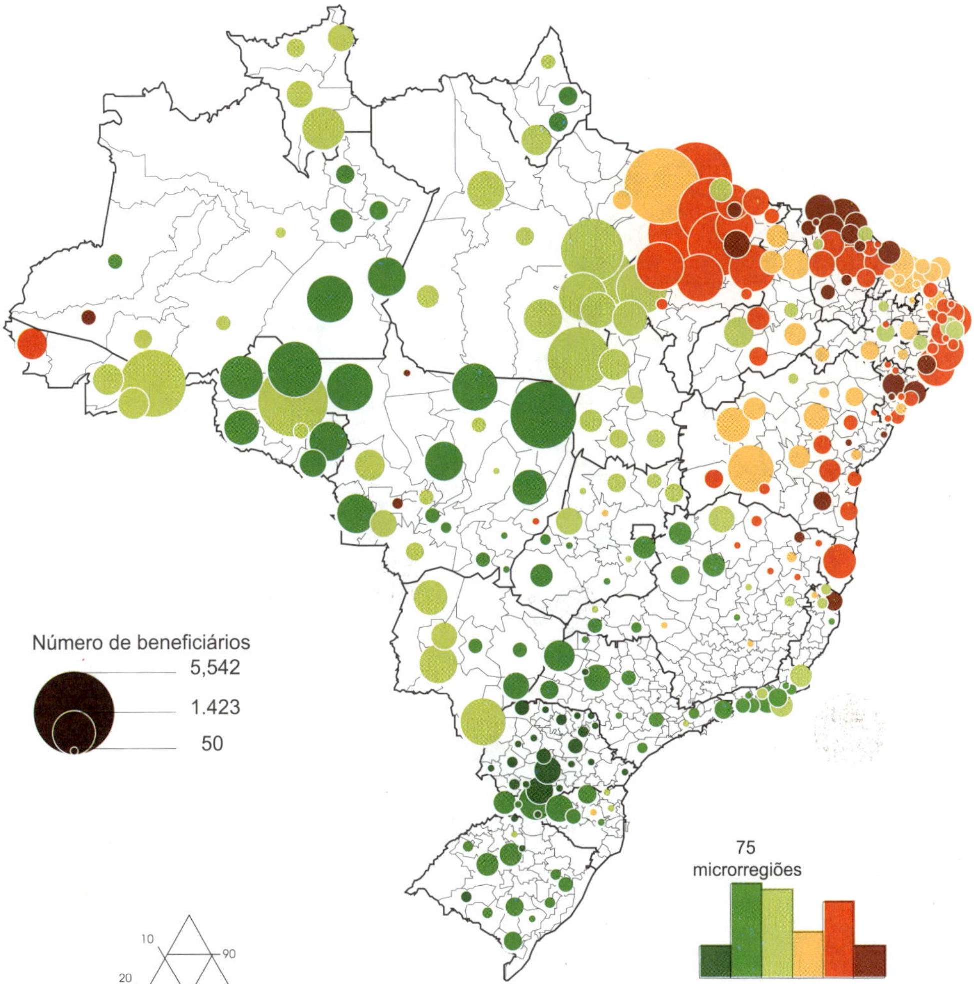

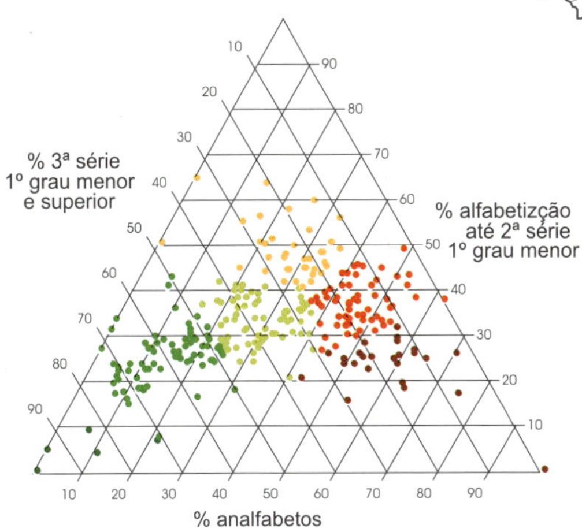

Medianas dos grupos de escolaridade

	% analfabetos	% alfabetização até 2ª série 1º grau menor	% 3ª série 1º grau menor e superior
	57,6	24,3	17,4
	45,7	36,6	17,8
	29,0	46,7	24,2
	29,4	36,6	39,3
	15,5	25,2	58,8
	0,0	0,0	100,0

Fonte: I Censo da Reforma Agrária do Brasil – 1996

Mapa 10 – Outra habilidade do beneficiário

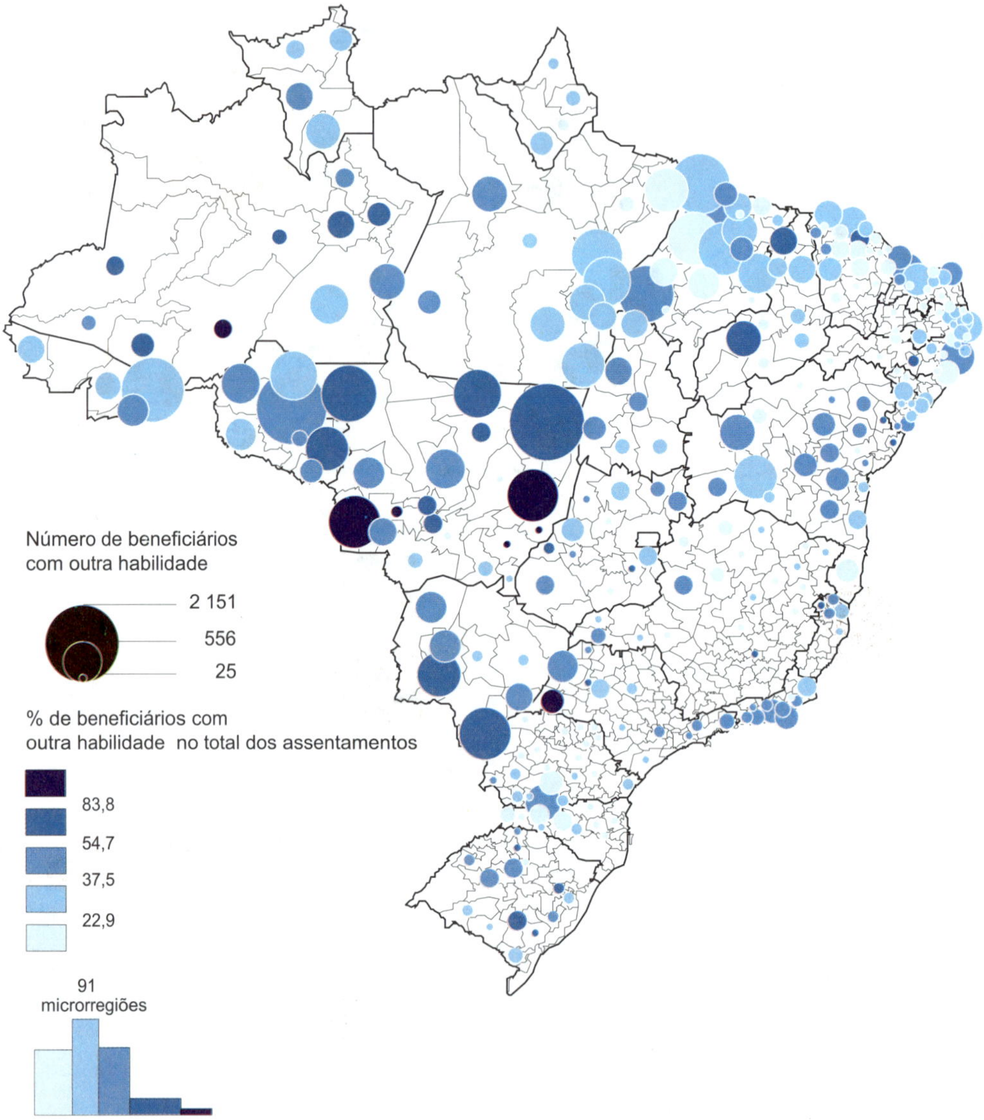

Fonte: I Censo da Reforma Agrária do Brasil – 1996

As migrações

Uma das questões do recenseamento refere-se ao município de naturalidade dos beneficiários. Infelizmente, a percentagem de respostas incorretas é elevada (somente 77% das respostas registradas foram considerados válidos). Dentre as respostas corretas, pode-se observar que somente 40% dos beneficiários residem em um Estado diferente do seu local de nascimento. O mapa dos lugares de nascimento (Mapa 11) apresenta algumas diferenças notáveis em relação ao mapa do local de residência (Mapa 1). No caso dos assentados instalados no Nordeste, trata-se de originários, na sua quase totalidade, da própria Região, enquanto os que se fixam na região amazônica procedem, em grande parte, das Regiões Sul e Sudeste. Observa-se a quase ausência da Amazônia como local de origem dos assentados, destacando-se como exceção relevante o Estado do Acre. Segue-se o oeste de São Paulo, Paraná, Santa Catarina e Rio Grande do Sul, que são muito presentes como local de naturalidade, mostrando claramente que se trata de fontes migratórias significativas. Esse é também o caso de Goiás e do Estado do Espírito Santo. Em compensação, os Estados da Região Nordeste apresentam uma configuração semelhante nos dois mapas, excetuando-se sertão, onde os efeitos dos nascimentos são superiores aos dos beneficiários.

Torna-se pertinente examinar a orientação e a intensidade dos fluxos migratórios. Nesse sentido, o número de explorações por microrregião foi cartografado em função do Estado de origem do beneficiário, o que permite saber quais são seus Estados de origem e qual é a sua importância relativa no conjunto dos assentamentos das Regiões de onde eles migraram.

Como foi dito anteriormente, pode-se observar, nos mapas, comportamentos regionais nitidamente delineados. As explorações do Nordeste são, essencialmente, compostas por nordestinos e os beneficiários, em geral, são originários do próprio Estado no qual residem. Destaca-se o caso dos cearenses, que migraram pouco para outros Estados, com exceção do Maranhão e do Pará, onde, entretanto, eles permanecem bastante minoritários (Mapa 13). O caso dos maranhenses é um pouco diferente: eles se encontram majoritariamente instalados no Maranhão, mas se aproveitaram da ferrovia ou da rodovia para se dirigirem a Marabá, Carajás e Tucuruí, no Pará, onde representam entre 25% e 50% dos beneficiários instalados (Mapa 12). Eles também se encontram bem mais longe, mas em número reduzido, no Estado de Roraima.

O modelo de migração das pessoas originárias do sul do País é muito diferente. Elas ocupam, principalmente, as regiões de assentamentos nos seus Estados de origem e nas regiões vizinhas: cerrados e nordeste mineiro para os mineiros (Mapa 15) e Paraná, Santa Catarina e Sul do Mato Grosso do Sul para os paranaenses (Mapa 14). O que mais os diferencia dos nordestinos no comportamento é a sua capacidade de percorrer milhares de quilômetros para se instalarem. As pessoas originárias do Paraná, por exemplo, perfazem um total de 1.500 que tentam a sorte em Rondônia, os mineiros chegam a 2 mil neste Estado e atingem cerca de mil no sudeste do Pará. Existe, também, na frente pioneira do Oeste, uma forte maioria de pessoas provenientes do Sul e do Sudeste, ao passo que, na frente leste-amazoniana, a origem dos migrantes apresenta-se mais diversificada.

Mapa 11 – Naturalidade do beneficiário

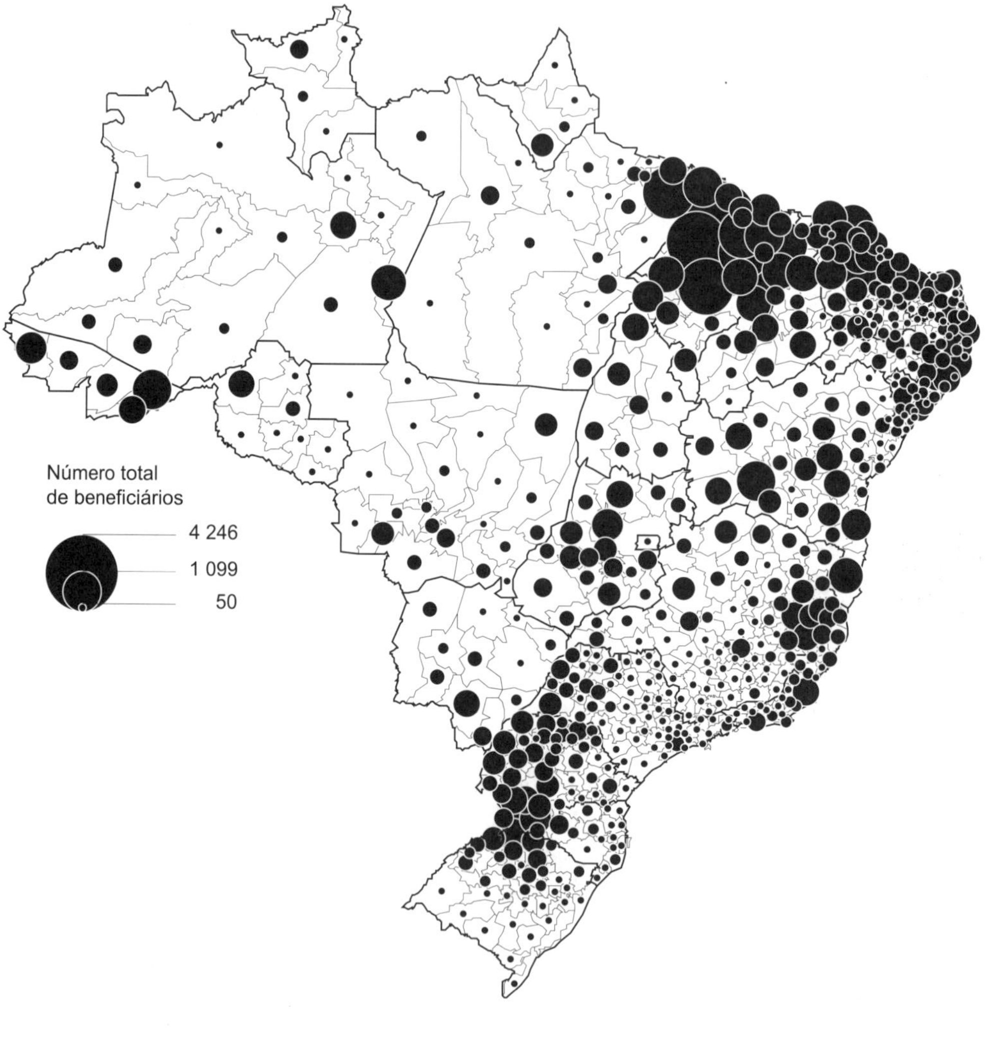

Fonte: I Censo da Reforma Agrária do Brasil – 1996

Mapa 12 – Migrações

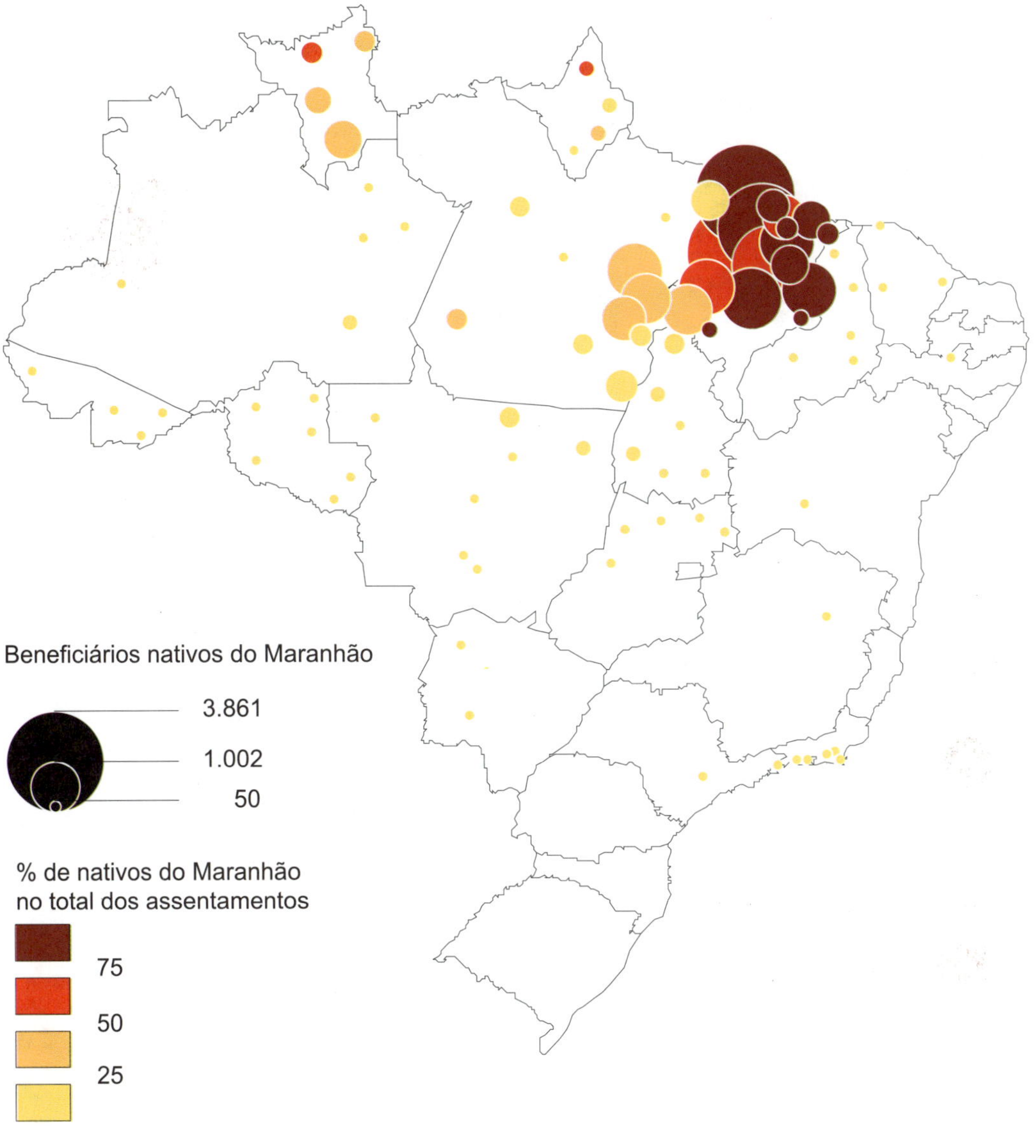

Fonte: I Censo da Reforma Agrária do Brasil – 1996

Mapa 13 – Migrações

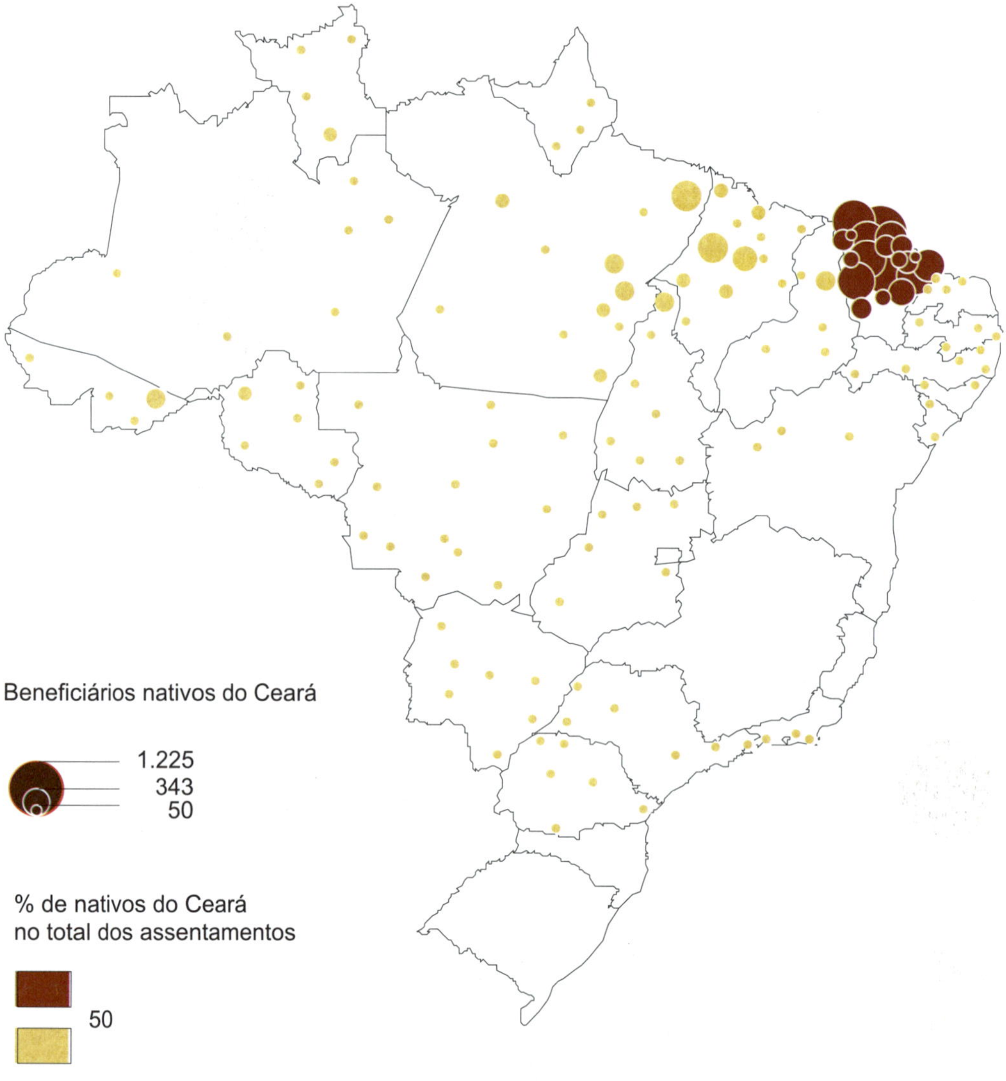

Fonte: I Censo da Reforma Agrária do Brasil – 1996

Mapa 14 – Migrações

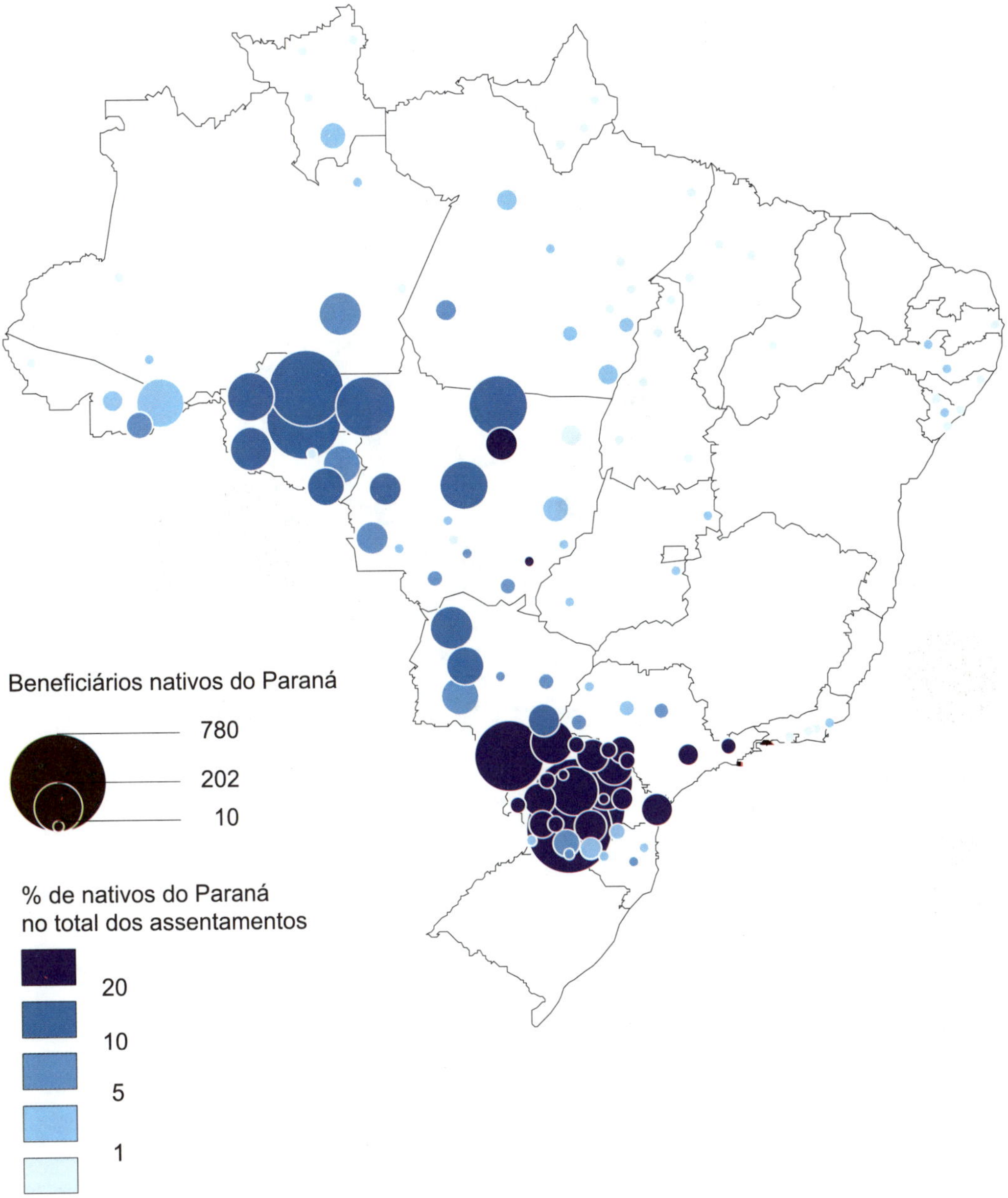

Fonte: I Censo da Reforma Agrária do Brasil – 1996

Mapa 15 – Migrações

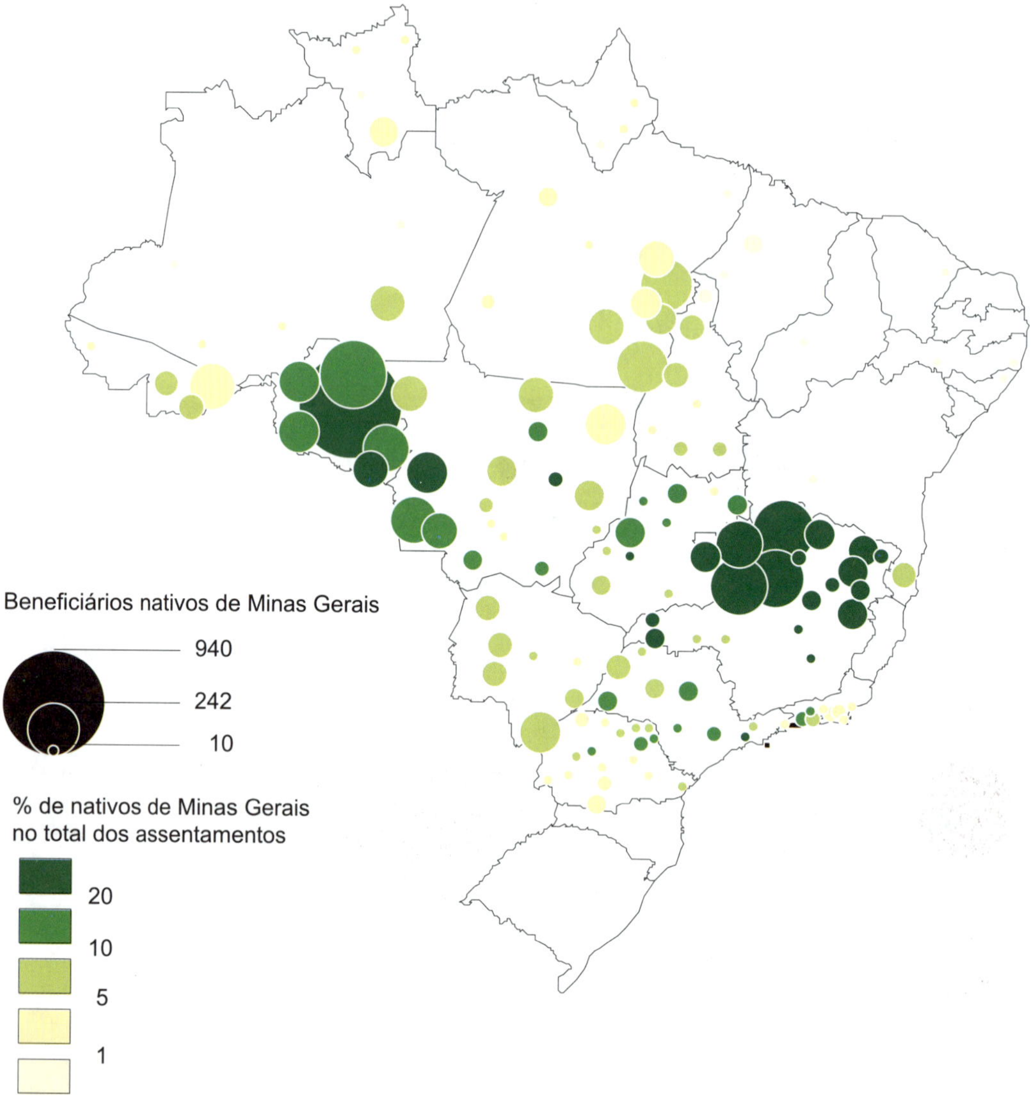

Fonte: I Censo da Reforma Agrária do Brasil – 1996

Informações complementares

Ocupações de terra e vítimas fatais da violência no campo

A análise das características dos beneficiários da política de reforma agrária praticada pelo Incra mostra claramente que alguns resultados significativos foram obtidos. No entanto, são insuficientes quantitativa e qualitativamente.

Sobre o plano quantitativo, ou seja, as condições de vida, econômicas e sociais, dos beneficiários, o recenseamento apresenta dados relativamente pouco expressivos, ainda que a pesquisa por amostragem realizada concomitantemente aporte um conjunto de informações bem-agregadas e, portanto, não-regionalizáveis. Uma amostragem permite a estimação de valores desconhecidos em relação a uma população delimitada. No caso da pesquisa realizada em conjunto com o Censo, a repartição dos assentamentos entre os Estados serviu como fator de estratificação na elaboração da amostragem. Portanto, não é legítimo analisar os dados provenientes da amostra municipal ou mesmo microrregional. Deve-se limitar a análise por Estados, unidades para os quais ela foi elaborada.

Para avaliar a política de reforma agrária frente à demanda social, recorreu-se a informações adicionais, que não foram coletadas no recenseamento. Há alguns anos, a Comissão Pastoral da Terra (CPT) da Conferência Nacional dos Bispos do Brasil (CNBB) realiza levantamentos estatísticos muito relevantes, especialmente sobre dois fenômenos muito significativos: as ocupações de terras pelos agricultores sem terra e os assassinatos ligados aos conflitos pela posse da terra.

Em 11 anos, de 1985 a 1996, a CPT registrou 966 assassinatos relacionados a conflitos fundiários. O número de vítimas vinha diminuindo com o decorrer dos anos: 140 em 1985; 104 em 1988; 66 em 1989; 46 em 1992; 41 em 1995 e 53 em 1996, situação que não se verificou no último ano. A tendência é claramente de diminuição, mas o número de assassinatos é ainda inadmissível para um país democrático. Eles ocorrem em todo o País (Mapa 16), mas a região mais afetada permanece a Amazônia e, em particular, o oeste do Maranhão e o leste do Pará. Em segundo lugar está a região que abrange o norte do Mato Grosso e o Estado de Rondônia. Essa localização nos remete àquela detectada como a de concentração dos beneficiários em situação irregular (Mapa 4). Pode-se constatar, claramente, que a política governamental atende apenas parcialmente às demandas, o que acaba por se traduzir em processos de violência como o de Eldorado dos Carajás, que comoveu o País em 1996.

As ocupações de terras constituem um outro fato revelador das mazelas provocadas pelas insuficiências da reforma agrária. Seu número é crescente, passando de 8.200 famílias em 1990 para 20 mil, em 1995 e 63 mil, em 1997. Ainda que o movimento seja claramente crescente, deve-se utilizar esses indicadores com precaução, pois não resultam de um levantamento sistemático, mas somente indicações, às vezes fluidas, comunicadas pelos próprios interessados. O mapa das ocupações em 1996 (Mapa 17) apresenta uma configuração original, com uma concentração nas Regiões Sul e Nordeste do País. Podemos ver a escolha dos camponeses que recusaram a fuga em direção à Amazônia, preferindo lutar onde estão para obter uma parcela de terra à qual crêem ter direito. Observam-se, assim, as limitações da política governamental: a "marcha em direção ao Oeste" demonstra seus limites, ao passo que as tensões acumuladas nas outras regiões estão provocando uma grave crise político-social com conseqüências de difícil avaliação.*

* Os autores agradecem a colaboração de Mônica Rodrigues e Paula Rollo, estagiárias do IPEA, e os comentários e sugestões feitos por Maurício Dias David (BNDES) a uma versão preliminar deste trabalho.

Mapa 16 – Vítimas fatais de conflitos ocorridos no campo – 1985-1996

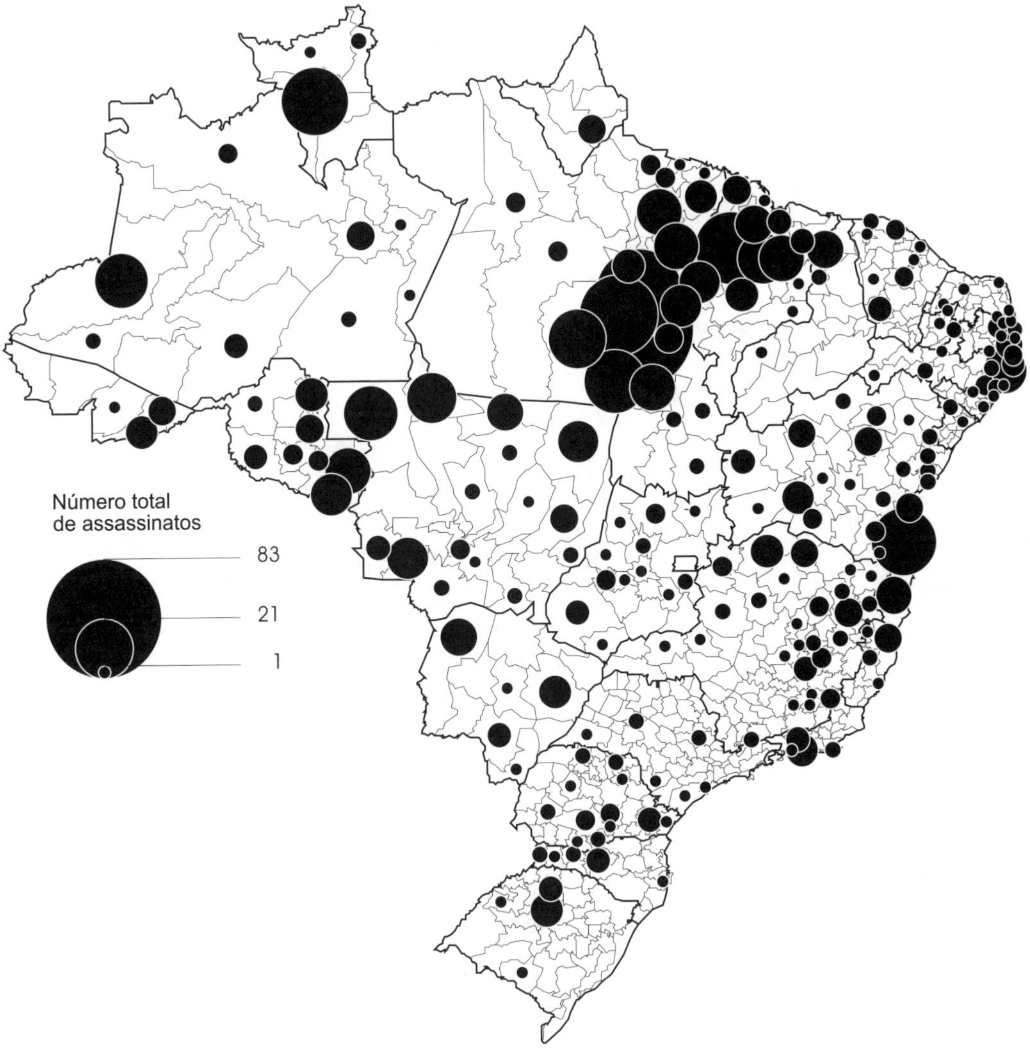

Fonte: Comissão Pastoral da Terra – CPT

Mapa 17 – Ocupação de terras – 1996

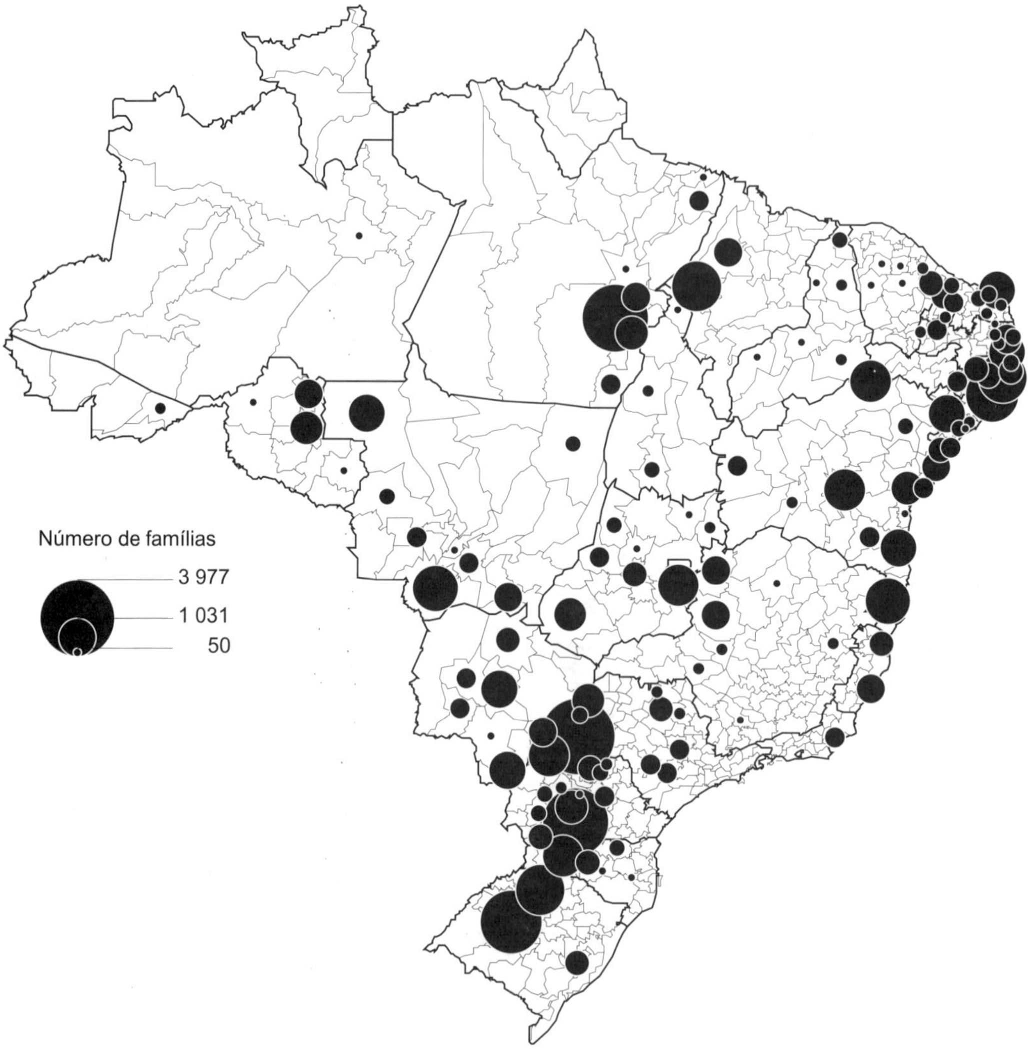

Fonte: Comissão Pastoral da Terra – CPT

Anexos

Nos anexos são apresentadas as microrregiões geográficas para facilitar a interpretação dos mapas, uma vez que toda a análise é feita com base nessas microrregiões.

Microrregiões geográficas – 1991

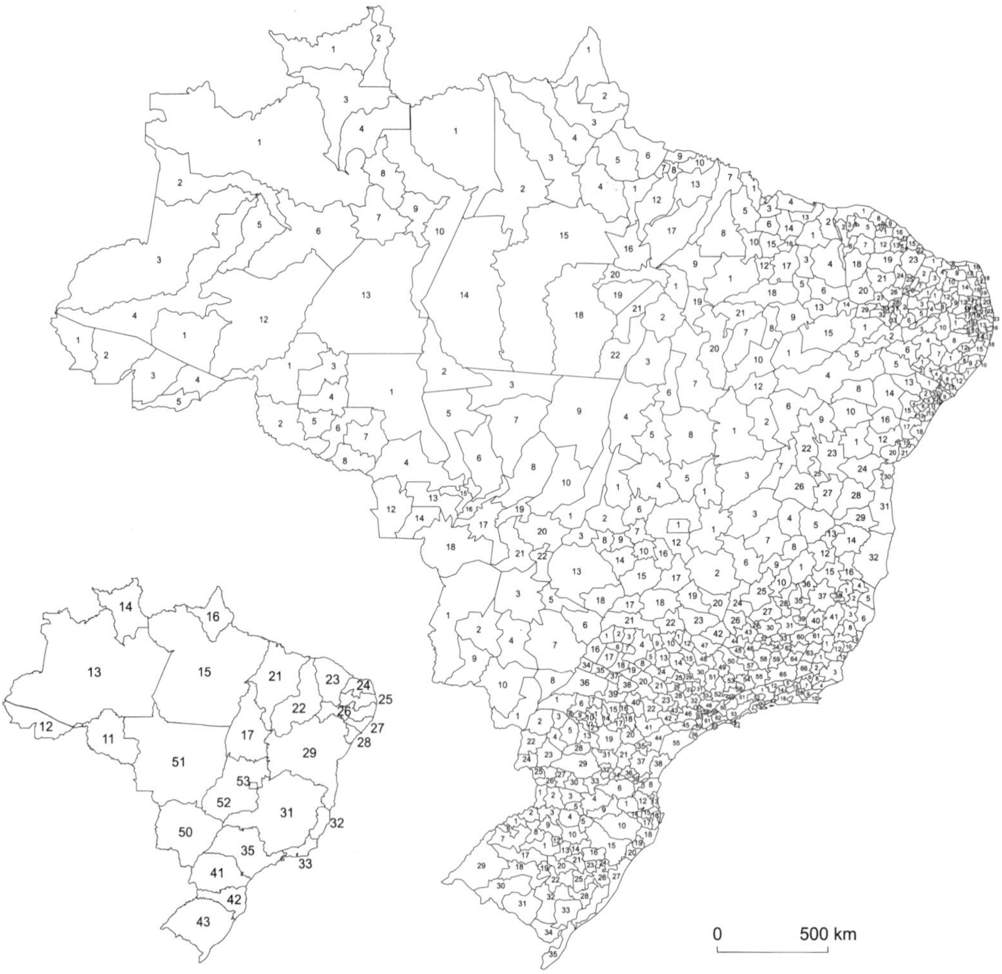

RO	11	Rondônia	CE	23	Ceará	RJ	33	Rio de Janeiro
AC	12	Acre	RN	24	Rio Grande do Norte	SP	35	São Paulo
AM	13	Amazonas	PB	25	Paraíba	PR	41	Paraná
RR	14	Roraima	PE	26	Pernambuco	SC	42	Santa Catarina
PA	15	Pará	AL	27	Alagoas	RS	43	Rio Grande do Sul
AP	16	Amapá	SE	28	Sergipe	MS	50	Mato Grosso do Sul
TO	17	Tocantins	BA	29	Bahia	MT	51	Mato Grosso
MA	21	Maranhão	MG	31	Minas Gerais	GO	52	Goiás
PI	22	Piauí	ES	32	Espírito Santo	DF	53	Distrito Federal

Fonte: IBGE

Microrregiões

Região Nordeste

21 - MARANHÃO

1 LITORAL OCIDENTAL MARANHENSE
2 AGLOMERAÇÃO URBANA DE SÃO LUÍS
3 ROSARIO
4 LENÇÓIS MARANHENSES
5 BAIXADA MARANHENSE
6 ITAPECURU MIRIM
7 GURUPI
8 PINDARÉ
9 IMPERATRIZ
10 MÉDIO MEARIM
11 ALTO MEARIM E GRAJAÚ
12 PRESIDENTE DUTRA
13 BAIXO PARNAÍBA MARANHENSE
14 CHAPADINHA
15 CODÓ
16 COELHO NETO
17 CAXIAS
18 CHAPADAS DO ALTO ITAPECURU
19 PORTO FRANCO
20 GERAIS DE BALSAS
21 CHAPADAS DAS MANGABEIRAS

22 PIAUÍ

1 BAIXO PARNAÍBA PIAUIENSE
2 LITORAL PIAUIENSE
3 TERESINA
4 CAMPO MAIOR
5 MÉDIO PARNAÍBA PIAUIENSE
6 VALÊNCIA DO PIAUI
7 ALTO PARNAÍBA PIAUIENSE
8 BERTOLINIA
9 FLORIANO
10 ALTO MÉDIO GURGUÉIA
11 SÃO RAIMUNDO NONATO
12 CHAPADAS DO EXTREMO SUL PIAUIENSE
13 PICOS
14 PIO IX
15 ALTO MÉDIO CANINDÉ

23 CEARÁ

1 LITORAL DE CAMOCIM E ACARAÚ
2 IBIAPABA
3 COREAU
4 MERUOCA
5 SOBRAL
6 IPU
7 SANTA QUITÉRIA
8 ITAPIPOCA
9 BAIXO CURU
10 URUBURETAMA
11 MEDIOCURU
12 CANINDÉ
13 BATURITÉ
14 CHOROZINHO
15 CASCAVEL
16 FORTALEZA
17 PACAJUS
18 SERTÃO DE CRATEÚS
19 SERTÃO DE QUIXERAMOBIM
20 SERTÃO DE INHAMUNS
21 SERTÃO DE SENADOR POMPEU
22 LITORAL DE ARACATI
23 BAIXO JAGUARIBE
24 MÉDIO JAGUARIBE
25 SERRA DO PEREIRO
26 IGUATU
27 VÁRZEA ALEGRE
28 LAVRAS DA MANGABEIRA
29 CHAPADA DO ARARIPE
30 CARIRIAÇU
31 BARRO
32 CARIRI
33 BREJO SANTO

24 - RIO GRANDE DO NORTE

1 MOSSORÓ
2 CHAPADA DO APODI
3 MÉDIO OESTE
4 VALE DO AÇU
5 SERRA DE SÃO MIGUEL
6 PAU DOS FERROS
7 UMARIZAL
8 MACAU
9 ANGICOS
10 SERRA DE SANTANA
11 SERIDÓ OCIDENTAL
12 SERIDÓ ORIENTAL
13 BAIXA VERDE
14 BORBOREMA POTIGUAR
15 AGRESTE POTIGUAR
16 LITORAL NORDESTE
17 MACAÍBA
18 NATAL
19 LITORAL SUL

25 PARAÍBA

1 CATOLÉ DO ROCHA
2 CAJAZEIRAS
3 SOUSA
4 PATOS
5 PIANCO
6 ITAPORANGA
7 SERRA DO TEIXEIRA
8 SERIDÓ OCIDENTAL PARAIBANO
9 SERIDÓ ORIENTAL PARAIBANO
10 CARIRI OCIDENTAL
11 CARIRI ORIENTAL
12 CURIMATAU OCIDENTAL
13 CURIMATAU ORIENTAL

14 ESPERANÇA
15 BREJO PARAIBANO
16 GUARABIRA
17 CAMPINA GRANDE
18 ITABAIANA
19 UMBUZEIRO
20 LITORAL NORTE
21 SAPÉ
22 JOÃO PESSOA
23 LITORAL SUL

26 PERNAMBUCO

1 ARARIPINA
2 SALGUEIRO
3 PAJEÚ
4 SERTÃO DO MOXOTÓ
5 PETROLINA
6 ITAPARICA
7 VALE DO IPANEMA
8 VALE DO IPOJUCA
9 ALTO CAPIBARIBE
10 MÉDIO CAPIBARIBE
11 GARANHUNS
12 BREJO PERNAMBUCANO
13 MATA SETENTRIONAL PERNAMBUCANA
14 VITÓRIA DE SANTO ANTÃO
15 MATA MERIDIONAL PERNAMBUCANA
16 ITAMARACÁ
17 RECIFE
18 SUAPE
19 FERNANDO DE NORONHA

27 - ALAGOAS

1 SERRANA DO SERTÃO ALAGOANO
2 ALAGOANA DO SERTÃO DO SÃO FRANCISCO
3 SANTANA DO IPANEMA
4 BATALHA
5 PALMEIRA DOS ÍNDIOS
6 ARAPIRACA
7 TRAIPU
8 SERRANA DOS QUILOMBOS
9 MATA ALAGOANA
10 LITORAL NORTE ALAGOANO
11 MACEIÓ
12 SÃO MIGUEL DOS CAMPOS
13 PENEDO

28 SERGIPE

1 SERGIPANA DO SERTÃO DO SÃO FRANCISCO
2 CARIRA
3 NOSSA SENHORA DAS DORES
4 AGRESTE DE ITABAIANA
5 TOBIAS BARRETO
6 AGRESTE DE LAGARTO
7 PROPRIÁ
8 CONTINGUIBA
9 JAPARATUBA
10 BAIXO CONTINGUIBA
11 ARACAJU
12 BOQUIM
13 ESTÂNCIA

29 BAHIA

1 BARREIRAS
2 COTEGIPE
3 SANTA MARIA DA VITÓRIA
4 JUAZEIRO
5 PAULO AFONSO
6 BARRA
7 BOM JESUS DA LAPA
8 SENHOR DO BOMFIM
9 IRECÊ
10 JACOBINA
11 ITABERABA
12 FEIRA DE SANTANA
13 JEREMOABO
14 EUCLIDES DA CUNHA
15 RIBEIRA DO POMBAL
16 SERRINHA
17 ALAGOINHAS
18 ENTRE RIOS
19 CATU
20 SANTO ANTÔNIO DE JESUS
21 SALVADOR
22 BOQUIRA
23 SEABRA
24 JEQUIÉ
25 LIVRAMENTO DO BRUMADO
26 GUANAMBI
27 BRUMADO
28 VITÓRIA DA CONQUISTA
29 ITAPETINGA
30 VALÊNCIA
31 ILHÉUS-ITABUNA
32 PORTO SEGURO

Região Sul

41 PARANÁ

1 PARANAVAÍ
2 UMUARAMA
3 CIANORTE
4 GOIOERÊ
5 CAMPO MOURÃO
6 ASTORGA
7 PORECATU
8 FLORAI
9 MARINGÁ
10 APUCARANA
11 LONDRINA
12 FAXINAL
13 IVAIPORÃ
14 ASSAÍ
15 CORNÉLIO PROCÓPIO
16 JACAREZINHO
17 IBAITI
18 WESCESLAU BRAZ
19 TELÊMACO BORBA
20 JAGUARIAÍVA
21 PONTA GROSSA
22 TOLEDO
23 CASCAVEL
24 FOZ DO IGUAÇU
25 CAPANEMA
26 FRANCISCO BELTRÃO
27 PATO BRANCO
28 PITANGA
29 GUARAPUAVA
30 PALMAS
31 PRUDENTÓPOLIS
32 IRATI
33 UNIÃO DA VITÓRIA
34 SÃO MATEUS DO SUL
35 CERRO AZUL
36 LAPA
37 CURITIBA
38 PARANAGUÁ
39 RIO NEGRO

42 SANTA CATARINA

1 SÃO MIGUEL D'OESTE
2 CHAPECÓ
3 XANXERÊ
4 JOAÇABA
5 CONCÓRDIA
6 CANOINHAS
7 SÃO BENTO DO SUL
8 JOINVILLE
9 CURITIBANOS
10 CAMPOS DE LAGES
11 RIO DO SUL
12 BLUMENAU
13 ITAJAÍ
14 ITUPORANGA
15 TIJUCAS
16 FLORIANÓPOLIS
17 TABULEIRO
18 TUBARÃO
19 CRICIÚMA
20 ARARANGUÁ

43 RIO GRANDE DO SUL

1 SANTA ROSA
2 TRÊS PASSOS
3 FREDERICO WESTPHALEN
4 ERECHIM
5 SANANDUVA
6 CERRO LARGO
7 SANTO ÂNGELO
8 IJUÍ
9 CARAZINHO
10 PASSO FUNDO
11 CRUZ ALTA
12 NÃO-ME-TOQUE
13 SOLEDADE
14 GUAPORÉ
15 VACARIA
16 CAXIAS DO SUL
17 SANTIAGO
18 SANTA MARIA
19 RESTINGA SECA
20 SANTA CRUZ DO SUL
21 LAJEADO-ESTRELA
22 CACHOEIRA DO SUL
23 MONTENEGRO
24 GRAMADO-CANELA
25 SÃO JERÔNIMO
26 PORTO ALEGRE
27 OSÓRIO
28 CAMAQUÃ
29 CAMPANHA OCIDENTAL
30 CAMPANHA CENTRAL
31 CAMPANHA MERIDIONAL
32 SERRAS DE SUDESTE
33 PELOTAS
34 JAGUARÃO
35 LITORAL LAGUNAR

Região Centro-Oeste

50 MATO GROSSO DO SUL

1 BAIXO PANTANAL
2 AQUIDAUANA
3 ALTO TAQUARI
4 CAMPO GRANDE
5 CASSILÂNDIA
6 PARANAÍBA
7 TRÊS LAGOS
8 NOVA ANDRADINA
9 BODOQUENA
10 DOURADOS
11 IGUATEMI

51 MATO GROSSO

1 ARIPUANÁ
2 ALTA FLORESTA
3 COLIDER
4 PARECIS
5 ARINOS
6 ALTO TELES PIRES
7 SINOP
8 PARANATINGA
9 NORTE ARAGUAIA
10 CANARANA
11 MÉDIO ARAGUAIA
12 ALTO GUAPORÉ
13 TANGARÁ DA SERRA
14 JAURU
15 ALTO PARAGUAI
16 ROSÁRIO OESTE
17 CUIABÁ
18 ALTO PANTANAL
19 PRIMAVERA DO LESTE
20 TESOURO
21 RONDONÓPOLIS
22 ALTO ARAGUAIAS

52 GOIÁS

1 SÃO MIGUEL DO ARAGUAIA
2 RIO VERMELHO
3 ARAGARÇAS
4 PORANGATU
5 CHAPADA DOS VEADEIROS
6 CERES
7 ANÁPOLIS
8 IPORÁ
9 ANICUNS
10 GOIÂNIA
11 VAO DO PARANÁ
12 ENTORNO DE BRASÍLIA
13 SUDOESTE DE GOIÁS
14 VALE DO RIO DOS BOIS
15 MEIA PONTE
16 PIRES DO RIO
17 CATALÃO
18 QUIRINÓPOLIS

53 DISTRITO FEDERAL

1 BRASÍLIA

Região Norte

11 RONDÔNIA

1 PORTO VELHO
2 GUAJARÁ-MIRIM
3 ARIQUEMES
4 JI-PARANÁ
5 ALVORADA D'OESTE
6 CACOAL
7 VILHENA
8 COLORADO DO OESTE

12 ACRE

1 CRUZEIRO DO SUL
2 TARAUACÁ
3 SENA MADUREIRA
4 RIO BRANCO
5 BRASILÉIA

13 AMAZONAS

1 RIO NEGRO
2 JAPURÁ
3 ALTO SOLIMÕES
4 JURUÁ
5 TEFÉ
6 COARI
7 MANAUS
8 RIO PRETO DA EVA
9 ITACOATIARA
10 PARINTINS
11 BOCA DO ACRE
12 PURUS
13 MADEIRA

14 RORAIMA

1 BOA VISTA
2 NORDESTE DE RORAIMA
3 CARACARAÍ
4 SUDESTE DE RORAIMA

15 PARÁ

1 ÓBIDOS
2 SANTARÉM
3 ALMEIRIM
4 PORTEL
5 FUROS DE BREVES
6 ARARI
7 BELÉM
8 CASTANHAL
9 SALGADO
10 BRAGANTINA
11 CAMETÁ
12 TOMÉ-AÇU
13 GUAMÁ
14 ITAITUBA
15 ALTAMIRA
16 TUCURUÍ
17 PARAGOMINAS
18 SÃO FÉLIX DO XINGU
19 PARAUAPEBAS
20 MARABÁ
21 REDENÇÃO
22 CONCEIÇÃO DO ARAGUAIA

16 AMAPÁ

1 OIAPOQUE
2 AMAPÁ
3 MACAPÁ
4 MAZAGÃO

17 TOCANTINS

1 BICO DO PAPAGAIO
2 ARAGUAÍNA
3 MIRACEMA DO TOCANTINS
4 RIO FORMOSO
5 GURUPI
6 PORTO NACIONAL
7 JALAPÃO
8 DIANÓPOLIS

Região Sudeste

31 MINAS GERAIS

1 UNAÍ
2 PARACATU
3 JANUÁRIA
4 JANAÚBA
5 SALINAS
6 PIRAPORA
7 MONTES CLAROS
8 GRÃO MONGOL
9 BOCAIUVA
10 DIAMANTINA
11 CAPELINHA
12 ARAÇUAÍ
13 PEDRA AZUL
14 ALMENARA
15 TEÓFILO OTONI
16 NANUQUE
17 ITUIUTABA
18 UBERLÂNDIA
19 PATROCÍNIO
20 PATOS DE MINAS
21 FRUTAL
22 UBERABA
23 ARAXÁ
24 TRÊS MARIAS
25 CURVELO
26 BOM DESPACHO
27 SETE LAGOAS
28 CONCEIÇÃO DO MATO DENTRO
29 PARÁ DE MINAS
30 BELO HORIZONTE
31 ITABIRA
32 ITAGUARA
33 OURO PRETO
34 CONSELHEIRO LAFAIETE
35 GUANHÃES
36 PEÇANHA
37 GOVERNADOR VALADARES
38 MANTENA
39 IPATINGA
40 CARATINGA
41 AIMORÉS
42 PIUI
43 DIVINÓPOLIS
44 FORMIGA
45 CAMPO BELO
46 OLIVEIRA
47 PASSOS
48 SÃO SEBASTIÃO DO PARAÍSO
49 ALFENAS
50 VARGINHA
51 POÇOS DE CALDAS
52 POUSO ALEGRE
53 SANTA RITA DO SAPUCAÍ
54 SÃO LOURENÇO
55 ANDRELÂNDIA
56 ITAJUBÁ
57 LAVRAS
58 SÃO JOÃO DEL REI
59 BARBACENA
60 PONTE NOVA
61 MANHUAÇU
62 VIÇOSA
63 MURIAÉ
64 UBÁ
65 JUIZ DE FORA
66 CATAGUASES

32 ESPÍRITO SANTO

1 BARRA DE SÃO FRANCISCO
2 NOVA VENÉCIA
3 COLATINA
4 MONTANHA
5 SÃO MATEUS
6 LINHARES
7 AFONSO CLÁUDIO
8 SANTA TERESA
9 VITÓRIA
10 GUARAPARI
11 ALEGRE
12 CACHOEIRO DE ITAPEMIRIM
13 ITAPEMIRIM

33 RIO DE JANEIRO

1 ITAPERUNA
2 SANTO ANTÔNIO DE PÁDUA
3 CAMPOS DOS GOYTACAZES
4 MACAE
5 TRÊS RIOS
6 CANTAGALO-CORDEIRO
7 NOVA FRIBURGO
8 SANTA MARIA MADALENA
9 BACIA DE SÃO JOÃO
10 LAGOS
11 VALE DO PARAÍBA FLUMINENSE
12 BARRA DO PIRAÍ
13 BAÍA DA ILHA GRANDE
14 VASSOURAS
15 SERRANA
16 MACACU-CACERIBU
17 ITAGUAÍ
18 RIO DE JANEIRO

35 SÃO PAULO

1 LAJES
2 FERNANDÓPOLIS
3 VATUPORANGA
4 SÃO JOSÉ DO RIO PRETO
5 CATANDUVA
6 AURIFLAMA
7 NHANDEARA
8 NOVO HORIZONTE
9 BARRETOS
10 SÃO JOAQUIM DA BARRA
11 ITUVERAVA
12 FRANCA
13 JABOTICABAL
14 RIBEIRÃO PRETO
15 BATATAIS
16 ANDRADINA
17 ARAÇATUBA
18 BIRIGUI
19 LINS
20 BAURU
21 JAÚ
22 AVARÉ
23 BOTUCATU
24 ARARAQUARA
25 SÃO CARLOS
26 RIO CLARO
27 LIMEIRA
28 PIRACICABA
29 PIRACUNUNGA
30 SÃO JOÃO DA BOA VISTA
31 MOJI-MIRIM

32 CAMPINAS
33 AMPARO
34 DRACENA
35 ADAMANTINA
36 PRESIDENTE PRUDENTE
37 TUPÃ
38 MARÍLIA
39 ASSIS
40 OURINHOS
41 ITAPEVA
42 ITAPETININGA
43 TATUÍ
44 CAPÃO BONITO
45 PIEDADE
46 SOROCABA
47 JUNDIAÍ
48 BRAGANÇA PAULISTA
49 CAMPOS DO JORDÃO
50 SÃO JOSÉ DOS CAMPOS
51 GUARATINGUETÁ
52 BANANAL
53 PARAIBUNA/PARAITINGA
54 CARAGUATATUBA
55 REGISTRO
56 ITANHAÉM
57 OSASCO
58 FRANCO DA ROCHA
59 GUARULHOS
60 ITAPECERICA DA SERRA
61 SÃO PAULO
62 MOJI DAS CRUZES
63 SANTOS

Referências bibliográficas

I CENSO DA REFORMA AGRÁRIA. Relatório final. Brasília: UnB, maio 1997.

DAVID, M. B. de A. La modernization "perverse" de l'agriculture et la structure de la propriété de la terre au Brésil. *Cahiers du Brésil Contemporain*, número especial, Paris, MSH/CRBC, 1995.

INCRA. Relatório de atividades, 1995.

______. Relatório de atividades, 1996.

A (difícil) interpretação da realidade agrária

Francisco Graziano Neto[1]

Introdução: a deficiência histórica

A má qualidade das informações estatísticas sobre a realidade brasileira sempre angustiou os estudiosos dos problemas nacionais. Na verdade, pode-se dizer que a deficiência no conhecimento de si próprio é uma das características do subdesenvolvimento. Afinal, informação é poder.

Grave no passado, essa lacuna histórica resulta dramática na atualidade do mundo globalizado. Como definir estratégias de competição e como formular políticas de desenvolvimento sem conhecer a fundo sua própria realidade?

A agricultura é, certamente, o setor produtivo que mais tem sofrido com essa dificuldade no conhecimento, refletindo o caráter dependente da economia agrária brasileira. Talvez o histórico caso das estimativas sobre a safra brasileira de café seja um exemplo paradigmático. Desde que os Estados Unidos se tornaram o grande comprador do café nacional, no início do século, são os levantamentos do Departamento de Agricultura norte-americano sobre a safra brasileira que balizam o mercado mundial dessa *commoditie.*

O Brasil nunca foi capaz de estruturar um sistema de previsão de safras competente para informar o mercado externo cafeeiro. Por esse motivo, sempre dependeu dos EUA para aquilatar sua própria riqueza. É fácil deduzir que os norte-americanos se utilizaram dessa vantagem para aviltar os preços internacionais do café, beneficiando-se obviamente.

---

1 Engenheiro agrônomo formado pela Escola Superior de Agricultura Luiz de Queiroz/ ESALQ, mestre em Economia Agrária pela ESALQ e Doutor em Administração pela Escola de Administração de Empresas de São Paulo/FGV.

Somente agora, as estimativas e previsões da safra brasileira, seja de café seja de outras *commodities*, começam a se tornar confiáveis para os agentes do mercado. Entretanto, não se precisará investir, ainda, na montagem de um sistema de informações agropecuárias que dê segurança para a formulação de políticas adequadas de comercialização e, concomitantemente, de segurança alimentar.

O problema se repete, talvez de forma ainda mais aguda, quando se busca informações sobre a estrutura da produção rural, quer dizer, sobre a posse e o uso da terra. Os censos agropecuários do IBGE passaram a ter maior credibilidade somente a partir de 1950, trazendo estatísticas importantes para se conhecer o mundo da produção agrária. Mesmo assim, dificuldades na realização dos levantamentos censitários têm, não raro, resultado em informações pouco confiáveis, cujo exemplo maior sabe-se ser o Censo Agropecuário de 1960.

Em 1966, o Comitê Interamericano para o Desenvolvimento Agrícola/CIDA, órgão ligado à FAO/ONU, publicou o mais completo estudo sobre as estruturas agrárias dos países latino-americanos, permitindo melhor conhecimento sobre a economia rural no continente.

Esse estudo, exaustivo para a época, desnudava o sistema latifundiário, mostrando as origens da miséria rural e apontando para a necessidade de se realizar uma ampla reforma agrária nos países da América Latina. Nessa época, a Aliança para o Progresso, capitaneada pelos EUA, passou a propugnar reformas profundas nas estruturas agrárias desses países subdesenvolvidos, visando fortalecer o mercado interno e impulsionar a industrialização via a expansão do capitalismo no campo.

A grande motivação dessa proposta reformista era gerada pelos temores da revolução socialista, vitoriosa em Cuba desde 1959. Para os interesses da burguesia dominante, era melhor entregar os anéis – ou as terras dos latifundiários – que perder os dedos. Criar uma forte classe média no campo era o objetivo estratégico da política que, no Brasil, foi impulsionada pelo governo militar de Castelo Branco. O Estatuto da Terra, aprovado em novembro de 1964, era a expressão legal dessa corrente reformista.

A história sempre apresenta seus paradoxos. Ninguém duvida que a agitação no campo e a proposta de reforma agrária protagonizada pelas ligas camponesas de Francisco Julião foi uma das causas principais da revolução que depôs Jango Goulart. Entretanto, aquilo que parecia inaceitável para a oligarquia – a reforma agrária – acabou sendo a primeira das políticas impostas pelo novo regime militar. O Estatuto da Terra foi considerado a mais progressista lei agrária dos países latino-americanos, facilitando tanto a desapropriação dos latifúndios como a reaglutinação dos minifúndios.

Nada disso, porém, aconteceu. Castelo Branco faleceu e a "linha dura" assumiu o poder no regime militar. A internacionalização do capitalismo e sua rápida expansão nos anos 60/70 permitiram que a industrialização brasileira ocorresse prescindindo da reforma agrária. A grande propriedade, em vez de ser dividida, foi modernizada, transformada em empresa rural. O capitalismo se expandiu no campo mantendo a estrutura agrária deformada desde a época das capitanias hereditárias.

Certo ou errado, a História anda para trás. Hoje, na economia globalizada, com a grande maioria da população residindo nas cidades e dado o enorme avanço tecnológico verificado no campo, o desenvolvimento brasileiro assume características totalmente diferentes da época passada, quando se lutava contra o imperialismo e o latifúndio.

A miséria continua, mas mudou e se faz presente na cidade também. Antes, a pobreza advinha, principalmente, da terra produtiva, da negação da produção. Agora, ela é gerada no próprio seio da produção capitalista. Combater esse caráter excludente do desenvolvimento brasileiro é o grande desafio da modernidade.

O sucesso no enfrentamento desse desafio depende da correta compreensão sobre a realidade atual, especialmente quando considera-se a questão agrária. Teoria ultrapassadas e dados obsoletos levam, fatalmente, a raciocínios antigos, que pouco ajudam na mudança social. Por isso, é fundamental investir no melhor conhecimento da realidade no campo, gerando informações atualizadas que possam servir para o desenvolvimento de novas teorias e propostas de intervenção governamental.

Continuar raciocinando nos limites do distributivismo agrário significa fechar os olhos para o progresso social. É preciso colocar as idéias no lugar. E no seu tempo.

Os ditames geográficos e ecológicos

Além do problema estatístico oriundo da situação histórica da dependência, um segundo componente dificulta sobremaneira a completa compreensão sobre a realidade da agricultura. Trata-se do caráter disperso e territorial da atividade agropecuária.

Espalhada geograficamente, distante dos centros humanos, escondida entre os acidentes da paisagem, a agricultura se desenvolve de forma espraiada no território. Ao contrário das fábricas e do comércio, unidades produtivas restritas, bem definidas localmente, as fazendas de agropecuária são esparsas, diversificadas, mesmo quando concentradas nas regiões de monocultura.

Mais complexa e difícil fica a análise estatística quando consideramos, ao lado do componente territorial, a submissão ecológica da economia agrária. Diferentemente das atividades fabris, a agricultura é influenciada pelas leis da natureza. Os ciclos de produção agropecuária dependem de épocas adequadas para plantar, criar e colher. Da mesma forma, a diversidade dos ecossistemas naturais, os tipos de solo e do clima, afetam a agricultura de forma decisiva.

Na indústria e no comércio, programam-se a produção e as vendas. Nada impede que se produzam bens, sapatos ou automóveis, todos os dias, em qualquer lugar, na quantidade desejada. Já na agricultura, por mais que tenha evoluído a tecnologia, depende-se ainda de épocas limitadas de produção. Mais ainda, os ciclos de produção são longos, da semeadura à colheita, da fecundação ao abate.

É fácil perceber que essas características ecológicas da agropecuária provocam distinções conforme o local onde se realiza a produção. Nos países temperados, os ciclos produtivos são paralisados durante o inverno. Já nos trópicos, a natureza é outra. Enquanto na indústria se tende a homogeneizar as linhas de produção, independentemente do local onde se situa, na agricultura os ditames da natureza são quase sempre decisivos, estabelecendo diferenças significativas entre as variadas regiões produtoras.

Essas elementares considerações ecológicas são decisivas para se analisar a economia agrária num país continental como o Brasil. Com 8,5 milhões de km^2, as distâncias e as diferenças entre os agroecossistemas provocam uma enorme diversidade de situações produtivas, desde o Norte tropical úmido ao Sul subtemperado, do Nordeste árido aos cerrados do Centro-oeste.

Toda essa complexidade impede a fácil captura da realidade agrária. Aquilo que vale para um lugar, é diferente no outro. Aqui reside um dos equívocos costumeiros de muitas análises sobre a agropecuária nacional: a descuidada generalização do conhecimento científico obtido a partir de estudos particulares da realidade. Análises magníficas sobre realidades agrícolas isoladas propiciam verdadeiros lixos analíticos quando generalizadas de forma acrítica.

A base de experimentação agronômica – repetições ao acaso – assenta-se exatamente nessa diversidade natural. Nas ciências sociais, especialmente na economia, predomina outra metodologia de pesquisa: os estudos de casos restritos, a partir dos quais se obtém conhecimento sobre a realidade mais ampla. Essa metodologia científica quando aplicada à agricultura pode levar a graves problemas de interpretação da realidade.

Noutros casos, a estatística choca-se contra a diversidade dos agroecossistemas. Tal acontece, por exemplo, quando se trabalha com as médias aritméticas na agricultura. É comum fazer-se o somatório de índices de produção física de culturas ou criações, calculando-se assim a produtividade média das atividades agropecuárias.

Ora, os estatísticos sabem que a média aritmética é a pior medida de uma distribuição, principalmente quando a variância entre os dados é elevada. Para certas variáveis, a média pode se tornar completamente inadequada, confundindo ao invés de esclarecer as coisas. Todos conhecem o famoso exemplo: se uma pessoa come dois frangos por dia, enquanto outra passa fome e não come nenhum, na média, eles comem um frango cada.

Na agricultura a questão do uso da média aritmética é mais problemático ainda, devido principalmente à diversidade sócio-ambiental da produção rural. Isso resulta que o mesmo milho, por exemplo, pode ser oriundo de uma produção altamente mecanizada, desenvolvida em terras férteis, ou pode vir da agricultura de subsistência, praticada em terras de baixa fertilidade. Na verdade, embora pareçam iguais, são produtos diferentes. Somá-los, para calcular uma média, pode corresponder a um erro grave na economia agrária. Como somar bananas com maçãs.

O mais comum equívoco dos leigos ao manipular as estatísticas de produtividade agrícola sempre ocorreu com o algodão. Isto porque, historicamente, dois tipos de algodão são produzidos no País: o tipo mocó, plantado no Nordeste, obtido de árvores perenes, que produzem anualmente, e o tipo herbáceo, cultivado no Centrosul, com espécies de ciclo anual, isto é, semeadas a cada safra. A produtividade do algodão mocó é, naturalmente, bem menor que a do herbáceo. Por sua vez, são as plantas perenes do mocó que o tornaram mais resistente e adaptado às condições áridas da agricultura nordestina. Em outras palavras, a produtividade do algodão mocó poderia ser excelente, embora menor que a do algodão herbáceo.

Hoje, principalmente após a introdução da praga do bicudo na década de 80, que afetou severamente os algodoais existentes, essa dicotomia está sendo superada pelo avanço do melhoramento genético, que tem permitido desenvolver variedades de algodão herbáceo adaptadas ao Nordeste, com boa produtividade e rusticidade, causando a substituição de cultivos.

Tomando-se outro exemplo, sabe-se que os produtores comerciais de milho de São Paulo ou Paraná colhem uma base de 5.000 kg/ha, sendo comum produtividades maiores, que chegam até a 8.000 kg/ha. Por outro lado, milhares de pequenos agricultores, que normalmente produzem para consumo próprio, colhem milho numa faixa de produtividade bem abaixo dos produtores comerciais, ao redor de 2.500 kg/ha. Considerando os agricultores nordestinos, essa produtividade é menor ainda, dependendo da ocorrência das chuvas.

Entretanto, ambas as formas de agricultura estão corretas, adaptadas às condições sócio-ambientais de produção. Os que produzem menos, em economia de subsistência, usam tecnologia menos intensiva de capital e apresentam custos menores. Os produtores comerciais, por sua vez, trabalham com tecnologias de ponta, usam maciçamente insumos modernos.

A média da produtividade, considerando as duas diferentes situações de produção, não serve para indicar absolutamente nada. A má economia costuma cair nesse erro comum ao analisar as condições produtivas da agricultura brasileira. Desconsidera-se a diversidade dos agroecossistemas e esquece-se da natureza da produção. Trabalha-se com médias de produtividade que não mostram nada, a não ser a incapacidade da econometria em aprender a realidade da complexa produção rural.

O equívoco da generalização é o pecado capital das análises sobre a agricultura brasileira. Realidades tão distintas não podem ser somadas e simplificadas. Principalmente em se tratando de uma nação continental, como o Brasil. Ao contrário dos países europeus, pequenos e mais homogêneos, a extensão territorial brasileira provoca variações enormes entre os ecossistemas naturais, bem como nas condições socioeconômicas da produção.

Por isso, o raciocínio simplista acaba derivando para um reducionismo na interpretação da realidade social, defeito que acaba sendo dramático no seio da opinião pública. Daí ao maniqueísmo é um passo curto. Assim surgiram as dicotomias agricultura de exportação x mercado interno, pequena x grande propriedade, associando-se a pequena propriedade com a produção de alimentos, e a grande com a exportação de matérias-primas.

Aquilo que era verdadeiro em determinada situação histórica, para uma realidade determinada, foi generalizado em demasia. É como se existisse apenas um tipo de agricultura no Brasil, homogênea, semelhante do Oiapoque ao Chuí. Quando o tema é a reforma agrária, então, a generalização chega a ser absurda. Imagina-se apenas uma receita de reforma agrária para o Brasil, misturando realidades agrícolas tão diferentes, que vão das planícies sulinas aos planaltos paulistas, passando pelos cerrados goianos, pela fronteira amazônica, até a agricultura nordestina. Confundem-se o mais puro capitalismo agrícola com os traços medievais na ocupação da terra.

A mídia, com sua linguagem resumida e estereotipada, contribui para essa simplificação. Mas cabe à academia a maior parcela dessa culpa. Os dados existentes sobre a estrutura agrária são tão precários e algumas análises sobre o problema da terra no País tão simplistas, que semeiam mais confusão que esclarecem a sociedade. O resultado é a vulgarização e a mistificação do problema agrário brasileiro.

A teoria distorcendo a realidade

A correta compreensão da realidade agrária enfrenta ainda um terceiro e difícil obstáculo. Além da dependência histórica e da submissão ecológica, a busca da realidade agrária padece de um mal próprio do conhecimento científico. Trata-se da distorção cognitiva provocada pela ideologia.

Esse problema, especialmente afeto às ciências sociais, tem sido apontado há muito pelos estudiosos da teoria do conhecimento. A visão que o cientista tem da realidade acaba sendo influenciada pela sua ideologia, pelos valores que carrega em sua existência social. Quanto mais dogmático seu pensamento, mais deformada pode ficar a interpretação da realidade que faz. Os fatos passam a ser enxergados não como são, mas como deveriam ser, à luz da teoria que move sua angústia intelectual.

Nessas condições, a teoria acadêmica pode tornar-se uma camisa-de-força para o pesquisador. Busca-se, por meio da análise da realidade, uma comprovação empírica para as idéias aceitas *a priori*, ocorrendo freqüentemente que, ao invés de se adaptar a teoria à realidade estudada, deforma-se esta realidade para salvar os cânones teóricos.

Ninguém melhor que Caio Prado Jr. discutiu esse problema na compreensão do problema agrário brasileiro. Contrariando as teses centrais do Partido Comunista nos idos da década de 50, Caio Prado afirmava que a revolução brasileira não se enquadrava na clássica formulação marxista da necessidade da transição do feudalismo para o capitalismo, ou seja, da necessidade da revolução "democrática-burguesa". O motivo era muito simples: nunca houve feudalismo no Brasil.

Assim se manifestou o maior estudioso dos problemas agrários do Brasil pós-colonial, reagindo ao dogmatismo: "a teoria originária traçada se fizera em dogma que não se contestava, nem mesmo se analisava criticamente. Passara em julgado, e de tal forma que ninguém mais, ou ninguém que contasse com audiência suficiente, se dava ao esforço de ir às suas premissas ou supostas premissas na realidade do País. Aceitava-se como algo perfeito e definitivo. Incontestável em suma. Não foi possível assim sobrepor a convicções tão profundamente implantadas o testemunho dos fatos, por mais convincentes que fossem para espíritos menos preconcebidos. Esse testemunho perdera inteiramente sua força e eficácia, pois os próprios fatos passariam a ser considerados unicamente por meio das fortes lentes deformadoras daquelas falsas convicções" (*A Revolução Brasileira*, Brasiliense, SP, 1966, p. 50).

Após argumentar contra a existência do feudalismo na agricultura brasileira, arremata Caio Prado: "não é por simples luxo teórico e preocupação acadêmica que estamos aqui insistindo nesse ponto e procurando mostrar o desacerto que consiste em interpretar a nossa economia agrária e as relações de produção e trabalho nele presentes como derivações, ou remanescentes de obsoletas e anacrônicas formas e estruturas feudais. Uma interpretação como essa leva naturalmente à conclusão que a luta dos trabalhadores rurais brasileiros teria essencialmente por objetivo (como seria o caso se se tratasse de fato de camponeses) a livre ocupação e utilização da terra que hoje trabalham a título de empregados da grande exploração (...) Ora, isso vai frontalmente de encontro aos fatos mais evidentes e salientes da realidade brasileira; e mostra como essa errônea interpretação teórica pode conduzir, como de fato tem conduzido no Brasil, à desorientação na prática. As aspirações e reivindicações essenciais da grande e principal parte da massa trabalhadora rural no país não tem aquele sentido apontado (...) Nos maiores e principais setores da agropecuária brasileira, naqueles que constituem em conjunto o cerne da economia agrária do país e onde se concentra a maior parcela da população rural, os trabalhadores, como empregados que são da grande exploração, simples vendedores da força de trabalho, portanto, e não 'camponeses', no sentido próprio, aquilo que aspiram e o que reivindicam, o sentido principal de sua luta, é a obtenção de melhores condições de trabalho e emprego. É isso que nos mostram os fatos, e é fartamente conhecido de quem observa esses fatos como realmente ocorrem, e não através de deformadoras teorias que fazem deles o que pretendem observadores preconcebidos" (pp. 67-68).

Escritas em 1966, as palavras de Caio Prado permanecem mais vivas que nunca, como que a alertar os revolucionários de plantão. Ainda hoje, após a industrialização e a enorme transformação tecnológica verificada na agropecuária brasileira, muitos ainda continuam raciocinando com os dogmas da revolução agrária-comunista, enxergando na luta dos "sem-terra" a vitória dos camponeses sobre os latifundiários.

Isso mostra como é forte o paradigma comunista, formulado nos anos 50, à interpretação da realidade agrária do País. Mesmo de forma inconsciente, muitos analistas raciocinam com essas velhas teses, enxergando no campo o atraso feudal que precisa ser rompido para provocar o desenvolvimento nacional. Nesse contexto, a visão que a cidade tem sobre o campo é dogmática e preconceituosa.

Esse problema de natureza epistemológica, prejudica a análise da agricultura moderna, impedindo enxergar as mudanças ocorridas nas relações de produção e nas formas de comercialização e integração setorial. Raciocina-se, ainda, como se a economia rural fosse estanque e atrasada, quando na verdade hoje a competitividade depende de cadeias produtivas interligadas no *agribusiness*, que, por sinal, representam cerca de 35% do PIB nacional.

Nessa agricultura moderna permanecem, é óbvio, resquícios do passado. Inclusive latifúndios, escravismo, coronelismo. Existe, certamente, miséria e situação social degradante. Depende da região, da expansão das fronteiras agrícolas ou da regressão de atividades econômicas. Esses aspectos, entretanto, não podem confundir o essencial, que é o caráter fortemente capitalista da produção rural, particularmente no centro-sul do País, onde se produz 85% do PIB agrícola.

Mas, como disse Caio Prado, os fatos acabam distorcidos para amoldar a realidade às idéias pré-concebidas, que enxergam uma agricultura atrasada, latifundiária, quase perdulária da sociedade. A mídia acaba potencializando essa distorção no conhecimento da realidade, quando destaca os casos de violência e discriminação no campo. Ocorre que esses fatos, graves por certo, acabam sendo, pela opinião pública, generalizados para todo o mundo rural brasileiro. Como se em toda a agricultura reinasse confusão e imperasse o atraso.

O rompimento do paradigma agrário-comunista é uma imposição dos tempos. Continuar raciocinando com as velhas teses significa transformar os latifúndios em "moinhos de vento", qual a luta inglória de D. Quixote. As velhas bandeiras de luta precisam ser substituídas por propostas que sejam coerentes com a nova realidade imposta pelo *agribusiness*.

Aqui reside o desafio do pensamento agrário progressista. Superar o dogmatismo e encarar a realidade de frente. Não basta tagarelar sobre o passado. É preciso construir um modelo novo de reforma agrária, adequado para uma agricultura que rompeu as barreiras da própria porteira, inserindo-se no mundo tecnológico e competitivo, e numa sociedade urbanizada.

As estatísticas enganadoras

A questão que mais impressiona aqueles que se defrontam com as estatísticas sobre a estrutura agrária brasileira é a elevada concentração da posse da terra. E o número que mais choca as pessoas é o da quantidade de terras detida pelas maiores propriedades rurais, em contraposição à parcela dos menores agricultores. Essas informações são oferecidas pelos cadastros de terras efetuados pelo INCRA, cujo primeiro levantamento data de 1967.

Em 1972 houve um recadastramento geral dos imóveis rurais. O cadastro indicava que os latifúndios controlavam cerca de 410 milhões de hectares, cerca de 70% das terras do País. Entre esses, somente 342 grandes imóveis rurais detinham uma área de 47,5 milhões de hectares, enquanto 2,5 milhões de pequenas propriedades dividiam apenas 42 milhões de hectares. Essa concentração fundiária, tida como a maior do mundo, é que sempre justificou a reforma agrária distributivista, vista como única saída para o desenvolvimento. A luta contra a miséria significava a derrota do latifúndio.

Em 1984, o cadastro de terras tinha sido atualizado e trazia outra informação aterradora: os latifúndios haviam aumentado a ociosidade de suas áreas. Se, em 1972, cerca de 25% da sua área aproveitável estava "não-explorada", esse índice havia aumentado para 41% em 1984. A análise era fácil: os latifúndios não somente mantiveram sua área – visto não ter havido nenhuma reforma agrária no período – como agravaram seu caráter improdutivo. Nessa época começava a campanha das "diretas-já", que acabou levando José Sarney à Presidência da República em 1985. Criado o Ministério da Reforma e do Desenvolvimento Agrário, o Plano Nacional da Reforma Agrária/PNRA dava uma resposta ao latifúndio: terras improdutivas seriam desapropriadas para servir ao assentamento de 1,4 milhões de famílias entre 1985 e 1989. Essa meta requereria cerca de 30 milhões de hectares de terras, quase nada perto do enorme estoque de terras ociosas do País.

O PNRA, porém, teve uma implementação difícil. Findo o governo Sarney, apenas 82.690 famílias haviam sido assentadas, menos de 6% da meta estabelecida. A área desapropriada no período atingiu pouco mais de 3 milhões de hectares, sendo que a área média dos imóveis rurais desapropriados foi de 6.180 hectares, muito abaixo do tamanho dos grandes latifúndios utilizados para mostrar a desigualdade da distribuição da terra no Brasil. Por que os grandes latifúndios não tinham sido desapropriados? Por que a reforma agrária não saiu do papel?

As explicações para o fracasso do PNRA foram quase todas políticas. E, certamente, as forças conservadoras tiveram seu papel na obstaculização da reforma agrária, ainda mais considerando a composição política do governo Sarney. A União Democrática Ruralista/UDR, criada nessa época, promoveu grande reação às ações reformistas, mobilizando os produtores rurais e enfrentando, com sucesso, a esquerda desde a Constituinte. O fracasso do PNRA, entretanto, colocou outra questão em baila, testemunhada por alguns dos executores da reforma agrária. Os famosos latifúndios "por extensão", que deveriam ser os primeiros a serem vistoriados e desapropriados, não estavam sendo localizados na prática.

Esse fato provocou um questionamento do próprio cadastro de terras do País. Afinal, o que havia por detrás das estatísticas agrárias? A análise crítica do cadastro rural permitiu descobrir um terrível equívoco: as estatísticas não espelhavam corretamente a realidade da agricultura. Três problemas graves puderam ser detectados: primeiro, enquanto a agricultura se modernizou, transformando os latifúndios em grandes empresas rurais, os números do cadastro pouco se atualizaram, levando a uma defasagem estatística que mascarava a realidade rural.

Segundo, a sistemática de classificação dos imóveis rurais, derivada do Estatuto da Terra, impedia a correta distinção entre a ociosidade das terras do latifúndio e a incapacidade produtiva das propriedades rurais. Terceiro, o cadastro nunca permitiu separar a terra ociosa, utilizada para a especulação fundiária, com a terra florestada, ocupada com mata natural (Ver Graziano, F., *A Tragédia da Terra*). Vejamos algumas distorções mais evidentes.

As estatísticas mostravam que, em 1984, São Paulo ocupava o 3º lugar entre os Estados com mais latifúndios "por dimensão", apresentando 33 dessas unidades, mais que a soma desses imóveis rurais de Mato Grosso e Goiás. Realmente, não é crível imaginar que a agricultura paulista seja mais latifundiária que a do Centro-Oeste, na década passada. Na execução da reforma agrária em São Paulo se descobriu a verdade: aqueles latifúndios eram "fantasmas", não existiam na realidade. Nenhum deles pode ser desapropriado, nem sequer foi encontrado para ser vistoriado. Tratava-se de enormes glebas de terras cadastradas no INCRA nas décadas anteriores, normalmente áreas griladas, que tinham sido posteriormente desmembradas e regularizadas. Permaneciam, entretanto, sujando o cadastro rural do País.

Mais tarde, em 1992, foi realizado um novo cadastramento dos imóveis rurais brasileiros. Muitas imperfeições e impurezas puderam ser extirpadas, melhorando a credibilidade das estatísticas agrárias. Mesmo assim, em 1996, havia no Estado de São Paulo um imóvel rural com 960 mil hectares de extensão, cadastrado como tendo sede no município de Agudos. Para se ter uma idéia, esse "latifúndio" corresponde à área total de 19 municípios da região de Bauru, onde se localizaria. É um absurdo total. Pesquisada sua origem, até hoje se desconhece a razão dessa área ter sido declarada ao INCRA. Se tamanhas distorções são verificadas em São Paulo, pode-se desconfiar da confiabilidade do cadastro nos Estados mais distantes e recém-desbravados, na Amazônia ou no Nordeste.

A desatualização cadastral, ao lado da duvidosa situação dominial de muitos imóveis rurais, provoca uma série de imperfeições que deformam completamente a análise sobre a posse e o uso das terras no País. Hoje, sabe-se que a famosa lista dos 342 grandes latifúndios que acumulam quase 50 milhões de hectares, utilizada como exemplo máximo da concentração de terra, pode ser jogada fora. Não serve para nada.

As estatísticas apresentam ainda outras surpresas. Os dados referentes a 1984 permitem verificar que 89,8% dos latifúndios brasileiros tinham área menor que 500 hectares, sendo que 58,2% eram menores que 100 hectares. São, digamos, pequenos latifúndios, algo que nega a própria origem etimológica da palavra: "lato-fundis", terra extensa. Ora, esses latifúndios em nada se assemelham aos territórios dos antigo "coronéis", os denominados "restos feudais" da agricultura. Seriam aproximadamente um milhão de pequenos coronéis, comandando ridículos latifúndios. Como entender esses números? O novo cadastramento, realizado em 1992, cujos dados referentes à situação cadastral de 1996 puderam ser analisados, mostra que o problema da ociosidade das terras continua um mistério a ser decifrado. Basta dizer que as estatísticas mais recentes indicam que o aproveitamento da terra é menor entre os pequenos imóveis rurais, comparados aos grandes. Dos pequenos imóveis, 350 mil estão classificados como "produtivos", enquanto 562 mil são "improdutivos". Quanto às médias propriedades, 97 mil são produtivas e 165 mil improdutivas. Nos maiores, a proporção é de 38 mil produtivos contra 54 mil improdutivos (Ver Graziano, F., *Qual Reforma Agrária?*).

Não é fácil acreditar nesses números. Como pode ser que as pequenas propriedades rurais explorem menos intensivamente suas terras que as grandes? É um contra-senso. A única explicação é que, de uma forma indireta, essas estatísticas estão captando a crise da pequena e da média propriedade, que provoca índices de produtividade menores. Quer dizer, ao invés de ociosidade, ou especulação, está-se comprovando a incapacidade produtiva da agricultura, frente aos condicionantes impostos pelo mercado ou, ainda, decorrentes das deficiências da política agrícola. Essas considerações acerca das deficiências e deformações do cadastro de terras do País afetam as estimativas, algumas extremamente simplistas, sobre o estoque de terras disponível para distribuição nos programas de reforma agrária. Raciocinar com o número total de latifúndios, extraídos do antigo cadastro do INCRA, tomando-se a área que ocupam como indicativo desse estoque, é cometer erro primário. Embora comum.

No cadastro novo, excluindo-se todas as pequenas e médias propriedades, produtivas ou não, e excluindo-se ainda as grandes propriedades produtivas, resta uma área de 150 milhões de hectares, pertencentes aos 55.000 imóveis classificados como grandes e improdutivos no País. Essa área representa o limite máximo do estoque fundiário passível de destinação para programas de reforma agrária. Decompondo esse estoque de 150 milhões de hectares, verifica-se que cerca de 100 milhões de hectares encontram-se nas Regiões Norte e Centro-Oeste. Outros 25 milhões estão no Nordeste, basicamente nas áreas áridas do sertão.

É de se perguntar: quais as possibilidades econômicas e as potencialidades agronômicas dessas áreas? Qual a infra-estrutura existente nessas regiões, tanto para apoiar a produção como para comercializá-la? Mais ainda, quais os limites e as decorrências ecológicas da exploração dessas terras da fronteira? São perguntas sem respostas convincentes. Nunca se analisou com profundidade o potencial produtivo dessas áreas da Amazônia, dos cerrados e do sertão nordestino. Nem tampouco se aquilatou o impacto ambiental do aproveitamento agropastoril das áreas florestadas, permitindo quantificar quanto poderia ser desmatado ou explorado sem causar desequilíbrio ecológico. O certo é que é uma insensatez considerar uma área de floresta virgem como "terra improdutiva". Mata virgem não pode ser sinônimo de "latifúndio".

A preservação da floresta amazônica e dos cerrados do planalto central, bem como de outros remanescentes de áreas naturais, é uma obrigação para com as gerações futuras. Se o interesse é estimar o estoque de terras ociosas, disponível para a reforma agrária, não se pode cometer o equívoco de incluir nessa conta os imóveis localizados nas re-giões desabitadas da Amazônia ou nas terras áridas do sertão.

Conclui-se facilmente que o estoque de terras disponível para programas de assentamento rural é bem menor que aquele apregoado, inadvertidamente, pelos entusiastas do distributivismo agrário. Ressalte-se que, mesmo menor, com certeza ainda significa muita terra ociosa para ser aproveitada via redistribuição fundiária.

Os assentamentos rurais

Destarte toda a celeuma política, a ação reformista do governo, especialmente de 1985 para cá, tem sido expressiva. Os números falam por si: mais de 1.600 projetos de assentamento rural realizados pelo governo federal ocupam uma área superior a 12 milhões de hectares, distribuídos entre 200 mil famílias. Somando-se aos assentamentos do INCRA as ações estaduais de reforma agrária, as famílias beneficiadas com um lote de terra ultrapassam 350 mil. Para se ter uma comparação, existem em São Paulo perto de 280 mil agricultores.

É muito interessante – e preocupante – perceber que, a par com essa ação reformista, nunca houve um acompanhamento técnico-econômico e uma rotina de avaliação para verificar o resultado prático dos projetos de reforma agrária implantados no País. Quanto se produz, o que se produz, como se produz? Qual o impacto desses assentamentos na produção rural, no emprego, na renda? Qual o custo de oportunidade dos recursos públicos despendidos nos assentamentos? São questões que pouco preocuparam os executores e estudiosos da reforma agrária brasileira, principalmente no INCRA.

O resultado disso é que quase nada se conhece da realidade socioeconômica nas áreas reformadas. Essa enorme lacuna parece refletir um viés ideológico: a esquerda agrarista sempre lutou contra o latifúndio, pouco se importando com o resultado prático do distributivismo agrário.

É como se a reforma agrária se esgotasse na desapropriação das terras e no assentamento imediato dos trabalhadores rurais ou a luta política contra o latifúndio estivesse finalizada no momento da divisão da terra. Daí para frente, sabe-se lá o que vai acontecer. No máximo, ouvem-se os discursos vazios de que "não adianta apenas dar a terra, é preciso oferecer as condições de produção" etc. Fora isso, que significa apenas um brado político, nunca houve uma preocupação séria com respeito às condições da produção nas áreas reformadas.

Derivado desse problema, surge outra questão seríssima: trata-se da emancipação dos assentamentos rurais. A teoria e a legislação agrária supõem que, após um tempo no qual a posse da terra é provisória, período necessário para os novos agricultores comprovarem sua aptidão e se firmarem na produção rural, eles possam ser finalmente titulados, tornando-se um novo proprietário, ganhando sua cidadania completa. É o momento de sua emancipação como produtor rural. Nunca, porém, foi definida uma política de emancipação dos assentamentos rurais. Exceto uns poucos casos referentes a antigos projetos de colonização, jamais um assentamento ganhou "alforria", permanecendo desde a sua criação tutelados pelo governo federal, por meio do INCRA.

Os primeiros assentamentos rurais já têm mais de 10 anos, enquanto algumas áreas antigas de colonização estão há mais de 20 anos penduradas no poder público. Isso cria uma espécie de paternalismo, pois tudo que ocorre ou precisa ser feito nos assentamentos depende do INCRA ou do governo estadual, desde a ponte que caiu até a falta de água. Ressalte-se que essa dependência dos velhos assentamentos está sobrecarregando o governo federal e os órgãos de terras dos governos estaduais, comprometendo os recursos humanos e materiais dos novos projetos. Quanto mais avança o programa de reforma agrária, mais se agrava o problema da distribuição dos recursos, pois os custos operacionais carregam todos os antigos assentamentos. Isso só faz a reclamação aumentar. Seria perfeitamente possível definir que, após um prazo de cinco anos, garantidos os créditos iniciais e executadas as ações de infra-estrutura necessárias ao sucesso dos novos agricultores, estes pudessem receber o título definitivo da terra, equiparando-se aos demais milhões de pequenos agricultores do Brasil, compartilhando suas alegrias e desventuras. Uma política ampla de apoio aos agricultores familiares deveria, assim, garantir sua prosperidade. Isso significaria, de fato, transformar os "sem-terra" em "com-terra". Hoje, entretanto, sem uma política de emancipação dos assentamentos, os trabalhadores "sem-terra" estão perpetuando uma relação de dependência das benesses públicas. Um novo corporativismo público. Embora tenham recebido a terra, embora ali estejam produzindo há anos, continuam sendo "sem-terra". Não deixa de ser paradoxal.

O Censo da Reforma Agrária

No contexto das deficiências e dificuldades para a interpretação da realidade agrária, surgem os dados do primeiro Censo sobre os assentamentos rurais, realizado pela UnB, a pedido do INCRA. A idéia inicial do levantamento nasceu em outubro de 1995, com o título de "Projeto Raduan", em homenagem ao presidente do INCRA, morto em acidente aéreo, juntamente com o Ministro Marcos Freire, titular do então Ministério da Reforma e do Desenvolvimento Agrário. O Censo da reforma agrária, realizado entre dezembro de 1996 e janeiro de 1997, procura fornecer informações necessárias para permitir uma avaliação objetiva do processo de redistribuição da terra no Brasil. "Em um país onde a reforma agrária tem sido objeto de disputas maniqueístas e simplificadoras, o elemento mais ausente é uma base de dados segura e confiável", afirma logo na apresentação do Censo o Professor Todorov, da UnB. Muitas universidades e outras instituições de pesquisa têm estudado a produção e a organização social dos assentamentos rurais. Entretanto, são normalmente estudos de caso, de difícil generalização, visto a enorme diversidade de situações entre os projetos de reforma agrária realizados pelo País. Os estudos mais abrangentes realizados, destacando-se uma pesquisa da FAO/INCRA e outra oriunda do BNDES, comprovam que os assentamentos mostram-se muito distintos conforme a Região do País e a época em que foram realizados. Os assentamentos existentes no Sul/Sudeste apresentam indicadores mais positivos quando comparados com os do Norte/Nordeste. Da mesma forma, os projetos implementados após 1985 são superiores aos antigos projetos de colonização oriundos da época militar, particularmente na região amazônica. Embora isso não seja surpreendente, essas diferenças têm sido constantemente ignoradas nas avaliações feitas sobre o processo da reforma agrária do Brasil. O Censo da reforma agrária tem o grande mérito de mostrar essas diferenças, visto sua abrangência nacional. Infelizmente, porém, acaba sendo limitado pelo seu próprio pioneirismo, somado à sabida pressa exigida para sua realização. Infelizmente, a avaliação sobre a mportância econômica da reforma agrária dentro do processo do desenvolvimento brasileiro continua carecendo de análise empírica mais consistente. Permanece a grande dúvida acerca dos rendimentos obtidos pelos assentados, pois os dados obtidos pelo Censo são precários e confusos. Esta, com certeza, é a maior deficiência do levantamento. Na pesquisa realizada pela equipe da FAO, em 1994, a renda familiar média dos assentados foi calculada em 3,7 salários mínimos por mês. O valor tornou-se motivo de controvérsias, pois 37% daquela renda era definido como "renda de autoconsumo", enquanto outros 26% representavam rendimento de atividades "não-agrícolas". Monetariamente, portanto, as famílias assentadas apresentavam baixo rendimento advindo da produção rural. Por mais que se argumente que a reforma agrária apresenta elevado caráter social e humanitário, sua avaliação econômica é fundamental para aquilatar a relação custo-benefício das políticas públicas. Sabe-se que o custo médio de cada assentamento rural é de R$ 30 mil, o que representa um ônus elevado para a sociedade. Outra avaliação econômica importante, não individual, refere-se ao impacto produtivo dos assentamentos. Lamentavelmente, também não dispomos de informações que permitam calcular quanto representa o volume de produção agropecuária oriunda da área reformada. Expressiva em número de famílias, representando uma área significativa, afinal, qual a produção oriunda dos assentamentos rurais? A resposta continua vazia. Uma lacuna que parece o calcanhar de Aquiles do distributivismo agrário. A área reformada no País é enorme, aproximando-se dos 20 milhões de hectares. Esse é o tamanho do Estado de São Paulo. No entanto, a sociedade continua desconhecendo o retorno produtivo desse enorme esforço distributivo no campo. Uma pista obtida nos dados do Censo é preocupante: a produtividade média da cultura do milho nos assentamentos rurais é de 1.200 Kg/ha, uma quantidade ridícula, abaixo de qualquer critério técnico. Produtividades de 2.200 Kg/ha são consideradas mínimas para as condições brasileiras, situando-se a média nacional em 2750 kg/ha. Será de subsistência a reforma agrária brasileira? O raciocínio ideológico argumentaria que, largados à própria sorte, os novos agricultores não conseguem produzir a contento. Esse argumento, porém, não encontra respaldo nos dados do Censo: a grande maioria dos assentados recebe crédito para custeio e investimento, utiliza sementes selecionadas e conta com assistência técnica, sempre em níveis superiores àquilo que recebem os pequenos agricultores tradicionais do País. Contraditoriamente, os dados do Censo da reforma agrária lançam uma dúvida maior: para que serve a reforma agrária distributivista no mundo tecnológico de hoje? Será um programa social, para combater a marginalidade no campo? Ou se configura como um programa para combater o desemprego? Repare-se nos números: 40% dos assentados são analfabetos ou semi-analfabetos; cerca de 33% dos beneficiários apresentam idade acima dos 48 anos; apenas 67,5% dos assentados rurais são oriundos do meio rural. São informações relevantes. E, mais uma vez, preocupantes. A realidade trazida pelo Censo sugere que a reforma agrária brasileira apresenta reduzido resultado econômico, embora represente um custo de implantação elevado. Ao mesmo tempo, atende a um público formado por desempregados, excluindo os filhos jovens de pequenos agricultores, certamente mais aptos a terem sucesso na nova empreitada. A luta política pela reforma agrária, desenvolvida de forma aguerrida pelo MST, apresenta resultados concretos óbvios. O governo, meio encurralado, cede às pressões, e incrementa os assentamentos, por meio das desapropriações das terras invadidas. Novas famílias recebem seus lotes. Individualmente, sua vida apresenta uma melhora considerável. De errantes, ou favelados, tornam-se pequenos agricultores. Um chão para morar. Uma terra para comer. Afora a confusão estabelecida no campo, tudo estaria correto, se não custasse dinheiro, despendendo orçamento público. Como política social, para enfrentar o desemprego e a marginalidade, parecem válidas, mas extremamente onerosas. Certamente a instituição do seguro-desemprego no campo sairia mais barato, além de mais simples. É só fazer as contas: ao custo de R$ 30 mil por família, cada assentamento representa um salário mínimo por mês durante 20 anos.

Conclusão: pelo fim do preconceito urbano

A radicalização da luta pela reforma agrária acentuou uma grave deformação do pensamento nacional: o menosprezo da sua agricultura. A rápida industrialização e a acelerada urbanização causaram um forte preconceito contra o setor rural. Os valores do mundo urbano ficaram tão dominantes, que a simples referência ao campo parece trazer a imagem do passado, ligada ao atraso colonial. O bom está na cidade. O campo é caipira. Essa idéia antiga sobre a agricultura moderna ficou fortalecida pelas atrocidades recentes cometidas contra os trabalhadores rurais "sem-terra". Os assassinatos no campo, a existência de trabalho escravo em carvoarias, o drama dos miseráveis nas barracas de lona preta à beira das estradas, tudo isso traz a lembrança dos tempos medievais, forçando a reação da cidadania. O conflituoso processo da reforma agrária está levando a opinião pública a imaginar a agricultura como um local de confusão, de problemas. Mais uma vez, a generalização do raciocínio provoca a deturpação da realidade agrária. A cultura urbana criou um estereótipo sobre o campo que impede enxergar as vantagens da profissionalização da agricultura, decorrente do enorme avanço tecnológico verificado após os anos 70. As mazelas, potencializadas pelo olhar enviesado, suplantam as virtudes da agricultura modernizada e de toda a cadeia produtiva dos agronegócios. O Brasil dobrou a sua produção rural de grãos em apenas 20 anos, graças à elevação da produtividade das culturas, crescendo vigorosamente com suas próprias pernas, principalmente durante a década dos 80. Esse desempenho extremamente favorável do setor agrícola foi capaz de gerar alimentos e matérias-primas suficientes para a demanda interna, alimentando os milhões que habitam as metrópoles e gerando excedentes para as exportações. Hoje, quem garante a balança comercial brasileira é a agricultura e o *agribusiness*, que geraram um saldo positivo de US$ 11,3 bilhões, mesmo considerando as esdrúxulas importações de algodão e leite, fruto do descuido governamental para com o setor. Além da comida e das divisas, na agricultura reside uma grande fonte de empregos. Aproximadamente 25% da população economicamente ativa está ligada à agricultura no campo, representando 18 milhões de famílias. Isso sem considerar o emprego gerado nas agroindústrias e nos demais setores ligados aos agronegócios, como o de máquinas agrícolas e de insumos agropecuários. No raciocínio estereotipado e preconceituoso, entretanto, tudo isso sucumbe às idéias do passado. A realidade se mistura com o mito, o coronel do sertão com o produtor profissional. Falou que é fazendeiro, proprietário rural, vira latifundiário, explorador, atrasado. Triste implicação. Embora compreensível, essa deformação tem prejudicado a busca e a formulação de políticas adequadas de desenvolvimento rural. Sem respaldo na opinião pública, tudo o que se propõe a favor da agricultura soa como privilégio. Falou em apoiar a produção rural, imaginam-se os subsídios escandalosos de outrora. Está se iniciando agora, felizmente, um movimento de revalorização da agricultura brasileira. Antes tarde que nunca. Mesmo tendo seus problemas, mesmo apresentando mazelas, históricas ou recentes, começam a ser rompidos os limites do paradigma agrarista conservador, permitindo o arejamento das idéias sobre os caminhos para o desenvolvimento rural. Bem-vindos todos os esforços que tragam luzes para ajudar a evolução do pensamento nacional. Assim deve ser recebido o primeiro Censo da reforma agrária do Brasil.

No reino da modernização: o que os números do Censo da reforma agrária (não) revelam

Sonia Maria P. Pereira Bergamasco[1]
Vera Lúcia Silveira Botta Ferrante[2]

Preliminares: um breve comentário sobre o Censo

Uma leitura da conjuntura histórica e da questão agrária brasileira no tempo presente não permite linearidades de olhares isentos de discordâncias. A pretensão de fazer tal leitura por meio de um censo nacional dos projetos de assentamentos de reforma agrária foi uma empreitada ousada, necessária até para serem redimensionados os elos entre a universidade e a sociedade.

A construção e realização do Censo têm, pois, uma importância que vai além dos resultados obtidos em termos de agregação dos dados ou das dificuldades operacionais enfrentadas nesse processo.

O Censo nacional dos assentamentos é, sem dúvida, uma inequívoca expressão do reconhecimento de que a reforma agrária tem legitimidade, o que não isenta tal processo de tensões, lutas e disputas entre projetos políticos diferentes. Contrapontos e ambigüidades que parecem não se adequar à metodologia exigida por uma coleta de dados censitários de caráter nacional. Mas, ousar é preciso.

A equipe coordenadora do Censo não poupou alertas e recomendações de vigilância, reconhecendo lacunas, complicadores e enfatizando "que não deve ser esperado da pes-

1 Professora da FEAGRI/UNICAMP.
2 Professora da FCL/UNESP-Araraquara/SP.

quisa amostral a consecução de objetivos que ela não se propôs a atingir"[3]. Sinais de alerta são igualmente explicitados com competência em resenhas sobre metodologias da reforma agrária: "...tenha-se o cuidado para que interpretações e conclusões não ultrapassem os limites postos pelos questionários e pelas condições de trabalho de campo"[4].

O fato dos resultados do censo serem avaliados com cuidado não implica em desqualificá-los, sob qualquer hipótese. Trata-se de ler tais dados e analisá-los como expressão parcial de um retrato objetivado da realidade dos assentamentos, sem deixar de lado a diversidade e complexidade de tais experiências históricas.

A leitura do Censo, encarado como radiografia de relações e processos sociais, tem que ser adaptada à realidade extremamente mutável dos assentamentos. Não permite, em si mesma, a compreensão da complexidade constitutiva dos assentamentos rurais. Em experiência anterior, na coordenação de um censo de assentamentos rurais do Estado de São Paulo[5], havíamos constatado que na aventura de dimensionar processos sociais tão complexos, "desmontou-se, pedra por pedra, as ilusões ou 'tentações' realistas de alguns pesquisadores de tratar os assentamentos rurais como coisas prontas, sujeitas a serem diagnosticadas por receituários vindos de um único domínio do conhecimento. Se a realidade dos assentamentos exige cuidadosa vigilância e se constata a impossibilidade de concebê-la ou discutí-la a partir de uma prévia construção de grandes arcabouços conceituais, é preciso igualmente não perder de vista questões práticas, dificuldades concretas, ocorrência de fenômenos imprevisíveis, dimensões que a simples leitura de dados, com certeza, não revelará"[6]. No caso do Censo ora em questão, os dados levantados – relativos à nacionalidade, sexo, idade, Estado civil, condições de escolaridade, ano de ocupação da área, forma de exploração do beneficiário, local de moradia – permitem uma caracterização, ainda que genérica, do perfil dos assentados. Responderam à necessidade do INCRA de ter informações mais atualizadas sobre o número de famílias assentadas.

A pesquisa amostral, pensada como momento de aprofundamento do perfil das condições do beneficiário, frustra-se parcialmente, pois as categorias de análise adotadas, frente à preocupação de mensurar variáveis de desempenho econômico, revelam-se problemáticas.

Os atalhos do percurso e as indagações metodológicas referentes à caracterização da situação do assentado, em especial no que diz respeito às categorias agregado e irregular, as imprecisões expressas, por exemplo, na questão da análise da renda foram suficientemente apontadas[7], a exigir efetivamente que tais dados não sejam transformados em

3 Benício Viero Schmidt, Danilo Nolasco Cortes Marinho e Sueli L. Couto Rosa, Coordenação Nacional, Relatório Final, *I Censo da Reforma Agrária do Brasil*, Brasília, 1997, p. 46.

4 MOREIRA, R. J. Metodologia da Reforma Agrária: o Censo e o Projeto Lumiar. *Estudos Sociedade e Agricultura*, Rio de Janeiro, CPDA, nº 8, abril, 1997, p. 166.

5 FERRANTE, V.L.S.B. e BERGAMASCO, S.M.P.P. *Censo de Assentamentos Rurais do Estado de São Paulo.* F.C.L. UNESP. Araraquara, 1995.

6 *Idem, ibidem*, p. 14.

7 MOREIRA, R. J., *op. cit.*

indicadores de desempenho ou elementos conclusivos de compreensão da realidade dinâmica dos assentamentos rurais.

Nesse aspecto, teríamos a acrescentar que a descontinuidade e flutuação das relações no interior dos assentamentos e destes frente à economia local/regional dificultam sensivelmente, sem inviabilizar, a utilização de indicadores como metodologia de análise.

No Censo, o fato das informações terem vindo de declarações dos assentados deve ser igualmente levado em conta, especialmente no caso da pesquisa socioeconômica que incorporou dados sobre renda monetária e produção agropecuária.

Do ponto de vista metodológico, sem considerar a complexidade que representa, em si mesmo, a mensuração de renda, produção/produtividade de assentados e produtores familiares, haveria que contrapor informações verbais dos beneficiários com levantamentos de outra natureza que vêm sendo realizados por órgãos estatais e organizações não-governamentais.

Parece-nos inevitável a referência a um outro complicador: a escolha da região como instrumento de agregação de dados deveria ser problematizada.

Os coordenadores do Censo observam em seu relatório final que "a Região Sudeste – (objeto de nossa análise) apresenta um quadro muito irregular, o que impede de entendê-la como um todo"[8]. São apontadas dificuldades quantitativas de mensuração, maior ou menor número de famílias entrevistadas, a densidade de urbanização das áreas assentadas assim como problemas operacionais, decorrentes de longas distâncias e da impossibilidade de localização dos lotes e assentados.

Além de tais questões, gostaríamos de reiterar nossa discordância sobre teses que incidem sobre a idéia de identidade regional. Entendendo região como expressão heterogênea de espaços sociais vividos e construídos, preocupa-nos a adoção de um recorte regional na agregação dos dados censitários. Que o mesmo não seja naturalizado ou utilizado como porta de entrada para dissimulação de diferenças e singularidades[9].

É justamente a tentativa de combinar a análise dos dados censitários da Região Sudeste – agregados e separados por Estado – com observações decorrentes de outras estratégias analíticas que temos utilizado em pesquisas realizadas em assentamentos no Estado de São Paulo, que nos propomos a apresentar nesse artigo, tentativa que não implica, de nenhum modo, na pretensão de resolver dilemas teórico-metodológicos ou de apreender as múltiplas alternativas construídas ao longo da história dos distintos processos de assentamentos de reforma agrária de uma região que tem, nos enfrentamentos históricos, diferenças nada desprezíveis.

---

8 Coordenação Nacional. Relatório Final, *op. cit.* p. 27.

9 A respeito ver: O conceito de Região e a problemática dos assentamentos rurais, reflexões realizadas no âmbito do Projeto. *Os Impactos regionais dos assentamentos Rurais*, sob a coordenação de Leonilde Medeiros e Sérgio Leite. Convênio FINEP/CPDA/UFRRJ, Rio de Janeiro, 1997.

Fragmentos da história da região

Resgatar fragmentos dessa história impõe-se como necessidade imperiosa. Sem ser o objetivo do presente artigo a reconstrução das lutas, disputas, intervenções institucionais que são parte da construção dos assentamentos, permitimo-nos unicamente apontar, em alguns traços da Região Sudeste, elementos instituintes da realidade dos projetos de reforma agrária inscritos no circuito histórico das lutas pela terra.

O objetivo é trazer à discussão dos dados censitários, aspectos do contraditório jogo de forças sociais que tem movido a história dos caminhos e descaminhos da reforma agrária no Brasil.

Não nos compete revisitar debates que têm sido travados na produção acadêmica sobre a relação entre reforma agrária e modernização da agricultura[10]. Aceitamos, como princípio analítico, que a relação modernização agrícola x ações institucionais x política de reforma agrária não pode ser naturalizada, mas aprendida em sua dimensão histórica, na diversidade de seus confrontos e projetos.

Inegavelmente, o debate sobre modernização da agricultura, com valiosas contribuições, voltou-se por bom tempo, como prioridade, à discussão do processo em termos de uma perspectiva estritamente tecnológica e econômica, com ênfase em variáveis ou indicadores como produção, renda, mecanização, tecnologia, dentre outros[11].

Há, em contrapartida, bom acúmulo de pesquisas e produtos acadêmicos[12] que têm reavaliado leituras usualmente feitas do processo de desenvolvimento e modernização da agricultura paulista, inserindo-o em um ciclo de violência, de confrontos que passam direta ou indiretamente por disputas envolvendo expropriações e lutas.

Releitura que implica em recuperar mediações entre a expropriação do campesinato e a modernização da agricultura[13]. Releitura que tem aparecido em pesquisas recentes, nas quais a expulsão de moradores, agregados, posseiros e outros trabalhadores aparece rela-

10 PALMEIRA, M. & LEITE, S. Debates econômicos, processos sociais e lutas políticas: reflexões sobre a questão agrária. Rio de Janeiro: CPDA, *Debates,* nº 1, setembro 1997.

11 GRAZIANO DA SILVA, J. *A modernização dolorosa*. Rio de Janeiro: Zahar, 1982; MÜLLER, G. *Complexo agroindustrial e modernização agrária*. São Paulo: Hucitec, 1989.

12 Dentre outros, ver: PALMEIRA, M. Modernização, Estado e Questão Agrária. São Paulo: *Estudos Avançados,* v. 3, nº 7, set/dez. 1989. NEVES, D. P. *Os fornecedores de cana e o Estado intervencionista*. Niterói: EDUFF, 1997. BASTOS, É. *et alii*. Modernização agrícola no circuito da violência. São Paulo, *São Paulo em Perspectiva*. SEADE, vol. I, nº 3, out/dez. 1987.

13 PALMEIRA, M. & LEITE, S. *op. cit*., p. 19. Dentre as obras citadas, ver especialmente, PALMEIRA, M. Desmobilização e conflito, relações entre trabalhadores e patrões na agroindústria pernambucana. São Paulo: *Revista de Cultura e Política,* ano 1(1), agosto 1979. ESTERCI, N. *Conflito no Araguaia: peões e posseiros contra a grande empresa.* Petrópolis, Vozes, 1987. Garcia Jr., Afranio. *O sul: caminho do roçado*. São Paulo: Editora Marco Zero e Editora Universidade de Brasília, 1990. SIGAUD, L. *et alii*. Expropriação do campesinato e concentração de terras em Sobradinho: uma contribuição à análise dos efeitos da política energética do Estado. São Paulo: Vértice/ANPOCS, *Ciências Sociais Hoje,* 1987. MARTINS, J. S. *Os camponeses e a política no Brasil,* Petrópolis, Vozes, 1981.

cionada à especulação imobiliária, à substituição da agricultura pela pecuária, assim como à dimensão de enfrentamento presente em lutas no campo.

Releitura que nos leva a considerar na reconstrução da historicidade da Região Sudeste, privilegiada do ponto de vista da modernização, conflitos que põem em questão a propriedade da terra.

Especificidades da questão agrária e da relação concentração fundiária x movimentos sociais no campo poderiam, se retomadas, ser peças preciosas para a compreensão das diferenciações apresentadas pela Região Sudeste quanto à constituição dos assentamentos e o perfil dos assentados[14].

Reconhecendo a impossibilidade de dar conta dessas especificidades, limitamo-nos a dar alguns elementos indicativos do percurso tenso e contraditório dos assentamentos, nos quais entrelaçam-se a luta dos trabalhadores rurais, a revigorada organização classista dos empresários, a ação do Estado, o papel dos mediadores, a exigir uma abordagem relacional[15].

Resguardadas as respectivas singularidades, observa-se desde o final dos anos 40 e início dos anos 50, movimentos de luta pela terra e de reação aos despejos. Passos são dados na construção dos posseiros como atores políticos. Comprovadamente, mesmo o período de desmobilização pós golpe de 1964 não é isento de conflitos.

Dados da pesquisa "Dez anos de luta pela terra: 1969/1979" revelaram, por meio de levantamento feito nos arquivos da Confederação Nacional dos Trabalhadores na Agricultura, números bem significativos de conflitos na Região Sudeste, detectados a partir de denúncias que chegaram às Federações e à CONTAG, encaminhadas aos poderes públicos com a demanda de desapropriação com base no Estatuto da Terra[16].

No Rio de Janeiro, por exemplo, os registros sindicais revelaram a existência de 71 conflitos no período entre 1969/ 1979, em boa parte decorrentes da devolução de áreas desapropriadas aos antigos donos ou aos que alegavam a propriedade[17]. Justificava-se que se tratava de áreas com "vocação urbana", não adequadas ao uso agrícola, o que vai alimentar intenso processo de especulação imobiliária.

Nos anos 80, a questão agrária volta à cena e ocupações acontecem em territórios transformados anteriormente em loteamento urbano e posteriormente apropriados como

---

14 A reconstrução da região e das trajetórias diferenciais dos assentamentos em diferentes Regiões do País vem sendo pensada na pesquisa "*Os impactos regionais dos assentamentos*", *op. cit.*

15 FERRANTE, V.L.S.B., SILVA, M.A.M. A política de assentamentos e o jogo das forças sociais no campo. São Paulo, *Perspectivas*, Edunesp, v. 11, 1988.

16 SANTOS FILHO, J. dos R. *et alii. Dez anos de luta pela posse da terra.* São Paulo, CEDEC, 1982.

17 Lutas ocorridas em tempos anteriores, entre 1940 e 1950 em torno da terra, como reação aos despejos que ocorriam, assim como ocupações voltadas, principalmente, para terras públicas griladas, nos anos 60, são analisadas por GRYNZPAN, M. *Mobilização camponesa e competição política no Estado do Rio de Janeiro (1950-1964).* Rio de Janeiro, PGAS/Museu Nacional, UFRJ, 1987 (Dissertação de Mestrado).

espaço de disputa de terra grilada. Fragmentos da história que explicam o perfil predominante dentre os demandantes de terra no Estado do Rio: "trabalhadores com experiência urbana que, havendo uma oportunidade de retorno às áreas rurais, as buscarão, não necessariamente com a intenção de recriar um 'modo camponês' de vida, mas de buscar alternativas de sobrevivência mais estáveis, conjugando o trabalho agrícola com outras atividades urbanas"[18].

Em Minas Gerais, pesquisadores levantaram nos arquivos da FETAEMG, da CPT, do INCRA, áreas de tensão social e de conflitos pela terra nos diferentes tempos constitutivos do processo de formação e de reorganização da agricultura mineira[19]. Em um jogo de enfrentamentos, o banditismo e a jagunçagem haviam se firmado a serviço dos interesses dominantes, na luta pelo poder local e por privilégios junto ao governo do Estado[20].

Movimentos diferenciados de luta pela terra imbricam-se à história política mineira marcada por assassinatos, emboscadas, linchamentos, ameaças e traições. Em uma situação de "guerra" política entre o governo estadual e os grupos locais pelo comando municipal, na qual a propriedade fundiária é expressão do potencial de voto, a valorização da terra torna a luta mais acirrada. Provoca a expulsão de agregados, posseiros e pequenos proprietários.

Às revoltas expressas em variadas formas de resistência, contrapõem-se alianças e pactos políticos entre o Estado e a Igreja como mecanismo de garantir um rígido controle sobre a população camponesa.

O processo de industrialização da agricultura traz em seu bojo a marca da expropriação do pequeno produtor e de sua conseqüente proletarização. As lutas dos expropriados se estruturam a partir de um sentimento de privação construído na relação cotidiana com os patrões.

O registro de 191 conflitos pela terra a partir dos anos 80[21] envolvendo diversas categorias de trabalhadores apresenta como tendência prioritária a disputa pela posse da terra, a defesa contra a grilagem e outras formas de expropriação. Luta contra a expulsão, vontade de defesa do meio de trabalho e das condições de reprodução social que vão reaparecer no atual perfil da demanda por terra e na constituição dos assentamentos.

Um mapeamento dos movimentos sociais rurais no Estado de São Paulo no período compreendido entre 1964 e 1987 realizado a partir de pesquisa na grande imprensa, no

18 MEDEIROS, L. S. de & LEITE, S. (coord.) Assentamentos Rurais no Rio de Janeiro: uma abordagem introdutória. Documento de discussão do Projeto: *Os impactos regionais dos assentamentos*, Convênio FINEP/CPDA/UFRRJ. Rio de Janeiro, junho/1997, p. 19.

19 FERNANDES, M. F. *et alii.* As lutas sociais no campo em Minas Gerais: a luta pela terra. *In*: PIPSA. Belo Horizonte, 1987.

20 MULS, N. C. Trabalho, consciência e luta: a formação do proletariado rural em Minas Gerais. São Paulo: PUC, 1989 (Tese de Doutorado).

21 FERNANDES, M. F. *et alii.*, *op. cit.*

arquivo da ABRA, da FETAESP, da CONTAG[22], da CPT apontou, para esse tempo a existência de 242 mobilizações que envolvem a posse da terra, expressando reação à espoliação que invade o campo de produção e reprodução desses agentes. Dados que vieram reforçar reavaliações de teses sobre o processo de desenvolvimento e modernização da agricultura paulista.

Por mais abrangente que tenha sido a concepção de conflito social adotada na referida pesquisa, a mesma desmonta frontalmente o argumento de que São Paulo não teria tradição significativa de lutas pela terra.

Os dados apontam, consideradas as Divisões Regionais Agrícolas do Estado de São Paulo – DIRAS – que as regiões mais conflituosas no período eram o litoral paulista (47.790), a região de Presidente Prudente (17.790), o Vale do Paraíba (10.890). No presente, o Pontal do Paranapanema (região de Presidente Prudente) desponta, sem dúvida, no cenário dos confrontos respondendo por cerca de 60% dos assentamentos do Estado[23].

Embora sejam diversos os sujeitos dos conflitos, entre 1964 e 1987, a maior parte envolve posseiros (70,8%), sendo detonados pela ação de expulsão de grileiros e proprietários. Ameaças diretas à posse, despejo de antigos moradores, respaldado muitas vezes pela Justiça e pela Polícia, ameaças de morte, invasões, pedidos de reintegração de posse são as marcas desses conflitos. São detonados, prioritariamente, em terras públicas – 50,8% –, sendo 21,6% em terras particulares e 23,8% em terras em situação de litígio. O oponente dos movimentos sociais ou o ator opositor pode ser o Estado e/ou proprietários particulares.

O Estado, expressando-se como mediador ou buscando favorecer a ação do opositor diretamente, através do oferecimento de incentivos de várias ordens, o que permite a grupos econômicos que detêm grandes capitais, a intervenção nas diferentes regiões ou indiretamente, através do respaldo dado pela Justiça e pela Polícia às formas de ação dos proprietários, tem presença decisiva no campo de lutas pela terra[24].

Cabe ressaltar que a reivindicação pela permanência na terra aparece no caso paulista, à semelhança do mineiro, como a defesa da própria vida, moradia, trabalho investido, assim como a expressão da necessidade da terra para exercer a liberdade de trabalhar, de plantar e de viver a seu modo.

Há que se acrescentar que o campo de disputa pela terra no Estado de São Paulo tem, a partir de 1984/1985, novos sujeitos: os bóias-frias, que passam a discutir em as-

22 FERRANTE, V.L.S.B.; BASTOS, É.R. & CHAIA, V., projeto desenvolvido inicialmente no interior da pesquisa: *Dez anos de luta pela posse da terra*, CEDEC. Ver resultados em BASTOS, É.R. *et alii. Modernização agrícola no circuito da violência, op. cit.*

23 BERGAMASCO, S.M.P.P. (coord). *Os impactos regionais dos assentamentos rurais no Estado de São Paulo (1960-1997)*, relatório de pesquisa, projeto "Os impactos regionais dos assentamentos rurais: dimensões econômicas, políticas e sociais", FINEP/CPDA/UFRRJ, Campinas, julho/1997.

24 SILVA, M.A.M. & FERRANTE, V.L.S.B. Roupa nova para um velho sonho: assentamentos de trabalhadores rurais e reforma agrária. São Paulo: *São Paulo em Perspectivas*, SEADE, vol.1, nº 3, out./dez., 1987.

sembléias, a possibilidade da terra compor o campo de suas necessidades de reprodução social[25].

A ampliação do circuito de luta pelo acesso à terra exige, por parte do Estado, medidas de reorientação de sua política, dentre as quais os assentamentos assumem expressão significativa. Temos pois, nos resultados dos estudos elencados, elementos suficientes para afirmar que mesmo numa região desenvolvida e de agricultura moderna, os conflitos envolvendo a terra se fazem presentes com força imperativa.

Os problemas agrários passam, cada vez mais, a ser questões políticas gerais. A UDR, representação classista densa na Região Sudeste[26] ganha espaço político nacional, a demonstrar que a pressão dos proprietários rurais é inegavelmente forte e bem "protegida".

No campo das disputas, a relação entre trabalhadores rurais, forças anti-reformistas e o Estado é tensa e movediça. "Diante da estruturação desse campo, no qual contraditoria-mente se articulam atores movidos por práticas distintas, a política de assentamento não pode ser interpretada unicamente como um elemento de controle acionado para fortalecer a reabilitação institucional do Estado, mas como sendo gerada no processo instituinte de conflitos ligados à posse da terra".

Se os elementos deste jogo tenso não são partes de uma fixa engrenagem, mas presenças vivas de um processo histórico, torna-se realmente problemático analisar assentamentos a partir de perspectivas pré-construídas.

O recurso aos fragmentos da história anterior à constituição dos assentamentos aparece, no presente texto, como um sinal de alerta. Sem a reconstrução da historicidade do processo de lutas, correríamos o risco de absolutizar dados ou cair nas armadilhas de ver os assentamentos como questão do Estado, desvinculada de um campo de forças sociais[27].

Aceitando que uma atitude de vigilância epistemológica se faz necessária na leitura do censo, na agregação dos dados, no uso de indicadores, passamos à apresentação do que os números revelam.

O que os números revelam

Sob a (i)lógica do Censo, assentamentos e assentados aparecem como categorias datadas, esvaziadas de um processo de lutas, de violência, de experiências vivenciadas. Trajetórias, nas quais entram a relação mediata ou imediata com a terra, as

25 FERRANTE, V.L.S.B. A proletarização não tem cartas marcadas: a terra no horizonte dos bóias-frias. *Natureza, História e Cultura.* Porto Alegre, UFRGS, vol. 4, 1993.

26 BRUNO, R. *Senhores da terra, senhores da guerra: a nova política das elites agroindustriais no Brasil.* Rio de Janeiro, Forense universitária: UFRRJ, 1997.

27 BARONE, L.A. *et alii.* Trajetórias de assentamentos: experiências em balanço. São Paulo: *Revista Perspectivas,* 17-18, 1994/1995.

conseqüências de processos de despejos e/ou expropriações não são apreendidas no levantamento censitário. Dados do perfil, das atividades presentes – principais ou secundárias – aparecerão, portanto, ahistoricizados, como se o ser beneficiário os levasse a fundar uma nova vida social iniciada da estaca zero. Informações sobre experiência anterior só são coletadas na pesquisa amostral, o que exige um esforço continuado de inserir tais dados em um processo histórico cujas marcas buscamos recuperar para falar da reforma agrária na Região Sudeste.

O perfil dos assentados: uma caracterização geral

O I Censo da Reforma Agrária levantou na Região Sudeste um total de 9.546 famílias beneficiárias, atingindo 87,32% dos assentados. Deste total, o Espírito Santo foi o Estado menos representativo em termos de levantamento, pois só conseguiu atingir pouco mais da metade (58,03%) dos beneficiários apontados pelo INCRA[28] como projetos de assentamentos (PA). Segue-se ao Espírito Santo, os Estados de Minas Gerais e Rio de Janeiro, onde foram levantados, respectivamente, 67,2% e 82,96% do total de PA. O levantamento no Estado de São Paulo, sob nossa responsabilidade, extrapolou o número de famílias consideradas como PA pelo INCRA. Isto devido a uma interpretação equivocada do próprio órgão, que forneceu à equipe de recenseadores uma listagem que incluía projetos de assentamentos, de colonização, de regularização fundiária e aqueles considerados mistos. Trata-se, em especial, dos projetos de assentamentos implantados na região do Pontal do Paranapanema em que as ações tanto do INCRA como do ITESP[29] são complementares. São assentamentos cujas áreas pertencem ao governo do Estado de São Paulo, que tem sob sua responsabilidade a gestão dos assentamentos. No entanto, o fato destas áreas estarem ocupadas, exige uma indenização das benfeitorias nelas existentes o que é realizado pelo governo federal, através do INCRA. Assim, dos 3.597 entrevistados, somente 2.348 são beneficiários cadastrados em projetos de assentamentos (PA).

Quase 20% dos projetos de assentamentos levantados na Região Sudeste, foram implantados nos últimos dois anos. Por outro lado, antes de 1985, ano que marca a reincidência das lutas pela terra após um longo período de ditadura, registrou-se na região em estudo menos de 10% do total de assentamentos. A desagregação deste dado em termos dos Estados vem mostrar a inexistência de projetos em Minas Gerais e Espírito Santo, enquanto no Rio de Janeiro este número é bastante elevado (mais de 20%), em que pese o caráter urbano dos mesmos. Os conflitos resultantes de especulação imobiliária cuja semente vem dos anos 70, como já foi apontado, poderão explicar este fato.

28 Instituto Nacional de Colonização e Reforma Agrária, órgão federal responsável pela política de assentamentos no País.

29 Instituto de Terras do Estado de São Paulo.

É exatamente no Rio de Janeiro que se registra o maior índice de ocupação das áreas antes de 1985, cerca de 28,87%. Nos Estados do Espírito Santo e Minas Gerais embora não tivessem assentamentos implantados, registram-se respectivamente 2,2% e 16,3% de ocupantes nas áreas de assentamento. São Paulo apresenta 9,25% dos projetos implantados até esta data e 7,66% dos beneficiários como ocupantes destas áreas.

O Censo em termos nacionais abarcou cerca de 157.757[30] beneficiários distribuídos em 1.425 projetos. Deste total, 9.489 beneficiários estão na Região Sudeste em 123 projetos, sendo 3.591 beneficiários em 44 projetos, no Estado de São Paulo, 2.751 também em 44 projetos em Minas Gerais, 2.605 beneficiários em 24 projetos no Rio de Janeiro e 542 em 11 projetos no Espírito Santo.

O Censo de Assentamentos Rurais do Estado de São Paulo, sob nossa coordenação, publicado em 1995, levantou em 1990/1991 informações sobre 2.484 famílias de um total estimado de 4.046 famílias assentadas. No presente, estima-se em São Paulo cerca de 5.000 famílias assentadas.

A distribuição dos beneficiários da Região Sudeste por idade mostra que a grande maioria possui entre 28 e 57 anos. Ressalta-se que, enquanto no Rio de Janeiro mais de 20% dos beneficiários são maiores de 58 anos, em Minas Gerais cerca de 10% são ainda jovens com idade abaixo de 19 anos.

O acesso das mulheres aos benefícios da reforma agrária, como titulares de lotes, é situação de exceção. Somente passam pelo crivo legal do cadastro as viúvas, as solteiras ou quando for comprovada a impossibilidade do marido. O fato da mulher não entrar na concepção estatal como sujeito virtual dos projetos de assentamento reflete-se nos resultados do Censo: 85,6% dos entrevistados pelo Censo, no Brasil, são homens. Esta distribuição é encontrada também na Região Sudeste, onde 85,8% dos beneficiários são do sexo masculino. Destaca-se por meio de análises de realidade, "no processo de construção das relações sociais nos assentamentos, marcas da violência de gênero, presentes em vários momentos: no projeto de assentamento apresentado pelo Estado, cuja dimensão patriarcal aparece na criação da figura do cadastrado, reservada ao homem; na delimitação de espaços masculinos e femininos no interior dos assentamentos; no alijamento das mulheres do processo decisório[31].

As médias apresentadas pelo Censo em relação à escolaridade apontam para 39,41% de beneficiários analfabetos ou com alfabetização incompleta. Ao lançarmos o olhar

30 Números que correspondem aos beneficiários identificados, ou seja, cujos PAs sofreram crítica eletrônica.

31 Ver a respeito FERRANTE, V.L.S.B. *Las mujeres asalariadas en la lucha por la tierra*. *In*: XII CONGRESO INTERNACIONAL DE CIENCIAS ANTROPOLOGICAS Y ETNOLOGICAS, *Resumenes*, Cuidad de Mexico, 1993, p. 51; FERRANTE, V.L.S.B. *La lucha por la tierra tiene dos sexos*. *In*: VALDES, X. *et alii*. *Mujeres: relaciones de genero y agricultura*, Santiago do Chile, Cedem, 1995; BERGAMASCO, S.P.P.P. A família nos assentamentos rurais: trajetórias e conquistas. *In*: SEMINÁRIO INTERNACIONAL MULHER, FAMÍLIA E DESENVOLVIMENTO RURAL, *Anais*, Santa Maria, 1994; BERGAMASCO, S.P.P.P. Mulheres assentadas, trajetórias e conquistas. *In*: 47ª REUNIÃO ANUAL DA SBPC, São Luiz, MA, 1995.

para a Região Sudeste, com seu punjante processo de modernização/industrialização chama a atenção o fato de que ali a porcentagem de analfabetos/alfabetização incompleta atinja índices de quase 30%. No Estado de São Paulo, o mais desenvolvido do País, os analfabetos chegam perto dos 15% dos beneficiários e, no Rio de Janeiro a quase 20%. Considerando-se os analfabetos e os que declararam alfabetização incompleta, o Estado do Espírito Santo lidera a Região Sudeste com uma porcentagem de cerca de 40%.

No entanto, estes dados não fogem aos números encontrados para o conjunto da população nos levantamentos do FIBGE. A PNAD-93 aponta um total de 34,3% de analfabetos entre a população de 10 anos ou mais residentes no meio rural. Tomando-se apenas a população economicamente ativa no meio rural este índice sofre um pequeno decréscimo (33,7%).

Uma informação complementar sobre educação foi conseguida por meio da opinião dos beneficiários quanto à distribuição de material e de merenda escolar. O dado sobre a existência ou não e a quantidade de escola no assentamento, bem como sua distância, embora constasse do formulário do Censo, não foi devidamente codificado, o que impede que se tenha conhecimento do que efetivamente existe.

As valorações quanto ao material e a merenda escolar qualificam pouco as condições da escola no espaço vivido. A merenda escolar é analisada como boa em sua maior porcentagem, em todos os Estados da Região Sudeste com destaque para o Estado de São Paulo que apresenta a melhores avaliações. Já para a distribuição de material escolar esta valoração é predominantemente regular, com exceção para o Estado de São Paulo.

A grande maioria dos beneficiários da Região Sudeste (cerca de 70% ou mais) tem apenas o primeiro grau. Este número chega a 84,5% no Espírito Santo e 79,6% em Minas Gerais. Os Estados de São Paulo e Rio de Janeiro apresentam uma melhor distribuição em termos de escolaridade.

Elementos da história ocupacional (a percepção truncada de trajetória)

Atividades principais, secundárias e experiências anteriores

O Censo tem informações sobre atividades principais dos beneficiários no momento de sua realização – 1996 – o que pouco acrescenta, já que a própria condição de beneficiário traz como inferência o fato da principal ocupação ser de agricultor/camponês: 77,42% em São Paulo, 68,71% no Rio de Janeiro, 59,23% no Espírito Santo e 56,13%

em Minas Gerais. Caberia indagar o que representam as outras atividades no conjunto da reprodução social da família. Índices revelam: 2,20% em São Paulo, 6,26% no Rio de Janeiro, 2,94% em Minas Gerais e 3,51% no Espírito Santo de atividades domésticas. Esse dado seria, em princípio, indicativo de que um percentual das mulheres beneficiárias se empregam na cidade como domésticas, o que pode ser discutido como parte das estratégias familiares de permanência na terra ou ser revelador de que o lote produtivo não exige a incorporação de toda a força de trabalho familiar. Ou ainda, de que o trabalho da mulher seria tendencialmente afastado das atividades de produção, assim como o é das decisões de crédito/comercialização. Outras atividades aparecem com maior ou menor significância: professora cursada tem índices mínimos, 0,25% em São Paulo, 0,15% no Rio de Janeiro, 0,29% em Minas Gerais e zero para o Espírito Santo, enquanto os percentuais maiores para trabalhador rural e pecuarista não permitem dia-gnósticos conclusivos, nem mesmo conjeturas sobre sua representatividade, dada a fronteira possível entre o exercício dessas atividades e o ser assentado não ter sido precisada. Vejamos os dados: para a referência trabalhador rural – categoria constituída sob a marca jurídica e das mais imprecisas – temos para São Paulo 8,52%, para o Rio de Janeiro, 2,50%, para Minas Gerais, 24,06%, para o Espírito Santo, 28,78%. Tais dados têm a ver com a experiência anterior dos beneficiários? Pode-se compará-los com o levantamento da pesquisa amostral sobre a atividade do beneficiário antes de seu assentamento, a qual revela para a Região Sudeste, o seguinte quadro: 56,90% de trabalhadores rurais no Espírito Santo, 33,77% em Minas Gerais, 6,02% no Rio de Janeiro e 9,71 em São Paulo. Poderíamos afirmar, ainda que de maneira relativizada, que tais índices refletem tendências apontadas na história da modernização agrícola e no mapeamento dos conflitos construídos ao longo de distintos processos sociais. O menor índice de trabalhadores rurais no caso do Rio de Janeiro tem a ver com o processo de industrialização e urbanização acelerada do Estado. No caso de São Paulo, no qual a modernização agrícola, a expropriação e a proletarização rural têm expressão das mais significativas, a separação, na relação das atividades anteriores, entre trabalhador rural e bóia-fria pode ter criado equívocos no momento do preenchimento do formulário. Cabe ainda ressaltar que o elevado percentual de bóias-frias – 22,33% – para São Paulo detectado no levantamento das atividades anteriores desmonta teses que apostavam no desenraizamento e desinteresse pela terra por parte dos assalariados temporários. Nos demais Estados da Região Sudeste, não aparece significativamente o bóia-fria como demandante de terra e/ou candidato a uma área de assentamento: 3,45% no Espírito Santo, 2,63% em Minas Gerais, 1,81% para o Rio de Janeiro.

No levantamento censitário nacional, aparece como atividade predominante do beneficiário, anterior ao assentamento, o ser agricultor/camponês, com grande diferença sobre as demais: 53,96% contra 8,31% detectados para trabalhador rural e 2,82% em outras atividades. O perfil da trajetória dos beneficiários na Região Sudeste mostra, no entanto, algumas diferenças frente aos resultados globais: o ter sido agricultor/camponês não aparece no Espírito Santo, tem 22,37% de representatividade em Minas Gerais, 42,77% no Rio de Janeiro e 26,21% em São Paulo. Surpreendentemente, o Estado com densidade mais significativa em termos de processo de urbanização e metropolização apresenta o maior percentual de agricultores camponeses detectado, enquanto atividade anterior, elemento indicativo da trajetória dos beneficiários.

Recorremos à identificação de algumas marcas do desenvolvimento histórico do Rio de Janeiro no tocante à questão agrária e especialmente ao processo de constituição e reprodução dos assentamentos rurais[32].

A ocupação de novas áreas destinadas à implantação de assentamentos rurais é recente, embora os conflitos deflagadores do processo tenham se originado há 10 ou 20 anos. No período anterior a 1985 – PNRA – havia no Rio de Janeiro, três projetos de colonização e outros que poderiam ser melhor caracterizados como de regularização fundiária. Apesar das distintas designações – decorrentes da concepção plural de assentamentos – tais projetos têm, como elemento constituinte, processos conflituosos do final da década de 60 e anos 70. A realidade dos assentamentos, historicizada, pode levar-nos a admitir que as marcas das lutas anteriores, incorporadas em suas diversidades, pelos sujeitos desses processos – seus filhos ou netos – explicam a maior porcentagem de agricultores/camponeses em um Estado que parece ter resistido sensivelmente aos projetos de reforma agrária.

Hipóteses que se contrapõem a estudos realizados em assentamentos da Baixada Fluminense que justamente mostram, na proposição de uma nova identidade social para os assentados – os "rururbanos" – a dificuldade de desenraizamento em relação à cidade[33].

Causou-nos estranheza o fato de não aparecer no Espírito Santo nenhum percentual de agricultor/camponês, o que pode ser fruto de imprecisões ou declarações verbais ambíguas.

Dados da Região Sudeste sobre a trajetória dos beneficiários apontam menores percentuais de agricultores/camponeses no rastreamento das atividades anteriores, o que não pode ser mecanicamente interpretado como indicador de melhor ou pior desempenho dos assentamentos.

Retomando indicadores da atividade presente, pecuaristas aparecem, no caso de São Paulo, em proporções não desprezíveis, 5,90%, encontrando-se 1,34% para o Rio de Janeiro, 2,87% para Minas Gerais e zero no Espírito Santo.

32 Elementos apresentados no relatório da pesquisa "Os impactos regionais dos assentamentos", coordenador por Leonilde Medeiros e Sérgio Leite, sob o título: *Assentamentos Rurais no Rio de Janeiro*: uma abordagem introdutória. RJ., junho/1997, convênio FINEP/CPDA/UFRJ.

33 Pesquisas localizadas – como a de MENEZES, H. *Reforma Agrária e identidade social na Baixada Fluminense: uma nova relação rural e urbana.* Rio de Janeiro, CPDA/UFRJ, 1991 (Dissertação de Mestrado) mostram a recusa dos trabalhadores em se afastar da cidade e romper laços culturais e socioeconômicos de urbanidade.

O percentual maior no caso de São Paulo pode ter a ver com a densidade da penetração da pecuária no campo paulista. Entretanto, há que se apontar, igualmente, que a pecuá-ria tem entrado significativamente na reordenação da produção nos assentamentos rurais de São Paulo – especialmente nos projetos do Pontal do Paranapanema – sendo em vários projetos, a atividade mais lucrativa, o que pode ter levado o beneficiário a se definir como pecuarista.

Na caracterização censitária de outras habilidades, as respostas negativas dos beneficiários – indicando a ausência de alternativas – que representam, em termos nacionais, 64,29% reproduzem-se, com algumas diferenciações, na Região Sudeste: 63,65% para o Espírito Santo, 76,52% em Minas Gerais, 62,57% no Rio de Janeiro e 48,15% para São Paulo. O que revelam as declarações dos beneficiários de não terem outra habilidade? Maior identificação com as relações constitutivas dos assentamentos, percepção da falta de outras perspectivas econômicas e sociais, ou simplesmente dificuldade de responder aos entrevistadores questões dessa ordem, que poderiam ser tomadas como expressão de um certo estranhamento com o espaço social de suas vidas e de seu trabalho? Conjeturas, nada mais.

Espaços masculinos/femininos no circuito ocupacional

No levantamento das atividades principais dos cônjuges, a Região Sudeste apresenta o seguinte quadro: prevalece o trabalho assalariado doméstico, com poucas variações, 42,44% para o Espírito Santo, 45,42% para São Paulo, 45,98% para Minas Gerais e 46,33% para o Rio de Janeiro. Nesse caso, a agregação dos dados, que não compromete, nos remeterá à recolocação da questão do trabalho remunerado na cidade e à perspectiva do mesmo complementar a renda agrícola ou entrar nas estratégias familiares de lutar para permanecer na terra. Experiências localizadas têm demonstrado que em algumas situações, as mulheres se assalariam como forma de aumentar a renda e o investimento no lote, em outras, aparece claramente a vontade de se livrar de formas mais ou menos dissimuladas da violência de gênero.

A segunda atividade mais representativa dos cônjuges é de agricultor/camponês, cujos percentuais para a Região Sudeste são os seguintes: 10,07% para Minas Gerais – o menor dentre todos os Estados – 12,86% para o Rio de Janeiro, 18,27% no Espírito Santo e 18,80% em São Paulo. Tais índices são sensivelmente inferiores aos auferidos na Região Nordeste e em dois Estados da Região Sul, nos quais, os percentuais atingem, no caso do Paraná e Santa Catarina, 59,88% e 70,50%. Dados reveladores de que a presença da agricultura familiar no interior dos assentamentos é extremamente diversificada, o que exige, talvez, uma relativização da caracterização dos assentados como produtores familiares. No caso de São Paulo, de total predominância de produção individualizada, a mulher pouco participa do trabalho no lote produtivo. Muitas o fazem nos finais de semana. No caso das titulares, há poucas que efetivamente comandam o trabalho no lote. Há freqüentes reclamações das mulheres de que seu trabalho não é reconhecido. O retrato dessa situação pode ser um dos elementos explicativos do número significativo e crescente de mulheres que trabalham como assalariadas fora do assentamento.

Uma aproximação genérica ao perfil migratório

Captar o perfil migratório ao longo da trajetória de vida dos beneficiários seria, efetivamente, uma proposta difícil e complexa do ponto de vista metodológico. O Censo levanta informações sobre a localização do chefe de família antes do assentamento. Em termos nacionais, 36,60% moravam no município do projeto, enquanto que 33,02% residiam em outro município do Estado, 18,49% encontravam-se fora do Estado, dados acrescidos de 11,84% de não respostas. Por Região, os dados revelam para o Sudeste, 46,49% de localização no território do projeto, 34,41% em outro município do Estado, 4,50% em outros Estados e 14,59% de não respostas, o que implicaria na afirmação de que os "beneficiários" da Região não são migrantes de outros Estados. Tais dados refutariam hipóteses que vêm sendo discutidas sobre a circularidade das lutas em nível nacional, mas reforçariam argumentos de que trabalhadores migram de um município a outro, dentro do mesmo Estado.

Frente aos outros dados regionais, apenas o Nordeste tem percentual maior do que o Sudeste – 52,45% e 46,49% respectivamente – de beneficiários oriundos do próprio município. Nesta questão, o Norte, Centro-Oeste e Sul apresentam, em índices 27,35%, 26,20% e 17,65%.

No Sul e Sudeste, chama a atenção o percentual de assentados que vêm de outros municípios do Estado; 64,82% e 34,41%, o que expressa uma significativa densidade das lutas em nível estadual, ou seja, 82,47% para o Sul e 80,90% para o Sudeste, índice obtido com a soma do índice de assentados que residiam no próprio município ou em outros do Estado.

O maior percentual de beneficiários que vêm de outros Estados está no Norte e Centro-Oeste, com 34,81% e 30,18%, respectivamente, o que pode gerar hipóteses de que emigrantes de projetos de colonização, especialmente, estariam tendo peso considerável dentre os assentamentos.

Desagregados os dados da Região Sudeste, teríamos o seguinte quadro: o Estado que tem maior percentual de beneficiários com origem no próprio município do projeto é o Rio de Janeiro – 56,63, seguido de Minas Gerais, 48,68%, São Paulo, 44,66 e, por último, Espírito Santo com 12,07%.

Tais resultados explicam-se, dentre outros fatores, pelo perfil do demandante de terra e pelas configurações que têm nessas Regiões os projetos de reforma agrária. No Rio de Janeiro, há incidência grande de beneficiários de origem urbana ou "rururbana".

Em Minas Gerais e em São Paulo, a demanda pela terra tem que ser compreendida em um quadro de crescimento de desemprego estrutural, no qual a terra entra no circuito de recomposição das necessidades de reprodução social.

Em São Paulo, especialmente na região de maior modernização da agricultura – a região de Ribeirão Preto – pode-se dizer que há, dentre os demandantes de terra, ocupantes ou candidatos a uma área de assentamentos, percentual significativo de desempregados, ex-bóias-frias que têm sido expulsos do mercado de força de trabalho volante pelo crescimento da mecanização na cana e na laranja.

Há, pois, dados da trajetória ocupacional que devem ser lidos em relação com a indicação de localização do beneficiário antes do assentamento.

Se pensarmos em indicadores do perfil migratório estadual, teríamos os seguintes índices: Espírito Santo tem o mais alto índice estadual de beneficiários oriundos de outros municípios do Estado – 81,03% – seguido, na Região Sudeste, de São Paulo, com 46,60%, Rio de Janeiro, com 31,12% e Minas Gerais, com 20,18%. O percentual de migração de outros Estados não é significativo na Região Sudeste, com pequenas variações dentre os Estados: São Paulo lidera, com 6,80%, depois temos o Rio de Janeiro, com 4,82%, Minas Gerais e Espírito Santo com 3,51% e 3,45% respectivamente. Questões relativas à territorialização das lutas e à perspectiva dos assentamentos imprimirem uma nova dinâmica regional, merecem, sem dúvidas, aprofundamento.

As informações do Censo não são suficientes para analisar mudanças na inserção dos migrantes em lutas por projetos de reforma agrária.

A (in) definição dos assentados

Apesar do Censo não conter informações sobre titulação de terra, os dados levantados sobre a situação do beneficiário no assentamento pouco acrescentam. A classificação adotada, os conceitos utilizados para caracterização da situação do assentado, principalmente da categoria agregado e irregular atestam a persistência de indagações metodológicas não resolvidas pelo Censo. A maioria se situou como assentado – 56,55% para o censo nacional, variando esta identificação de 41,38% para o Rio de Janeiro – o que se explica pelo caráter recente dos assentamentos – 52,49% para Minas Gerais, 58,62% para São Paulo e 94,65% no caso do Espírito Santo.

A situação de pré-assentamento tem índices expressivos no Rio de Janeiro (31,06%), em São Paulo (25,95%), aparecendo em Minas Gerais com 8,14%.

O indicativo percentual nulo para o Espírito Santo é surpreendente. O que foi, de fato, entendido para caracterizar a situação de pré-assentamento?

É possível não haver no Espírito Santo nenhum ocupante de área à espera do aval para ser beneficiado? As distinções entre agregado e irregular devem ser lidas com cautela. A Região Sudeste tem resultados bem diversificados quanto a esta situação: no caso de agregados, os índices variam, de 1,11% para o Espírito Santo, 3,82% para São Paulo, 4,65% para Minas Gerais e 17,62% para o Rio de Janeiro. Situações de irregularidade são apontadas com baixa freqüência na Região Sudeste: 1,11% no Espírito Santo, 1,75% em São Paulo, 3,11% no Rio de Janeiro e 6,98% para Minas Gerais, índices significativamente contrastantes com percentuais de Alagoas e Rondônia, que têm, respectivamente, 20,15% e 37,94% de situação irregular. Os baixos indicadores de titularidade podem expressar alguns contrapontos e ambigüidades constitutivos do projeto estatal idealizado para os assentamentos. A marca do tempo fixada nos termos legais não é respeitada. Os índices de titularidade são baixos: zero no caso do Espírito Santo, 3,88% no Rio de Janeiro, 8,88% em São Paulo e 17,05% para Minas Gerais, o Estado recordista nesta questão. No mesmo quadro de (in) definição da relação assentados/assentamentos, incluiríamos o perfil da relação trabalho/produção/situação, o qual é, em nossa avaliação, um retrato bem claro de que a agregação, a pré-fixação de classificações ou o não respeito às diferenciações podem, em alguns casos, prejudicar, em vez de elucidar, a compreensão do quadro. No referido perfil, são utilizadas, para dimensionar a relação trabalho/produção, diferentes critérios: categorias políticas oriundas ou relacionadas a um processo de conflito – caso de posseiro e ocupante, por exemplo – misturam-se à situações que podem ser indicativas da ampliação das alternativas produtivas em outros espaços – caso de arrendatário-parceiro, por exemplo – a indicadores jurídicos ou contratuais. A tentativa de apreender tal relação de uma ótica multidimensional não deu bons resultados. Há pouco a dizer sobres as relações constitutivas dos assentamentos a partir desse perfil.

As formas de produção: o que os assentados declaram

O processo produtivo agrícola pressupõe, para sua implementação, a disponibilidade de recursos técnicos e financeiros que os assentados nem sempre têm condições de adquirir quando iniciam suas atividades na terra conquistada. Tratores e implementos, fertilizantes, sementes, combustíveis, crédito, assistência técnica são fatores essenciais ao desenvolvimento da produção agrícola e a sua aquisição por uma família isolada poderá inviabilizar o acesso a esses meios. Em função disto, incentivados e/ou impostados pelos mediadores – Igreja, Estado, MST – surgem as mais variadas formas de cooperação e exploração coletivizada[34]. De um modelo individual – familiar até

34 BERGAMASCO, S.M.P.P. & NORDER, L.A.C. *O que são assentamentos rurais?* São Paulo: Coleção Primeiros Passos, Brasiliense, 1996.

formas as mais coletivizadas possíveis – que ultrapassam os limites da produção – registram-se graduações e inúmeras combinações específicas.

A despeito das imposições e incentivos, os dados do Censo indicam uma forte predominância da forma individual de produção, 86,59% no total do País. Os dados desagregados por Estado indicam algumas variações apontadas no relatório dos coordenadores, quais sejam, a grande presença de formas de exploração mista no Estado do Ceará e uma presença relativamente importante das formas de exploração coletiva no Rio Grande do Sul. No entanto, a Região Sudeste, em estudo neste texto, não foge à regra geral. A presença da exploração familiar individualizada chega a 95,86% no Rio de Janeiro, 94,35% em São Paulo, 93,10% no Espírito Santo, caindo apenas em Minas Gerais (88,49%), queda compensada por 6,11% de exploração coletiva e 5,41% de mista. Nota-se que o Censo definiu apenas três categorias para captar a organização da produção: individual, coletiva e mista, agregação que pode não aprender a complexidade das formas de exploração encontradas na realidade dos assentamentos brasileiros. Ao se declararem exploradores individuais, pode-se estar omitindo, por exemplo, os grupos de produção, os mutirões, as trocas de dia e inúmeras outras formas de exploração da terra.

O que se produz

O relatório da FAO[35] sobre os assentamentos brasileiros realizado no início dos anos 90, tanto quanto o Censo, já apontava grande preferência dos agricultores assentados por produtos que compõem a cesta básica. Isto segundo Teófilo Filho[36], leva-se "a uma especulação interessante, ao se imaginar como o abastecimento alimentar no Brasil, e conseqüentemente os preços dos produtos da cesta básica, não seriam estabilizados ou até reduzidos, na hipótese de que a reforma agrária viesse a beneficiar 1 milhão de famílias" e, o "fato de que essa produção hipotética viria de uma estrutura camponesa que privilegia o autoconsumo, não seria exagero imaginar a reversão do processo de quimificação da agricultura, com a conseqüente redução no uso de agrotóxicos nos alimentos".

Em especial, os dados mostram para a Região Sudeste, uma maior incidência de milho, feijão e mandioca, produtos básicos de alimentação. A incidência destes produtos como os três primeiros mais freqüentes em uma região de agricultura altamente capitalizada, vem reafirmar a vocação da agricultura familiar brasileira. Ressalta-se que não se está tratando de maior área plantada, ou maior importância econômica

35 ROMEIRO, A. *et alii. Reforma Agrária: produção, emprego e renda.* O Relatório da FAO em debate. Rio de Janeiro: Vozes, IBASE, FAO, 1994.

36 TEÓFILO FILHO, E. A organização da produção nos assentamentos: subordinação ou auto-gestão? *In*: ROMEIRO, A. *et alii. Reforma Agrária: produção, emprego e renda, op. cit.*

mas, exatamente, a maior freqüência de beneficiários que produzem este ou aquele produto, conforme apontado no Relatório do Censo.

Este fato, embora dê pistas sobre a preferência dos produtores assentados, não permite grandes avanços de análise. Os dados mostram uma relação de vinte produtos mais freqüentes, indicando na região a presença da cana-de-açúcar, em quarto lugar. Segue-se a esta classificação, outros produtos básicos de alimentação como aipim, farinha de mandioca, banana, abóbora, quiabo, etc. Ao contrário do que se poderia esperar, a presença da cana-de-açúcar nos assentamentos da Região Sudeste, não está no Estado de São Paulo. O quadro geral de produção dos projetos de assentamento em São Paulo (safra 95/96)[37] não registra a presença da cana-de-açúcar. O principal produto em termos de área é também o milho, com 9.424,05 ha plantados por 1.902 produtores assentados, seguido do leite e do feijão.

Os resultados do Relatório do Censo apresentam a produção média. Assim, na Região Sudeste se produz em média 32,41 sacos de milho, 6,21 sacos de feijão, 91,39 sacos de mandioca.

O relatório da FAO, citado anteriormente, obteve para a safra 90/91 uma produção de 124,27 toneladas de milho, 33,19 de feijão e 613,28 de mandioca, para a Região Sudeste. A permanência destes três produtos (milho, feijão e mandioca) nas prioridades dos assentamentos da Região Sudeste pode ser reafirmada na análise destes dados.

A maior parte da produção nos assentamentos da Região Sudeste é realizada no sistema de exploração isolada: 66,67% para o Espírito Santo; 52,46% para Minas Gerais; 56,59% para o Rio de Janeiro e 62,15% para São Paulo.

O sistema de consorciamento e mesmo técnicas de exploração mistas apresentam valores mais moderados na Região. No Rio de Janeiro, 32,85% da produção encontra-se no sistema consorciado; no Espírito Santo esta porcentagem fica em 28,70%, em Minas Gerais, 22,27% e em São Paulo apenas 10,77%.

Considerando-se a produção animal, são as aves o fator mais freqüente nos assentamentos brasileiros. Na Região Sudeste, a produção granjeira avícola é superada pelos asininos, seguido pelos bovinos, caprinos e eqüinos.

Na safra 90/91, o Relatório da FAO[38], detectou na Região Sudeste 11.266 kg de aves, 23.400 kg de suínos, 61.800 kg de bovinos e 60.274 litros de leite.

37 DEPARTAMENTO DE ASSENTAMENTO FUNDIÁRIO. *Levantamento de produção e comercialização dos projetos de assentamentos do Estado de São Paulo.* São Paulo, 1997. FERREIRA, A.C.M. *et alii. Avaliação econômica de assentamentos fundiários no Estado de São Paulo.* Jaboticabal: UNESP, 1996 (mimeo).

38 ROMEIRO, A. *et alii, op. cit.*

O crédito minguado

A presença/omissão do Estado na constituição dos assentamentos tem sido insistentemente apontada por pesquisadores, mediadores e pelas organizações dos trabalhadores. Constantemente se tem cobrado uma política efetiva de financiamento para os projetos de assentamentos. Embora exista, o PROCERA (Programa de Crédito para a Reforma Agrária) tem seu alcance extremamente limitado: além das dificuldades de acesso a ele, há que se registrar a escassez dos recursos.

Os dados amostrais indicam que apenas 26,2% dos beneficiários receberam o Procera-custeio e 24,3% o Procera-investimento. No entanto, esta distribuição aponta para uma concentração de recursos na Região Sudeste e Sul. A porcentagem de beneficiários entrevistados que nunca receberam o Procera-custeio é de 23,49% na Região Sudeste, sendo superado apenas pelos da Região Norte (28,21%) e, dos que receberam Procera-custeio, 60,84% obtiveram apenas uma vez. No caso do Procera-investimento, 18,83% dos entrevistados nunca receberam, 60,99% receberam apenas uma vez e 11,66% duas vezes.[39]

Assistência técnica: presente, mas não sempre

Tanto quanto o crédito, a assistência técnica é um fator importante na implantação e desenvolvimento dos assentamentos rurais. Os beneficiários foram inquiridos sobre a qualidade destes serviços que são na sua grande maioria prestados pelo setor público.

Na Região Sudeste cerca de 38,03% dos beneficiários não recebem nenhum tipo de assistência técnica. Dos que recebem, 30,38% a consideram de bom padrão contra 11,67% que opinaram ser a assistência técnica muito precária. Os dados desagregados por Estado demonstram um alto índice de não atendimento no Rio de Janeiro (57,42%) seguido de 33,15% em Minas Gerais, 25,74% em São Paulo e 22,81% no Espírito Santo. O Estado do Rio de Janeiro apresenta índices maiores do que a média nacional onde 42,9% dos beneficiários declaram não receber nenhum tipo de assistência técnica. O levantamento realizado pela FAO no início dos 90, indicava que aproximadamente 40% dos assentados declararam ter recebido assistência técnica. No entanto, não houve nessa pesquisa a preocupação com a qualidade da mesma, mérito que aparece no Censo, ora em análise.

A melhor assistência técnica está em São Paulo, segundo os beneficiários, onde mais da metade (50,5%) consideraram um bom nível de atendimento. Também em Minas Gerais

39 Entre os anos 1987/95 foram contratados junto ao PROCERA um total de US$380.576.832,00 advindos de diferentes fontes: BACEN, BNDS, BB/INCRA, etc. Do total de recursos concedidos (BACEN) 80% ficaram nos Estados do Sul e Sudeste. Oliveira, M.M., 1996 citado por BERGAMASCO, S.M.P.P. A realidade dos assentamentos rurais por detrás dos números. *Estudos Avançados*, 11(31), São Paulo, IEA, 1997.

mais de um terço (36,41%) dos que declararam receber assistência técnica a consideraram de bom nível. No Espírito Santo, embora a maioria dos beneficiários recebam assistência técnica, foi relativamente significativo (31,58%) aqueles que a indicaram como precária.

Nível tecnológico

Alguns indicadores apresentados nos dados amostrais do Censo poderão dar uma idéia do nível tecnológico dos assentamentos rurais brasileiros. A mecanização motora é utilizada por 20,2% dos beneficiários; as sementes selecionadas são utilizadas por cerca de 38,7% dos assentados e 11,7% fazem com freqüência a correção dos solos com adubos e calcário. Estes indicadores não fogem à regra nacional da mesma forma que as diferenças regionais.

A Região Sudeste apresenta índices diferenciais que têm explicação no próprio desenvolvimento das forças produtivas desta Região. Tomando-se os indicadores acima descritos, constata-se que 49,2% dos beneficiários da reforma agrária utilizam sementes selecionadas; a mecanização automotriz é encontrada em quase metade dos produtores (49,89%) e, cerca de 40% dos beneficiários fazem correção de solos.

Na produção animal encontra-se também um alto índice tecnológico tendo em vista que mais da metade (52,18%) dos beneficiários da Região Sudeste fazem controle de sanidade animal; 30,1% fazem manejo racional das pastagens e 36,09% fazem mineralização.

Os Estados do Espírito Santo e São Paulo são os que apresentam os maiores valores com relação à utilização de sementes selecionadas, respectivamente 77,8% e 77,1%. Como era esperado São Paulo é o Estado da Região que apresenta os melhores índices: 75% para mecanização, 53,1% para correção de solos, 51% com relação ao controle da sanidade animal. Neste caso, destaca-se também Minas Gerais pela presença de um rebanho leiteiro representativo.

A reprodução das condições de vida

A saúde

A avaliação de indicadores relativos à saúde – qualidade da assistência hospitalar, dos postos e agentes de saúde – aparece, no Censo, a partir de valorações dos assentados frente a uma pré-classificação proposta, precária, regular e bom. Foram igualmente registradas situações de desconhecimento e não respostas. A percepção dos sujeitos do espaço vivido e sua interferência nas condições de vida é, sem dúvida, importante. Tratando-se de equipamentos coletivos e condições de reprodução social, há necessidade de se ter informações sobre o que existe efetivamente em temos de infraestrutura. A assistência hospitalar, desponta inequivocamente como o fator de maior gravidade. Em termos nacionais, 58,80% admitem não existir nenhuma assistência hospitalar, enquanto 36,10% não responderam, sinais mais do que evidentes de que a assistência hospitalar faz parte das idealizações não presentes nos projetos de assentamentos. Se a situação se apresenta a nível local, no município, a percepção tem outra configuração, talvez pela relações clientelistas e pessoais que os assentados têm com o poder e políticos locais. Na Região Sudeste, as avaliações de bom e precário praticamente se equivalem, com 25,09% e 24,16% respectivamente. Quanto à situação da assistência nos postos de saúde, ainda que relativizada por ser expressão de uma avaliação, à afirmação de nenhuma assistência – maioria, 45,70% – em termos de Brasil e 40,45% para o Sudeste, segue-se indicadores depreciativos: 11,70%, no plano nacional e 10,95% de assentados do Sudeste ava-liam como precária a assistência nos postos de saúde dos projetos de assentamento. A assistência municipal recebeu maior aceitação: 25,80% em termos de Brasil e 20,32% para o Sudeste. Se a questão incide sobre a qualidade dos agentes de saúde, nos projetos de assentamentos, a apreciação negativa cresce, chegando a 39,20%, em termos gerais e a 36,55% para o Sudeste. No município, o equilíbrio entre as respostas, expressa uma certa indefinição quanto ao significado de agentes de saúde.

O diagnóstico de saúde aponta, na pesquisa nacional, as doenças mais freqüentes na família por Estado. Há poucas variações entre as Regiões e no interior do Sudeste. A indicação da gripe é liderança em todas as Regiões e Estados, aparecendo com 38,91% no Rio de Janeiro, 37,14% em Minas Gerais, 33% em São Paulo e 30% para o Espírito Santo. Outras doenças, classificação genérica, englobando, desnutrição/pneumonia, dengue e não identificadas têm presença significativa: 16,67% no Espírito Santo, 15,24% em Minas Gerais, 24% em São Paulo e 13,57% no Rio de Janeiro. A verminose aparece com índices elevados em Minas Gerais – 16,51% – e no Espírito Santo, sendo menor no Rio de Janeiro (6,79%) e não sendo registrada em São Paulo.

A diarréia foi apontada por 12,22% dos beneficiários do Espírito Santo, 9,21% de Minas Gerais, 9,95% do Rio de Janeiro, assim como 8% em São Paulo. Chega a ser surpreendente a citação do piolho como uma das doenças mais freqüentes: 12,22% em Espírito Santo, 8% em São Paulo, 7,24% no Rio de Janeiro e 6,35% em Minas Gerais. Em São Paulo, há também indicação, em 8% dos assentados, de diabete, ainda que deva ser ressaltado que apenas 1% dos beneficiários sabem que possuem diabetes. Não há registro na Região Sudeste de malária – que chega a atingir no Acre, 31,28% e em Rondônia, 33,39% – ou de pneumonia.

A referência à freqüência de doenças não chega a chamar a atenção. Os assentados preferem questionar a precariedade da assistência à saúde, o fato de serem obrigados a se deslocarem para terem um atendimento médico. Inquiridos sobre a ocorrência de doen-ças, no último ano, suas respostas indicam baixa freqüência.

Tais resultados poderiam ser tomados como expressão de que a saúde nos assentamentos, apesar das omissões, vai bem, ou de que os assentados são saudáveis. Dificilmente, pode-se inferir condições de saúde apenas de valorações. O acompanhamento nutricional, questão ausente no Censo, poderia dar indicadores mais corretos acerca da relação alimentação diária x qualidade de vida x saúde. Trata-se de um indicador que deve ser examinado, por meio do acompanhamento de algumas famílias em regiões diferenciadas, pois é considerável a hipótese de que a prática do autoconsumo tem conseqüências no padrão da alimentação familiar. Igualmente, há perspectivas de serem realizadas pesquisas amostrais para ser avaliada em maior profundidade a situação de saúde dos assentamentos, mesmo porque nas demandas dos assentados frente ao poder local, essa questão aparece dentre as prioridades. As respostas do governo federal em relação às reivindicações dos trabalhadores rurais quanto à saúde têm remetido a solução dos problemas aos municípios e Estados que nada têm efetivamente concretizado.

E a renda, como vai?

Captar indicadores de geração de renda a partir da declaração de interessados, em um único momento, pode implicar em armadilhas e riscos inevitáveis. Norder[40] chama a atenção para os problemas metodológicos que se registram nas avaliações dos assentamentos rurais, especialmente no que diz respeito ao "cálculo da renda", tais como: "1) a definição de abrangência do conceito de renda, a forma de mensuração do autoconsumo produtivo ou alimentar e demais formas de ingresso monetário como o assalariamento externo e a previdência social; 2) a complexidade na formação dos custos de produção e a diversidade na comercialização da produção; 3) a valorização profissional diária pelo trabalho; 4) a utilização de relações informais familiares e comunitárias de trabalho, como o mutirão, a ajuda mútua, a troca de dias, reduzindo a necessidade de pagamento de trabalho adicional em dinheiro, alterando assim, os custos de produção e, portanto, a renda; 5) a tênue articulação com outros indicadores sociais e econômicos".

Um simples olhar para tais elementos, nos revela a complexidade de se construir e utilizar indicadores para mensurar a renda dos assentados.

Complexidade que não pode ser atribuída à incompetência dos assentados em fornecer informações adequadas, mesmo porque a tentativa de se enquadrar os assentados em questões, cuja linguagem e contabilidade nem sempre dominam, exige reavaliações.

40 NORDER, L.A.C. *Assentamentos rurais: casa, comida e trabalho*. Campinas, IFCLL/UNICAMP, 1997 (Dissertação de Mestrado).

Sem dúvida, é equivocada a insistência de se impor aos assentados elementos típicos de uma outra lógica. As dificuldades passam pelo próprio movimento dos assentados e pela impossibilidade de se trabalhar a categoria tempo linearmente, em um processo no qual fluxos variáveis dos produtos colhidos; das condições de consumo ou investimento podem ser subestimados ou superestimados.

A perspectiva de melhor dimensionar renda exigiria, em princípio, um esforço de se obter dados comparáveis sobre rendas, padrões e condições de vida tomando-se como parâmetros índices do mundo urbano, da trajetória anterior dos assentados, tarefa que não é nada fácil.

O resultado da pesquisa da FAO[41] provocou impactos e discordâncias. Mas, não se pode negar que ao construir um complicado indicador, decorrente da combinação de diversas fontes de renda e ao concluir que aonde se implantaram os assentamentos foram geradas rendas maiores do que as obtidas em atividades equivalentes, a pesquisa significou um investimento ousado.

Ousadia olhada sob ângulos diferenciados. Paradoxos inevitáveis, tratando-se de assentamento rurais. O alegado pioneirismo da pesquisa da FAO é contestado[42], sendo ressaltado o uso de metodologias semelhantes em pesquisa realizada pelo IPEA, na primeira metade da década de 80 e pelo BNDES, nos anos finais da década. As conclusões das pesquisas são diferenciadas do ângulo dos resultados divulgados.

O BNDES concluiu, pelo fracasso da reforma agrária no Brasil, apontando que a maio-ria das famílias assentadas têm renda inferior a dois salários mínimos, que há uma forte concentração de renda e que parte significativa vive do trabalho assalariado, não da renda no lote. Críticas à pesquisa do BNDES apontam a imprecisão de se tomar como parâmetros padrões de empresas rurais como referência, o que implica a não percepção das singularidades que perpassam o modo de vida dos assentados[43].

O I Censo de Reforma Agrária do Brasil opta por dois indicadores: renda monetária familiar média e renda monetária associativa média. O que representa a escolha desses indicadores frente à polêmica que se faz presente na discussão da renda em assentamentos?

Retomando a pesquisa FAO, a renda não foi limitada apenas ao retorno monetário resultante da comercialização dos produtos agropecuários dos assentamentos. Acrescentou-se a este o autoconsumo, o assalariamento e a valorização patrimonial. Constatou-se que:

1 – "a renda média gerada por uma família de beneficiários ao nível nacional foi de 3,70 salários mínimos, valor este que ficava bastante próximo da renda mensal mé-

41 Principais indicadores socioeconômicos dos assentamentos de reforma agrária. ROMEIRO, *et alii*, *Reforma Agrária, produção, emprego e renda*. Rio de Janeiro: Vozes/IBASE, FAO, 1994.

42 CASTRO, M.H.M. A mensuração da renda nos assentamentos rurais: contribuição ao debate. *In*: ROMEIRO, A. *et alii*. *Reforma Agrária, op. cit.*, p. 71.

43 CASTRO, M.H. *Reforma agrária e pequena produção*, Campinas. IE/ UNICAMP, 1997 (Tese de Doutorado).

dia de uma família brasileira e acima do salário de um trabalhador rural mensalista;

2 – Nos assentamentos de renda média mais alta, verifica-se a maior importância relativa das rendas monetárias na composição da renda total, enquanto que nos de renda mais baixa, o autoconsumo representava uma proporção maior."[44]

A tese defendida por Guanziroli de que o autoconsumo encerra-se em uma lógica econômica racional, sendo o elo impulsionador da reforma agrária por permitir alternativas de superação de marginalização social, é extremamente controvertida.

Para alguns pesquisadores, incluir dentre os indicadores o autoconsumo implica em uma superestimação do conteúdo do lucro agrícola. Ou ainda, que a adoção do indicador autoconsumo pode vir ao encontro da tese, por outros defendida, de que o assentamento não se integra com êxito na economia capitalista vigente. Para outros, a inclusão das práticas de autoconsumo se faz necessária, até para não ser inviabilizada a compreensão do comportamento dos assentados.

Na observação de Afrânio Garcia Jr., "o tratamento dado ao autoconsumo agrícola e animal é apenas uma das questões que a observação do comportamento de explorações agrícolas familiares apresenta ao se estudar seus modos de funcionamento e sua dinâmica."[45]

Faz um alerta, "o esforço teórico e empírico necessário é o de tentar explicar como as práticas de autoconsumo se articulam, se imbricam com os usos de todos os outros tipos de resultados monetários". Um olhar sobre tal articulação exige que não mais sejam os assentamentos analisados a partir da universalização das categorias contábeis de uma lógica capitalista.

O I Censo de Reforma Agrária do Brasil capta rendas médias. A renda obtida pelo levantamento amostral do Censo da Reforma Agrária traz uma composição onde se incluem salários, remessas diversas, aposentadorias, serviços prestados e outras rendas no caso da unidade familiar. Prioriza, na mensuração da renda monetária, informações coletadas junto a assentados e às associações, no caso dos beneficiários compartilharem de recursos captados de forma coletiva. "Neste caso, as rendas das associações seriam divididas pelo número de assentados, compondo então a parte que caberia a cada um. Portanto, em tese, a renda monetária seria a soma das diversas rendas de família, adquirida de forma associativa ou familiar"[46]. Os coordenadores esclarecem que as informações representam a média dos assentados que responderam ao quadro. "Se poucos responderam, a média por região pode estar um pouco desvirtuada"[47].

44 GUANZIROLI, C.E. O acesso à terra e a melhora nas condições de vida. *In*: 48º REUNIÃO ANUAL DA SBPC, São Paulo, julho/1996, dados da Pesquisa FAO/MANA/PNVD. Principais Indicadores Socioeconômicos da Reforma Agrária.

45 GARCIA JR, A. Geração de rendas, sua distribuição e trajetórias diferenciais em assentamentos de Reforma Agrária no Brasil (1985 – 1989): comentários sobre um estudo da FAO. *In*: ROMEIRO *et alii*, *Reforma Agrária, produção, emprego e renda*, *op. cit.*, p. 88/89.

46 Relatório Final do I Censo de Reforma Agrária do Brasil, maio/1997, p. 51.

47 *Idem, ibidem.*

A Região Sudeste apresenta, em valores monetários, a maior concentração de renda, sendo salário e outras rendas os que congregam maior volume, R$1.321,40 e R$2.134,34, significativamente superiores às médias nacionais que são: R$722,19 e R$1.231,35. Tratando-se de renda monetária e associativa média, o quadro apresenta diferenças: os resultados da Região Sudeste são inferiores aos da Região Sul. Vejamos, na agricultura, a Região Sudeste retrata uma renda de R$2.023,65 frente a R$2.992,78 para Região Sul; na pecuária, R$1.902,57 para R$2.133,40, quanto a trabalho assalariado, na Região Sudeste nada consta, enquanto que na Região Sul aparece R$280,00. Relativamente a serviços prestados e outras rendas, o quadro mantém-se: a Região Sudeste apresenta R$146,67 e R$113,09, enquanto que na Região Sul, os valores são de R$740,88 e R$1.540,27, respectivamente.

Os resultados do Censo indicam que os recursos monetários advindos de aposenta-do-rias, pesam na formação de renda familiar. De menor peso, aparece o item remessas diversas e serviços prestados; na Região Sudeste, com R$964,82 (superior às demais Regiões no item aposentadoria), R$557,27 e R$506,65, os quais igualmente são bem superiores às médias nacionais: R$686,38; R$297,04; R$347,56. Comparando-se os dados regionais com a média nacional e dimensionando a média em termos de salário mínimo (ano 1991), somando-se todos os itens, afirma-se que "pode-se perceber que há famílias de assentados que chegam a auferir perto de 30 salários mínimos por ano, extraídos de diferentes fontes de renda)"[48]. Observam que a renda monetária associativa revela uma forma extra de auferição da renda, evidenciando a capacidade das associações em formarem recursos de apoio à formação de renda do assentado.

Alertas, como já afirmamos, não faltaram da parte dos coordenadores do Censo, principalmente pela dificuldade das informações, obtidas pelo recurso à memória, já que tais dados não são contabilizados na família. "Mesmo os dados das associações repousaram sobre o exercício da memória do entrevista a respeito dos números."

O que dizer dessas estimativas?

Talvez, no item renda, sejam mais diretamente explicitados os riscos de se impor aos assentados categorias contábeis naturalizadas, sem uma reflexão sobre a complexidade desse modo de vida. Como obter uma avaliação menos imediatista, evitando-se as armadilhas de serem utilizados resultados de renda para diagnósticos apressados? Comprovadamente, as informações do nível de renda têm sido utilizadas politicamente.

O binômio sucesso/fracasso dos assentados pauta-se com freqüência por indicadores naturalizados, quando, na verdade, deveria ser discutido no interior de constru-

48 LEITE, S. O estado dos assentamentos rurais e os parâmetros da ciência econômica. *In*: ROMEIRO, A. *et alii*, *op. cit.*, p. 206.

ções sociais densas e mutáveis. "Em geral, o nível de renda tem sido medido em termos de salários mínimos, o que tem acarretado alguns problemas em função da desvalorização real do próprio salário mínimo frente a outros deflatores. Nesses casos, conforme a época da coleta de dados, tende-se a superestimar a renda auferida pelos assentados[49].

Outros trabalhos apontam problemas em se tomar a renda bruta do lote como mensuração do desempenho econômico do assentado, relacionada ao seu possível grau de modernização.

Há que se relativizar esse indicador descontando-se custos de produção, ou seja, não há como traçar mecanicamente uma equação na qual maior modernização implicaria em ganhos líquidos maiores.

Ressaltada a complexidade, teríamos a acrescentar que a não consideração, pelos dados censitários, da participação da produção destinada ao autoconsumo na estratégia de reprodução familiar do beneficiário empobrece a compreensão da dinâmica dos assentamentos. A subestimação das práticas do autoconsumo pode levar à depreciação das estratégias familiares na vida econômica dos assentamentos.

"A estimativa da renda consumo encontra seu fundamento no mesmo princípio lógico que permite adicionar a renda agrícola e a renda do trabalho assalariado: captar o conjunto de atividades que proporcionam aos grupos domésticos os meios de sobrevivência."[50]

Renda, autoconsumo, venda da força de trabalho não são elementos excludentes. Faz-se no entanto, indispensável incorporar, na utilização de indicadores, a dimensão tempo.

Assim como índices de renda, níveis de consumo, padrões de vida devem ser confrontados no tempo, de modo a não absolutizá-los, há que se ter bem claro que é impossível acompanhar assentamentos sem incorporar o movimento de estratégias da reprodução familiar. Tais considerações entram como sinais de alerta, ainda que a escolha do parâmetro renda média possa ter sido a única alternativa possível, há que se avaliar cuidadosamente o processo de concentração da renda no interior dos projetos de assentamento, assim como a produção autoconsumida não deve ser desprezada, como se a importância de estratégias familiares fosse, em si mesma, um dos fatores impeditivos da virtual integração dos assentados ao mercado.

Não existe, de fato, viabilidade econômica como variável absolutizada nos assentamentos. Se redes de sociabilidade, códigos de reconhecimento social apresentam um alargamento de oportunidades alimentado por estratégias familiares, não há ra-

---

49 LEITE, S., *op. cit.*

50 GARCIA JR., A. Geração de rendas, sua distribuição e trajetórias diferenciais em assentamentos de Reforma Agrária no Brasil (1985 – 1989): comentários sobre um estudo da FAO. *In*: ROMEIRO *et alii, Reforma Agrária, produção, emprego e renda, op. cit.*, p. 88-89.

zão para ser minimizada sua possível importância na vida dos assentamentos. Práticas de autoconsumo podem expressar maior participação dos agentes na gestão de suas vidas, assim como estudos têm demonstrado que a solidariedade no trabalho na terra e a interação de grupos de parentesco conseguem, por meio da extensão da renda familiar, ter papel decisivo na consolidação de projetos de assentamento[51].

Insistimos na importância da historicização. Afirmações conclusiva sobre a precariedade ou excelência dos assentamentos são armadilhas sérias. Por trás dos números do Censo, são as trajetórias sociais dos assentados que precisam ser objetivadas.

Temos reiterado, ao longo do texto, que ao contrário das idealizações do projeto estatal, os beneficiários não são desenraizados, nem indivíduos genéricos, mas sujeitos com história/memória, cuja experiência não pode ser homogenizada.

Mutatis, mutantis, não há nenhuma razão para supor que os assentados do Sudeste por apresentarem melhor resultados no item salário e outras rendas – indicador em si, problemático – teriam, no interior dos assentamentos, trajetórias idênticas, cuja meta seria a completa integração ao mercado, noção usual e erroneamente naturalizada como indicativa de sucesso.

Sem entrar em outros atalhos, já que a matéria se presta a inúmeras divergências do ponto de vista teórico e empírico, limitamo-nos a insistir que assentamentos, processos sociais, complexos, exigem metodologias de análise nada simples.

Os locais e as condições de moradia

Quase metade dos beneficiários dos assentamentos brasileiros moram na parcela rural (48,41%). Outros 22,50% declararam morar na parcela para-rural. Mais de 15% dos beneficiários moram no núcleo urbano. Em termos dos Estados da Região Sudeste, mais de 80% dos beneficiários paulistas moram na parcela rural. Esta porcentagem é também representativa nos Estados de Minas Gerais (75,06%) e Rio de Janeiro (74,59%). No Espírito Santo, destaca-se uma porcentagem de 32,1% de beneficiários que vivem na parcela para-rural.

O Censo nesta questão deixa dúvidas com relação ao que se está indicando como moradia em áreas comunitárias, a princípio entendida como moradia nas agrovilas mas que, conforme o manual do entrevistador, não tem a mesma conotação. Neste particular, os dados omitem uma informação importante que é a de saber se os beneficiários habitam em seus lotes de produção ou se residem em agrovilas, tendo suas áreas de produção em outros espaços.

51 BARONE. L.A. Revolta, conquista e solidariedade: a economia moral dos trabalhadores em três tempos. Pós-graduação em Sociologia, FCL/UNESP, 1996 (Dissertação de Mestrado).

Para o Brasil como um todo, registra-se na questão habitacional predominância na construção de casas de madeira, 31,9% contra 22,9% de alvenaria. O índice de casas construídas com taipa (28,2%) supera as de alvenaria sendo sua incidência maior na Região Nordeste. Para a Região Sudeste, os dados indicam um número de casas de alvenaria (65,38%), seguidos das de madeira (8,1%), de adobe (7,69%) e de taipa (7,09%). Minas Gerais apresenta, dentre os Estados da Região Sudeste, o menor índice de casas construídas com material de alvenaria (54,29%). Este indicador sobe um pouco para São Paulo (65,71%), Estado cuja porcentagem de casas de madeira é bastante significativa (27,62%).

O Censo apurou também o estado de conservação das casas dos assentados segundo a opinião do próprio beneficiário. De um modo geral, as respostas ficaram entre "bom" e "regular" tanto para o Brasil como para a Região Sudeste (67,02%). Mas, cerca de 20% dos beneficiários da Região Sudeste declararam estado de conservação precário das suas habitações. Para o Estado do Espírito Santo e Rio de Janeiro este índice ultrapassa os 25%.

As habitações são abastecidas em sua grande maioria por meio de poço (46,07%) ou de cacimba (13,02%). Na Região Sudeste, em que pese seu grande grau de desenvolvimento, o abastecimento de água dos lotes de moradia é feito também por meio de poços (42,16%) e de cacimbas (13,04%). Chama a atenção, no Estado do Espírito Santo, a quantidade (48,28%) de beneficiários que declaram usar cacimbas para o abastecimento de água habitacional, da mesma forma que 25% dos beneficiários de Minas Gerais utilizam em suas residências água proveniente de riachos.

As condições hidrosanitárias das habitações, são na Região Sudeste, dependentes de cisterna (25,26%), de banheiro (23,76%), de fossa (20,09%), predominantemente. Cerca de 2,03% dos beneficiários da Região Sudeste declararam possuir água encanada em suas residências, da mesma forma que quase a metade (49,91%) possuem energia elétrica.

Organização interna: a construção de um espaço de iguais?

As dificuldades de mensuração no tocante à organização interna não são menores. Entendendo o assentamento como um espaço de relações sociais onde as características individuais, homogeneizadas no processo de luta pela terra, ressurgem em bases novas"[52], vê-se no dia-a-dia dos assentamentos, diferentes formas organizativas

52 ZIMMERMANN, N. de C. Os Desafios da Organização Interna de um Assentamento Rural. *In*: MEDEIROS, L. *et alii*. *Assentamentos Rurais, uma visão multidisciplinar*. São Paulo: EDUNESP, p. 205.

criadas e recriadas em um movimento no qual o espaço de iguais, com freqüência, se desestrutura no viver dos assentamentos. "O anseio pela terra, compartilhada pelos demandantes da terra, não sustenta, em si mesmo, um espaço de iguais, nem a condição de assistido implica na sujeição a uma lógica que lhe é estranha e pode entrar em rota de colisão com as expectativas de seu querer"[53].

Nessa dinâmica rica de impasses e enfrentamento, o que o Censo revela quanto à participação do beneficiário em organizações?

Passemos em revista os indicadores organizacionais, por Região; esclarecendo que a dimensão associativismo foi no Censo, captada pela participação na igreja, cooperativa, associação e sindicato, processo esse pautado por conflitos, dissenções e rearranjos.

Os coordenadores do Censo esclareceram que a matriz de associabilidade não é integrada por afiliações excludentes, o que vai levar a soma das freqüências relativas a ultrapassar a 100%.

Temos o seguinte perfil de "associativismo": o maior envolvimento individualizado é com a Igreja, em termos nacionais, devendo-se esclarecer que seitas diferenças de religião não foram levadas em conta. Destaca-se a influência da Igreja no Sul do Brasil, onde 77,68% dos amostrados declararam um tipo de militância religiosa. A Região Sudeste apresenta-se com exceção, no tocante à incidência da Igreja como mecanismo de socialização e participação. Nesta Região, o maior envolvimento é com associações diversas (41,44%), ficando a Igreja em segundo lugar, com 28,39%. A participação no sindicato e na cooperativa aparecem com 17,48% e 11,71% respectivamente. Caberia ressaltar algumas observações: a Região Sudeste foi a única em que a soma das indicações de participação foi inferior a 100% (exatamente 99,46%) enquanto que nas outras regiões a soma é expressivamente superior. Para isso, contribuiu o baixíssimo percentual de respostas no Estado do Rio de Janeiro, que não chega a 30%.

Torna-se difícil qualquer inferência sobre maior ou menor incidência de processos associativos. Informações dos assentados apontam para a Região Centro-Oeste e Nordeste superioridade na participação em associações – como na Região Sudeste – enquanto na Região Norte e Sul, a liderança fica por conta da Igreja. Desagregando-se os dados da Região por Estado, há sensíveis diferenças, a maior participação apontada no Espírito Santo é de 75,86%, seguindo-se São Paulo, com 55,34%, Minas Gerais com 21,49% e Rio de Janeiro com 6,02%. O quadro de participação em cooperativas revela os seguintes resultados: São Paulo tem a maior participação da Região com 28,16%, acompanhado do Espírito Santo, com 22,41%, seguindo-se baixos percentuais em Minas Gerais – 8,33% – e no Rio de Janeiro (2,41%). Em

53 FERRANTE, V.L.S.B. Estratégias familiares: a recusa ao projeto estatal de assentamento. *In*: 46º CONGRESSO INTERNACIONAL DE AMERICANISTAS, Quito, 1987 (mimeo).

termos nacionais a participação em cooperativas é mais apontada no Paraná (31,21%) e Rio Grande do Sul (29,45%) o que pode ser relacionado à experiência anterior de organização dos pequenos produtores. No item associação, o qual poderia envolver múltiplas alternativas – os índices da Região Sudeste mostram 63,78% para o Espírito Santo, 61,49% para Minas Gerais, 32,04% em São Paulo e 12,05% no Rio de Janeiro. Comparativamente, a média regional – 41,44% – é inferior à das Regiões Norte, Nordeste, Centro-Oeste, sendo superior somente à Região Sul, 29,51%.

A participação em sindicatos, na qual a Região Sudeste tem menor percentual, 17,48%, comparado ao Norte (18,59%), Sul (29,64%), Centro-Oeste (31,59%) e Nordeste (31,98%) não parece refletir a expressiva presença do sindicato em organizar movimentos de ocupação da terra, detectada em Regiões de São Paulo e de Minas Gerais. Por Estados, os dados nos mostram maior densidade em Minas Gerais (25,44%), Espírito Santo, com 18,97%, São Paulo com 13,59% e Rio de Janeiro com 8,43%.

Torna-se impossível relacionar tais indicadores com a história de constituição dos assentamentos e com a presença/ausência de mediadores nesse processo. Declarações sobre participação não sustentam explicações sobre o estabelecimento de novos patamares de obrigações mútuas, sobre a força do simbolismo retratado, talvez, na proliferação de Igrejas pentecostais nos assentamentos, sobre os valores culturalmente significativos na construção dessas relações sociais. Formas coletivas de trabalho são pouco representativas; ao passo que ampliam-se práticas econômicas individuais. Em muitos assentamentos a implantação de formas modelares previstas pelo MST se dá por meio da mediação da Igreja. Em outros, no novo espaço produzido, multiplicam-se mecanismos associativos como parte das estratégias de sobrevivência e luta para permanecer na terra. Laços familiares são igualmente fatores de solidariedade e de reapropriação do ser coletivo presente autoritariamente no modelo estatal de assentamentos.

Embriões organizativos permeados por disputas internas por liderança, atritos e conflitos se fazem presentes de formas diferenciadas[54], assim como novas estratégias de produção e de reprodução.

O dia-a-dia dos assentamentos mostra um rico e complexo cenário em que a construção de lealdades, de rearranjos, administrados por relações de parentesco, de vizinhança, por religiosidade é atravessada por mecanismos do poder, nos quais clientelismos e expressões de cultura da dádiva se fazem presentes, objetivando criar redes de dependências e (des)organização interna. Cruzamentos que exigem um continuado olhar sobre o "feixe de relações" constituído nesse espaço social[55].

54 BERGAMASCO, S.M.P.P. Assentamentos Rurais: reorganização do espaço produtivo e processos de socialização. IN: MEDEIROS, L. *et alii*. *Assentamentos Rurais uma visão multidisciplinar*, São Paulo: EDUNESP, 1995.

55 ROMANO, J.O. Poder, valores e conflitos nos processos de organização no interior dos assentamentos. Comentários a um debate. *In*: MEDEIROS, L. *et alii*, *Assentamentos Rurais uma visão muldisciplinar*, *op. cit.*

O que os números não revelam

A produção acadêmica voltada à análise dos assentamentos têm reiteradamente acentuado a complexidade e diferenciação de tais processos, plenos de rupturas, desconstruções, reconstruções.

Há que se reconhecer a dificuldade de se aprender movimentos e diversidades em levantamentos feitos em curto período de tempo, especialmente no caso de um censo cujos problemas operacionais e indagações metodológicas já foram devidamente contextualizadas.

Por tais razões, os números do Censo não dão conta de questões que consideramos fundamentais para a apreensão da concreticidade dos assentamentos.

Comecemos pela própria diversidade de situações que aparecem classificadas como assentamentos de reforma agrária. Tomemos como princípio ordenador que os assentamentos – ora apresentados como regularização fundiária, ora como reassentamentos, ou como situações envolvendo conflitos em torno da legitimidade do direito à terra, ora com caráter de reserva extrativista ou reserva agro-ecológica – são uma política estatal que representa "a condição inicial do desenvolvimento de um processo conflitivo cujos resultados estão em aberto dependendo do jogo de interesses e das relações de poder das classes envolvidas[56]. São diferentes situações criadas a partir de pressões de segmentos organizados da população e/ou a partir de políticas governamentais, envolvendo múltiplos atores e "beneficiários" com distante trajetórias, quadro que comprovadamente apresenta dificuldades de definições e/ou enquadramentos únicos. A falta de critérios unívocos ou as imprecisões explicam algumas das dificuldades operacionais. O fato dos projetos de gestão estadual, terem sido excluídos também precisa ser reconsiderado; dado o objetivo de se chegar o mais próximo possível do número de famílias assentadas.

Da forma como foi concebida, temos um cadastro genérico dos assentados, com poucos elementos para a compreensão da constituição desse espaço produzido, e para a discussão das possibilidades dos assentados terem atendidas suas necessidades de reprodução das condições de vida.

Lacunas que nos levam a tecer, à guisa de conclusão, sem qualquer pretensão de esgotar o assunto, comentários sobre o caráter da atuação do Estado nas áreas de "assentamentos" e sobre as estratégias que podem levar os "beneficiários" a reinterpretar os elementos e critérios priorizados pela ação estatal.

Sabe-se, pelo acompanhamento dessas experiências, que o programa de assentamentos idealizado pelo Estado não corresponde, com freqüência, ao que é posto em prática, nem implica no atendimento às necessidades de reprodução social dos assentados.

56 FERRANTE, V.L.S.B. & SILVA, M.A.M.S. A Política de Assentamento: o jogo das forças sociais no campo. São Paulo; *Revista Perspectivas*, vol. II, 1988, p. 35.

Prevalece, na idealização estatal do programa de assentamento, a concepção do assentado como um desenraizado[57] que deveria ser modelado segundo uma determinada lógica atribuída ao futuro agricultor. O Censo reforça essa dimensão de desenraizamento presente no modelo estatal já que a constituição do assentamento, a trajetória do agricultor/camponês não são objeto da sua proposta.

Tem-se, então, como ponto de partida, no Censo, beneficiários apagados como atores sociais, já que não são coletadas quaisquer informações, no item experiência anterior, referente à participação desses sujeitos no movimento de luta pela terra.

Desencontros e ambigüidades nas ações dos agentes responsáveis pela direção técnica e por fazer cumprir metas concebidas a partir do modelo idealizado de Reforma Agrária não são igualmente captados pelos números oficiais da reforma agrária[58]. Tivemos, no máximo, avaliações de alguns itens – como assistência técnica, condições de habitação, material e merenda escolar – por parte dos assentados a partir de uma pré-classificação imposta. Avaliações que podem, em algumas Regiões, na melhor das hipóteses, ser indicativas de um abandono dos assentamentos pelo Estado.

Não há, de fato, um projeto para os assentamentos. O Estado legaliza a desapropriação de área de terra, mas sem investir nela o capital necessário – dentro de um planejamento a longo prazo – põe efetivamente em risco as perspectivas da produção/produtividade. Cabe acrescentar que a priorização de investimentos por parte do Estado nas áreas de assentamentos é uma seqüência de equívocos. As agrovilas são um retrato privilegiado desta ineficaz e equivocada política de investimento do Estado. O Censo não permite sequer informações sobre agrovilas, as quais aparecem sob a denominação do projeto estatal, tentativas de se pôr em prática processos cooperativos a partir do seu próprio projeto, não de modelos produzidos nas instâncias do poder. Resistências que ratificam a hipótese de que o assentamento gera novos conflitos, ou de que a "polaridade" que se expressa nos pares Estado/movimentos, beneficiários/ocupantes, unidade administrativa/confronto nunca é totalmente eliminada, mas ressurge permanentemente, nos "assentamentos", sob forma de tensão[59]. Traços da omissão do Estado nas condições de reprodução da vida social aparecem, igualmente, na falta de informações sobre o acesso à educação e à saúde. Questões referentes à avaliação do material escolar ou da merenda não dão efetivamente um retrato das dificuldades de infra-estrutura. Diríamos que são inócuas para a apreensão das condições de vida e reprodução social dos assentados.

---

57 NEVES, D.P. Reforma Agrária: idealizações, irrealizações e plausibilidades. *Reforma Agrária*. Campinas: Abra, nº 01, vol. 25, 1995.

58 FERRANTE, V.L.S.B. Estratégias familiares. Reverso possível ao modelo estatal de assentamento? *In*: 46º CONGRESSO INTERNACIONAL DE AMERICANISTAS, Quito, junho/1997.

59 ESTERCI, N. *et alii*. Assentamentos rurais: um convite ao debate. Campinas. *Reforma Agrária*, vol. 22, set./dez./1992, p. 6. FRANCO, M. P. Associativismo: Assentamentos e Relação com o Estado do Rio de Janeiro. *Tempo e Presença*, Cedi, nº 243, 1989.

A temporalidade dos assentamentos é uma peça ausente, o que impede de vê-los como espaço social dinâmico.

Feixe de relações de parentesco, dimensões político-organizativas, oscilações nas relações com os técnicos se fazem presentes diferenciadamente em momentos distintos dos assentamentos. Foi impossível concluir, frente aos dados obtidos, qual é o fator que assume maior significado em cada Estado. Indefinições se fizeram presentes igualmente nas médias regionais.

Sem cobrança ou expectativas de mensuração, igualmente apontamos relações de poder construídas internamente, continuidades/descontinuidades, mediações – analisadas em um caminho de mão dupla – com o poder local como elementos fundamentais para a compreensão desse espaço produzido.

O tempo de ressocialização, de incorporação dos hábitos não é igual ao tempo "reificado" das relações sociais e econômicas objetivadas[60]. Tempos de mudança fazem parte da construção dos assentamentos e do processo de transformação pelo qual passam os assentados.

A mudança não é regida por indicadores lineares: disposições subjetivas de permanecer na terra, lutar pela conquista de uma nova identidade podem ser frustradas pelo desencanto advindo da vivência dos equívocos do próprio Estado.

Desencontros que exigem a incorporação de temporalidade das formas de ser e viver nos assentamentos. A complexidade da relação dos mediadores com os dirigentes técnicos, políticos locais e regionais exige remodelagens das interpretações e o convívio com explicações provisórias.

Diríamos que os números não revelam a matéria-prima dos assentamentos: a diferenciação de projetos e expectativas, o fazer e refazer cotidiano, a desconstrução – reconstrução de estratégias, os rearranjos que passam pela reapropriação do coletivo, pela redefinição de estratégias familiares. Tal constatação nos leva a reafirmar que delineiam-se perspectivas de construção de trajetórias sociais possíveis para os sujeitos que se fazem presentes no campo de lutas dos assentamentos, enquanto virtualidades não definidas por categorias naturalizadas, situações nada animadoras para quem acredita que pode resolver problemas desse espaço social produzidos a partir do discurso ou da teoria.

60 ROMANO, *op. cit.*, p. 254.

Os assentamentos rurais no Ceará – uma experiência a ser seguida?

César Barreira[1]
Luiz Antônio Maciel de Paula[2]

Introdução

A reforma agrária no Ceará tem se destacado como exemplo a ser seguido por outros Estados desde a fase inicial do Plano Nacional de Reforma Agrária – PNRA (INCRA, 1985). O Plano Regional de Reforma Agrária do Ceará – PRRA – previa a desapropriação de 160 mil hectares em 1986 e cumpriu 48,95% desta meta. Seriam atendidas 5.400 famílias e, até o final de 1986, foram beneficiadas 2.129 famílias, ou seja, 39,42%. Apesar do não cumprimento total das metas, o Ceará avançou na implantação do plano quando comparado com o Brasil como um todo. Do total de área a ser desapropriada no ano de 1986 no País, o PNRA atingiu apenas 8,62%. Se no Ceará o plano atingiu 39,42% da meta para o número de famílias beneficiadas, no Brasil o percentual não passou de 7,2%.

Este quadro, entretanto, não vigorou até o final da primeira etapa dos planos que se deu no ano de 1989. No balanço do quadriênio, constatou-se que o PRRA desapropriou 125.875 hectares (8,66% da meta de 1,5 milhões de hectares) e beneficiou 3.094 famílias no Ceará (6,17% da meta de 50.100 famílias). Também constata-se que da previsão do PNRA de desapropriação de 43 milhões de hectares, somente cerca de 11% desta meta foi atingida, ou seja, 4,9 milhões de hectares. No que se refere ao número de famílias a serem assentadas, a previsão era de 1,4 milhões e somente 77 mil foram beneficiadas, cerca de 5,5% da meta estabelecida.

---

1 Professor do Programa de Pós-Graduação em Sociologia da Universidade Federal do Ceará.
2 Professor do Curso de Mestrado em Economia Rural da Universidade Federal do Ceará.

Esta redução no ritmo de implementação do plano pode ser debitada aos próprios recuos do governo federal, já que a desapropriação de terras, de acordo com o plano, era uma ação exclusiva desta autoridade. De acordo com Paula (1991), no âmbito do Estado do Ceará, formou-se uma articulação favorável à reforma agrária que teve como característica importante a presença de alguns técnicos na direção dos órgãos públicos responsáveis pela execução ou apoio a esta política, os quais já participavam há algum tempo da luta pela reforma agrária.

Isto somente foi possível por causa do espaço que setores progressistas passaram a ocupar no governo federal e no governo estadual eleito em 1986. Neste último caso, técnicos ligados aos partidos progressistas ocuparam cargos importantes na condução da política agrária no Ceará. A partir de 1982, registram-se mudanças na prática e no discurso do INCRA. Este se "abre" para as denúncias dos camponeses e para a aceitação de um quadro de "tensão social" no meio rural do Estado. Esta aceitação assume uma conotação política, negando uma decantada "paz agrária" reinante no sertão. Em torno de 1985, o INCRA passa a ser um mediador nos conflitos: aceitando as denúncias dos camponeses e divulgando os problemas e as irregularidades no meio rural.

"Os problemas de tensão social motivados quer pela posse e uso da terra, quer por indesejáveis relações de produção entre proprietários e trabalhadores ou parceiros, à revelia dos preceitos contidos no Estatuto da Terra, não se resolvem eficazmente sem o recurso de redistribuição de terras" (Afirmações do Diretor Regional do INCRA – CE, *O Povo*, 11.2.85).

As mudanças na política do INCRA demarcam uma maior sensibilidade do órgão para os problemas dos trabalhadores rurais, como também, apontam fissuras nos "laços fortes" com o latifúndio, com o setor coronelista do Estado.

A reestruturação da Secretaria de Agricultura e Abastecimento (SAAb) transformando-a em Secretaria de Agricultura e Reforma Agrária (SEARA) e a indicação para titular da pasta de uma pessoa reconhecidamente ligada à luta pela reforma agrária, demonstram que o governo estadual estava assumindo a proposta. Uma outra importante mudança institucional efetuada foi a transformação do Instituto de Terras do Ceará (ITERCE) em Instituto de Desenvolvimento Agrário do Ceará (IDACE), que ampliou as suas funções de cadastrar terras para regularizar, redistribuir ou reorientar, passando a atuar também na organização dos assentamentos como unidades de produção.

A articulação desses dirigentes e suas respectivas instituições, com a anuência do governo, foi determinante na forma como se implementou o PNRA no Ceará. Desta maneira, foram firmados convênios entre o INCRA e o governo do Estado, para apoiar as atividades nas áreas de reforma agrária. A partir de 1987, foram criados instrumentos de coordenação, execução, articulação e acompanhamento em apoio aos assentamentos. Surgiram o Conselho Deliberativo, constituído pelo INCRA, SEARA e CEPA (Comissão Estadual de Planejamento Agrícola), e o Grupo Executivo de Reforma Agrária,

GERA, integrado por 13 órgãos (um federal e doze estaduais) com atuação no setor agrícola. O GERA, como órgão colegiado, teve como responsabilidade agilizar a execução dos trabalhos nos assentamentos e o encaminhamento da solução dos problemas por meio de ações articuladas e integradas dos diversos órgãos. Estes órgãos vieram se somar à Comissão Agrária que havia sido oficializada em 1986, de acordo com o PNRA, e que tinha a finalidade de instruir os processos de desapropriação e aquisição de terras encaminhados pelo INCRA.

Estas são apenas algumas das formas de ação conjunta que reforçaram o plano em nível estadual. A formação da infra-estrutura produtiva e social e o programa de capacitação camponesa são ainda atividades conjuntas desses órgãos que poderiam ser citadas como fundamentais na implementação do plano. Vale ressaltar o papel da Universidade Federal do Ceará, por meio do Centro de Treinamento em Desenvolvimento Econômico Regional – CETREDE, na capacitação dos técnicos do INCRA e na elaboração e acompanhamento de projetos de assentamento.

Um evento que mereceu destaque especial foi a organização, por meio da SEARA, da Feira Estadual de Reforma Agrária, que ocorreu por duas vezes, em outubro de 1988 e agosto de 1989, em Fortaleza. Os objetivos da feira eram: divulgar a importância e o significado da reforma agrária; possibilitar a troca de experiências e o intercâmbio de produtos entre os assentados; oferecer à população urbana a oportunidade de adquirir e consumir produtos de qualidade a preços justos; integrar órgãos governamentais municipais, estaduais e federais no apoio efetivo à implantação de ações previstas no PNRA/PRRA e viabilizar a troca de experiências entre os diversos Estados do Nordeste.

É evidente que esta articulação em favor da reforma agrária no Ceará não seria vitoriosa sem a participação dos trabalhadores rurais. Um espaço de contestação se evidencia e começa a ser gestada uma nova prática política dos camponeses que se concretiza na luta pela aplicação do Estatuto da Terra ou na luta por direitos. No sertão, os trabalhadores rurais-parceiros não só lutam contra o processo de expulsão, mas, também, pela diminuição da renda, em produto, paga aos proprietários da terra. Essa luta é uma busca de aplicação do Estatuto da Terra na realidade sertaneja.

"Cansamos de trabalhar e viver subjugados pelas leis dos patrões e continuamos no mesmo sofrimento depois que o Estatuto da Terra foi criado. Muitos de nós começamos a conhecer o Estatuto da Terra e demos fé que estamos oprimidos e injustiçados porque estamos cumprindo a lei dos patrões e não o Estatuto da Terra. Como membros da Nação achamos que seria melhor cumprir as leis do Governo do que as leis dos patrões" (Relatório dos trabalhadores rurais da Fazenda Monte Castelo – Quixadá, enviado a diversas autoridades, maio de 1980).

Para os camponeses, nesse relatório, as "leis dos patrões são uma construção da ordem dos proprietários que exclui os trabalhadores dos direitos de cidadão. As leis dos Governo seriam a construção de uma outra ordem social que os incluiriam" (Barreira, 1992: 59).

De acordo com Martins (1994: 84), a partir de 1986, "o espaço de contestação e afirmação dos trabalhadores rurais, enquanto classe, se amplia. Concorrem para isto vários fatores: a expectativa em relação ao PNRA, a participação na elaboração do PRRA de sindicatos e organizações envolvidas com a questão da terra no Ceará, a desapropriação de vários imóveis pela Comissão agrária, a participação de uma chapa de oposição sindical à eleição da diretoria da FETRAECE, pela primeira vez em congresso, e as eleições de 1986 com candidatos cuja plataforma de campanha contempla a Reforma Agrária e candidaturas populares que têm como referencial sua vinculação às lutas pela terra e as entidades como CPT, CEBs e sindicatos."

Com a instalação do MST no Ceará em 1989, a ação dos trabalhadores rurais se intensifica à medida que as ocupações de terras e da sede do INCRA resultam em instrumentos de pressão pela desapropriação de novas áreas.

Porém, nem todos esses elementos reunidos foram suficientes para a realização total do PRRA. As metas atingidas ficaram longe daquelas planejadas, as ações dos governos federal e estadual não foram tão efetivas ao ponto de realizarem mudanças profundas na estrutura fundiária e a reforma agrária voltou, mais uma vez, a ser assunto discutido apenas por setores especializados e mais interessados. Como o governo federal mudou a sua política e as desapropriações de terras foram interrompidas, o governo estadual apenas continuou a dar apoio àquelas unidades produtivas que já estavam instaladas.

Entre os anos de 1990 e 1994, as desapropriações de terra no Brasil sofreram uma desaceleração. De acordo com Bergamasco e Norder (1996: 33), o Governo Collor "foi um pouco mais tímido em sua política de reforma agrária, porém bastante ousado para realizar uma 'reforma administrativa' que retirou boa parte dos poucos recursos materiais, orçamentários e humanos que seriam utilizados pelo INCRA. Prometeu assentar 500 mil famílias, sem especificar como e onde. Mais uma vez a meta não foi atingida. Apenas 9.381 famílias foram assentadas (quase metade na Região Norte) nos 31 meses em que Collor esteve na Presidência. (...) De forma semelhante, nos 17 meses de governo Itamar Franco algumas desapropriações foram assinadas e alguns assentamentos inaugurados, mas o montante e a natureza de suas realizações não nos permite distingui-lo de seus antecessores".

Os recuos na marcha das desapropriações e na política agrária como um todo amorteceram a reforma agrária mas não desestruturaram completamente esta experiência de articulação entre as instituições, trabalhadores rurais e técnicos no Ceará. Alguns destes profissionais levaram o exemplo do Ceará para outras regiões do Brasil, à medida que foram prestar serviços na sede nacional do INCRA em Brasília e em outras instituições nacionais e internacionais.

A luta dos trabalhadores pela terra enfrentou dificuldades conjunturais, mas também não foi totalmente desarticulada. A partir de 1995, o MST intensificou as ocupações de terra e isto contribuiu para a retomada da mobilização pela reforma agrária em todo o País.

Todos estes fatos contribuíram significativamente para a formação de uma cultura ou uma base consistente para conduzir o programa de assentamentos em nível estadual. Parece oportuno investigar se esta articulação foi capaz de gerar um programa de reforma agrária vitorioso não apenas em suas metas em termos de áreas a serem desapropriadas e número de famílias a serem assentadas, mas também na organização da produção e na qualidade de vida dos assentados.

O censo da reforma agrária no Ceará

O I Censo da Reforma Agrária do Brasil (INCRA, 1997), que fez o levantamento de todos os assentamentos existentes até 31 de outubro de 1996, identificou a existência de 132 projetos de assentamento e 9.250 famílias beneficiadas no Ceará. Estes números representam, respectivamente, 9,3% de todos os projetos e 5,79% do total de famílias assentadas no País. Os únicos Estados que ultrapassam o Ceará em termos de famílias beneficiadas são: Maranhão, Pará, Mato Grosso e Rondônia que apresentam, respectivamente, 17,18%, 13,34%, 8,61% e 7,52% do total de famílias assentadas. Vale ressaltar que estes Estados são caracterizados pelo latifúndio e por inúmeros conflitos pela posse de terra. No que se refere ao número de projetos, apenas o Estado do Maranhão supera o Ceará com 137 projetos.

Organização dos assentados e forma de exploração da terra

Com relação à forma de exploração nos assentamentos, o PRRA previa o acesso sob a forma de propriedade familiar, explorada pelo pequeno produtor e sua família com absorção de toda a força de trabalho; a concessão do título definitivo ou do direito real de uso feita a grupos de produtores organizados sob a forma de condomínio e, ainda, que em função do uso e capacidade do solo seria determinada a concessão dos módulos sob a forma de propriedade familiar ou comunitária.

O Censo constatou que 71,56% dos assentamentos no Ceará são explorados de forma mista, ou seja, parte da propriedade é destinada para atividades coletivas e cada um dos assentados tem direito também a uma área para exploração individual. Este percentual merece destaque uma vez que a média no Brasil é de apenas 8,03% de exploração mista. O segundo Estado que mais apresentou esta forma de destinação das terras foi Sergipe, com apenas 35,58%. As explorações exclusivamente individuais representaram 26,19% no Ceará e 86,59% no Brasil. Já a forma exclusivamente coletiva ficou com 2,26% no Ceará e 5,38% no Brasil.

Estes percentuais denotam com bastante clareza o caminho de implantação das áreas assentadas no Estado. Na trajetória de luta pela implantação dos projetos de assentamento e mesmo pela desapropriação da área foi gestada uma cultura comunitária, em que a terra não é divisível, a "terra é comunitária" (Barreira, 1992: 67). O sentimento do "nós" (pertencentes a uma comunidade) e dos "outros" (não envolvidos com a luta) dava o tom coletivo e comunitário. E a política de assentamento do INCRA previa a divisão, a repartição em lotes. A "forma mista" foi um equilíbrio entre estes interesses divergentes, mas também uma adequação entre os valores de "posse" dos camponeses e um ideal de "Terra Comunitária".

O Programa de Ação Básica do PRRA do Ceará previa a efetivação de medidas de apoio à produção e à organização socioeconômica com a participação dos trabalhadores rurais em todas as suas fases. O processo seria desencadeado com a desapropriação dos imóveis e o pré-assentamento dos beneficiários, seguido pelas ações de apoio institucional. Uma das principais preocupações do Programa era a organização produtiva e social dos beneficiários da reforma agrária. O projeto deveria garantir excedentes líquidos às famílias camponesas, tanto para ampliar a base produtiva como para melhorar suas condições de vida. Isto só seria possível em projetos que fossem geridos empresarialmente, de preferência sob forma comunitária e utilizando processos de trabalhos baseados na cooperação. Sem essas características, dificilmente as unidades reformadas obteriam excedentes.

O estímulo à organização de associações, como etapa no processo de constituição de cooperativas, tem refletido na porcentagem de beneficiários envolvidos nessas organizações. A Tabela 1 mostra que 68% dos entrevistados participam de alguma associação no Ceará. Este percentual supera aqueles encontrados na grande maioria dos Estados e nas Regiões. Vale ressaltar que 22,1% dos associados declararam participar como dirigentes das associações e 34,5% como militantes. A participação em outras entidades se dá de forma semelhante à média nacional.

Essas e outras diretrizes podem ter contribuído para a tendência predominante de assentamentos com exploração mista. O estudo de caso do assentamento Santana, no município de Monsenhor Tabosa – CE, realizado por Paula (1991), pode ser ilustrativo de como se deu o processo de formação dessas unidades associativas de produção. A história da organização dos trabalhadores rurais deste assentamento se confunde com a própria origem e evolução do projeto. O embrião desta organização surgiu no processo de luta pela desapropriação da terra e nos encontros realizados pelos agricultores sob a assessoria do Sindicato dos Trabalhadores Rurais e da CPT. Segundo o relato dos próprios assentados, havia uma mobilização dos agricultores da vizinhança, tendo em vista o estado de abandono da fazenda e a possibilidade de sua desapropriação.

Já naquele momento, surgiu a discussão sobre a forma de organização do assentamento. A presença de agricultores que tinham experiência anterior de formas de exploração agrícola comunitária contribuiu sobremaneira para a definição do modelo. Eles já falavam da forma comunitária de exploração, numa época em que poucos trabalhadores se davam conta de uma reforma agrária com apropriação coletiva dos meios de produção.

Alguns preferiam trabalhar em mutirão, trocando dias de serviço entre os vários roçados individuais da fazenda. Este fato nunca foi aprovado pelo dono da propriedade.

Quando as famílias chegaram a Santana perceberam que o tipo de terra não era apropriado para a exploração individual. Além disso, havia o problema da falta d'água. O açude estava arrombado e tinham que andar cerca de 12 km para apanhar água. Constataram também que a terra não tinha aptidão para a agricultura e sim para a pecuária. Caso pensassem em dividi-la, algumas famílias ficariam com áreas boas enquanto que às outras seriam destinadas terras não adequadas para a agricultura. Portanto, a condição do solo e a escassez de água tornaram-se motivos fortes em defesa do comunitário.

Eles contam que, após a desapropriação, a "luta aumentou ainda mais". Tratava-se do processo de organização que a própria necessidade decorrente do excesso de trabalho para montar a infra-estrutura exigia. A fazenda estava totalmente desorganizada enquanto uma unidade de produção eficiente e isto fazia com que os trabalhadores começassem praticamente do nada. Não tinham água nem para o consumo humano, apenas para citar um exemplo.

Este processo se deu no início do ano de 1987 quando começaram as atividades no assentamento. Além do trabalho do dia-a-dia, tinham que decidir a questão da organização. Havia chegado a hora de sair das discussões teóricas e decidir na prática como trabalhar; como e onde morar; como seria a criação dos animais; quem iria trabalhar na agricultura; quem iria construir; o que seria cercado, enfim, surgia a necessidade de dividir os trabalhos. Respeitando-se as aptidões de cada um, consultando o que cada um gostaria de fazer, foram formando-se as Comissões de Trabalho. Veio a necessidade de criar a bodega comunitária como forma de evitar a ação dos atravessadores; perceberam a importância de setorizar as atividades tornando-as mais eficientes e, ao mesmo tempo, deu-se a conseqüente criação da Associação como elemento coordenador de todas as equipes e diferentes atividades que agrupavam um grande número de famílias.

Como o assentamento não iria comportar todas as famílias, havia uma tendência a radicalizar a discussão entre os que defendiam o parcelamento da terra e os defensores do comunitário. As informações que chegavam dos técnicos era de que o assentamento tinha uma capacidade suporte para 54 famílias. Como fazer então para selecioná-las entre cerca de 300 que estavam envolvidas no processo?

Nas discussões realizadas percebeu-se que a maioria optava pela exploração "comunitária" e isto se tornou o primeiro critério de seleção, já que aqueles que defendiam o parcelamento da terra automaticamente comunicaram a desistência de concorrer às vagas no assentamento. Os demais critérios que foram discutidos em assembléias e aprovados em votação secreta colocaram na prioridade número um aqueles que já moravam na terra; em seguida viriam os que trabalhavam na terra e, em terceiro, viriam aqueles que de fato aceitavam a forma de trabalho coletivo.

Quando a equipe do INCRA chegou ao assentamento para fazer a seleção, momento este que foi totalmente acompanhado pelo sindicato, os trabalhadores já haviam decidido sobre a forma de exploração da terra e, inclusive, já tinham comunicado ao INCRA, por meio de documento. O trabalho da equipe, portanto, considerou a decisão anterior da comunidade.

Com a chegada dos recursos financeiros e materiais criou-se uma certa discórdia. As divergências se davam principalmente na questão da aplicação do dinheiro. Alguns assentados preferiam que os recursos fossem divididos e que cada um fizesse a sua aplicação, mesmo que o tipo de aplicação fosse discutido e decidido conjuntamente. Outros, entretanto, achavam que os recursos deveriam ser aplicados coletivamente. Este clima de divergência gerou uma profunda discussão que resultou por encontrar um consenso final: como a opinião da maioria era a de aplicação coletiva dos recursos, esta foi a forma que prevaleceu na votação aberta entre os associados.

Toda essa experiência possibilitou aos assentados a criação e consolidação de uma estrutura organizativa sólida e capaz de administrar todo o projeto como se fora uma empresa rural associativa. Esta estrutura é formada pela Assembléia Geral, pela Diretoria Executiva, pelo Conselho Fiscal e pelas Comissões de Trabalho. A Assembléia Geral reúne-se uma vez por semana nas noites das segundas-feiras e deve contar com a participação de todos os associados. A Diretoria Executiva é composta por 6 membros distribuídos nas funções de Presidente, Vice-Presidente, 1º Tesoureiro, 2º Tesoureiro, 1º Secretário e 2º Secretário. O Conselho Fiscal também é composto por 6 membros que têm a função de fiscalizar as ações da diretoria. As Comissões de Trabalho dão a dinâmica de todas as atividades no assentamento, atuando de forma autônoma, porém submetidas ao planejamento e à coordenação da Assembléia Geral. Cada Comissão tem uma coordenação cujos responsáveis são escolhidos em Assembléia por meio de votação. Estas comissões reúnem-se aos domingos, quando é feito o planejamento para a semana que se inicia e cada plano é submetido à reunião da segunda-feira, para apreciação e deliberação da comunidade ali representada.

Existe uma certa flexibilidade na composição das comissões, considerando que em determinadas épocas do ano umas necessitam de mais força de trabalho do que outras. Desta forma, na época do plantio, por exemplo, há uma transferência do pessoal de outras comissões para a Comissão de Agricultura e, no verão, ocorre o contrário com a prioridade sendo voltada para a Comissão de Pecuária.

O controle dos dias de trabalho é realizado por meio de folhas de ponto que são da responsabilidade do próprio coordenador da comissão. Estas folhas são entregues semanalmente à Secretaria da Associação para registro final dos dias trabalhados. Este modelo já é uma evolução da prática inicial que contava apenas com duas pessoas agindo como apontadores e não atingiu o nível de eficiência desejado. A entrega do controle aos coordenadores de cada comissão deu mais agilidade e precisão a este processo.

Os assentados reconhecem a existência de alguns problemas na estrutura organizacional e alegam que eles são próprios do processo, considerando a inexistência de um modelo ideal. Aceitam que as dificuldades são inerentes à própria situação que estão vivendo e que são, também, sinais de que as coisas estão funcionando.

Portanto, além da ação das instituições envolvidas com a reforma agrária, a própria prática dos assentados foi determinante na escolha da forma de exploração dos assentamentos. É sabido que ações similares foram experimentadas em outros Estados. Porém, é provável que as particularidades de cada caso tenham levado a resultados muito diferentes daqueles encontrados no Ceará.

Nível tecnológico dos assentamentos

O termo modernização é às vezes utilizado para designar a "transformação da base técnica" da agricultura (Graziano da Silva, 1996). O setor agrícola do Ceará se caracteriza pelo baixo nível de modernização quando avaliado por este indicador. Os dados da Pesquisa Socioeconômica, realizada em caráter amostral por ocasião do Censo, permitem uma análise desta afirmação, inclusive comparando com a realidade de outras re-giões. De acordo com a Tabela 2, o nível tecnológico utilizado nas práticas agropecuárias dos assentamentos do Ceará realmente apresenta-se baixo, principalmente quando comparado com o nível dos assentamentos da Região Sul, por exemplo.

Somente 2,49% dos assentados entrevistados na pesquisa amostral declararam utilizar adubação química. No sul do País, este percentual chegou a 85,56%. Até mesmo quando a informação é agrupada em termos de Nordeste (21,14%) e Brasil (20,85%), este percentual não se apresentou tão baixo quanto no Ceará. No que se refere à adubação orgânica ou verde, 15,30% dos entrevistados no Ceará e 58,73% dos beneficiários amostrados no Sul declararam fazer uso desta tecnologia. Estes dados apenas refletem a continuidade do uso de práticas agrícolas tradicionais nos assentamentos cearenses. Ou seja, na sua grande maioria, os assentados tiveram acesso à terra mas faltou a complementação de investimentos em inovações tecnológicas e em capital humano necessário à mudança de atitudes, particularmente em relação à adoção de tecnologia. Até mesmo o uso de adubação orgânica tem sido negligenciado, levando ao desperdício do adubo que é naturalmente produzido na criação dos animais.

O manejo do solo também é deficiente em termos de correção e conservação. Somente 1,99% dos beneficiários pesquisados declararam fazer correção de solo e 7,13% utilizaram práticas de conservação. Estas mesmas inovações foram usadas pelos assentados da Região Sul na proporção de 65,47% e 46,91%, respectivamente. O plantio transversal às curvas de níveis, isto é, "morro abaixo", ainda é comumente observado na paisagem sertaneja. É provável que parte desta deficiência seja decorrente do nível de compreensão técnica dos assentados. Por outro lado, estes resultados também evidenciam a ausência ou inadequação de um sistema de assistência técnica e extensão rural.

Essas evidências relativas ao solo agrícola são marcantes, pois refletem uma tradição do uso irracional deste recurso natural no Ceará e no Nordeste. O exemplo clássico desta tradição encontra-se na cultura do algodão, que deixou de ser o "ouro branco" do Nordeste, principalmente depois da disseminação da praga do bicudo. O efeito desta praga no algodoeiro somente teve grande dimensão em virtude das deficiências do processo produtivo, tais como o plantio de sementes não selecionadas, resultando em baixa produtividade da cultura; as relações arcaicas de posse e uso da terra, refletindo no manejo inadequado do solo e o reduzido uso de insumos modernos (Campos, 1991).

Esses são apenas alguns destaques para ilustrar as disparidades no nível tecnológico entre assentados de diferentes regiões. É evidente que as diferenças regionais no Brasil já estão historicamente conhecidas e explicitadas na literatura especializada. Porém, era de se esperar que um programa de reforma agrária que se propõe a transformar a estrutura fundiária vigente propiciando, dentre outras coisas, o aumento na produtividade agrícola (INCRA, 1985), seja capaz de dotar os agricultores de todas as regiões de tecnologia e capacitação técnica que lhes possibilite condições adequadas para o desenvolvimento de uma agricultura moderna.

Na grande maioria dos indicadores de nível tecnológico, os assentados do Ceará, e do Nordeste, encontram-se ainda bastante distanciados do nível já atingido pelos agricultores do Sul. Além dos destaques já comentados, no que se refere às sementes ou mudas selecionadas, somente 38,62% dos assentados entrevistados no Ceará declararam usá-las, enquanto que o percentual para o Sul foi de 76,62%. A diferença também é significativa quando se trata do uso de mecanização como pode ser visto na Tabela 2. Entretanto, destaca-se a proximidade em termos percentuais dos resultados apresentados sobre tratos culturais adequados.

Com relação ao conjunto de indicadores que dizem respeito à pecuária, observam-se também percentuais muito baixos de adoção de tecnologia. À exceção do controle de sanidade animal (58%), a grande maioria dos indicadores apresentam índices de adoção abaixo de 26%. Vale ressaltar que, quando comparado com o próprio Nordeste, o Ceará apresenta percentuais mais elevados de uso de práticas de criação e manejo animal.

Na verdade, era de se esperar que no setor da pecuária o nível tecnológico tivesse evoluído significativamente, uma vez que as dificuldades decorrentes das intempéries climáticas têm quase que impossibilitado a agricultura, restando à pecuária um papel importante na geração de renda monetária e sobrevivência dos assentados. Porém, nem mesmo esta evidência parece ter sido suficiente para mobilizar as ações necessárias à modernização das atividades pecuárias nos assentamentos do Ceará.

É provável que o nível tecnológico tenha sofrido influência das dificuldades enfrentadas pelo sistema de assistência técnica e extensão rural. Particularmente no Ceará, a extensão rural foi desestruturada em virtude da decisão governamental de reformular o sistema. Com o surgimento de um impasse entre os extensionistas e o governo, este último optou por ignorar esse setor e isto levou a uma omissão do Estado no atendimento aos agricultores. Apesar das críticas ao modelo tradicional de extensão rural e assistência técnica no Estado, o trabalho dos extensionistas ainda é reconhecido como importante para a modernização da agropecuária cearense.

Quando perguntados sobre a opinião quanto ao nível de atendimento da assistência técnica, 29,91% dos assentados no Ceará declararam que é bom e 28,04% declararam que é regular. Estes percentuais estão mais próximos daqueles encontrados nas Regiões Sul (33,92% e 29,21%, respectivamente) e Sudeste (30,38% e 19,92%, respectivamente) do que até mesmo no Nordeste (16,62% e 16,72%, respectivamente). Além disso, 28,50% dos assentados cearenses disseram que não têm atendimento, enquanto que a média nacional é de 42,90%. O restante dos entrevistados, 13,55%, declararam que têm atendimento, mas é precário.

Este quadro aparentemente incoerente em termos da impressão que os assentados no Ceará têm da assistência técnica pode, na verdade, refletir as ações da chamada extensão não-oficial. Algumas ONGs e até mesmo as cooperativas criadas pelos trabalhadores rurais têm ocupado parte do espaço vazio deixado pela extensão oficial. Mesmo assim, este esforço ainda não foi capaz de ser determinante na melhoria do nível tecnológico nos assentamentos.

Nível de educação dos assentados

A taxa de alfabetização, considerando pessoas de 15 anos ou mais no Ceará, é de 68,5% (IPLANCE, 1996). Apesar dos dados apresentarem uma evolução, uma vez que em 1970 esta taxa era de 45%, os valores ainda são tímidos mesmo comparando com o Brasil que apresenta uma taxa de 84,4%. Nas áreas de reforma agrária no Ceará este percentual cai para 50,17%. Ou seja, 49,83% dos assentados entrevistados declararam ser analfabetos. O Ceará se destaca como sendo o Estado que apresenta o maior número de assentados analfabetos, numa média de 29,52% no Brasil. É sabido que esse percentual pode ainda estar subestimado, considerando que muitos daqueles que declararam ter alfabetização incompleta ou completa e mesmo as séries iniciais do primeiro grau podem, na prática, ser também considerados analfabetos.

Em geral, estes dados parecem confirmar a negligência para com a educação e a incompreensão do papel que ela desempenha no desenvolvimento econômico e social. Uma vez que a reforma agrária não se resume à distribuição de terras e exige a implementação de medidas complementares, em particular um amplo programa de educação de jovens e adultos, era de se esperar que pelo menos a alfabetização dos beneficiários fosse objeto prioritário da ação do governo. Na verdade, no que se refere à educação técnico-profissional, muitos assentados participaram de treinamentos que propiciaram o conhecimento de algumas técnicas agrícolas. Entretanto, supõe-se que esta capacitação profissional foi dissociada da educação formal tão necessária aos assentados.

De acordo com Paula (1991), a educação não-formal, que se dá por meio de seminários, reuniões, encontros, congressos, cursos e visitas a outras unidades reformadas, contribui significativamente para o crescimento em termos de conhecimentos dos assentados. Nos eventos promovidos pelos sindicatos e associações, pelas instituições públicas, pela Igreja, dentre outros, os agricultores passam a compreender o significado de muitas coisas estranhas a eles. Pode-se até dizer que isto contribui para o aspecto formal da educação, na medida em que muitos dos assentados utilizam uma linguagem que levaria anos para ser adquirida nas escolas. Por outro lado, a capacitação técnica a que eles têm acesso permite a formação de alguns especialistas em várias áreas que são extremamente importantes para os assentamentos, tais como as técnicas agrícolas, as técnicas em pecuária, administração e contabilidade rural, construções e carpintaria.

Todavia, o baixo nível de educação formal, principalmente entre os chefes de famílias, dificulta a ação de outras iniciativas de modernização das atividades produtivas e de melhoria nas condições de vida dos assentados.

Conclusões

Os resultados do Censo e da Pesquisa Amostral apresentam evidências de que as articulações institucionais no Ceará foram determinantes para a ampliação da área desapropriada e do número de famílias atendidas. Entretanto, do ponto de vista qualitativo, os indicadores analisados demonstram que a reforma agrária ainda não surtiu os efeitos necessários. Os níveis educacionais e tecnológicos são muito baixos, até mesmo em relação a outros Estados brasileiros. Os esforços dos técnicos não foram suficientes para romper com os traços tradicionais e conservadores que marcam a agricultura cearense. É interessante destacar que a dedicação dos técnicos aparece pontualmente, no nível de atendimento da assistência técnica. Um nível de bom (29,91%) e regular (28,04%) que comparativamente com outros Estados, como foi mostrado em partes anteriores, enquadra-se positivamente.

O baixo padrão tecnológico se, por um lado pode ser explicado pelos traços tradicionais presentes na cultura sertaneja, por outro lado, pode ter uma forte relação com as políticas dos últimos governos que não consideraram a agricultura como um setor importante para a economia do Estado. A constatação de que a vocação do Estado não é a agricultura passou a ser o carro-chefe da política econômica. Este diagnóstico teve sérias conseqüências nos órgãos gestores de uma política agrícola, como também, na extensão rural. O campo não só ficou vazio, em termos de força de trabalho, como também, de uma política agrícola efetiva.

Os projetos de assentamento, com suas exceções, não conseguiram romper com o cinturão de miséria. Como também, não atingiram um quadro econômico esperado: o aumento da renda familiar e uma maior produção agrícola. Os projetos que atingiram melhores condições econômicas são justamente os que possuem melhores padrões organizacionais. O elemento diferenciador foi dado, essencialmente, pelas cooperativas dos assentados. Quando os assentados se organizam, em torno de cooperativa, a possibilidade de superação de um quadro adverso é bastante promissor. Como por exemplo: os projetos de assentamento Santana, em Monsenhor Tabosa, e Lagoa do Mineiro, em Itarema.

No Ceará existem nitidamente três blocos de projetos de assentamento. Um primeiro, composto pelos projetos que superaram o cordão de miséria, passando para um outro patamar de produção agrícola. Os dois assentamentos citados acima são os exemplos mais característicos. Este bloco tem a forte marca da atuação das cooperativas, possuindo uma complexa organização interna. A assistência dos órgãos do Estado funcionam de uma forma complementar, basicamente em termos de orientação técnica e organizacional. Esta complementaridade decorre do grau de organização conseguido, que possibilita uma autonomia frente a assistência técnica do Estado.

O segundo bloco é composto, basicamente, pelos projetos que conseguiram melhorar a produção agrícola, implicando melhores condições de vida para os assentados, mas que entretanto estão em uma dependência direta da assistência técnica e creditícia do governo, como é o caso do assentamento Vitória, no município de Itatira.

Por último, o terceiro bloco é constituído pelos projetos com uma forte marca da miséria, da pobreza e que o Estado não oferece nenhuma assistência técnica. Um exemplo típico é o assentamento Croatá/Ramada, no município de Itapipoca, que enfrentou a transição entre o final do Governo Sarney e o governo Collor sem praticamente nenhuma assistência.

"Aqui melhorou porque a gente não paga mais renda, mas o INCRA nos abandonou e a gente às vezes não sabe o que fazer" (Camponês, de uma propriedade desapropriada). Para a maioria dos camponeses-assentados, depois da desapropriação, o INCRA passa a ocupar o lugar do antigo patrão. Com a desapropriação, ocorre uma ruptura com as antigas relações sociais entre proprietário de terra e camponês, como também começa a engendra-se um "novo elo", entre o camponês e o Estado (Barreira, 1992: 131). Este "novo elo" fornece os contornos do camponês enquanto cidadão, com direitos e deveres. Este aspecto está possibilitando que o ato de desapropriar, que é trabalhado pelo Estado como um direito outorgado ou simplesmente como uma ação jurídica administrativa, ultrapassa os seus limites. Colocando o processo de desapropriação, além de uma reforma agrária localizada e efetivada em determinados pontos, com limites bem precisos.

Referências bibliográficas

BARREIRA, César. *Trilhas e atalhos do poder: conflitos sociais no sertão*. Rio de Janeiro: Editora Rio Fundo, 1992. 193 p.

BERGAMASCO, Sônia Maria P. e NORDER, Luiz Antônio C. *O que são assentamentos rurais*. São Paulo: Brasiliense, 1996. 88 p.

CAMPOS, Robério Telmo. *Efeitos do ataque do bicudo na cotonicultura do semi-árido cearense*. Recife, UFPE, 1991 (Tese de Doutorado).

GRAZIANO DA SILVA, José. *A nova dinâmica da agricultura brasileira*. Campinas: UNICAMP.IE, 1996. 217 p.

INSTITUTO NACIONAL DE COLONIZAÇÃO E REFORMA AGRÁRIA – INCRA. *Plano nacional de reforma agrária: Decreto no 91.766 de 10 de outubro de 1985*. Brasília. 64 p.

______. *I censo da reforma agrária do Brasil*. Brasília, 1997. 133 p.

INSTITUTO DE PLANEJAMENTO DO CEARÁ – IPLANCE. *Desenvolvimento do Ceará: análise dos indicadores sociais mais recentes*. Fortaleza, 1994. 68 p.

MARTINS, Mônica Dias. *Os desafios da cooperação nos assentamentos de reforma agrária*. Fortaleza: ANCA/BNB, 1994. 111 p.

PAULA, Luiz Antônio Maciel de. *Reforma agrária como uma estratégia de desenvolvimento*. Fortaleza: UFC, 1991. 130 páginas (Dissertação de Mestrado).

Tabela 1 – Freqüência relativa da participação dos beneficiários em organizações no Ceará, nas Regiões Nordeste e Sul e no Brasil – 1996

Participação em organizações	Ceará (%)	Nordeste (%)	Sul (%)	Brasil (%)
Igreja	45,54	51,41	72,68	53,27
Cooperativa	4,46	4,98	27,32	7,66
Associação	68,00	58,40	29,51	52,85
Sindicato	28,31	31,98	29,64	27,96

Fonte: I Censo da Reforma Agrária – INCRA/CRUB/UnB

Tabela 2 - Freqüência relativa dos assentamentos que utilizam tecnologia no Ceará, nas Regiões Nordeste e Sul e no Brasil - 1996

Tecnologia	Ceará (%)	Nordeste (%)	Sul (%)	Brasil (%)
Sementes ou mudas selecionadas	38,30	37,32	76,62	38,76
Tratos culturais adequados	52,40	52,13	48,14	41,69
Uso de mecanização - tração animal	31,80	19,75	77,72	17,28
Uso de mecanização - tração motora	20,70	22,08	59,42	20,25
Uso de adubação química	2,49	21,14	85,56	20,85
Uso de adubação orgânica ou verde	15,30	25,44	58,73	21,47
Utilização de defensivos agrícolas	55,70	43,40	65,34	34,48
Práticas de irrigação e drenagem	11,10	7,37	9,9	3,88
Correção de solo	1,99	8,68	65,47	11,73
Práticas de conservação de solo	7,13	10,02	46,91	9,97
Manejo racional das pastagens	22,20	16,60	51,31	24,87
Armazenamento e conservação de forragens	6,80	6,37	21,18	5,19
Utilização de ração concentrada	23,20	12,84	37,55	10,30
Mineralização	26,50	21,97	69,60	33,39
Controle de sanidade animal	58,00	41,79	77,44	45,78
Práticas de melhoramento de rebanho	16,70	10,74	30,81	11,36
Outro sistema de desenvolvimento próprio	24,90	18,89	12,24	17,09

Fonte: I Censo da Reforma Agrária – INCRA/CRUB/UnB

Reforma agrária na Região Sul

Mario Riedl[1]
Zander Soares Navarro[2]

Neste artigo trataremos da situação atual dos assentamentos rurais nos Estados do Rio Grande do Sul, Santa Catarina e Paraná, região na qual a questão agrária, por uma série de fatores e circunstâncias históricas, tem se caracterizado por assumir contornos muito específicos e cruciais, comparativamente a outras Regiões do País.

O artigo está organizado em três partes. Na primeira, procedemos a uma breve análise sobre a estrutura fundiária na Região; na segunda parte, a ênfase será sobre a atuação das forças sociais atuantes no meio rural da Região; e finalmente, na terceira parte procederemos a uma análise dos dados obtidos por meio do 1° Censo da Reforma Agrária nos três Estados meridionais. Nas duas primeiras partes, a ênfase será sobre o Estado do Rio Grande do Sul, realidade com a qual os autores estão mais familiarizados.

A estrutura fundiária no Estado do Rio Grande do Sul

A estrutura fundiária do Rio Grande do Sul, sem nenhuma surpresa, é caracterizada pela alta concentração da propriedade da terra. Segundo o censo de 1980, as propriedades de 500 hectares e mais (1,7% do total de estabelecimentos) detinham 42,9% da área total, enquanto que os estabelecimentos com 100 hectares e menos (92,6% do total de estabelecimentos) detinham apenas 33,4% do total da área privadamente apro-

1 Professor do Programa de Pós-Graduação em Sociologia da Universidade Federal do Rio Grande do Sul (UFRGS), Professor Visitante do Curso de Pós-Graduação em Extensão Rural da Universidade Federal de Santa Maria (UFSM) e supervisor do Censo da Reforma Agrária no Rio Grande do Sul.

2 Professor da Programa de Pós-Graduação em Sociologia da Universidade Federal do Rio Grande do Sul (UFRGS).

priada no Estado – tal situação permaneceu virtualmente inalterada, de acordo com o censo agropecuário de 1985, também inexistindo razões significativas para supor que mudanças nesses parâmetros tenham ocorrido até a presente data. Estas proporções vinham mostrando um aumento do grau de concentração, se comparadas com os censos anteriores, em especial com o de 1970 – refletindo assim o processo de modernização desencadeado durante os anos 70 pelos governos militares, que transformou principalmente os Estados do Sul do País e que se caracterizou por ser altamente excludente, do ponto de vista do porte dos produtores.

Outros indicadores relativos à estrutura de posse da terra revelam que o Estado apresentava um índice de Gini equivalente a 0,763 em 1980, quando o Brasil apresentava um índice de Gini relativamente superior (0,859), sem dúvida refletindo a estrutura de propriedades das regiões coloniais, que "suavizam" modestamente o índice. Se fossem comparados os menores estabelecimentos com os maiores a relação mostraria, por outro ângulo, a mesma concentração da propriedade da terra: em 1980, 50% dos estabelecimentos rurais, contados a partir dos de menor área (aproximadamente 250 mil estabelecimentos no Rio Grande do Sul) detinham apenas 7% da área total (2,4% para o Brasil), enquanto que 5% dos estabelecimentos rurais, contados a partir dos maiores (aproximadamente 25 mil estabelecimentos) detinham 60,6% do total da área apropriada no Estado.

As médias propriedades (aqui consideradas como tendo de 100 a 500 hectares) representavam, em 1985, 5,5% do total dos estabelecimentos, ocupando 24,1% da área agrícola. Se comparadas com o censo de 1970, apresentaram ligeiro incremento em número e em área, provavelmente refletindo sua nítida inserção no processo de modernização agrícola então desencadeado, neste caso estimulado, em particular, pela dinâmica ação, na década de 70, do chamado "sistema cooperativista". Nos anos 80, por sua vez, provavelmente tal crescimento tenha sido sustado, em virtude da diminuição de incentivos creditícios repassados pelas cooperativas e o arrefecimento do processo de modernização tecnológica que experimentaram na década anterior.

As grandes propriedades, em relação à sua natureza capitalista, inserção nos diferentes mercados (de trabalho, insumos e produtos), de formato tecnológico, de utilização de mecanismos de financiamento, etc., variam conforme a região e a sua tradição produtiva. Provavelmente, os grandes produtores mais desenvolvidos, do ponto de vista de uma típica racionalidade capitalista, sejam os arrozeiros, que utilizam em especial as regiões do sudeste e partes do sul do Estado, mas estendem-se também, em menor número, nas proximidades de toda a faixa litorânea, até a fronteira com Santa Catarina. São os produtores mais organizados e com maior influência em aparatos do Estado, nos partidos políticos e em muitos municípios participam ativamente da vida política, elegendo, nas recentes disputas eleitorais, diversos prefeitos. Os protestos que ensejaram, nos anos mais recentes, visando obter um plano de renegociação das dívidas do setor, demonstraram a inegável força política desses produtores. Segundo levantamentos ofi-ciais, são responsáveis por aproximadamente 40% da produção orizícola brasileira.

Normalmente, os arrozeiros têm apresentado grande proximidade com os pecuaristas, em termos políticos, em ações eventualmente organizadas e, até mesmo, porque uma elevada proporção dos arrozeiros são arrendatários dos pecuaristas mais tradicionais, em muitas regiões. Os produtores de gado são, no entanto, em larga medida, ainda bastante atrasados em termos tecnológicos e não podem nem mesmo ser comparados com os pecuaristas de outras regiões do centro e do Centro-Oeste do País, muito mais desenvolvidos neste aspecto. A pecuária gaúcha é de pobre desenvolvimento, seja qual for o parâmetro utilizado e, em algumas regiões, como alguns municípios do centro do Estado, são ainda mais frágeis as suas características produtivas. Entretanto, mesmo em vista desta precariedade tecnológica e produtiva, são propriedades que, no geral, apresentam indicadores de utilização da terra e produtividade que protegem-nas de atos desapropriatórios para fins de reforma agrária e formação de novos assentamentos, sendo este um dos principais entraves que uma política para o setor encontra no Estado, isto é, a localização de imóveis rurais passíveis de desapropriação segundo os parâmetros indicados pelas leis e normas existentes.

Outra fração dos grandes produtores são os "granjeiros", formados, muitos deles, em associação com o desenvolvimento recente da soja e que, algumas vezes, eram originalmente médios produtores, mas beneficiaram-se do crédito farto e barato dos anos 70 para aumentar o seu porte econômico e o tamanho de suas propriedades. Geralmente ocupam o chamado Planalto Médio, uma região que, genericamente, se estende de Passo Fundo até a fronteira, na região das Missões, passando por Ijuí, berço da expansão deste cultivo no Estado.

Outros segmentos empresariais rurais são em menor número e expressão econômica, como produtores de vinho na fronteira com o Uruguai (Livramento), de maçã em Vacaria, ovinos em muitos municípios do sul do Estado (o Rio Grande do Sul respondendo por mais da metade do rebanho nacional), pomares citrícolas em alguns municípios, etc.

O latifúndio, entendido como uma forma de propriedade típica do meio rural brasileiro, caracterizado por exercer padrões de dominação política clientelística e exploração econômica extensiva, de baixa produtividade, tem diminuído em número no Estado, em razão de seu processo recente de modernização. Hoje não são muitas as regiões onde é possível identificar um maior número de propriedades com tais características – são, por exemplo, as regiões formadas pelo triângulo Cruz Alta – Santiago – São Gabriel e, certamente, em muitos municípios da fronteira, salvo honrosas exceções, onde a proporção de estabelecimentos rurais acima de 1.000 hectares portando tais características é relativamente comum.

Em vista do processo de ocupação da terra, as pequenas propriedades são, em sua larga maioria, estabelecimentos privados, conformando as chamadas "zonas coloniais", tipicamente em torno de 25 hectares, área que tem em geral diminuído em função de pressões demográficas e devido ao fechamento da fronteira agrícola no Estado, inviabilizando o acesso à terra por parte dos filhos dos colonos. No alto Uruguai, por ter sido uma das últimas regiões a serem ocupadas, as áreas delimitadas, no processo de ocupação, foram no geral menores, tornando ainda mais precárias as condições de vida e de produção nesta região. Os pequenos produtores com acesso temporário à terra (parceiros, arrendatários, etc.) tem diminuído o seu número, ao longo das últimas duas décadas, em virtude de sua inadequação a uma racionalidade capitalista que se instalou no meio rural gaúcho nestes anos recentes. Como resultado deste fato, em vista da redução da oportunidade de emprego que tais formas representavam, é evidente que estes produtores acabaram por engrossar as correntes migratórias.

Assim, se os arrendatários no Estado eram 85.730 unidades em 1970, caíram para 70.965, em 1985 (aqui incluídos, no entanto, os arrendatários capitalistas dedicados à orizicultura). Nas mesmas datas censitárias citadas, os ocupantes (posseiros) experimentaram uma redução em seu número, de quase 45 mil para 38.814 casos relatados em 1985. Os pequenos proprietários, por sua vez, constituem a ampla maioria do total de estabelecimentos agrícolas: segundo o censo de 1985, do total de estabelecimentos com uma única condição legal de terras (e que são 87% do total de estabelecimentos), 75% eram proprietários, em todos os estratos de tamanho de área. Tomando, contudo, os estabelecimentos com até 50 hectares e condição legal única de suas terras – conformando 87% do total de estabelecimentos – se vistos como o universo dos pequenos produtores, 75% eram proprietários, 16% arrendatários e 9% eram ocupantes.

As novas forças sociais em áreas rurais do Sul do Brasil

Vário fatores contribuíram para o surgimento, na cena política, de movimentos sociais rurais e suas organizações no sul do Brasil. Estes fatores já foram antes apontados (Navarro, 1994a), não sendo necessário repeti-los à exaustão. Suficiente será, por certo, apenas apontar que são três os fatores principais. Primeiramente, o processo de liberalização política do final dos anos 70 e a formação gradual das condições que permitiram a transição política brasileira, ampliando o grau de liberdade para exercer atividades de proselitismo informadas pela contestação social. Em segundo lugar, a intensa modernização capitalista em áreas rurais do centro e sul do País (afetando, sobremaneira, Estados como o Rio Grande do Sul, Paraná e São Paulo) e seus profundos impactos, de variadas ordens, e, finalmente, a ação decisiva dos chamados "setores progressistas" da Igreja Católica (especificamente no caso gaúcho, também como resultado das iniciativas de mediadores ligados à Igreja Luterana).

Esse fatores convergentes, a partir do final da década de 70, somaram-se às características sócioculturais, em especial, das regiões de "colônia" nos três Estados do Sul, onde predominam os agricultores familiares de origem européia, que ocuparam tais regiões em levas migratórias sucessivas, entre a segunda década do século passado e os primeiros anos do atual (no Rio Grande do Sul), estendendo-se até os anos 50, já no sudoeste do Estado do Paraná, quando as " terras livres" teriam se esgotado. As condições de ocupação da terra e as iniciativas destes migrantes, ao longo do tempo, determinaram a formação de comunidades rurais relativamente coesas e com características sócioculturais singulares, relativamente ao restante das áreas rurais do País, particularmente no tocante aos índices de alfabetização e à existência de oportunidades educacionais, aliado à intensa atividade comunitária, criadora de um sentido de identidade social raramente encontrado em outras regiões. Com o desenvolvimento da produção agrícola, ao longo deste século, também outras facetas iriam concretizar-se nestas regiões de colonos de origem européia, com as condições de vida e de trabalho tornando-se pelo menos razoá-veis, quando comparadas com o restante do mundo rural brasileiro, como antes indicado. No caso gaúcho, por exemplo, trata-se do Estado onde são mais elevados os índices de eletrificação rural e de educação rural, em todo o Brasil, além de, no geral, também indicar expressivos indicadores de posse de equipamentos de conforto doméstico, mecanização agrícola e outros.

Neste contexto, a extraordinária transformação produtiva estimulada pelos governos militares, a partir do final dos anos 60, e que desenvolveu-se mais intensamente durante toda a década seguinte, promoveu transformações sociais de forte impacto, com conseqüências sociais adversas. Sem repetir detalhes e estatísticas hoje disponíveis e oferecidas por analistas diversos, deve ser salientado, pelo menos, que as oportunidades de emprego e ocupação tornaram-se extremamente escassas com as mudanças produtivas e tecnológicas ensejadas pela modernização capitalista. De um lado, esgotaram-se as fronteiras agrícolas existentes e, de outro lado, o preço da terra, como resultado da intensificação econômica de tais atividades agrárias, elevou-se. A forma tradicional de reprodução social da agricultura familiar das colônias, em decorrência, tornou-se aos poucos inviável, não sendo mais nem possível a aquisição de outros lotes de terra, para os filhos que formavam novas famílias, e nem também viável, por outro lado, a permanência de um número excessivo de membros do grupo familiar na mesma área dos pais, em vista da exigüidade do estoque de terra. Desta forma, não mencionando os impactos de outros processos de diferenciação social e de pressão econômica sobre tais agricultores, pelo menos este fato (o esgotamento das formas usuais de reprodução social) acabou por gerar intensas correntes migratórias de origem rural nos anos 70, dirigidas principalmente aos emergentes setores industriais da região ou, então, alternativamente, dirigindo-se às novas regiões agrárias do Norte do país.

Em síntese, uma tessitura sóciocultural nas regiões coloniais do Sul razoavelmente sólida, fortemente desenvolvida em termos de identidade social e de um sentido de comunidade, que passou, a partir das transformações produtivas daquele período, a sofrer intensas ameaças de esgarçamento e fragmentação, inclusive impedindo as formas tradicionais de reprodução social, pelos impactos de processos econômicos novos. A mercantilização da vida social, típica de tais momentos de transformação, mostrava assim uma face "perversa" sobre a qual a ação de mediadores religiosos, imbuídos de uma nova "compreensão do mundo" (a chamada Teologia da Libertação), em um clima de liberalização política então desenvolvendo-se, encontraria campo fértil e promissor. Multiplicaram-se os eventos patrocinados pelos setores religiosos da "Igreja progressista" nas comunidades rurais, em que uma ainda indefinida "nova sociedade" era ofertada aos agricultores e suas famílias e o discurso polarizador, situado entre os "males do capitalismo" e uma vaga "sociedade alternativa", apresentava os caminhos para a ação social. A "organização do povo" era a chave-mestra para superar as dificuldades então vividas e a inserção das populações no mundo da política parecia ser a única alternativa possível aos impactos econômicos então experimentados pelas comunidades rurais.

Não é nosso objetivo discutir aqui a natureza da ação dos mediadores religiosos e seus resultados mais amplos, mas um de seus impactos mais visíveis seria rapidamente materializado – a formação de uma impressionante geração de líderes rurais, extraídos dos segmentos mais jovens, educados politicamente pelos mediadores religiosos, e que desenvolveram intensa atividade política desde o início dos anos da década de 80, sendo responsáveis, em larga medida, por variadas mudanças, tanto na consecução de novos assentamento rurais, como também no sentido mais amplo da democratização das relações sociais e da vida político-institucional, em diversas regiões agrárias do Sul do País.

O outro resultado é ainda mais importante, pois desenvolveu entre centenas de comunidades rurais a consciência da necessidade de representação social que ultrapassasse os meros limites da pequena comunidade rural. Afinal, se os processo econômicos eram societários, mais amplos, tanto em relação às suas origens, quanto em face de seus mecanismos de ação, e também quanto aos meios que em tese se poderia utilizar para modificá-los, a ação coletiva não podia mais restringir-se ao ambiente meramente localista e reduzido da comunidade rural, exigindo ser ampliado, pelo menos, ao campo do município e, talvez, até mais amplamente. Com tal "compreensão do mundo", a proposta de organização do "povo rural" e a consecução de formas diversas de representação social vicejou fácil e rapidamente, logo estimulando o surgimento das primeiras iniciativas populares que, posteriormente, formaram o embrião dos movimentos sociais surgidos na primeira metade dos anos 80.

Análise dos dados do Censo da Reforma Agrária

Nesta parte procederemos à análise dos dados consolidados, obtidos pelo 1° Censo Brasileiro da Reforma Agrária, para os Estados do Paraná, Santa Catarina e Rio Grande do Sul. Na medida do possível, apresentamos também os dados para o País, oportunizando, assim, uma interessante análise comparativa.

A Região Sul é considerada crítica para fins de reforma agrária no Brasil em função do esgotamento de sua fronteira agrícola há várias décadas e da organização e conscientização de sua população rural, refletido no Movimento dos Trabalhadores Rurais Sem-Terra (MST), no movimento sindical e na significativa presença de organizações cooperativas. Em relação a este particular, cumpre ressaltar que a Região Sul historicamente tem se caracterizado por sua dinâmica organizacional no meio rural sem paralelo no País, o que permite explicar, provavelmente, algumas diferenças significativas perceptíveis nos dados analisados nesse trabalho, quando se compara a realidade dos assentamentos dessa região com o restante do País.

Nos Estados da Região Sul o Censo da Reforma Agrária realizou-se com relativo sucesso, como se pode constatar pelos dados da Tabela 1.

Tabela 1 – Total estimado de beneficiários, por Estado – 1996

Estado	Beneficiários recenseados	Estimativa de não-atingidos	Total de beneficiários estimados	INCRA: capacidade de beneficiários	Razão entre CENSO e INCRA
Paraná	3.118	20%	3.741,6	4.841	77,29%
Santa Catarina	2.756	10%	3.031,6	3.447	87,95%
Rio Grande do Sul	2.604	10%	2.864,4	2.964	96,64%
Região Sul	8.478	-	9.637,6	11.262	85,65%
Brasil	159.778	-	197.440,36	254.173	77,68%

Nessa tabela, a estimativa de não atingimento refere-se ao número de famílias não entrevistadas pelo Censo, por diversas razões, segundo estimativas do Supervisor do Censo no respectivo Estado. A coluna identificada por: " INCRA: capacidade de beneficiários" diz respeito ao total de famílias assentadas em cada Estado, segundo os registros do INCRA. A defasagem entre as famílias efetivamente recenseadas e as assentadas pelo INCRA (última coluna), permite especular sobre eventuais abandonos de lotes e/ou reagrupamento de famílias e lotes após a concretização dos assentamentos. De qualquer forma, com exceção do Paraná, onde essa defasagem foi superior a 20%, pode-se concluir que, na Região Sul, a maioria das famílias assentadas permanece em seus lotes, apesar das dificuldades e obstáculos enfrentados pelo setor primário de produção no País.

Quanto ao período de criação dos projetos de assentamento, verifica-se que, pela Tabela 2, no caso da Região Sul, mais de 2/3 dos assentamentos foi efetivado no período de 1986 a 1994, durante os governos Sarney, Collor e Itamar Franco. Vale lembrar que os dados referem-se aos assentamentos efetuados até 1° de outubro de 1996, data limite para fins de recenseamento. Vários novos assentamentos foram concretizados após essa data, o que deverá modificar significativamente o volume de famílias assentadas no governo Fernando Henrique Cardoso. Sabe-se, contudo, que grande parte dos assentamentos realizados nos últimos anos o foram nas Regiões Norte e Nordeste, enquanto que uma quantidade quase simbólica de assentamentos aconteceu nos Estados da Região Sul. Uma constatação definitiva que os dados permitem comprovar refere-se ao insignificante volume de famílias assentadas durante os governos militares (1964-1985). Apesar de contar com instrumentos legais poderosos, como o Estatuto da Terra (promulgado em novembro de 1964), e a relativa subserviência dos Poderes Legislativo e Judiciário, os sucessivos governos militares assentaram menos de 5% das famílias da Região Sul e apenas 8,4% no Brasil, apesar da explosiva situação do campo.

Tabela 2 – Distribuição das famílias segundo o ano de criação dos projetos de assentamento

Paraná	316	2.150	593	10	10,35	70,01	19,31	0,33
Santa Catarina	82	1.986	655	2	3,01	72,88	24,04	0,07
Rio Grande do Sul	2	1.612	943	13	0,08	62,72	36,69	0,51
Região Sul	402	5.748	2.191	25	4,81	68,71	26,19	0,30
Brasil	13.246	82.770	55.692	6.051	8,40	52,47	35,30	3,84

Outro dado interessante refere-se ao nível de escolaridade das famílias assentadas, fator que pode ser responsável, em grande parte, pelo êxito de um programa de reforma agrária. Conforme se depreende dos dados da Tabela 3, verifica-se uma situação vantajosa quanto a esse aspecto nos três Estados da Região Sul, quando comparados à situação do Brasil. A presença de analfabetos nos assentamentos do Sul do País é significativamente menor do que no Brasil, sendo que bem mais de 2/3 dos beneficiários na Região Sul apresenta um nível educacional satisfatório (1° grau). Esse contingente de assentados na Região Sul, com um relativamente elevado nível educacional, permite que se vislumbre a oportunidade de oferecer cursos de extensão e de técnicas agrícolas diferenciadas, além de se constituírem em lideranças naturais dentro dos assentamentos.

Tabela 3 – Nível de escolaridade dos beneficiários, por Estado (%)

Nível de escolaridade	Paraná	Santa Catarina	Rio Grande do Sul	Brasil
Analfabeto	13,2	10,9	7,2	29,5
Alfabetizado	5,8	3,2	3,9	13,1
1° a 4° série	61,4	66,2	46,7	39,1
5° a 8° série	14,4	12,4	32,3	10,5
2° grau	1,4	1,2	3,3	2,4
Superior	0,1	0,2	0,4	0,2
Sem resposta	3,7	5,9	6,2	5,2
Total	100,0	100,0	100,0	100,0

Na Tabela 4 apresentamos a situação quanto à forma de exploração da terra nos assentamentos efetuados até outubro de 1996. A exploração da terra pode se dar de forma individual, coletiva ou mista, sendo que esta última identifica a situação na qual o assentado explora parcialmente seu lote de forma individual e outra parte de forma coletiva. Aqui transparece uma situação diferenciada apenas no Rio Grande do Sul, onde 20% dos assentados optou pela forma de exploração coletiva, enquanto que no Brasil apenas 5% dos assentados adotou essa sistemática de produção. Com relação à realidade do Rio Grande do Sul, convém destacar a sua história organizacional, que tem privilegiado a organização coletiva e a solidariedade entre a população rural como estratégia de consecução de objetivos políticos. Além disso, o MST tem sistematicamente difundido a forma de exploração coletiva da terra, seja durante a fase dos acampamentos e ocupações de fazendas, geralmente prolongados, seja na fase de concretização e organização dos assentamentos. Apesar de tudo, na grande maioria dos assentamentos predomina nitidamente a forma individual de exploração da terra.

Tabela 4 – Forma de exploração da terra, por Estado (%) – 1996

Estado	Individual	Coletiva	Mista
Paraná	94,0	1,2	4,8
Santa Catarina	89,6	9,1	1,3
Rio Grande do Sul	72,0	20,5	7,5
Brasil	86,6	5,4	8,0

Como se trata geralmente de áreas pequenas, onde cada família recebe, em média, cerca de 20 hectares, talvez dever-se-ia considerar a possibilidade de criar mecanismos diferenciados para estimular a forma de exploração coletiva da terra, com o que estaríamos assegurando, potencialmente, condições mais vantajosas de produção. Não podemos esquecer, todavia, que o apego à propriedade da terra está profundamente arraigado no Brasil, o que explica a massiva preferência por parte dos assentados pela forma de exploração individual.

Na Tabela 5 abaixo, onde examinamos a relação de trabalho e de produção dos beneficiários, antes da concretização dos assentamentos, verifica-se que todos exerciam atividades ligadas à agropecuária, destacando-se a situação de "arrendatários", "pequenos proprietários", "posseiros" e "parceiros" (esta última relação de trabalho aparece com destaque no Rio Grande do Sul).

Tabela 5 – Perfil da relação de trabalho/produção/situação, por Estado da Região Sul (%) – 1996

ESTADO	Agregado	Arrendatário	Assalariado	Autônomo	Parceiro	Posseiro	Proprietário	Outros
Paraná	4,0	35,0	12,6	1,6	1,3	8,4	8,0	29,1
Santa Catarina	2,6	30,4	1,0	1,0	1,6	26,3	33,0	3,1
Rio Grande do Sul	13,0	15,4	7,3	1,6	26,7	10,0	6,5	5,7
BRASIL	11,0	12,2	12,5	6,5	6,3	26,7	16,4	6,2

A relativamente alta ocorrência de "parcerias" no Rio Grande do Sul deve-se, provavelmente, ao trabalho conjunto de pais e filhos numa mesma propriedade, sabidamente insuficiente para ser formalmente dividida entre os herdeiros legais. Assim, a parceria constitui uma "solução" freqüente. O mesmo deve ser observado em relação ao elevado número de "proprietários" em Santa Catarina. Em muitos casos, essa resposta provavelmente referia-se à propriedade familiar e não do próprio assentado. Finalmente, é importante ressaltar nesses dados que a causa principal a determinar o envolvimento dos beneficiários na luta pela reforma agrária tem sido a inexistência ou insuficiência de terra para exercer suas atividades.

Na Tabela 6 apresentamos os resultados obtidos quanto às práticas tecnológicas adotadas pelos agricultores assentados em suas atividades produtivas.

Por meio da sua leitura, percebe-se que os beneficiários assentados na Região Sul, utilizam-se massivamente das técnicas de produção normalmente recomendadas pelos agentes extensionistas. Destaque especial cabe ao uso da mecanização motora, de sementes selecionadas, da adubação química e orgânica, dos defensivos agrícolas, das técnicas de correção de solo e ao controle de sanidade animal. Cumpre ressaltar, igualmente, que as taxas de adoção das práticas agropecuárias investigadas pelo Censo são significativamente mais elevadas nos três Estados da Região Sul comparativamente às médias nacionais.

Quanto ao nível de satisfação dos assentados em relação à assistência técnica proporcio-nada pelos órgãos públicos responsáveis, percebe-se, pela Tabela 7, que aí

Tabela 6 – Nível tecnológico utilizado nas práticas agropecuárias, por Estado (%) – 1996

Prática tecnológica	Paraná	Santa Catarina	Rio Grande do Sul	Brasil
Sementes selecionadas	90,2	69,6	68,4	38,8
Tratos cult. adequados	43,6	43,3	56,1	41,7
Mecanização animal	80,7	85,1	69,5	17,3
Mecanização motora	69,7	21,1	77,0	20,3
Adubação química	87,9	75,8	90,3	20,9
Adubação orgânica	54,9	47,9	70,3	21,5
Defensivos agrícolas	72,7	55,2	65,4	34,5
Irrigação e drenagem	7,2	3,6	17,1	3,9
Correção do solo	86,4	55,2	52,4	11,7
Conservação do solo	54,9	24,2	55,4	10,0
Manejo pastagens	68,9	22,2	55,0	24,9
Mineralização	87,1	43,3	71,4	33,4
Controle sanidade animal	91,7	60,8	75,6	45,8
Melhoramento do rebanho	34,8	8,3	43,1	11,4

Tabela 7 – Opinião quanto ao nível de atendimento da assistência técnica, por Estado (%) – 1996

Estado	Bom	Regular	Precário	Não existe
Paraná	32,1	28,7	18,9	20,4
Santa Catarina	24,4	28,9	26,4	20,3
Rio Grande do Sul	42,4	29,9	15,7	12,1
Brasil	21,5	18,9	16,8	42,9

reside um dos principais entraves para a consolidação definitiva dos projetos de assentamento. Somando-se as porcentagens das colunas "precário" e "não existe", chegaremos a mais de 1/3 dos assentados com assistência técnica insuficiente ou inexistente nos Estados da Região Sul e a quase 2/3 dos assentados nessa situação no Brasil.

A Tabela 8 permite concluir que a participação social dos beneficiários da reforma agrária na Região Sul do País, medida por meio da participação em diversas organizações formais existentes na região, é relativamente baixa, com exceção da Igreja. Essa insuficiente inserção dos assentados nas organizações referidas revela que as mesmas não têm sido capazes de representar e interpretar devidamente os anseios dessa população, necessitando rever suas estratégias de ação.

Tabela 8 – Participação do beneficiário em organizações, por Estado (%) – 1996

Estado	Igreja	Cooperativa	Associação	Sindicato
Paraná	81,6	31,2	50,4	36,2
Santa Catarina	79,2	18,8	17,8	26,7
Rio Grande do Sul	59,6	29,5	17,5	25,3
Brasil	53,3	7,7	52,9	28,0

As Tabelas de números 9 a 11 objetivam avaliar o nível de vida dos assentados, a partir de indicadores sociais. Vê-se que neste aspecto as condições de vida são relativamente boas para as famílias assentadas nos Estados do Paraná, Santa Catarina e Rio Grande do Sul, normalmente melhores que as condições médias vigentes no País. Tendo em vista que muitos projetos de assentamento são relativamente recentes, pode-se prever que estas condições de vida deverão melhorar a curto prazo, com a expansão da eletrificação rural e a construção de moradias definitivas, entre outros.

Tabela 9 – Tipo de habitação no assentamento, por Estado (%) – 1996

Estado	Alvenaria	Madeira	Lona	Palha
Paraná	13,1	82,6	2,5	1,8
Santa Catarina	16,0	73,7	10,3	-
Rio Grande do Sul	28,9	62,8	7,0	1,2
Brasil	23,0	31,9	1,8	43,4

Tabela 10 – Condições hidrosanitárias da habitação, por Estado (%) – 1996

Estado	Água encanada	Privada	Banheiro	Fossa	Cisterna
Paraná	61,3	21,6	41,5	57,1	21,6
Santa Catarina	46,5	5,4	22,3	67,8	18,8
Rio Grande do Sul	33,6	12,0	27,4	47,6	30,5
Brasil	13,0	9,2	19,0	33,3	19,8

Tabela 11 – Energia utilizada na habitação, por Estado (%) – 1996

Estado	Elétrica	Querosene/Óleo	Biogás	Outros
Paraná	66,7	13,1	5,3	14,9
Santa Catarina	26,7	24,8	34,2	14,3
Rio Grande do Sul	54,5	24,7	6,2	14,6
Brasil	20,0	52,0	5,2	22,8

Com relação à moradia dos assentados, é interessante observar que o costume e a tradição da casa de madeira predominante no meio rural do Sul do País reproduz-se fielmente no interior dos projetos de assentamento, sendo a madeira o material preferido para a construção da habitação. O uso da lona e da palha provavelmente ocorre nos assentamentos mais recentes, sendo seu uso provisório e precário, até a liberação pelo INCRA do crédito específico para a construção da moradia definitiva.

A Tabela 12 procura sintetizar o efetivo animal existente entre os assentados no ano de 1996. A coluna denominada "estoque inicial" refere-se ao número de animais existentes na propriedade em 1° de janeiro de 1996, sendo que os demais dados referem-se à situação do ano de 1996 (até 1° de outubro, data limite para fins de Censo). Percebe-se pelos dados que os animais existentes nos assentamentos destinam-se basicamente ao consumo pelas próprias famílias ou ao trabalho nas atividades agrícolas. A comercialização de animais se restringe fundamentalmente aos suínos e ovinos (no Rio Grande do Sul e Santa Catarina).

Tabela 12 – Efetivo animal dos beneficiários, por Estado (%) – 1996

Estado	Grupo animal	Estoque inicial	Venda	Autoconsumo
Paraná	Aves	35,8	7,4	43,0
	Bovinos	2,5	1,9	1,0
	Ovinos	3,2	2,0	2,1
	Suínos	5,5	2,4	4,0
Santa Catarina	Aves	54,8	12,5	62,1
	Bovinos	3,8	2,7	2,2
	Ovinos	10,4	14,5	12,0
	Suínos	8,2	15,2	10,0
Rio Grande do Sul	Aves	50,2	18,6	60,4
	Bovinos	6,8	3,1	3,5
	Ovinos	12,8	10,4	15,4
	Suínos	12,4	16,8	9,5
Brasil	Aves	28,8	9,8	34,2
	Bovinos	4,0	2,9	1,1
	Ovinos	6,7	3,9	4,2
	Suínos	4,8	3,6	4,2

Finalmente, na Tabela 13 relacionamos os produtos agrícolas que mais contribuíram para a renda familiar obtida pelos assentados nos Estados do Paraná, Santa Catarina e Rio Grande do Sul.

Tabela 13 – Produtos agrícolas que mais contribuíram para a renda familiar, por Estado (%) – 1996

Produto	Paraná	Santa Catarina	Rio Grande do Sul
Milho	25	43	27
Soja	11	5	14
Arroz	10	8	8
Mandioca	12	10	5
Leite	7	9	10
Feijão	7	9	10
Hortaliças	7	5	6
Outros	20	9	21

Vê-se que o milho constitui o produto mais largamente produzido nos três Estados da Região Sul, seguido pela soja, arroz, leite e feijão. Cumpre ressaltar, ainda, a significativa diversificação da produção, não havendo excessiva dependência de nenhum produto.

Nitidamente, percebe-se que a soja, o milho (indiretamente), o arroz (parcialmente), e o leite são os produtos destinados ao mercado, que asseguram a renda monetária dos assentados, enquanto que o feijão, a mandioca e as hortaliças se destinam preferencialmente ao autoconsumo. O milho é largamente utilizado também para a alimentação das aves, do gado leiteiro e dos suínos.

Considerações finais

Mesmo levando em conta que a presente análise tenha sido limitada no seu escopo e nas características abordadas ao longo do trabalho, é possível afirmar que os resultados até aqui alcançados pelo Plano de Reforma Agrária na Região Sul são positivos.

As famílias assentadas nos Estados do Paraná, Santa Catarina e Rio Grande do Sul, embora representando uma parcela minoritária em comparação com o volume de famílias assentadas até hoje no resto do País, sem dúvida experimentaram uma significativa melhoria na sua qualidade de vida, tornando-se cidadãos participantes e conscientes, e interagindo com o mercado.

A parcela dos que abandonaram os seus lotes ou que os repassaram a outras famílias é insignificante na Região Sul. É lícito concluir que se houver um pouco mais de investimentos infra-estruturais (energia elétrica, transporte, saúde e educação), aliados a uma assitência técnica mais eficiente e permanente, por parte do Estado, os projetos de assentamento da Região Sul reúnem todas as condições de uma consolidação, a curto e médio prazo, representando significativos avanços para os assentados, para as comunidades envolvidas e para a sociedade em seu conjunto.

Referências bibliográficas

CAZELLA, Ademar Antônio (1992). "Assentamentos rurais e cooperação agrícola: políticas conflitantes (o caso do assentamento 30 de Outubro, SC)". Rio de Janeiro: CPDA/UFRRJ (dissertação de mestrado).

ESTERCI, Neide *et alii* (1992). "Assentamentos rurais: um convite ao debate". Rio de Janeiro: IFCS/UFRJ (mimeo).

FAO/PNUD/MARA (1992). *Principais indicadores sócio-econômicos dos assentamentos de reforma agrária*. Brasília: Ministério da Agricultura e da Reforma Agrária, Projeto BRA-87/022.

GARCIA, Afrânio (Jr.) (1994). "Geração de rendas, sua distribuição e trejetórias diferenciais em assentamentos de reforma agrária no Brasil (1985-1989): comentários sobre um estudo da FAO", *in*: ROMEIRO *et alii* (org.), *op. cit.*, p. 87-98.

LOVATTO, Paulo Alberto *et alii* (1994). "Assentamentos na fronteira do Rio Grande do Sul: a experiência de Candiota e Hulha Negra". Hulha Negra: Emater/RS (mimeo).

NAVARRO, Zander (1994). "Democracy, Citizenship and Representation: Rural Social Moviments in Southern Brazil, 1978-1990", *in*: *Bulletin of Latin America Research*, 13(2):129-154, Oxford. (Também publicado como "working paper" pelo Center for International Studies do Massachusetts Institute of Tecnology, Cambridge, 1992).

________________. (1994b). "Relatório final de avaliação: a Coopanor e o Assentamento Nova Ramada, Rio Grande do Sul". Porto Alegre, setembro (relatório de pesquisa não publicado).

ROMEIRO, Adhemar *et alii* (org.) (1994) *Reforma agrária: Produção, emprego e renda* (o relatório da FAO em debate). Petrópolis: Vozes (co-edição com Ibase e FAO).

SCHMITT, Cláudia (1992). "O tempo do acampamento: a construção da identidade social e política do colono 'sem-terra'". Porto Alegre: Programa de Pós-Graduação em Sociologia da UFRGS (dissertação de mestrado).

ZAMBERLAN, Jurandir e FLORÃO, Santo Reni (1989). *Assentamentos – resposta econômica da pequena propriedade na região de Cruz Alta.* Cruz Alta, Fundação Universidade de Cruz Alta (um resumo deste estudo, sob o título de "Impactos dos assentamentos na economia de 4 municípios da região de Cruz Alta" encontra-se em GORGEN, frei Sérgio Antônio e STËDILE, João Pedro (orgs.) *Assentamentos: a resposta econômica da reforma agrária.* Petrópolis, Vozes, p. 11-41).

Assentamentos da reforma agrária na fronteira amazônica

Auriléa Gomes Abelém[1]
Jean Hébette[2]

Introdução

O Censo: objetivos e limitações

Ao decidir a realização de o "I Censo Nacional dos Assentados da Reforma Agrária", o Instituto Nacional de Colonização e Reforma Agrária – INCRA, engajou-se num empreendimento de impacto e, de certa forma, de grande porte. E ao assumir, atendendo ao apelo do Ministério Extraordinário de Políticas Fundiárias, a responsabilidade de executá-lo, o Conselho dos Reitores das Universidade Brasileiras demonstrou a solidariedade coletiva das universidades com os problemas cruciais da atualidade nacional; os educadores e estudantes que aceitaram participar desta empreitada se deram uma oportunidade ímpar de sentir de perto a gravidade e a tragicidade da situação do campo, longe da qual a Academia estuda e debate; talvez tenham sido eles os maiores beneficiados pela iniciativa. A originalidade do evento, que lembra a experiência da colaboração das universidades com os problemas sociais, na época do Projeto Rondon, merece reflexão e avaliação.

Os objetivos que sustentaram uma proposta desta envergadura talvez não tenham sido suficientemente explicitados. O que, talvez, seja mais provocativo para a análise do evento seria indagar o que levou ao fato, tão pouco rotineiro, de uma convergência de

---

1 Auriléa Gomes Abelém e Jean Hébette são sociólogos e professores-pesquisadores da UFPa.

2 Colaboraram neste estudo a secretária Elizabete Ordonez, o sociólogo Sebastião R. Silva Jr., os bolsistas do CNPq. Liegi Sarmento (AP), Cesar M. de Souza, Mª de Nazaré Pereira e Rosiete Sarmento (IC).

interesses, geralmente pouco harmônicos, em torno da realização deste Censo. O que explica que o Ministério Extraordinário de Políticas Fundiárias, o Conselho dos Reitores das Universidades Brasileiras, as universidades como comunidades, professores e estudantes, e até sindicatos de trabalhadores rurais e o próprio Movimento dos Sem-Terra que, dificilmente se entusiasmam por uma ação comum tenham, de repente, encontrado interesse convergente neste Censo?

Desde a sua preparação, problemas sérios de montagem e de operacionalização do Censo e de sua Amostra foram identificados e denunciados por estudiosos do campo (Moreira, 1997; Schmith, Marinho e Rosa, 1997). Os Relatórios de aplicação dos questionários, assim como as observações e comentários acrescidos pelos executores de campo, confirmaram as lacunas constatadas, além de apontar outras (Bergamasco, 1997). Em geral, tratava-se de questões técnicas que a leitura e análise do banco de dados nos confirmaram. Um ensaio prévio de metodologia do tratamento dos dados talvez tivesse permitido garantir melhores resultados para a iniciativa.

Gostaríamos de acrescentar a estas avaliações técnicas uma indagação de natureza mais sociológica e, talvez política: por que universidades – reitores, pesquisadores, estudantes – abriram mão de fazer desta iniciativa, ao mesmo tempo que uma forma de cooperação com um órgão do Executivo, uma rica experiência de pesquisa? Tanto mais que, numa *demarche* pouco corriqueira, o INCRA se tinha comprometido a deixar às universidades e organizações rurais o mais livre acesso ao banco de dados. A composição do formulário aplicado, a pressa em realizar o Censo, a própria seleção local dos responsáveis pela aplicação não deixam, pois, entrever objetivamente um interesse científico. Os estudiosos que se debruçarão sobre os resultados do Censo discernirão, no rol das variáveis coletadas, uma finalidade prioritariamente administrativa, muito coerente por parte do INCRA, com o seu objetivo de regulação de um processo de reordenamento da ocupação do espaço rural. Obviamente, outras variáveis poderiam ter contribuído para o entendimento mais profundo deste processo que leva milhões de brasileiros a se aventurarem em demoradas migrações e se encontrarem, eventualmente, em assentamentos rurais. Esta compreensão do processo poderia, certamente, repercutir de maneira positiva sobre as políticas agrárias.

Sem dúvida, os números que estão alinhados nos formulários, nas Tabelas e nos Gráficos que oferecem uma primeira síntese das informações (Relatório, 1997), apresentam elementos importantes da vida dos assentamentos e da vida dos assentados; relevantes, sobretudo, talvez, para os que vêm se dedicando sistematicamente aos estudos rurais e possuem um referencial vivido, tanto concreto quanto teórico, com o qual podem confrontar e cotejar puros números. É neste sentido que, ao realizar o presente estudo, sentimos a necessidade e procuramos as condições de sair da globalidade dos dados e das médias e ir além dos números, dando ênfase à análise de alguns assentamentos do Pará que nossas pesquisas e nossos estudos nos permitiram situar no seu contexto e conhecer melhor.

Metodologia do estudo

O recenseamento de todos os assentados do País foi acompanhado por uma Amostra aplicada a um certo número de assentados em cada assentamento com vistas ao levantamento de dados de natureza não mais individual ou pessoal, mas sim de natureza coletiva e infra-estrutural.

O presente estudo tomou por base primeiro o banco de dados do Censo e de sua Amostra relativos à Região Norte; foram utilizados também as Tabelas e Gráficos elaborados pela Coordenação Nacional e divulgados no Relatório Final (Relatório, 1997), que sintetizam as principais informações em nível nacional e de Estados. Questões práticas de tempo e dificuldades técnicas de acesso aos dados só permitiram explorar de maneira mais profunda a parte referente ao Estado do Pará. Como foi dito acima, extraímos de banco de dados relativo ao Pará algumas informações mais pertinentes para nosso objetivo, para constituir uma amostra de dezessete assentamentos; essas informações concernem, fundamentalmente, o "quem é quem?" nos assentamentos. A essa amostra chamaremos de "sub-amostra paraense", para distinguí-la da Amostra acoplada ao Censo nacional.

Esperamos que um minucioso exame desses dados, confrontados com a nossa experiência da região, nos permita verificar a qualidade do trabalho feito, medir o grau de confiabilidade das informações e entender algo mais do processo de mobilidade espacial e profissional da população migrante e do processo de reordenamento do espaço rural amazônico. Sentimos melhor, ao fazê-lo, as limitações do Censo.

A análise preliminar à qual nos dedicamos procede, portanto, de um confronto entre dados dos níveis estadual e nacional, por meio de comparação entre Estados da Região Norte e o País, entre Estados da Região Norte ou da Amazônia, e de alguns assentamentos específicos do Pará com os dados da Grande Região; chamamos atenção sobre o fato de que certos agregados se referem à Amazônia dita clássica, e, outros, extraídos do Relatório, se referem à Região Norte, que se distingue daquela por incluir também o Estado do Tocantins.

Os dezessete assentamentos aos quais nos referimos foram extraídos dos 111 assentamentos paraenses do Censo, na verdade, dos 102 que passaram pela crítica eletrônica nacional. (Quadro I)

A escolha levou em conta a distribuição regional dos assentamentos e sua distribuição ao longo da cronologia de criação de assentamentos até 1996; esta escolha foi parcialmente dificultada pela impossibilidade de localizar ou identificar os dados de alguns dos assentamentos ou alguns dados relativos a determinadas variáveis dos formulários.

Quadro 1

Região e Nome do Assentamento	Município	Ano de assentamento	
		Aquisição da Terra	Criação do Assentamento
SUL DO PARÁ			
Abóbora	São Geraldo do Araguaia	1988	1988
Água Fria	Eldorado do Carajás	1988	1992
Aperta da Hora	Conceição do Araguaia	1989	1994
Boca do Cardoso	Eldorado do Carajás	1988	1989
Cananara	Conceição do Araguaia	1996	1996
Tancredo Neves	São Felix do Xingu	Arrecadação	1995
SUDESTE DO PARÁ			
Araras	São João do Araguaia	1987	1987
Cinturão verde	Itupiranga	Arrecadação	1991
Geladinho/Murumuru	Marabá	Arrecadação	1988
Paulo Fonteles	São Domingos do Araguaia	1988	1988
Veneza	São Domingos do Araguaia	1988	1988
TRANSAMAZÔNICA			
Campo Verde	Rurópolis	1996	1996
Rio do Peixe	Uruará	Desapropriação	1995
Surubim	Medicilândia	1971	1988
NORTE DO PARÁ			
Cidapar I	Nova Esperança do Pará	1988	1995
Cidapar II	Viseu	1988	1994
Miritapanga	São Domingos do Capim	Desapropriação	1992

Quem é quem nos assentamentos

Assentamentos e dinâmica rural

Ainda que, no País como um todo, se observe, nas duas últimas décadas, uma "desruralização" da população, traduzida por uma taxa geométrica média de crescimento anual negativa (- 0,61), na Região Norte a população rural cresceu a uma taxa de 3,89 ao ano, entre 1980 e 1991, continuando a um ritmo um pouco menor nos últimos anos (Abelém, 1996). Este crescimento, entretanto, tem se concentrado nas áreas de fronteira agropecuária, isto é, essencialmente no Pará, Rondônia e Roraima (Hébette e Moreira, 1996). Esta evolução contraria, até mesmo, a expectativa dos demógrafos que acreditaram que, a partir da segunda metade da década de 80, os atrativos da migração baseados nos efeitos dos investimentos subsidiados em projetos amazônicos deixariam de atrair significativos fluxos de migrantes.

É precisamente na área tradicional de fronteira do Maranhão e na fronteira amazônica mais recente que se concentra a população dos assentamentos do INCRA. Pode-se até acrescentar que é, mais precisamente ainda, nas áreas onde as lutas populares mais se afirmaram no campo e onde está se criando o que chamamos um "novo campesinato" (Hébette, 1997) que estão localizados os assentamentos do INCRA.

Mas, quem são, em 1996, esses antigos e novos assentados?

Quantos são?

A respeito do número de assentados, há uma discrepância forte tanto em nível nacional quanto dos Estados, entre a capacidade de assentamento informada pelo INCRA e o número de beneficiários efetivamente recenseados. Esta mesma discrepância se encontrou na subamostra paraense: de uma capacidade total de 7.264 beneficiários, foram verificados apenas 4.795, isto é, dois terços apenas; as discrepâncias maiores, nesta subamostra, se verificam na Transamazônica e no sul do Pará. O Relatório do Censo (I Censo, 1997) considera que esta discrepância poderia ser atribuída à reconcentração de lotes e sugere que isto esteja se dando nos projetos mais antigos. Se é incontestável o fenômeno de reconcentração da terra nos projetos de colonização e em assentamentos, e aliás na fronteira em geral, existe também uma redivisão de terras; além disso, a subamostra paraense não permite estabelecer uma correlação entre a discrepância notada e a época de criação; não confirma também a hipótese de que o fenômeno seja mais típico dos assentamentos antigos; ela sugere, ao contrário, que o grau de organização social e política possa ter controlado parcialmente essa reconcentração.

Passaram pela crítica eletrônica os resultados de 1.425 dos 1.460 assentamentos criados no País inteiro até final de 1996, objeto do Censo; neles foram identificados 159.778 "beneficiários", isto é, responsáveis pelo grupo doméstico assentado. Os 327 assentamentos da Região Norte contavam com 56.084 beneficiários, isto é, mais de um terço (35,10%) do total; os 233 da Amazônia clássica contavam com 50.623 beneficiários (31,68%). Nos 102 assentamentos identificados no Pará, foram recenseados 21.308 beneficiários, isto é, 13,34% do total do País, 38% da Região Norte, e 42% dos Estados amazônicos; Rondônia, por sua vez, segundo maior Estado de colonização na Amazônia, recenseava 12.016 beneficiários, ou seja, 7,52% do total nacional. Vale mencionar que os Estados da Amazônia mais Maranhão e Mato Grosso agrupam 57% do total de assentados do País; eles representam exatamente a fronteira agrícola que, dos anos 60 até hoje, acolheu os trabalhadores rurais expulsos de seus municípios e Estados.

Beneficiários e cônjuge

A classificação básica adotada pelo Censo em relação aos assentamentos foi a de "beneficiários" e de "cônjuges". Curiosa classificação que faz de um dos membros do casal um "beneficiário" e de outro um "cônjuge", como se ambos não o fossem a igual título. Mais curioso, ou mesmo chocante, que tenha levado a curiosidade até saber se eram casados, amasiados/amigados, separados, desquitados, divorciados, ou ainda simplesmente "outros", e que instituições científicas tenham, em fim do segundo milênio, exercido este tipo de perquirição. Trata-se, obviamente, de uma opção de natureza essencialmente administrativa que contraria a moderna concepção da família. Infelizmente, na prática, ela dificulta a análise por gênero que poderia ser feita para um conjunto de outras variáveis.

Logicamente, tabelas feitas na base de tal discriminação pouca utilidade podem ter para uma análise sociológica dos assentamentos e o conhecimento dos papéis exercidos no cotidiano pelos responsáveis efetivos e solidários de um estabelecimento rural.

O gênero

O tratamento da divisão das pessoas por sexo nas Tabelas do Relatório, obedecendo ao interesse administrativo do INCRA, tem sido feito apenas em termos de "beneficiários" e "cônjuges". Os primeiros sendo também classificados pelo nome de "chefes de família". Dentro desse tipo de classificação encontram-se homens – a grande maioria dos beneficiários – e mulheres, uma minoria, como bem observou Bergamasco (1997), mas que não deixa de ser significativa; muitas delas (37%), inclusive, sem cônjuge; este fato mereceria ser considerado com atenção quando se analisa ou se escreve, muitas vezes de maneira muito preconceituosa, sobre o papel familiar, social ou político, geralmente visto como secundário e subordinado, da mulher no campo.

Em nível nacional, os homens representam 87% dos beneficiários que foram corretamente identificados (Tabela 1 do Relatório); na Amazônia, 86%, embora com variações sensíveis entre os Estados. A desproporção numérica entre homens e mulheres é de 14,31% nos assentamentos da Amazônia e de 12,21% no Pará (ver Tabelas 1.7 e 1.26 do Relatório). Este diferencial do sexo é também verificado por Moura e Moreira (s.d.: 66): "Os fortes diferenciais demográficos prevalecentes nas áreas de fronteira... prevaleceram também de forma marcante com relação ao sexo. Os contingentes migrantes mostraram-se em quase todas as unidades de observação, fortemente ponderados pelo elemento masculino". Ele é confirmado pelos estudos realizados por Droulers, Gerhardt e Théry (1995: 127) a partir do Censo do IBGE de 1991, inclusive com interessante representação em mapa geográfico: "a proporção dos homens é particularmente elevada em regiões pioneiras".

Como se verá adiante, a divisão segundo o gênero repercute sobre o conjunto das variáveis.

A Idade

Os beneficiários de assentamentos se concentram nas faixa etárias de 28 a 57 anos, estabelecidas no Relatório da Coordenação: 65,35% no País; a concentração naquela faixa etária é maior no Pará (69,12%), Rondônia (68,61%), e Roraima (71,72%); mas, em contrapartida, com exceção do Pará, o percentual acima de 57 anos é, na Amazônia, menor do que a média nacional (Tabela 1.4 do Relatório).

Sem condições para recuperar a distribuição por gênero em nível nacional, e utilizando as Tabelas do Relatório, constatamos uma defasagem grande de idade entre beneficiários e cônjuges (categorias que não se confundem com a de homens e mulheres, como já foi dito). Ela é, por exemplo, no Pará de 3,16% para 4,66% respectivamente na faixa de até 19 anos, de 63,10% a 70,90%, respectivamente, na faixa de 19 a 47 anos contra, em sentido contrário, 33,74 para 24,44%, respectivamente, na faixa acima de 47 anos. Esta diferença na estrutura etária entre os assentamentos da fronteira amazônica corresponde ao que foi verificado também por Moura e Moreira (s.d.: 65 e Tabela 21) entre a população tradicional e os migrantes da fronteira do Pará: "Os migrantes, como seria de esperar, tenderam a apresentar proporções bem maiores de pessoas classificadas em idades ativas (15-64 anos) do que os não-migrantes"; naquele estudo, os valores respectivos são de 53,9% e 66,2%, respectivamente, o que caracteriza uma razão de dependência demográfica entre adultos, por um lado e crianças e idosos, por outro lado, bem inferior nas áreas de fronteira.

Na subamostra de 17 assentamentos do Pará, estabelecemos a estrutura etária por sexo, independentemente do estatuto de beneficiários ou de cônjuge. Devido a numerosas imprecisões ou erros, seja de identificação do sexo, seja de menção ao ano de nascimento de ambas categorias, encontramos alguma dificuldade para realizá-la. Obtivemos informações para 7.573 pessoas, sendo 4.056 homens e 3.517 mulheres. O resultado confirma a defasagem etária na composição dos casais. Particularmente sugestiva é a comparação entre a proporção de homens e de mulheres na faixa abaixo de 20 anos: são 300 mulheres (8,53% do total das mulheres) e 75 homens (1,85% do total de homens). No outro extremo da pirâmide (70 anos e mais), aparecem, em proporção inversa, 102 homens (2,51%) e 44 mulheres (1,24%).

Atividades profissionais e última atividade

Embora a classificação das atividades não tenha sido das melhores, pois confunde categoria social como camponês, profissão como agricultor, pedreiro, carpinteiro, relação social como bóia-fria, e atividades ocasionais. Estas distinções não são bizantinas nem puramente acadêmicas. A resposta a esta variável – respondida a 90% – talvez seja a mais representativa do perfil do migrante em busca de terra (Tabelas 1.11, 1.12,1.24,1.25 do Relatório).

Em nível nacional, a grande maioria dos entrevistados (78%) classificou sua atividade principal como de agricultor/camponês; este percentual, inclusive, é bem maior nos Estados do Nordeste ou ainda mais nos Estados do Sul do País; outros se classificam também como trabalhador rural. A participação no total das atividades declaradas como principais inclui 3,52% de atividades domésticas e um número de 429 professoras cursadas que, possivelmente, não deixam, nem umas nem outras, de serem também e se considerarem, do ponto de vista de sua categoria social, camponesas ou agricultoras. A relação das "outras habilidades" de beneficiários e cônjuges só faz confirmar a distribuição das atividades principais e, inclusive, confirmar a alternatividade das categorias apresentadas pelo formulário.

A última atividade exercida pelo beneficiário antes do assentamento, solicitada na Amostra acoplada ao Censo, confirma de certa maneira o perfil profissional dos assentados (Tabela 2.2. do Relatório). Examinamos a sua composição nos assentamentos da subamostra paraense. Em dependência de como foi feita a pergunta, a resposta poderia até ser bem interessante por revelar como o assentado se auto-identifica: 53% apresenta sua última atividade como de camponês/agricultor – a mais próxima da representação que o migrante em busca de terra se faz geralmente de si mesmo, juntamente com a de trabalhador rural; somadas, estas duas classificações, representam 57% do total. A essas duas categorias poderiam se juntar ainda as de bóias-frias e de diaristas que, com certeza, têm um significado específico para quem se considera tal e os que assim os consideram, mas que, sem maior explicitação, é difícil de distinguir, por exemplo, de trabalhador rural; somadas com as outras respostas e mais as dos que se reconhecem na denominação de capataz/vaqueiro, dariam 64%. As 6 mulheres beneficiárias se definiram como domésticas, professora leiga e professora cursada. Quanto às outras atividades, encontramos: 12 garimpeiros, 4 carpinteiros, 2 pedreiros, 5 motoristas, 1 operador de motoserra, 1 vigilante, atividades alternativas bem típicas de camponês/agricultor/trabalhador rural em processo de migração em busca da terra que, a contragosto, se vê obrigado a sobreviver mediante bicos; juntas representam 15% do total respondido. Este perfil multivariado já foi constatado em outras pesquisas feitas em época anterior a respeito da colonização ao longo da rodovia Belém-Brasília (Hébette e Acevedo Marin, 1981). Trata-se de atividades pouco especializadas, que exigem, em geral, grande despesa de energia e são muito penosas. Fora os 3 comerciantes, e, mesmo, com certa ressalva, não há nenhuma indicação de assentado, alheio à tradição camponesa, interessado em negócio especulativo, contrariando frontalmente certas opiniões muito difundidas sobre ocupantes de terra.

Escolaridade

Sabe-se que o nível de instrução é desesperadamente baixo no País, e ainda muito mais nas áreas rurais do que nas urbanas. Os assentamentos, ou pelo menos a média deles, não podia oferecer uma imagem melhor do que a do mundo rural em geral. Esta imagem é caracterizada por uma base extremamente ampla de analfabetos ou semi-alfabetizados e uma ponta extremamente fina (com a única exceção do Rio Grande do Sul) acima do primeiro grau menor (Tabelas 1.9,1.10,1.23,1.24 do Relatório).

O conjunto de beneficiários e respectivos cônjuges apresenta, no País, uma proporção de 42,84% de pessoas que nunca passaram pela primeira série do primeiro grau menor. É verdade que essa média nacional esconde enormes diferenças entre as Grandes Re-giões – os extremos sendo representados pelo Nordeste e o Sul – ou mesmo entre Estados de uma mesma Região como a Amazônia, onde este percentual varia de 25,91% no Amazonas para 42,89% no Pará. Esta diferença no interior da Amazônia resulta provavelmente da origem geográfica (Nordeste *versus* Centro-Sul e Sul) dos fluxos migrató-rios que compuseram a fronteira agrícola nestes Estados (Moreira e Moura: s.d.: 57). Mas, como a população dos assentamentos não é necessariamente representativa do mundo rural envolvente, acredita-se que existem entre os diversos assentamentos características particulares significativas.

Nos 15 assentamentos que examinamos na subamostra paraense, foram verificados percentuais de 43,39% para os que nunca ingressaram no primeiro grau (analfabetos, parcial ou completamente alfabetizados), 43,81% para os que ficaram no primeiro grau menor (entre a 1ª e a 4ª série), 9,78% para os que cursaram o primeiro grau maior (entre 5ª e 8ª série) e 2,96% para os que chegaram ao segundo grau, tendo quatro pessoas completado o segundo grau.

Convém ressaltar a diferença sensível de nível de instrução formal entre homens e mulheres. Esta diferença aparece, por exemplo, quando se compara, no nível nacional (Tabela 1.9 e 1.23), beneficiários (na sua grande maioria homens) e cônjuges, onde 44,92% dos primeiros e 40,28% dos segundos não tiveram acesso ao primeiro grau. Na sub-amostra paraense separamos os sexos; as diferenças são marcantes: 47,18% dos homens e 39,15% das mulheres excluídos do primeiro grau, mas 42,10% dos homens e 45,75% das mulheres estudaram no primeiro grau menor; 8,47% dos homens e 11,24% das mulheres estudaram no primeiro grau maior; 2,17% dos homens e 3,85% das mulheres entraram no segundo grau.

Tempo de ocupação

Devido a sua importância para uma compreensão do fenômeno da fronteira, a maior atenção tem sido dada, neste estudo, ao item tempo de ocupação, pois permite discernir o significado sociológico e político da intervenção do órgão assentador. Infelizmente, as informações do Censo, mais uma vez, deixam muitas dúvidas: em primeiro lugar, pelas falhas no registro da declaração do entrevistado; em segundo lugar, pela ausência total de informação a respeito deste item em cerca de 15% do Censo no Pará (14,32%) e na subamostra paraense (14,93%). Os comentários feitos a seguir devem, portanto, levar em conta esta omissão e considerar uma possível margem de erro, no caso insuperável.

Ao examinar o Relatório do Censo (Tabela 1.13 e 1.14), pode-se afirmar que a política de assentamentos, propriamente dita, do INCRA, teve início no País a partir do ano de 1965, concentrando-se em dois Estados de maiores conflitos, isto é, no Maranhão, a partir daquela data e no Pará a partir de 1980. Dos assentados da década de 80 permanecem nos atuais assentamentos 7.723 beneficiários no Maranhão e 5.872 no Pará, o que representa 28,13% e 27,65% do total atual, respectivamente.

Ao considerar as informações do Censo, 45,46% dos atuais assentados da subamostra paraense já ocupavam a área do assentamento antes do ano de criação do mesmo. Foram registrados moradores antigos das décadas de 60 e 70; o que é o caso, por exemplo, dos assentamentos da CIDAPAR (municípios de Viseu e de Nova Esperança do Piriá) e do Geladinho/Murumuru (município de Marabá), duas áreas de conflitos que foram objeto de pesquisas anteriores (Loureiro, 1997 e Hébette, 1991); o mesmo se verifica no assentamento Surubim, no município de Medicilândia. Esses casos de "velhos" moradores podem ser de extratores (castanheiros, seringueiros, caçadores), ou de capatazes de fazendas, como temos tido exemplos em pesquisas anteriores.

Esses dados permitem distinguir, na ação do INCRA na Amazônia, por um lado, o processo de abertura da fronteira e de instalação de colonos com vistas ao "povoamento" da região por meio da colonização oficial e, por outro lado, a política de assentamento como forma de regularizar ocupações espontâneas existentes. Isto é típico no nordeste do Pará, na Transamazônica, em algumas áreas do sul do Pará, onde o percentual de ocupantes anteriores à criação do assentamento chega a representar mais de 80% dos atuais assentados. Sabendo-se das transferências de posse de um primeiro para posteriores ocupantes, o número de famílias que passaram pelas áreas recenseadas deve ter sido, com certeza, ainda bem maior do que o registrado. Evidentemente, a ação do INCRA nestes assentamentos não é passível de caracterização de reforma agrária, pois, no caso, esta foi feita pelos próprios posseiros, hoje assentados.

Estes dados, também, relativizam certa análise que enfatiza o abandono do lote pelo pequeno agricultor após uma exploração itinerante tradicional que não passaria de uns dez anos, devido à degradação dos solos e à impossibilidade de investir em pecuária. Em outros termos, a conhecida mobilidade espacial do pequeno agricultor na fronteira não pode se explicar por um só fator, seja ele pejorativamente denominado de nomadismo inato, seja ele apenas técnico ou estritamente econômico.

A renda

Perguntar ao agricultor a fonte e o montante de sua renda monetária representa um exercício algo difícil. O registro, portanto, das respostas a este quesito pode ser um elemento de avaliação da qualidade do trabalho realizado pelo entrevistador. Identificamos, a partir da Amostra acoplada ao Censo, informações que dizem respeito a 15 assentamentos na subamostra paraense. O total de informantes previstos na Amostra do Censo para estes 17 assentamentos somava 174; foram registrados dados para apenas 97, ou seja, 55% deles; entretanto, 5 ofereceram alguma informação para mais de 70% (dois com 100%) dos entrevistados previstos; a qualidade das respostas a outros itens daqueles mesmos assentados, como, por exemplo, as relativas à época de ocupação, sugere que esta qualidade não seja efeito do acaso.

As respostas registradas para os 97 declarantes de sua renda se referem apenas a aposentadoria (14), serviços prestados (23) e "outras" (60). Segundo os registros, 33% dos declarantes teriam disposto, em 1996, de uma renda monetária anual abaixo de 500 reais, 22% de uma renda entre 500 e 1.000, 28% entre 1.000 e 2.000 reais, 7% entre 2.000 e 3.000 reais, 7% entre 5.000 e 7.000 reais, e 2% de uma renda entre 10.000 e 15.000 reais. Segundo os registros, portanto, um terço (33%) dos declarantes teriam disposto, em 1996, de uma renda monetária anual abaixo de 500 reais e metade, a uma renda entre 500 e 2.000 reais; as rendas superiores se encontraram apenas na Transamazônica e no sudeste paraense. Estes dados são até inferiores aos extraídos por Veiga (1995) do Censo Agropecuário do IBGE de 1985, na categoria que ele classificou como correspondente aos "estabelecimentos cuja renda monetária bruta se situa abaixo da média da unidade geográfica considerada", isto é, o Estado. Na medida em que estas declarações tenham algum grau de confiabilidade, elas manifestariam um alto grau de auto-subsistência dos estabelecimentos familiares e de fraca ligação com o mercado nas áreas avançadas da fronteira, o que não contradiria o que se pode observar em contato com o campo.

Afinal, quem é este assentado da fronteira?

Ele não é, obviamente, um simples número que possa obedecer a um código ou a um documento dito de "identidade", seja ele CPF. Ele tampouco é apenas um assentado, beneficiário ou cônjuge de beneficiário. Com certeza, apesar da matriz lógica do Relatório, ele é, para a sociedade e para o INCRA, muito mais do que isto. Mas o assentado amazônico, com certeza, também é um desconhecido.

Como foi sugerido anteriormente, as informações do I Censo dificilmente poderão revelar a identidade – real, esta – do assentado para quem já não o conhece por uma certa convivência e por sua prática. Seria temeroso tentar esboçar esta identidade a partir do banco de dados? Arrisquemos!

Ele é, socialmente falando, acima de tudo, um camponês-trabalhador rural, uma pessoa cuja identidade é ligada à convivência familiar e de vizinhança; um lavrador em busca de terra que, num processo de intensa mobilidade espacial e profissional, deve freqüentemente abrir mão de sua profissão para sustentar sua família e se reproduzir como camponês, obrigado a passar pelas mais variadas formas de relações sociais de agregado, encostado, arrendatário, diarista, peão, para chegar um dia ou permanecer dono de terra – posseiro ou proprietário. Ele é relativamente jovem, em plena posse de sua força; ela, mais nova, mas preparada como camponesa; eles têm filhos, não poucos. Eles e sua família são sazonalmente acometidos por doenças típicas de sua situação de migrante da fronteira, mas não dispõem, próximo da moradia, de posto de saúde, *a fortiori*, de hospital; quando têm, são bem precários. Se têm freqüentado a escola, foi por poucos anos; gostariam que seus filhos estudassem e, quem sabe, um dia, um deles se formasse para ser professora, técnico agrícola e – porque não – advogado; mas faltam escolas ou estão distantes. A renda é pouca e qualquer despesa é muito. Entretanto, eles, os dois, companheiro e companheira, teimam em adquirir um lote e agradecem ao INCRA o favor de serem assentados. Pois, saíram do cativeiro.

O ambiente do assentado

Condições de moradia

Um dos mais eficientes meios de conhecer a qualidade de vida de uma população é analisar a condição da habitação em seu sentido amplo de moradia, envolvendo não apenas a casa, mas também seu entorno, ou seja, suas condições de habitabilidade. Nesse sentido, não é suficiente levantar o número de habitações, o tipo de construção ou a área construída; é preciso considerar o ambiente que circunscreve a habitação, como o acesso a bens e serviços que ele proporciona, produtos das políticas governamentais no seu aspecto infra-estrutural. Quando se refere à área rural é necessário, entretanto, ter o cuidado de não transferir critérios urbanos e metropolitanos de avaliação para a vida no campo.

Localização de moradia

Conforme atestam os dados do Censo e da Amostra, a maioria dos beneficiários dos assentamentos, tanto para a Região Norte quanto para o País como um todo, mora nos próprios assentamentos e em suas vilas internas, incluindo as áreas comunitárias de moradia. Ainda que com imprecisão na definição e nos limites de cada categoria, observa-se que 53% dos beneficiários da Região Norte mora em parcela rural, proporção um pouco maior do que a apresentada para o Brasil (48%), e 27% em parcela para-rural (23% para o Brasil). São os Estados de Roraima, Pará e Amazonas que apresentam maior proporção de moradias em parcelas para-rurais, nas vilas dos assentamentos. A média nacional dos que residem em núcleos urbanos é de 16%, e de apenas 7% no Norte.

A casa

No que se refere ao material de construção, na Região Norte, as casas de madeira predominam; atingem um percentual de 79% em Rondônia, enquanto no Pará a proporção de casas de taipa se aproxima das de madeira com 36% e 38%, respectivamente. É o recente Estado do Tocantins que apresenta o maior percentual de casas de alvenaria (19%) (Gráfico 1).

Gráfico 1 – Tipo de habitação nos assentamentos da Região Norte 1996

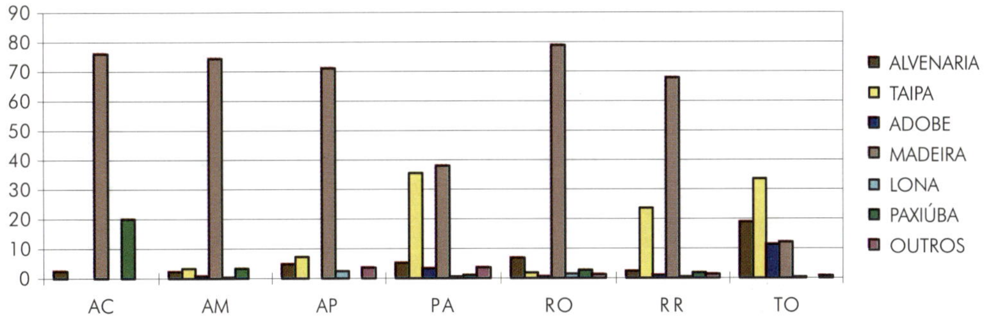

Gráfico 2 – Estado de conservação da habitação – Estados da Região Norte – 1996

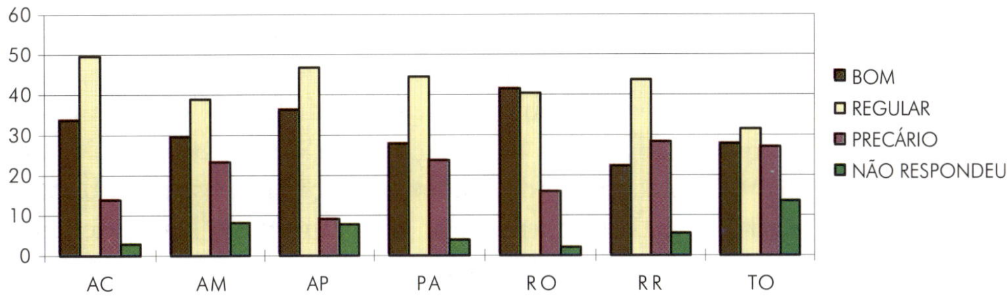

Rondônia apresenta a melhor proporção de declarações de bom estado de conservação das casas (42%), enquanto Roraima e Tocantins, seguidos do Pará e Amazonas, apresentam os maiores percentuais de habitações consideradas precárias (Gráfico 2).

Condições hidrosanitárias

Baseado no número enorme de negativas de resposta, o Relatório do Censo considera que as condições hidrosanitárias estão longe de ser satisfatórias. É interessante registrar que dois Estados do Norte – Roraima e Tocantins – apresentam índices de respostas negativas superiores a 50%, aproximando-se dos nove Estados nordestinos que apresentam as maiores proporções; enquanto Rondônia apresentou apenas 23%.

Chama atenção o fato de que a Região Norte é a que dispõe de menor proporção de habitações com água encanada (8%), enquanto a Região Sul possui 20%. O poço é a principal fonte de água com 47% na Região Norte, com destaque para Rondônia (78%), seguido de Roraima (58%) e Pará (56%). Seguem o riacho com 21% e a cacimba com 12%. No Acre, o predomínio de fonte de abastecimento de água é a cacimba (37%). O Norte apresenta também o maior percentual de moradias com fossa, com predominância no Estado do Amazonas (60%).

É Rondônia o Estado da Amazônia com menor carência em condições hidrosanitárias: apresenta 15% de habitações com água encanada, 24% com banheiros, 22% com cisternas (Gráfico 3).

Gráfico 3 – Condições hidrosanitárias da habitação, por Estados da Região Norte – 1996

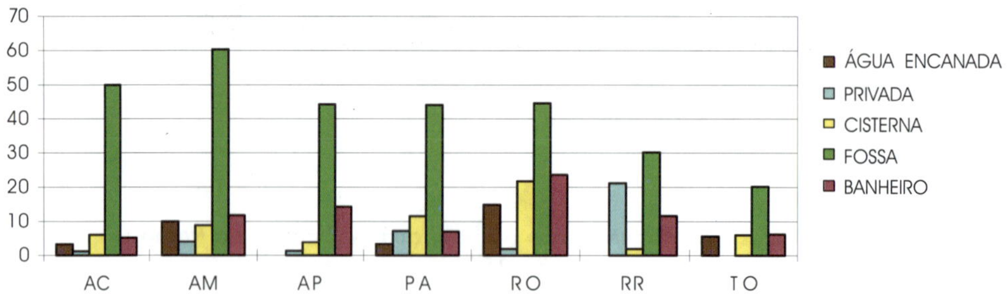

Energia elétrica

Ainda que a Região Norte possua um enorme potencial hidrelétrico, servindo inclusive a outras Regiões, é a que menos dispõe de energia elétrica nas habitações dos assentamentos, com apenas 6%, predominando a iluminação por querosene ou óleo, com destaque com 73% e 72%, respectivamente, para o Tocantins e o Pará, este sendo o Estado de maior potencial energético da Amazônia.

Equipamentos domésticos

Quanto aos eletrodomésticos, observa-se que a Região Norte segue o padrão nacional, com predomínio de rádio e fogão; em terceiro lugar, o que predomina no Norte é a máquina de costura enquanto, para o Brasil como um todo, é o televisor. Ainda assim, os percentuais são muito reduzidos, variando de 29% para o rádio, 27% para o fogão e 15% para a máquina de costura, ficando os demais eletrodomésticos em níveis inexpressivos.

Educação e saúde

A Amostra aborda a questão da saúde por meio da avaliação dos próprios beneficiários sobre a exigência e o desempenho de hospital, posto de saúde e agente de saúde, tanto no projeto de assentamento como no município onde este se localiza. A codificação das respostas sobre existência e qualidade de equipamentos hospitalares inclui respostas do tipo: em branco, bom, regular, precário, nenhum, desconhece.

Os dados recolhidos evidenciam a total carência e a precariedade, não apenas dos serviços de saúde, como da própria informação dos interessados sobre o setor, pois a pesquisa não consegue registrar corretamente os assentamentos que possuem ou não a presença de instituições e de técnicos. Evidenciam, além do mais, a carência total de acompanhamento dos assentamentos pelo órgão responsável, desinformado das mais elementares condições infra-estruturais, tais como a existência de postos de saúde e de escolas. Faltam ainda dados sobre nascimentos e óbitos; são registradas apenas a ocorrência de doenças e a avaliação do desempenho das três instituições básicas de saúde.

Em nível nacional, pode se dizer que 99% dos beneficiários entrevistados não dispõem de serviço hospitalar nos assentamentos. Não é muito diversa a avaliação quanto à assistência dos postos de saúde nos projetos, porém já aparecem 10% opinando entre o bom e regular para os serviços dos postos. Na verdade, é o agente de saúde quem, pelas declarações, tem mais presença nos assentamentos, com 26% considerando seus serviços entre bom e regular.

Quando a apreciação nacional passa para o nível municipal, é o hospital a instituição de saúde melhor avaliada, com 42% pronunciando-se pelo bom e regular, caindo a percentagem para 30% quando se refere ao posto de saúde e 28% em relação aos agentes de saúde. A pesquisa não apresenta mais informações para uma melhor análise dos serviços nem ao nível municipal nem no projeto.

Se a situação da saúde nos assentamentos em termos nacionais é bastante precária, é mais grave na Região Norte, com maior proporções de negativas de respostas e percentuais de bom e regular mais baixos do que os apresentados para o total do País.

Nos assentamentos, o bom e regular desempenho é de 2,4% para os hospitais, 14,6% para os postos de saúde e 25,9% para os agentes. Em relação ao município, a avaliação de bom e regular sobe para 34,1% para os hospitais, para 32,6% para os postos de saúde e 26,7% para os agentes de saúde.

Com relação à estimativa de ocorrências levantadas pela pesquisa, aparece uma certa semelhança nas doenças mais citadas nos assentamentos da Região Norte e nos do Brasil, lideradas em ambos pela gripe e verminose. No Norte apresenta-se mais acentuada a incidência de malária e verminose, não havendo diferenças substanciais entre os Estados (Gráfico 4).

Gráfico 4 – porcentagens estimadas de ocorrência de doenças mais freqüentes na família – 1996

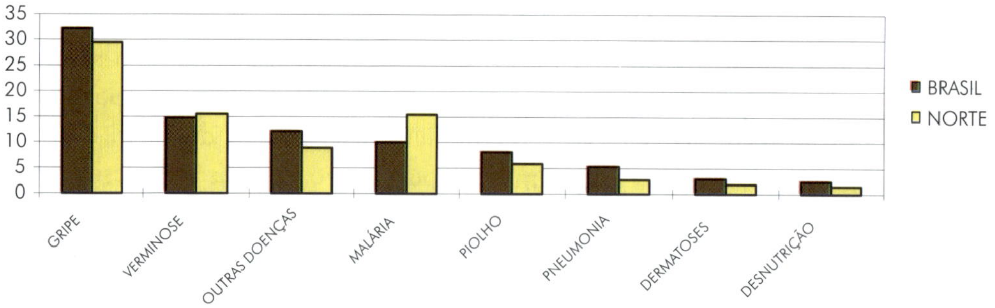

As respostas registradas nos assentamentos da subamostra paraense são muito desconcertantes; por isso mesmo, é interessante examiná-las, porque este exame em nível local e em lugares por nós conhecidos, joga alguma luz com vistas a interpretação dos dados agregados no Estado ou no País.

Em todos os assentamentos, que não são tão enormes, encontram-se, por parte de diversos entrevistados, em relação ao seu próprio assentamento e ao seu município, respostas tão diferentes quanto: desconhece, nenhum, precário, regular, bom. Causa estranheza também o fato de que as respostas e as avaliações não mudam, tratando-se de sedes de municípios tão díspares em termos de equipamentos sociais quanto o mini município de São João do Araguaia em relação ao município vizinho de Marabá, centro urbano de toda a região, ou Eldorado do Carajás em relação a Conceição do Araguaia.

Nenhum dos 14 assentamentos que comportam informações possui hospital, o que não provoca estranheza no contexto do campo amazônico; mas há hospital na sede do município, com exceção de um deles onde a resposta unânime é de não existir hospital no município. Os diversos declarantes avaliam o hospital ou os hospitais (como em Marabá) do município de maneira bem diversificada, tendendo mais para o precário do que para o bom. Tampouco há posto de saúde nos assentamentos, com excesão de três deles, julgados precários. Fora o município de Marabá, onde os assentados não se manifestaram, muitos conhecem o(s) posto(s) de saúde do município que, em geral, são considerados precários. Quanto ao agente de saúde do assentamento ou do município, se faz pouca menção ou é desconhecido; percebe-se que, pelo menos num assentamento da Transamazônica, 65% dos entrevistados consideram seus agentes de saúde bons (29%) ou regulares (36%). Coincidentemente, é um dos assentamentos onde o registro das declarações dos entrevistados foram de maneira geral mais plenamente feitos.

Equipamentos escolares

As informações relativas aos equipamentos escolares nos assentamentos da subamostra paraense são muito reduzidas, como era de se esperar: não existe nos assentamentos escola de segundo grau; existem duas escolas de 1º grau maior (5ª a 8ª série) e, em todos, pelo menos uma escola de 1º grau menor (1ª a 4ª série); o número dessas últimas varia muito, entretanto, nas declarações de um para outro entrevistado. Relacionamos o número de escolas declarado com o tamanho da população recenseada no respectivo assentamento, sem encontrar nenhuma correlação, como, por exemplo, 4 escolas para um assentamento com 40 beneficiários e 1 escola em três assentamentos com mais de 600 beneficiários cada um.

Em caso de falta de escola no assentamento, a Amostra solicitava informação sobre a distância "em km" até a escola mais próxima. A resposta, evidentemente, só teria interesse se a distância fosse ponderada pelas condições de trafegabilidade das estradas e pelos fatores climáticos que a condicionam: da mesma forma que existem alqueire paulista, alqueire mineiro e alqueire goiano, deveria, no caso, existir o quilômetro asfaltado, o quilômetro cascalhoso e quilômetro alagado e lamacento.

A título de conclusão

Se algum avanço nas conquistas dos trabalhadores rurais pode ser registrado em conseqüência de suas lutas e de ampliação da esfera pública que permite uma melhor aproximação entre Estado e sociedade, percebe-se no entanto que a cidadania no campo, principalmente nos assentamentos da Região Norte, ainda é uma utopia. Programas existem e estão sendo implantados (Abelém, 1992; Moura e Moreira, s.d.), pesquisas como o Censo da Reforma Agrária estão sendo realizadas para tornar transparente a informação do que se passa no campo; mas ainda que seja um bom começo, muito falta a ajustar, seja no monitoramento, seja no detalhe das informações, seja na implantação de infra-estrutura para garantir a permanência no campo e a viabilidade econômica e social do Programa de Assentamento dos Trabalhadores Rurais. Às vezes, a esforços grandes mas improvisados e descontínuos correspondem resultados muito limitados. A convergência de iniciativas supõe, acima de tudo, uma clareza de intenções e uma definição dos respectivos objetivos. Talvez isto tenha faltado ao propósito de uma realização inter-institucional do I Censo Nacional dos Assentamentos de Reforma Agrária.

Referências bibliográficas

ABELÉM, Auriléa (1996). Carências Habitacionais na Amazônia. *In*: *Cadernos de Estudos Sociais*. Recife. Fundação Joaquim Nabuco. Vol. 12, nº 1. jul./dez.

______________. (1992). Amazônia: Ocupação e Reorganização do Espaço Urbano. *In*: *Meio Ambiente. Qualidade de Vida e Desenvolvimento*. UFPa/NUMA.

ALBUQUERQUE, M. B. de (1997) *et alli*. Atlas dos Beneficiários da Reforma Agrária. *In*: *Estudos Avançados*. São Paulo, USP. Vol. 11, nº 31, set./dez.

BERGAMASCO, S. M. P. P. (1997). A Realidade dos Assentamentos por Detrás dos Números. *In*: *Estudos Avançados*. São Paulo, USP. Vol 11, nº 31, set/dez.

I Censo da Reforma Agrária no Brasil. INCRA/Crub/UnB (1997). *In*: *Estudos Avançados*. São Paulo, USP. Vol. 11, nº 31. set/dez.

DROULERS, M, GERHEADT , T. E, THÉRY, H. (1995). Des situations régionales et locales. Le sertão nord, le Parana, l'Amazonie. *In*: *Cahiers des Amériques Latines*. Paris, IHEAL, nº 20.

HÉBETTE, Jean (1997). *Movimento sindical e ações de desenvolvimento rural. A construção de um nível de ação* (Inédito).

HÉBETTE, e ACEVEDO MARIN, R. E. (1981). Mobilidade do Trabalho e Fronteira Amazônica: A Belém-Brasília. *In*: *Anais. II Encontro Nacional de Estudos Popula-cionais*. São Paulo, ABEP.

HÉBETTE, Jean e MOREIRA, Edma Silva (1996). Situação das Áreas Rurais Amazônicas. *In*: *Cadernos de Estudos Sociais*. Recife. Fundação Joaquim Nabuco. Vol. 12, nº 2. jul./dez.

MOREIRA, R. J. (1997). Metodologias de Reforma Agrária: O Censo e o Projeto Lumiar. *In*: *Estudos. Sociedade e Agricultura*. Rio de Janeiro. UFRRJ./CPDA, nº 8. Abril.

MOURA, H. A. de e MOREIRA, M.M. (s.d.). As Migrações na Região Norte em período recente: uma abordagem preliminar. *In*: *Textos IESAM*. Fundação Joaquim Nabuco/IESAM.

RELATÓRIO. *I Censo da Reforma Agrária do Brasil* – INCRA/Crub/Unb.

SCHMITH, B. V., MARINHO, D. N, ROSA, S. L. C. (1997). A Participação das Universidades na Reforma Agrária. *In*: *Estudos. Sociedade e Agricultura*. Rio de Janeiro. UFRRJ/CPDA, nº 8. Abril.

VEIGA, J. E. de (1995). La situation de l'agriculture familiale. *In*: *Cahiers du Brésil Contemporain*. Paris. IHEAL, nº spécial.

Assentamentos e ações de reforma agrária no Maranhão

Marcelo Sampaio Carneiro[1]
Maristela de Paula Andrade[2]
Benjamin Alvino de Mesquita[3]

Neste artigo procuramos refletir sobre as características que as ações fundiárias, classificadas oficialmente como de reforma agrária, vêm assumindo no Maranhão. Deste modo, discutimos as ações fundiárias de implementação dos chamados projetos de assentamento pelo INCRA, partindo da crítica às categorias censitárias adotadas no I Censo de Reforma Agrária no Brasil – CRAB, e às condições de obtenção das informações no Censo.

Procuramos chamar a atenção para o fato de que as categorias assentado e assentamento, assim como outras correlatas, são produto de uma construção lógica dos instrumentos oficiais de interferência no meio rural. São uma criação da burocracia estatal e, como tal, devem ser contextualizadas e analisadas, não devendo ser naturalizadas, tomadas acriticamente como processos sociais reais, "objetivos", que podem ser, meramente quantificados.

Introdução

O presente texto tem como objetivo discutir, a partir de nossa experiência como supervisores estaduais do I Censo de Reforma Agrária no Brasil (CRAB), e de outras – desenvolvidas, há alguns anos, no âmbito de trabalhos de assessoria a sindicatos, a cooperati-

1 Sociólogo, professor do Deptº de Sociologia e Antropologia/Mestrado em Políticas Públicas da UFMA.
2 Antropóloga, professora do Deptº de Sociologia e Antropologia/Mestrado em Políticas Públicas da UFMA.
3 Economista, professor do Deptº de Economia/Mestrado em Políticas Públicas UFMA.

vas e a movimentos de trabalhadores rurais no Maranhão – a situação atual dos chamados *assentamentos* e as perspectivas para as ações fundiárias desenvolvidas pelo Instituto Nacional de Colonização e Reforma Agrária (INCRA), no Estado do Maranhão.

Nossas fontes de informação provêm daquela experiência de recenseamento, realizado em dezembro de 1996, e daquelas outras, de trabalhos aplicados, já referidas, desenvolvidas nos últimos quinze anos. No caso do professor Marcelo Carneiro, deve-se destacar as informações que obteve no âmbito de discussões que acompanhou, recentemente, na qualidade de assessor, em diversos encontros[4] promovidos pelo Movimento Sindical dos Trabalhadores Rurais (MSTR).

Para a construção dos argumentos aqui apresentados lançamos mão de informações de base secundária e de observação direta. Destarte, utilizamos dados sobre Projetos de Assentamento e Áreas Desapropriadas do INCRA[5], informações da FIBGE, além de trabalhos realizados por outros professores e alunos do curso de Ciências Sociais da Universidade Federal do Maranhão. Quanto às observações de referência empírica mais direta, foram realizadas a partir de nossa experiência, no período de 2 a 23 de dezembro de 1996, como coordenadores em campo e supervisores do I CRAB.

No caso dos professores Maristela de Paula Andrade e Marcelo Sampaio Carneiro, as observações de natureza primária foram realizadas a partir da experiência de coordenação, em campo, de 9 e 10 equipes de recenseamento, respectivamente, no período referido. Naquela ocasião, tiveram oportunidade de conhecer áreas classificadas pelo INCRA como *projetos de assentamento*; de retomar contatos com outras, já conhecidas, e de aplicar questionários do Censo e da Pesquisa Amostral nos municípios de Santa Luzia, Buriticupu, Bom Jesus das Selvas, Vargem Grande, Itapecuru-Mirim, Maracaçumé, Cândido Mendes, Amapá, Encruzo, Carutapera, Turiaçu, Santa Helena, nas microrregiões do Pindaré, Itapecuru Mirim, Gurupi e Baixada Maranhense, conforme classificação da FIBGE.

O professor Benjamim Alvino de Mesquita, por sua vez, encarregou-se da supervisão geral dos trabalhos nas microrregiões do Médio Mearim, Baixada Maranhense e Caxias, também conforme a classificação da mesma FIBGE.

---

4 Dentre estes os mais importantes foram: O I Encontro Estadual de Áreas de Assentamento, realizado pela Federação dos Trabalhadores na Agricultura no Estado do Maranhão (FETAEMA), no mês de julho de 1996 em São Luís e o Salão da Agricultura Familiar, promovido pelo STR de Caxias, de 29 a 31 de julho de 1997.

5 Os dados em questão referem-se ao Quadro Demonstrativo dos PAs criados até setembro de 1996, apresentados pelo INCRA, e que serviu como base para os trabalhos do I CRAB.

Áreas desapropriadas e ações de reforma agrária no Maranhão

A partir das informações referentes às áreas disponibilizadas para os *assentamentos* de trabalhadores rurais, podemos delinear um conjunto de características, em termos da disposição no tempo e no espaço, que as ações classificadas de *reforma agrária* vêm assumindo no Maranhão.

É o que se pode depreender da leitura do Quadro 1, onde apresentamos os valores em termos de área, desagregados por ano e por região geográfica[6].

Quadro 1 – Evolução da área disponibilizada para a criação de PAs (1985/1995)

Região	1985	1986	1987	1988	1989	1990/92	1993	1994	1995
Médio Mearim	14.380	12.593	2.323	10.374	9.367	-	8.589	25.869	5.107
Itapecuru	5.739	27216	——	2.973	2.892	3.633	15.894	24.287	19.229
Santa Luzia	-	24.546	14.566	130.402	-	34.439	42.303	30.658	6.670
Baixada Ocidental	-	10.800	-	1.942	20.321	-	27.138	10.373	9.445
A. Mearim e Grajaú	11.622	38.849	30.954	-	-	15.421	-	-	11.576
Imperatriz	8.803	-	-	4.110	6.701	-	5.024	-	12.104
Gurupi	-	63.922	48.440	88.970	11.547	-	-	73.749	-
Outros	-	6.847	6.221	3.054	-	-	8.929	4.111	37.582
Total	40.544	184.774	102.504	241.826	50.829	53.493	107.880	169.050	101.717

Fonte: Quadro Demonstrativo dos PAs Criados, INCRA (1996)

Tomando o ano de 1995[7] como base, podemos indicar, escrutinando os dados por sua disposição ao longo do tempo, que os valores indicam a proximidade com que as ações chamadas de *Reforma Agrária* no Maranhão acompanharam a conjuntura da política nacional, isto é, das modificações operadas na condução do Executivo federal e de suas repercussões para a política de reforma agrária no País. Em linhas gerais, acompanham: i) o surto inicial de ações relacionadas ao início da Nova República (1985/89), com picos de ações em 1986 e 1988; ii) sofrem uma abrupta

6 Para a construção das regiões que são apresentadas na Quadro1, partimos das microrregiões geográficas, tal como estas estão apresentadas no Censo Agropecuário do IBGE (1985), agregando pequenas modificações, com base em informações próprias sobre os movimentos de ocupações de terra. Por exemplo, excluímos da tabela a microrregião geográfica Pindaré e colocamos as áreas objeto de ação de reforma agrária nos municípios por ela englobados para a região Baixada Ocidental (caso de Santa Inês) ou Médio Mearim (caso de Pio XII).

7 Embora não se possa visualizar no quadro apresentado, vale registrar que, para o período anterior ao marco de referência tomado, o ano de 1985, temos como instrumento principal de política fundiária a aquisição e arrecadação de terras, conforme demonstrou Almeida (1990:14). Quando do período analisado, podemos observar que, embora aquelas ações não sejam completamente eliminadas, a desapropriação por interesse social assume a proeminência.

redução no período 1989-1990/92, entre o fim do governo Sarney e período Collor (1990-92); iii) tem uma retomada no governo Itamar (1992-94) com certa continuidade no governo nos primeiros anos do governo Fernando Henrique Cardoso (1994-1995).

Duas considerações são necessárias, de forma a melhor circunstanciar as tendências acima assinaladas. Primeiro, para melhor qualificar o que chamamos de "surto inicial" e "pico de ações", durante o governo da Nova República (1985-89), não deve obscurecer o fato de tratar-se de números reduzidos, quando se tem em mente as metas inicialmente assumidas. Como bem assinalou Almeida (1990:14), em artigo sobre as características da intervenção do Estado na Amazônia:

> *"Comparando-se com as metas previstas pelo PNRA para o período de 1985-89 tem-se um resultado geral inexpressivo. No Maranhão só foram atingidos 16,7% da área prevista e 11,9% de famílias a serem assentadas".*

É importante observar que a redução indicada durante o governo Collor[8] é tão acentuada que, para fins de construção do quadro apresentado, resolvemos trabalhar os três anos de governo (1990/91/92) como apenas uma informação e, mesmo neste caso, verificamos que o volume da ação reformista é reduzidíssimo. A Sociedade Maranhense de Defesa dos Direitos Humanos (1993:09) assim analisa a ação oficial no período, no relatório sobre conflitos de terra para 1990/1991:

> *"Quanto ao governo Collor, não só não instruiu novos processos, como passou a rever decretos de desapropriação e processos de aquisição de terras do governo anterior. Foi este o caso da Fazenda Terra Bela, no Distrito de Buriticupu, município de Santa Luzia, e da Fazenda Cumbique, em Paço de Lumiar, na Ilha de São Luís. Estas áreas, apesar das denúncias de negociatas relativas ao valor das indenizações, (...), eram palco de intensos conflitos pela posse e uso da terra (...). Ou seja, foram desapropriações motivadas pelo caráter de emergência, provocado pela situação de tensão social nessas áreas".*

Interpretados de uma outra forma, ainda que não desvinculada daquela adotada pela SMDDH, à luz das lutas sociais do período, os números das desapropriações, mesmo não abrangendo todas as situações críticas de conflito e tensão social, guardam certa correlação com as mobilizações camponesas pela terra no Maranhão, ou seja, as

8 O caráter nitidamente conservador do governo Collor descrito por Oliveira, a partir da composição do seu arco de apoio eleitoral (1990:6/9), irá fazer-se sentir de diversos modos para as forças populares. No que tange à questão agrária, a redução do número de ações de reforma agrária aliada ao sucateamento do INCRA pesarão sobremaneira para que este governo seja o de pior desempenho no período analisado.

áreas desapropriadas serão aquelas previamente ocupadas por segmentos camponeses, vindo a ação estatal de desapropriação *a posteriori*, no "rastilho da pólvora".

Como ainda pode ser verificado no Quadro 1, o volume de áreas consideradas formalmente como *reformadas* encontra-se, inicialmente, mais concentrado nas regiões do Médio Mearim[9], Alto Mearim e Grajaú e do município de Santa Luzia[10], que serão o epicentro do movimento de ocupações camponesas desenvolvidos na segunda metade dos anos 80. Para os anos 90, o que se observa é uma distribuição mais equilibrada das desapropriações e constituição de PAs, o que revela o modo mais uniforme com que a ação camponesa se dispõe pelo conjunto do Estado, à exceção do sul do Maranhão, onde não se verifica nenhuma ação fundiária do INCRA[11].

Ainda que possam nos levar a uma excessiva simplificação do quadro das lutas sociais travadas no campo maranhense no período que, com certeza, não se esgotam nas ocupações de terra, julgamos que a correlação apontada – entre o montante de terras tidas como reformadas e a regionalização das lutas pela terra no período – guarda considerável nível de fidedignidade com as mobilizações que, a partir da metade dos anos 80, vêm sendo realizadas por diferentes segmentos camponeses no Estado.

Por fim, é necessário assinalar que, paralelamente às mobilizações camponesas registradas no período, a multiplicação de denúncias de casos em que ocorreram processos de superfaturamento na avaliação e pagamento de áreas desapropriadas, indica que as ações da chamada reforma agrária tornaram-se, muitas vezes, funcionais a diversos grupos econômicos. Atraídos por uma generosa política de transferência de terras do Estado, via COMARCO – Companhia Maranhense de Colonização – no início dos anos 70, a partir de dispositivos legais como a *Lei Sarney de terras* e outros[12], e da igualmente generosa política de incentivos fiscais e creditícios no mesmo

9 Para uma perspectiva geral das mobilizações camponesas no Médio Mearim, veja-se Almeida (1994:55/56).

10 Conforme periodização proposta por Carneiro (1994:31-33).

11 O que não significa a inexistência de lutas camponesas, mas a forma diferenciada como estas foram travadas durante o período analisado naquela região. Mais recentemente, sob o impacto da expansão da soja para o sul do Maranhão, tem havido um recrudescimento de conflitos fundiários na região (cf. Souza Fº, 1998).

12 Lei 2.979, de 17/07/69, que ficou conhecida como Lei Sarney de terras, dispõe sobre as terras devolutas do Estado. Esta lei foi complementada pelo Decreto Nº 4.028, de 28/11/69, que regularizava as terras de domínio do Estado, tornando possível a venda de porções acima de 3.000 ha a sociedades anônimas. Com o objetivo de "ocupar racionalmente" a Pré-Amazônia Maranhense, implantando projetos de colonização oficial, o Estado criou a COMARCO, em dezembro de 1971. Esta Companhia de economia mista foi autorizada, em 1973, a incorporar ao seu patrimônio terras públicos, ainda que não se tivessem realizado ações discriminatórias, conforme aponta, em 1974, o Tribunal de Justiça do Estado, tentando invalidar a incorporação de terras públicas ao patrimônio daquela Companhia, por meio do Acórdão Nº 1616, publicado pelo Diário Oficial em abril de 1975. Não obstante, foram incorporadas grandes áreas abrangendo os municípios de Santa Helena, Turiaçu, Cândido Mendes, Godofredo Viana, Carutapera, Santa Inês, Santa Luzia, Lago da Pedra, Vitorino Freire, Grajaú, Amarante e Luís Domingues do Maranhão. No mesmo ano, por meio da autorização Nº 60 do Senado, a COMARCO foi autorizada a transferir 2.100.000,00 ha de suas terras a grandes grupos empresariais. Ficou autorizada, ainda, a alienar glebas a terceiros, destinando cerca de 50 mil ha a projetos de reflorestamento, além de negociar com grupos empresariais, a preços simbólicos, áreas médias de 20.000 ha (Lima, 1994:17-25).

período, tais grupos vêm obtendo lucros fantásticos com processos desapropriatórios de grandes áreas transferidas a seus patrimônios pela COMARCO, chegando, em alguns casos, quando comparados os preços de aquisição inicial e de desapropriação, a atingir um ágio de 2.481%, conforme quadro apresentado pela Folha de São Paulo, em 16.11.1997.[13]

Quadro 2 – Terras públicas alienadas a preços simbólicos a particulares e, posteriormente, desapropriadas pelo INCRA (valores atualizados)

Fazenda	Área (hectares)	Proprietário	Preço de Compra (em R$)	Data	Vendedor	Preço de Venda* (em R$)	Data	Valorização (em %)
Tucumã	20.481,34	Grupo Cacique	67.532	17/08/78	COMARCO	4.744.265	4/10/95	6.925
Cacique	21.822,18	Grupo Cacique	52.501	10/10/79	COTERMA	6.743.172	4/10/95	12.742
Flomasa	46.753,95	Grupo Edson Queiroz	537.020	19/08/74	COMARCO	4.943.911	24/04/95	820,61
Varig	18.799,20	Fundação Rubem Berta	1.111.761	31/01/90	ITERMA	4.061.621	15/0496	265,33
Promasa	4.498,20	Grupo Meira Lins	7.428	14/09/79	COMARCO	1.849.649	28/08/95	24.801,03
Faísa	18.430,59	Grupo Wam **	108.812	16/11/77	COMARCO	1.483.772	23/10/96	1.317,97

Fonte: Furtado (1997) (Com modificações introduzidas pelos autores)
Obs. A avaliação do perito judicial para a Tucumã correspondeu a cifra de R$ 26.667.265,00, para a Cacique R$ 29.535.318,00 e para a Flomasa R$ 34.874.767,00.
(*) Indenização proposta pelo INCRA.
(**) Transferida pela empresa farmacêutica MERCK (que explora recursos vegetais estratégicos no MA e no Pará, como o jaborandi e a fava d'anta) ao Grupo Wam Assessoria e Consultoria Tributária em 30/11/94.

Ressalte-se que esses grupos se beneficiaram de incentivos como os do FINOR, sob pretexto de implantação de projetos agropecuários e que, agora, passados mais de vinte anos, o que restou foi a destruição dos recursos florestais, como é o caso da PROMASA, da CACIQUE/TUCUMÃ, da CERES, da VARIG, da CIKEL e de tantas outras áreas, as quais os assentados devem, agora, tornar produtivas.[14, 15]

13 Sobre como são feitas as avaliações do valor das terras e das benfeitorias, pelos peritos contratados pelos proprietários, no momento da indenização para fins de reforma agrária, vide trabalho de Linhares, 1997.

14 Em diferentes matérias da *Folha de São Paulo*, não contestadas pelo INCRA, explora-se esse tema. No dia 16 de novembro de 1997, o Diretor de Recursos Fundiários do INCRA – Fernando Pimenta – afirmou que "os ganhos que os donos de terra na fronteira agrícola brasileira estão tendo com a desapropriações para reforma agrária é reflexo dos fortes subsídios concedidos na venda dessas áreas nas décadas de 70 e 80", e que embora as empresas não tenham cumprido as cláusulas do contrato relativas à obrigatoriedade de implantação de projetos agropecuários produtivos, os Estados e a União não têm mais como retomar essas terras e o INCRA é, então, obrigado a pagar indenização, tanto pelas terras, quanto pelas benfeitorias.

15 Paradoxalmente, tem sido veiculada pela grande imprensa a possibilidade de serem cobrados os financiamentos e a terra aos assentados emancipados (*Folha de São Paulo*, 27/10/97).

O I Censo de Reforma Agrária no Brasil – os números

Assim que foram veiculados os resultados preliminares do I Censo de Reforma Agrária, o Maranhão chamou a atenção pelo fato de ser, seguido pelo Pará, o Estado com maior número daqueles que os órgãos oficiais chamam de assentados.

Quando iniciamos o processo de realização do I Censo, em novembro de 1996, pelas informações obtidas junto ao INCRA, o Maranhão possuía 126 (cento e vinte e seis) áreas classificadas como projetos de assentamento, de um total nacional de 1.647. O número correspondente de famílias[16] cadastradas ou assentadas era de 29.188, em um total nacional de 327.976. Com a divulgação oficial dos primeiros dados do I Censo observamos, apesar do desencontro de alguns números que serviram de base para a sua realização, no Maranhão[17], uma aproximação significativa entre os dados inicialmente apresentado pelo INCRA, por meio do "Quadro Demonstrativo dos PAs criados" até setembro de 1996, e o número recenseado, que indicam, respectivamente, 29.188 e 27.455 dos chamados beneficiários da Reforma Agrária. Contudo, há que se matizar essa concordância, pois existem evidências, assinaladas a partir do trabalho de campo, que apontam em sentido contrário, para um distanciamento entre os dados coletados e os do INCRA, conforme tentaremos demonstrar.

De qualquer modo, os dados preliminares indicavam que o Maranhão era o Estado com maior número de recenseados. Mas os relatórios dos coordenadores apontavam para o fato de que muitos locais, definidos como projetos de assentamento pelo INCRA, não haviam sido atingidos e o relatório geral do Censo também concluía que vários desses projetos não tinham sido alcançados pelos recenseadores, o que indicava estar o número, dos denominados assentados, apurado no I Censo (27.455), ainda mais subdimensionado. Isto porque, dada a dificuldade de locomoção e o prazo reduzido para a realização do trabalho, alguns povoados, principalmente os da Pré-Amazônia Maranhense, apesar de identificados, ficaram sem cobertura das equipes de recenseamento.

Além disso, nos maiores dos denominados PAs do Maranhão, nos municípios de Turiaçu, Maracaçumé, Cândido Mendes, Santa Helena, Carutapera, Turiaçu e ou-

16 Vale dizer que a unidade de recenseamento adotada pelo Censo foi a do beneficiário da reforma agrária, o que quase sempre resultava na identificação de uma família, não obstante pudessem ser encontrados indivíduos solteiros com o domínio sobre um lote em projetos de assentamento.

17 Pelo controle da supervisão estadual do I Censo no Maranhão, foram recenseados 122 projetos de assentamento, de uma previsão inicial de 125. Os três PAs não recenseados foram o PA Engenho Central/Clarice, localizado no município de Santa Luzia, o PA Lagoa da Onça, no município de Morros, e o PA Vila Esperança, no município de Monção. Número bem diferente do apresentado pela Coordenação Nacional no Manual dos Supervisores do I CRAB, que indicava 126 PAs e 40.921 famílias. Posteriormente, no relatório final elaborado pela Coordenação, a cujo resumo tivemos acesso por artigo publicado na revista da USP *Estudos Avançados*, 1997, pp. 18-19, teriam deixado de ser cobertos, além daqueles referidos pelos coordenadores, os seguintes projetos de assentamento: Furo da Pipa, Mata do Boi, Novo Mundo/Conquista, São João dos Poleiros, Três Lagoas. Vale dizer que tais projetos não constam daquela relação de 125 assentamentos.

tros, nas regiões classificadas pela FIBGE como Gurupi e Baixada Maranhense, o recenseamento foi feito por aglutinação dos trabalhadores em locais onde técnicos do INCRA estavam realizando distribuição do chamado fomento, já que seria impossível atingi-los em seus locais de moradia e trabalho, espalhados em áreas de 40, 50 e, até, de 90 mil hectares[18]. Em várias dessas situações, as moradia não se concentram em aglomerados que se poderia classificar como povoados, mas estão dispersos em grandes áreas, em alguns casos, de mata. Sendo assim, estamos supondo que muitos trabalhadores tenham deixado de comparecer a esses ajuntamentos o que, em tese, estaria dentro dos 20% de perda apontado pelos coordenadores.

Outra indicação de que o número de assentados com o qual o INCRA vinha planejando e executando suas ações estava subdimensionado, diz respeito ao grande número dos chamados agregados e irregulares com o qual os recenseadores se depararam. Segundo números preliminares do I Censo, os chamados agregados e irregulares representavam 26% do total de beneficiários identificados no Maranhão, somando, respectivamente, 3.197 e 3.941. Ora, pelos critérios de classificação do INCRA, estas categorias encontram-se em posição simetricamente opostas à do cadastrado, de forma que, se as considerarmos como assimiláveis àquelas de assentado ou de pré-assentado, teremos uma quebra em ¼ do número com que o INCRA apresentava os assentados nos chamados PAs.

Deixando de lado, por ora, a questão dos chamados agregados e irregulares, à qual voltaremos quando discutirmos as categorias censitárias adotadas, os totais apontados pelo recenseamento estariam, até certo ponto, coerentes com as estatísticas oficiais e, até mesmo, subestimados. Existe, porém, uma questão que a análise puramente quantitativa oculta e que, se não for claramente enfrentada, nos levará a uma avaliação completamente equivocada desses números. Diz respeito à discussão acerca do que se está chamando de assentamento e de assentados, o que conduz a indagações cruciais para a análise que se está propondo: existem realmente assentamentos de reforma agrária no Maranhão? Qual tem sido, efetivamente, o significado das ações governamentais chamadas de reforma agrária e em que medida contribuem para a viabilidade dos chamados projetos de assentamento?

Muito embora alguns supervisores, em outros pontos do País, venham chamando a atenção para a necessidade de enxergar "por detrás dos números" (Bergamasco, 1997:37), ainda assim esses autores não estão questionando o que se está tomando por assentamento e assentado, correndo-se o risco, deste modo, de se estar naturalizando essas categorias e tratando como homogêneas situações chamadas genericamente de "assentamentos rurais brasileiros" (Bergamasco, 997:47) e que, no entanto, são completamente diversas. No caso do Maranhão, tomando acriticamente as categorias

18 Os maiores PAs localizam-se, justamente, naqueles municípios onde extensas áreas foram transferidas pelo Estado ao patrimônio de grandes grupos empresariais nos anos 70, conforme já apontado.

censitárias e, principalmente, aquelas de assentado e assentamento, podemos estar contribuindo para a legitimação de situações de completa omissão do Estado que, no entanto, aparece nas estatísticas como aquele que mais assentou trabalhadores para fins de reforma agrária. Ao contrário, sabemos que segmentos camponeses se anteciparam, em muito, às ações governamentais de colonização e já tinham ocupado muitas das áreas que foram praticamente doadas pelo Estado a grandes grupos econômicos, não obstante a presença de posseiros, e que foram, posteriormente, desapropriadas, para fins de reforma agrária, pagando-se preço de ouro por benfeitorias inexistentes.

Categorias censitárias adotadas e condições de obtenção das informações, no Maranhão, para o I Censo de Reforma Agrária

Em apenas um mês de trabalho, cerca de 190 alunos e 10 professores de diferentes cursos, principalmente da UFMA, mas também da UEMA, percorreram 125 áreas, classificadas pelo INCRA como projetos de assentamento, cujo acesso, em alguns casos, somente foi possível porque os recenseadores percorreram longas distâncias a pé, de bicicleta, a cavalo. Em algumas áreas, não foi possível entrar, nem mesmo utilizando veículos tipo utilitário. O fato de ter sido realizado no período das chuvas e em um tempo exíguo, levou as equipes a um estado de exaustão para dar conta da tarefa no prazo estipulado.

Conforme já apontado, em muitas situações, o recenseamento foi realizado por meio de ajuntamentos de trabalhadores que vinham atender ao chamado dos técnicos do INCRA para distribuição do chamado fomento. Em alguns casos, reuniam-se no mesmo local uma grande quantidade de trabalhadores que, após ou durante a conversa com aqueles técnicos, eram atendidos pelos recenseadores, que ocupavam a escola ou outro prédio próximo ao local daquela reunião. Este fato não deixou de causar certo tumulto, em muitos casos, e de impedir que os recenseadores explicassem, calmamente, os objetivos do trabalho. Somente em algumas situações, onde existiam o que os trabalhadores chamam de patrimônio ou povoado, é que se procedia ao que se convencionou denominar de "operação pente fino", indo de casa em casa. Quando isto ocorria, trabalhadores que não tinham participado da reunião com os técnicos do INCRA eram, então, entrevistados. O mesmo não aconteceu nas situações em que as moradias encontravam-se dispersas, separadas por quilômetros umas das outras.

Quanto ao preenchimento dos formulários, é bom ressaltar que já por ocasião da discussão preparatória da Coordenação Nacional do I Censo com os supervisores do Maranhão, Piauí, Sergipe, Espírito Santo e Bahia, levantamos diversas objeções e fizemos uma série de considerações sobre as categorias de identificação do beneficiário, no que se refere à condição do produtor, sua relação com a terra e sobre o que o INCRA entendia como assentados, pré-assentados, agregados e irregulares. Todavia, não obstante a riqueza do debate ali travado, a Coordenação do I Censo insistiu na impossibilidade de incorporação das sugestões, àquela altura, dado o estágio em que se encontrava a impressão do material a ser utilizado no recenseamento e na pesquisa amostral.

Antes de passar em revista os instrumentos de coleta de informações, recuperando a discussão travada entre pesquisadores, funcionários do INCRA e coordenação do I Censo, rememoremos alguns pontos que nos parecem essenciais para a discussão das categorias censitárias adotadas.

O documento "Política de Assentamento" (INCRA, 1987) inicia-se com uma crítica a orientações e procedimentos anteriores do órgão que teriam gerado "sérios problemas" (*sic*) e que vinham dificultando a concretização dos objetivos do PNRA, naquele momento, quais sejam: a incorporação de novas áreas ao processo produtivo, a elevação da produção agrícola, a possibilidade de acesso ao bem-estar por parte das famílias assentadas e a promoção da "integração social e econômica de grandes contingentes de trabalhadores rurais" (INCRA, 1987:5).

O documento aponta uma série de falhas que teriam sido cometidas pelo órgão e que teriam sido originárias da adoção do que os seus autores entendem como "critérios paternalistas" (INCRA, 1987:6), assim como da ausência de integração entre a ação de diferentes órgãos oficiais.

Os então chamados parceleiros teriam sido "relegados à própria sorte, enfrentando além das adversidades naturais do pioneirismo, as dificuldades das relações de um mercado imperfeito onde é o mais fraco" (INCRA, 1987:6).

As limitações do próprio INCRA são apontadas no mesmo documento, onde se ressalta que o órgão, naquele momento (1985), estaria às voltas com atividades anteriores ao PNRA, voltadas à colonização e à regularização fundiária, o que dificultaria o atendimento ao que é entendido como novas obrigações impostas pela nova política de reforma agrária que se instaura a partir do Decreto Nº 91.766, de 10 de outubro de 1985.

Para superar essas dificuldades, são lançados novos princípios de metodologia de projetos de assentamento, quais sejam: racionalização dos recursos materiais, humanos e financeiros; objetividade na orientação das ações, levando em conta as condições objetivas do País e da comunidade assentada e suas unidades produtivas; participação dos parceleiros na construção do que os planejadores denominam de unidade comunitária do assentamento; desenvolvimento da capacidade de organização e participação do grupo de parceleiros visando a obter a autogestão dos empreendimentos de interesse comunitário do assentamento (INCRA, 1987:8). Para deflagar o processo, inicialmente, o INCRA se imitiria na posse e passaria a instalar os agricultores na área.

Depois de enumerar os vários componentes básicos da implementação das ações de assentamento (instituições, extensão, crédito, saúde, educação), o documento apresenta o que é entendido como fases do assentamento (INCRA, 1987 8-9), desde a obtenção dos recursos à constituição do projeto, à chamada habilitação dos recursos e à consolidação do assentamento que levaria, então, à emancipação.

Em outros trabalhos (Andrade, 1990:124-132) já tivemos oportunidade de chamar a atenção para o significado das categorias assentado e assentamento. Esses termos estão referidos a certas práticas administrativas por parte de órgãos fundiários oficiais e denotam a intervenção governamental na área rural, em anos recentes, em substituição às de colonos e colonização.

Os colonos, assentados e parceleiros seriam categorias datadas, para indicar segmentos de trabalhadores rurais cuja existência está baseada na interferência oficial. Junto à idéia do surgimento dessas novas categorias sociais, criadas pela burocracia estatal, viriam as de comunidade, unidade comunitária, cooperação, coletivo, comunitário, autogestão, relacionamento cooperativo, cujos significados apontam na direção do que passa a ser entendido como coletivização da produção, conforme já tivemos, também, oportunidade de demonstrar (Andrade, 1990:25).

O próprio termo "assentado" denotaria uma ação oficial externa no sentido de alocar, fixar, assentar em áreas previamente selecionadas, analisadas e preparadas para tal, grupos previamente selecionados. Categoria produzida de fora, resultado da ação oficial, só teria existência, portanto, após os atos jurídicos que permitissem aos órgãos oficiais administrar as áreas em questão.

Tendo em vista esses parâmetros orientadores da ação oficial, nada indica, no caso dos chamados assentamentos do Maranhão, ter se desenvolvido aqui qualquer ação planificada e o "abandono à própria sorte", tal como apontado pelo próprio órgão, perdura. No Maranhão não houve o momento em que o Estado, após identificar e preparar áreas, tenha ali alocado, fixado, assentado trabalhadores. Os assentamentos são, muito ao contrário, resultado da ação das próprias famílias de posseiros, pequenos arrendatários, foreiros, que, em muitos casos, lutaram para permanecer na terra tendo, muitos deles, sido assassinados em decorrência dessa luta. A ação oficial ocorre *a posteriori*, assumindo caráter, no máximo, de regularização fundiária e nunca de reforma agrária, tal como entendida pelo próprio órgão. Ao caracterizar esses segmentos que conquistam a terra como assentados, o Estado enfatiza a própria ação, muito embora possa estar completamente omisso, considerando-os como beneficiários, como parceleiros e não como ocupantes, ou seja, como objeto e não como sujeitos.

Pode-se afirmar, deste modo, que o que se está chamando de assentamentos, no caso do Maranhão, tanto em áreas de ocupação mais recente, na Pré-Amazônia Maranhense, ou em áreas antigas, como no Vale do Mearim e outras, nada mais são do que povoados camponeses tal como sempre existiram. Nada denota, em termos do espaço físico, da construção das casas, das estradas, das edificações (escola, salão de reuniões, igrejas), das condições de educação e de saúde, que tenha havido, ali, em algum momento, qualquer ação planejada do Estado.

Para se ter uma idéia do descontrole oficial no que se refere a esses assentamentos, vale lembrar que, quando da preparação do I Censo, nem mesmo as listagens com os nomes dos cadastrados e demais informações sobre cada projeto estavam disponíveis, o que denota completa desorganização do INCRA para lidar com essas realidades.

Um dos exemplos típicos, no mesmo sentido, é o caso do projeto Engenho Central/ Clarice, situado no antigo município de Santa Luzia que, apesar de constar da listagem de PAs do INCRA e de ter sido desapropriado em março de 1990 (Decreto nº 99.055, de 7 de março de 1990), não foi localizado, apesar de dois dias de esforços das equipes do I Censo, um deles em companhia do técnico responsável pela supervisão do projeto.

Dito isto, passemos a analisar os instrumentos de coleta utilizados no I Censo de Reforma Agrária no Brasil.

Conforme apontam outros supervisores (Bergamasco, 1997:39), as categorias pré-assentado, assentado, agregado, irregular, titulado foram objeto de intensa discussão e polêmica durante os treinamentos dos supervisores. No nosso caso, houve polêmica até mesmo entre os funcionários das Divisões de Assentamento do INCRA presentes, alegando alguns que a categoria pré-assentado não existia.

As categorias acima indicadas denotam momentos da ação do órgão, como identificar, selecionar, cadastrar e homologar a presença dos trabalhadores na área, o que varia de Estado para Estado, dando origem a confusões em relação ao significado desses termos.

Por outro lado, a categoria local de moradia, tal como utilizada no formulário do Censo e no Manual de Preenchimento, traz embutida a confusão entre local de moradia e local de trabalho, onde parcela rural e área comunitária seriam áreas de trabalho e não de moradia, conforme sua própria conceituação constante do Manual de Preenchimento (INCRA, 1996:6).

Quanto ao item 2 do formulário da Amostra, relativo à relação trabalho/produção/ situação anterior ao assentamento, confunde-se relação jurídica com a terra e relação de trabalho propriamente dita. Em muitos casos, no Maranhão, tem-se, na pessoa do mesmo trabalhador, a condição de pequeno proprietário e arrendatário (casos em que as terras sobre as quais têm o domínio não são férteis, devendo esses trabalhadores alugar outras áreas para cultivar); pequeno proprietário ou posseiro ou foreiro e assalariado (casos em que os trabalhadores vendem sua força de trabalho em alguns períodos do calendário agrícola); pequeno proprietário ou herdeiro de terra sem partilha e posseiro (casos em que proprietários e moradores de terras de herança sem partilha ocupam áreas devolutas para cultivar, seja porque as suas estão exauridas ou porque não comportam todas as unidades domésticas que integram o grupo familiar) e outras combinações.

Outro problema, no mesmo item, diz respeito à conceituação de posseiro e de ocupante. Sem entrar, propriamente, na necessária discussão jurídica de ambos os termos, nos dois casos, se o objetivo era recuperar a chamada história ocupacional e, neste sentido, apreender a situação de subordinação a outros agentes sociais, tanto um como outro mantinham a mesma relação com a terra, fosse ela de propriedade de terceiros ou públicas. Em ambos os casos se ressaltaria a situação de independência em relação a terceiros no que se refere ao processo produtivo e, assim, uma e outra seriam categorias coincidentes.

Da mesma forma, no caso dos chamados arrendatários, parceiros, foreiros, igualmente sem entrar na discussão jurídica, o que, certamente, teria sido necessário fazer antes da elaboração do instrumento de coleta de dados[19], o que deveria importar ao recenseador seria apreender uma relação anterior de subordinação a outros agentes sociais via pagamento pelo acesso à terra, seja em dinheiro, seja em produto, seja por meio de contrato verbal ou outro. O que torna mais complexa essa classificação, tal como estabelecida no Manual de Preenchimento, é o fato de certos termos aí adotados, como os de foreiro e agregado, coincidirem com aquelas categorias de autodefinição de alguns segmentos camponeses no Maranhão, porém não necessariamente com o mesmo significado, observando-se apenas uma coincidência na terminologia, o que, longe de tornar objetiva a classificação, leva a confusões.

No caso da categoria agregado, como teremos oportunidade de demonstrar, quando utilizada pelos camponeses para indicar a existência de parentes vivendo no mesmo lote, situação que pode também ser designada pela categoria encostado, nada tem a ver com a situação de subordinação experimentada por aqueles que residem dentro de grandes propriedades, pagando renda para cultivar ou tendo que cumprir certas tarefas não remuneradas para o proprietário.

Finalmente, além de outros problemas menores, apontados durante o treinamento dos supervisores, chamamos a atenção para a ausência, no item relativo às práticas tecnológicas agropecuárias, de formas de manejo de florestas, tendo em vista diferentes experiências agrosilviculturais realizadas por cooperativas de trabalhadores no Maranhão, no Pará e em outros Estados da Amazônia.

---

19 *Foreiro* é, em algumas regiões do Maranhão, uma categoria de autodefinição, para indicar aquela situação em que o camponês vive dentro ou fora da propriedade de terceiros, pagando o chamado *foro* para ter o domínio útil, não do imóvel, como aparece no Manual de Preenchimento, mas da área que ocupa com seus roçados anuais.

A reforma da miséria e a miséria da Reforma

Dentro de um vasto leque de problemas observados nos chamados assentamentos, dois atraíram com mais força nossa atenção, dada a sua incidência de forma mais direta sobre a criação de condições para que as famílias camponesas ali estabelecidas possam vir a se consolidar, com condições econômico-sociais minimamente satisfatórias. Estes dizem respeito: a) a relação entre a área disponível para o assentamento e o número de famílias demandantes e, b) às condições de acesso ao Programa de Crédito Especial para a Reforma Agrária – PROCERA.

A capacidade de assentamento e a insuficiência de terra nas denominadas áreas de reforma agrária: os diversos agregados

A questão da insuficiência de terras, nas chamadas áreas de reforma agrária, diz respeito, em primeiro lugar, à dimensão da ação reformista do governo frente à demanda por terra daqueles grupos sociais que podemos considerar como o público-alvo da política agrária oficial – um conjunto que envolve, quando consideramos a dimensão do lote agrícola, os camponeses minifundistas e aqueles que, quando considerada a relação de acesso à terra, encontram-se na condição de, para utilizar suas categorias de autoclassificação: agregados, foreiros, rendeiros, posseiros e trabalhadores rurais sem-terra.[20]

Vendo por este prisma, podemos dizer que os 1.093.816 hectares transformados em PAs no Estado do Maranhão, até setembro de 1996[21], são absolutamente insuficientes, quando consideramos uma demanda potencial, segundo os dados do Censo Agropecuário de 1985, de 202.210 estabelecimentos de arrendatários, 23.223 de parceiros e 203.026 de ocupantes, ou, alternativamente, quando verificamos a rubrica referente aos grupos

20 Por agregado estamos entendendo aqueles que residem em terras de terceiros e pagam renda para cultivar, que é, mais comumente, cobrada em produto. Em algumas situações, no Maranhão, além do pagamento da renda, o trabalhador deve algumas obrigações, como dias de serviço, ao dono da terra, como parte do contrato verbal estabelecido entre as partes. No contexto dos chamados projetos de assentamento, essa relação se dá entre compadres ou parentes, dentro dos chamados lotes e resulta de laços de afinidade ou consangüinidade estabelecidos entre os trabalhadores. Neste caso, aparece também a categoria encostado, para designar aqueles que, em função de diferentes motivos, estão vivendo e cultivando em áreas alheias, conforme analisado neste artigo. Por posseiro, estamos entendendo aqueles que residem e cultivam, de forma mansa e pacífica, por mais de ano, em áreas consideradas como pertencendo a particulares ou em terras públicas. Os autodenominados foreiros, rendeiros, conforme a situação e o local, no Estado do Maranhão, seriam aqueles que cultivam em terras de terceiros, pagando aluguel da terra. Podem ser registradas situações nas quais o mesmo trabalhador seja, a um só tempo, proprietário e arrendatário, assentado e arrendatário, igualmente conforme análise neste artigo. Finalmente, por sem-terra estamos entendendo aquele segmento de trabalhadores, de origem camponesa ou não, que estão se deslocando das áreas urbanas para a zona rural, conforme se observa em São Luís, Açailândia, Imperatriz e outros municípios.

21 Dados mais recentes fornecidos pelo INCRA, referentes aos PAs criados até dezembro de 1997, apontam para cerca de 1.378.141 hectares, enquanto o conjunto da área desapropriada por interesse social atinge a marca de 1.627.055 hectares, números ainda insuficientes frente ao contigente potencial acima apontado.

de área total da mesma fonte, que existem 445.064 estabelecimentos com até 10 hectares, ou seja, estabelecimentos que, desprezadas pequenas variações regionais, poderíamos considerar como minifúndios.

Todavia, além da defasagem acima apontada, gostaríamos de assinalar a existência, nas áreas consideradas formalmente como já reformadas, de um processo de "minifundização" [22] e precarização das condições de reprodução econômica e social das famílias assentadas, o que efetivamente contribui para a ineficácia das ações fundiárias já desenvolvidas. Processo este que pode ser visualizado de diversas maneiras, aparecendo nos dados do I CRAB, quando indica-se a importância numérica das categorias chamadas agregados e irregulares (1/4 do total), ou por meio da observação de campo, como relataremos a seguir.

Embora já tivéssemos observado situações de superpovoamento em áreas denominadas de reforma agrária no município de Santa Luzia (Carneiro,1998), chamou-nos atenção seu registro, segundo causas variadas, e em regiões geográficas de características sociais e naturais muito distintas. De uma maneira geral, vários coordenadores de equipe relataram sua ocorrência, quase sempre assinalada pela presença ostensiva dos chamados agregados, situação em que se verificava camponeses vivendo em terras de outros camponeses, consoante diferentes tipos de "contrato" verbal. Tivemos a oportunidade de identificar tal fenômeno em dois locais: no PA Leite, no PA União-Portugal situados, respectivamente, no leste Maranhense, no Médio Mearim e no oeste Maranhense, além de, posteriormente, termos tido indicações de situações de arrendamento de terras por parte de camponeses que, mesmo tendo seus lotes em áreas tidas como reformadas, recorriam a terras fora do projeto de assentamento para o plantio das culturas agrícolas principais.

No caso do PA Leite (7.253,50 hectares), cujo trabalho de campo realizamos entre os dias 19 a 25 de dezembro de 1996, tivemos nossa atenção desviada para esta questão, quando, em conversa com o presidente da Associação de Trabalhadores local, este se referia à incapacidade de manter uma área de reserva florestal no PA, haja visto a demanda crescente por terras de trabalhadores que vinham recentemente se estabelecer ou dos próprios assentados oficialmente cadastrados[23]. A mesma questão aparecia, também, quando realizávamos a aplicação do questionário da pesquisa amostral, no principal povoado daquele projeto e pudemos identificar diversas situações de arrendamento, uma particularmente singular, denominada de arrendamento de roça, expressão utilizada para designar o caso em que um trabalhador rural,

22 Como já foi apontado por vários estudiosos (Alberto Passos, Caio Prado Jr.) e mesmo reconhecido no Estatuto da Terra (s/d:12-13), ao lado do latifúndio a "minifundização" é um processo a ser combatido, haja visto o estado de carência de recursos a que o camponês se vê colocado, quando dispõe de um pedaço de terra insuficiente para fazer frente às necessidades de reprodução de sua família.

23 Neste caso, a ação de desapropriação do governo retirou os camponeses da condição de agregados de médios criadores de gado, onde o pagamento do chamado foro, ou renda pelo produto (um alqueire por linha de mandioca), era a principal condição de subordinação econômica existente.

dono de um lote, aluga uma área previamente preparada, já tendo sido realizadas as atividades agrícolas e limpeza do terreno e preparo do solo, para que outro realize o plantio das culturas.

De forma diversa, no PA União-Portugal[24] (11.804,00 hectares), localizado no município de Buriticupu (ex-Santa Luzia), um dos poucos PAs com titulação já realizada, por ocasião da aplicação dos questionários da Pesquisa Amostral, no principal povoado daquele projeto, tivemos a oportunidade de constatar o grande número de camponeses, ali recentemente estabelecidos[25], e que se encontravam na condição, por eles mesmos descrita, como de agregados dos donos dos lotes. Apesar de registrarmos outras situações em que existem de trabalhadores naquela condição, na maior parte dos casos observados esta encontrava-se relacionada à expectativa da liberação de terras em áreas ocupadas, porém ainda não desapropriadas pelo INCRA, caso principalmente da fazendas da VARIG. Tratava-se de trabalhadores que entraram para ocupar a referida fazenda, tendo mesmo já estabelecida uma área de plantio na ocupação; todavia, dada a indefinição da situação, possuíam também um roçado implantado na área de proprietários da União-Portugal. Como se pode perceber, esta é uma situação em que a condição de agregado é bastante particular, revelando-se como estratégia temporária, até que o órgão fundiário solucione os impasses colocados ao estabelecimento dos que chama de parceleiros.

Ainda como parte do problema aqui apontado tivemos, em atividade não referida ao I CRAB[26], contato com um grupo de camponeses, moradores do Centro do Coroatá, no PA Palmeiral-Vietnã (2.194,00 hectares). Relatavam eles que se vêem em dificuldades para manter os 32 ha de reserva florestal do assentamento a salvo da entrada de trabalhadores para realizarem plantios, haja vista a situação de insuficiência econômica apontada, que os estaria levando, também, a necessidade de arrendar áreas fora do PA para a implantação de roçados maiores. A situação de insuficiência a que nos referimos, pôde ser melhor compreendida quando um deles, relatando as condições atuais de produção, afirmava sentir saudades do que chamou de tempo de agregado, quando, segundo ele, mesmo pagando renda ou foro, conseguia implantar roçados de até 20 linhas.[27]

24 O PA União-Portugal foi desapropriado a partir do processo de ocupações camponesas desenvolvidas na região a partir de 1985. Para um maior aprofundamento, veja-se Carneiro (1994).

25 A primeira indicação para esta situação nos foi apresentada por Miguel Henrique Pereira Silva, então estudante de Ciências Sociais e coordenador de uma das equipes que recenseou o PA União-Portugal.

26 Encontro com trabalhadores do povoado Centro do Coroatá, realizado em 06/11/ 97, na cidade de Pedreiras, como parte de projeto de pesquisa sobre as condições de reprodução econômica no assentamento, fruto do convênio entre o Mestrado de Políticas Públicas e a Associação em Áreas de Assentamento no Estado do Maranhão.

27 Para maior aprofundamento sobre as condições de produção atuais no Centro do Coroatá, Projeto Palmeiral-Vietnã, vide Silva, 1998.

Apesar de não esgotarem o conjunto de situações onde aparecem as condições de agregado e de irregular, tal como registradas no âmbito do I CRAB, o que estas situações descrevem é um traço que tem assumido grande relevo em diversas áreas dos chamados assentamentos, devido à dispersão geográfica dos casos aqui relatados, onde a demanda pelos recursos fundiários liberados é maior que sua oferta. Embora essa demanda possa não se manifestar no momento da pressão inicial, realizada pelos grupos camponeses diretamente envolvidos na luta pela terra, como parece ser o caso do PA Leite, ela é, mais cedo ou mais tarde, acionada. Embora os motivos possam ser diversos – a presença de alguma instituição camponesa estimulando a ação, no sentido do deslocamento de trabalhadores com pouca terra ou sem-terra – o elemento que parece ser mais relevante é o da própria dimensão da ação fundiária em andamento, oficialmente designada como reforma agrária, onde se evidencia o fraco ímpeto reformista do governo frente à demanda por terra. Nesta situação, e em casos onde não há uma direção camponesa capaz de redirecionar os fluxos de camponeses para a ocupação de outras áreas[28], o aumento da pressão sobre a terra e de mais recursos básicos (reservas de mata, aguadas) pode significar a falência do esforço reformista inicial.

Financiamento nos PAs: acesso e operacionalização do PROCERA

Outro ponto, extremamente relevante para a apreensão da intencionalidade da ação reformista do governo, diz respeito à avaliação do montante de recursos creditícios colocados à disposição dos chamados beneficiários da reforma agrária, assim como à observação da forma pela qual esses recursos vêm sendo operacionalizados, e quais seus efeitos para a viabilização da produção nas áreas tidas como já reformadas.

Segundo dados coligidos por Lago (1998) junto à Comissão Estadual do PROCERA[29], em três anos de aplicação dos recursos foram atingidas 11.108 famílias, a partir de 281 projetos financiados (Quadro 3), o que, numa leitura rápida, sem contar com a repetição de recursos para mesmos PAs e mesmos beneficiários, resultaria num montante de R$ 2.914,24 família/ano.

Como a autora demonstrou, quando esses recursos são colocados frente à demanda potencial existente, revelam-se claramente insuficientes, além de ter identificado distorções regionais em sua alocação, quando comparou o número de famílias e o montante alocado por microrregiões geográficas (Lago,1998:68).

28 Como foi o caso do movimento de ocupações em Santa Luzia, na segunda metade dos anos 80, onde após a ocupação da União tem-se a ocupação da Lago Azul, da Cacique, da Tucumã, dentre outras (Carneiro, 1993).

29 O PROCERA opera com duas grandes linhas de crédito: para o custeio de lavouras, priorizando as destinadas à produção de alimentos e para investimento em diversas áreas, desde a compra de gado, construção de benfeitorias, construção de obras de infra-estrutura coletiva (Lago, 1998:53).

Quadro 3 – Financiamentos do PROCERA no Maranhão (1994/96)

Ano	Nº de Projetos Financiados	Nº Famílias Beneficiadas	Recursos por Ano (em R$)	Recursos por Família (em R$)
1994	70	3.374	6.532.409,71	1.936,10
1995	122	4.529	11.049.060,20	2.439,62
1996	89	3.205	14.789.997,04	4.614,66
Total	281	11.108	32.371.466,95	2.914,24

Fonte: Comissão Estadual do PROCERA, *apud* Lago, 1998.

Quanto ao tema da operacionalização do PROCERA, identificamos três ordens de problemas: a) a ausência de estudos preliminares e de um planejamento consistente para a sua efetivação; b) o desconhecimento ou desinteresse, por parte dos técnicos do INCRA, no que tange à percepção camponesa do crédito e, c) a falta de transparência e de controle social sobre o processo de decisão e alocação dos recursos, os quais passaremos a detalhar.

Uma primeira questão diz respeito ao próprio processo de (falta de) planejamento para a execução do programa, espelhada, entre outras coisas, na inexistência de estudos preliminares sobre mercado, sobre as condições agronômicas e na ausência completa de conhecimento sobre o cálculo econômico camponês e a organização social dos PAs. Algumas dessas questões puderam ser registradas durante o trabalho desenvolvido para o I Censo, no município de Bom Jesus das Selvas, quando tivemos a oportunidade de observar o processo de apresentação do PROCERA a um conjunto de trabalhadores por uma equipe técnica do INCRA[30]. Segundo informação da equipe, era a primeira vez que aquele programa era apresentado no PA a cerca de vinte chefes de família, membros da Associação. A reunião foi realizada na casa de uma das lideranças da Associação de Trabalhadores do PA e os trabalhadores dividiam a atenção entre a explanação dos técnicos e o recebimento dos contratos de assentamento.

Os técnicos apresentaram a disponibilidade dos recursos para duas modalidades de investimento: infra-estrutura e produção agropecuária. Uma vez terminada a explanação, os trabalhadores presentes passaram a discorrer sobre as principais necessidades do PA relativas aos serviços básicos. Referiram-se à necessidade de uma estrada que os ligasse à BR-222, pois, durante o inverno, a vicinal que os servia ficava praticamente intransitável; à carência de um veículo para o transporte da produção e à necessidade de poço artesiano para o abastecimento do povoado. Quanto ao financiamento da produção, que os técnicos do INCRA já haviam alertado que só poderia ser direcionado, em se tratando de agricultura, à culturas ditas comerciais (como o abacaxi e a cana-de-açúcar) e não para os cultivos tradicionalmente realizados na região (arroz, mandioca e fei-

30 Como as questões que estamos abordando dizem respeito a problemas de ordem estrutural quanto à concepção e operacionalização do Programa, não se referindo a avaliação da capacidade da equipe em questão, resolvemos omitir o nome do PA visitado.

jão), um dos presentes formulou a seguinte pergunta: "Sim doutor, mas aonde é que eu vou vender o abacaxi e qual o preço que vou receber por ele?"

A questão que deixou a equipe do INCRA sem resposta representa um ponto nodal na operacionalização do PROCERA, ou seja, diz respeito à inexistência de estudos preliminares de mercado e dos recursos mobilizáveis em cada PA pressupondo, ainda, equivocadamente, um desconhecimento camponês sobre as melhores alternativas para a utilização do recurso. Na realidade, quem se equivoca são os técnicos, completamente ignorantes acerca do cálculo camponês no que toca à produção para autoconsumo e para comercialização, cálculo este que, se não for adequadamente modificado, levará a um impasse de difícil superação para a chamada emancipação ou autonomia.

Outro ponto fundamental, pelo que se pode observar naquela situação, liga-se à metodologia inadequada para a transmissão de informações sobre o Programa, pois o que estava em questão para o trabalhador, se entendemos bem a sua argumentação, é que numa situação de introdução de um novo produto, quando não se possui ainda o conhecimento sobre o mercado potencial, o mais sensato é a aplicação daqueles recursos em culturas sobre as quais o grupo social já possua amplo domínio (o arroz, a mandioca, o feijão)[31] e que se prestam ao autoconsumo. Ao excluir estas das opções do PROCERA, e ao não apresentar alternativas previamente estudadas, para não falar no mecanismo de "difusão" da informação, o INCRA praticamente exclui aqueles trabalhadores do seu acesso.

Um segundo problema, também relacionado com o acima citado, possui relação com a imprevisibilidade na disponibilização dos recursos. Ao contrário do PA anteriormente citado, a situação a ser agora descrita está relacionada com uma área em que os trabalhadores já haviam lançado mão dos recursos do PROCERA, para a compra de gado e para o plantio de cana-de-açúcar, no Projeto de Assentamento Leite. Aqui o problema residia no fato de os trabalhadores já terem plantado e colhido duas safras de cana-de-açúcar e de não terem tido o que fazer com aquela produção, pois teria havido a promessa de construção de uma destilaria para a produção do aguardente e da rapadura, o que não ocorreu. Uma vez que aquela não fora viabilizada, tinham agora duas alternativas: vender uma pequena parcela da produção para os criadores de gado da região, ou queimar o canavial. Como a demanda na região é muito fraca, além dos preços serem muito reduzidos, o destino na maioria das vezes parece ser o da queima do canavial.

31 Questão semelhante foi apresentada por dirigentes da FETAEMA, que nos solicitaram, quando da realização do trabalho de campo do I Censo, que pesquisássemos o porque da utilização intensiva dos recursos do PROCERA para a aquisição de gado. De forma similar aos trabalhadores acima citados, um trabalhador do PA União-Portugal deu a seguinte resposta: "Olha Marcelo, como é que eu vou botar outra cultura aqui, que eu não tenho perspectiva de escoamento, eu compro gado, eu sei que o gado vai ter uma venda tranqüila, se minha mulher adoece eu posso vender o gado, posso ter carne, tem saída, enquanto aqueles outros eu não sei se tem saída".

Nova ordem de questões aparece em outro tipo de situação, recorrentemente apontada pelos coordenadores das equipes do Censo nos municípios de Santa Luzia e Buriticupu, desta feita, relacionada a problemas na intermediação dos recursos do PROCERA. Pelo que pudemos observar, existem pelo menos dois grandes entraves à operacionalização dos recursos. O primeiro está na falta de conhecimento dos trabalhadores sobre a tramitação e os critérios para a aprovação dos projetos, o que os leva a, freqüentemente, ficar como reféns dos supervisores de área do INCRA e/ou dos técnicos/empresas que elaboram os projetos. Por outro lado, não está também descartada a possibilidade da utilização desses recursos para mecanismos clientelistas de manutenção e reprodução de grupos políticos que fazem da gestão de fundos públicos um dos principais fundamentos de permanência à frente da representação política local. Situação deste tipo denunciada pelo presidente do STR do município de Bacuri, alertando para a associação entre técnicos do INCRA e vereadores do município no manuseio das verbas do INCRA para o fomento agrícola e a construção de moradias (*Atos e Fatos*, 28/10 a 3/11/97, p. 4).

Outro entrave diz respeito aos mecanismos de controle e transparência no processo de mobilização dos recursos. Para este último caso, foram várias as denúncias que recebemos da parte de membros de Associações de Trabalhadores de que haveria, por força de acordos entre técnicos responsáveis por projetos, técnicos do INCRA e criadores de gado da região, uma sobrevalorização no preço de compra da arroba do gado adquirido[32]. Registra-se, nesses casos, uma relação entre o aparato burocrático e estratos do poder local como fatores contra a reforma agrária.

O que essas situações apontam é que, à semelhança de vários programas governamentais já desenvolvidos, estamos frente a mais um caso em que a aliança de componentes da burocracia estatal com grupos de interesse privado (técnicos, criadores de gado, empresas de insumos agrícolas) consegue sobrepor seus interesses frente aos dos beneficiários diretos do Programa. Por outro lado, apontam para a fragilidade da organização camponesa[33] e colocam como central para estas a questão da autonomia de gestão dos chamados PAs.

32 Segundo depoimento, a arroba de gado bovino estaria sendo comprada, a preço de projeto, por vinte e dois reais, enquanto que o preço na região estava situado em torno de dezessete reais, o que daria um ganho de cinco reais por arroba.

33 O que pode também ser observado, de maneira inversa, pelos excelentes resultados obtidos quanto à aplicação ou controle da aplicação dos recursos, verificados nas poucas situações em que direções de Sindicatos de Trabalhadores Rurais conseguiram acompanhar a liberação e aplicação do PROCERA. Caso a parte é também o dos assentamentos liderados pelo Movimento dos Trabalhadores Rurais Sem-Terra, que, dada a força de sua organização, logra conseguir resultados bastante superiores aos dos demais PAs.

Considerações finais

Recentemente o tema dos chamados assentamentos rurais vem merecendo uma crescente cobertura, seja na discussão acadêmica ou nos debates realizados por intermédio dos diversos meios de comunicação sobre a reforma agrária, não pelo fato de englobar o conjunto de questões que a envolvem mas, como indicou Palmeira (1994:7-8), pelo fato de que estes assentamentos, em que pese a sua reduzida dimensão frente à demanda existente e aos vários problemas que suscitam, tornaram-se como que a "materialização da reforma agrária".

Por outro lado, gostaríamos de ressaltar que essa "materialização da reforma agrária" tem todos os componentes de uma construção ideológica, de uma invenção, de uma interpretação produzida pelos aparatos burocráticos. São categorias impostas, que ocultam processos reais de conquista do meio de produção fundamental por segmentos camponeses e escondem processos de verdadeiras negociatas de terras. Nesta perspectiva, podemos compreender porque discussões como a do significado de uma reforma agrária no País, travadas ferrenhamente de diversas posições – a dos anti-reformistas de organizações representativas do patronato rural[34] (Confederação Nacional da Agricultura, União Democrática Ruralista) e a daqueles que a defendem como política social (Governo Federal)[35] ou como política de desenvolvimento nacional (Confederação Nacional dos Trabalhadores na Agricultura, MST) – passam a ser disputadas em torno de relatórios de pesquisas realizadas sobre o que se entende vulgarmente por viabilidade econômica dos chamados projetos de assentamento.

Pode-se compreender, ainda, nesse contexto, porque até mesmo pecuaristas, representados pelo Conselho Nacional de Pecuária de Corte, aventem a possibilidade da privatização dos assentamentos, que passariam a ser geridos pela iniciativa privada.[36]

No Estado do Maranhão, apontado como modelo de reforma agrária, segundo a interpretação do atual mandatário do Ministério Extraordinário de Política Fundiária, processa-se fenômeno semelhante, pelo menos no que tange à disputa midiática do assunto, com os representantes dos diversos órgãos responsáveis pela política

34 Posição diferente para a atual conjuntura parece ser a assumida pela Sociedade Rural Brasileira que, nas palavras de seu presidente, Luiz Suplicy Hafers, em entrevista concedida ao jornal *O Estado de São Paulo*, criticou o "distributivismo" da ação governamental, elencando, como pontos fundamentais ao lado dos assentamentos, o fomento ao emprego e à educação, de forma a resolver problema maior do desestímulo à produção agrícola (5/1/97, p. D3).

35 Segundo intervenção do Presidente do INCRA, Dr. Milton Seligman, no III Encontro Nacional, "As Universidades e a Reforma Agrária", as ações do governo FHC para a reforma agrária representam, quando comparadas em escala nacional, o maior programa atual de combate à pobreza no mundo.

36 Vide *Folha de São Paulo*, 31 de outubro de 1997, Brasil, p. 10.

agrícola e agrária do Estado disputando, palmo a palmo, espaço nos meios de comunicação para apresentar seus produtos: metas de assentamento atingidas, Comunidade Viva, Programa Cédula da Terra, cuja "cortina de fumaça" impede a formação de uma percepção mais realista do quadro que se quer representar.

Em qualquer análise de ações entendidas como reforma agrária devemos lembrar, portanto, que as categorias assentado e assentamento, assim como outras, correlatas, são produto da construção lógica dos instrumentos oficiais da ação fundiária, não devendo ser tratadas como realidades "objetivas" e, como tal, quantificadas, sem que se atente para seu caráter de representação oficial datada.

Com estas colocações tentamos demonstrar, a partir das situações aqui descritas, nos PAs que analisamos, que os esforços reformistas até agora realizados, por várias das circunstâncias apresentadas, além de serem limitados para enfrentar a dimensão da demanda pela reforma agrária, correm o risco, por conta de erros de concepção e de execução, de produzir justamente o contrário de sua proposta: a reprodução do minifundismo, da precarização nas relações de trabalho e de insuficiência no acesso a padrões mínimos de sobrevivência por parte dos camponeses no Estado do Maranhão.

Como em outras situações historicamente já verificadas, conforme apontado na análise de outras experiências dos chamados assentamentos no Maranhão, seja em experimentos oficiais, caso da COMARCO ou da COLONE, ou colonização por outras iniciativas, a exemplo da Colônia Agrícola do Gurupi, no município de Açailândia (Hébette & Acevedo Marin, 1977), a eficácia da ação reformista depara-se com um conjunto de elementos estruturais, de modo que os efeitos imediatos revertem-se no longo prazo, e ao projeto de assentamento segue-se a reconcentração fundiária e a exclusão camponesa.

Apesar de não termos enfrentado todo o conjunto de mediações que o problema requer, pois passamos ao largo de temas centrais para uma política de reforma agrária, tais como a questão da infra-estrutura produtiva[37] (açudes, irrigação, eletrificação); o problema dos equipamentos coletivos urbanos (residência, água tratada, esgoto); a concentração fundiária, que ocorre em proporções elevadas, concomitante ao processo descrito, julgamos que uma avaliação das ações governamentais chamadas de reforma agrária no Maranhão, deve apontar para limites e, mesmo, para a ineficácia.

Como expusemos, estamos, por um lado, diante de diversos casos em que se reformou a miséria, desapropriando-se áreas cujas dimensões e qualidade do solo são insuficientes para a reprodução das famílias ditas assentadas. Por outro lado, obser-

37 Ao aplicarmos o formulário da pesquisa amostral nos PAs Babilônia e Indiana, pudemos constatar casos em que trabalhadores tiveram que comprometer quase a metade dos recursos obtidos com a safra de 1995/96 para obter suprimentos de água, realizado por proprietários de carros-pipa da região.

vamos, uma vez mais, o que denominamos de "a miséria da Reforma", ou seja, a reprodução de práticas – procedimentos e programas de assistência aos assentados – que incorrem num erro básico: o desconhecimento e o desrespeito à organização pré-existente e aos saberes acumulados dos segmentos aos quais se dirige.

Referências bibliográficas

ALMEIDA, Alfredo Wagner B. de. 1994. Transformações agrárias e conflito social nas áreas de ocorrência do Babaçu. *CESE Debate*: Coletânea de Textos, nº 3, ano IV, maio, pp. 45-60.

ALMEIDA, Alfredo Wagner.B. de. 1990. "O Intransitivo da Transição. O Estado, os conflitos agrários e a violência na Amazônia". *Maria Fumaça: Caderno de Debates*, nº 2, Junho, pp. 3-16.

ANDRADE, Maristela de Paula. 1990. "A coletivização nos assentamentos de reforma agrária – uma proposta para os camponeses", *Pará Agrário*, nº 8, jul-dez, pp. 124-133.

BERGAMASCO, Sonia. 1997. "A realidade dos assentamentos rurais por detrás dos números", *in*: *Estudos Avançados*, São Paulo, Instituto de Estudos Avançados/USP, vol 11, nº 31, pp. 37-47.

CARNEIRO, Marcelo D. Sampaio. 1998. "Ocupações Camponesas como reabertura da 'fronteira': uma leitura a partir do movimento para a área do Pindaré", *Boletim do Museu Paraense Emilio Goeldi*, 1996, vol 12, nº 1, pp. 51-106 (ano de publicação 1998).

________. 1994. *Latifúndios e ocupações camponesas ao longo da Estrada de Ferro Carajás – reabrindo a fronteira quinze anos depois?*, dissertação de mestrado apresentada ao NAEA/UFPA.

FIBGE – 1986. *Censo Agropecuário de 1985*, Rio de Janeiro.

HÉBETTE, J. & MARIN, Rosa A. 1979. *Colonização para quem?*, Belém, NAEA/UFPA.

INCRA, S/d. *Estatuto da Terra*, Divisão de Reprodução Documental do INCRA, Brasília.

______.S/d. *Estatuto da Terra*, Lei nº 4.504, de 30 de novembro de 1964. Divisão de Reprodução Documental do INCRA, Brasília/DF.

______. I CENSO DE REFORMA AGRÁRIA – resumo. *Estudos Avançados*, vol 11, nº 31, pp. 07-36.

LAGO, Maria Regina T. 1998. *Assentamentos Rurais no Maranhão e Programa de Crédito Especial para a Reforma Agrária: uma leitura dos dados do PROCERA – MA, nos anos 1994-1996*. Monografia de conclusão do curso de Ciências Sociais/UFMA. São Luís.

LIMA, Elma Bastos. 1994. *Maranhão: terra em sangue - uma análise da ação oficial para o campo durante o período da Nova República, no Maranhão*, monografia de conclusão do curso de Ciências Sociais/UFMA, São Luís.

LINHARES, Luiz Fernando do Rosário. 1996. "A reserva extrativista do Quilombo Frechal – o valor da indenização do pretenso proprietário versus a função social da terra e os crimes contra o meio ambiente", *in*: *Frechal – Terra de Preto: quilombo reconhecido como reserva extrativista*, São Luís, SMDDH/CCN-PVN, pp. 103-114.

MIRAD/INCRA. 1987. *Política de Assentamento*, Brasília.

PALMEIRA, Moacir. 1994. "Apresentação", *in*: ROMEIRO, A; GUANZIROLI, C; LEITE, S (orgs.) *Reforma Agrária – produção, emprego e renda: o relatório da FAO em debate*, Rio de Janeiro, Vozes/IBASE/FAO, p. 7-9.

SOCIEDADE MARANHENSE DE DEFESA DOS DIREITOS HUMANOS. 1993. *Conflitos de Terra Registrados no Maranhão de 01 de janeiro de 1990 a 31 de dezembro de 1991*. São Luís: Lithograf – Ind. Gráfica e Editora.

SILVA, Miguel Henrique P. 1997. "Centro do Coroatá: relatório de pesquisa sobre o Ensaio agroextrativista no PA Palmeiral/Vietnã", Núcleo de Pesquisa/Mestrado em Políticas Públicas, São Luís, mimeo.

SOUZA Fº, Benedito. 1995. "A produção de soja no sul do Maranhão e seus impactos para segmentos camponeses da região", *in*: ANDRADE, Maristela de Paula *et alii*, *Carajás: desenvolvimento ou destruição*? Relatórios de pesquisa, São Luís, CPT.

Artigos divulgados na imprensa

ATOS E FATOS – "Denunciado desvio de verbas federais no município de Bacuri", São Luís, 28/10 a 3/011/97, p. 4.

FOLHA DE SÃO PAULO – "Para INCRA, governos fiscalizaram mal", Domingo, 16/11/97, Brasil, p. 13.

FOLHA DE SÃO PAULO – "Para se reeleger", FHC promete assentar 1 mi – Segunda feira, 27/10/97, Brasil, p. 6.

FOLHA DE SÃO PAULO, FURTADO, Bernardino – "Governo paga 'ágio' de 24.801% por terra", Domingo, 16/11/97, Brasil, p. 12.

O ESTADO DE SÃO PAULO – "Sociedade Rural Brasileira Defende Criação de Empregos no Campo", 5/1/97, p. D.3.

Pequenas e médias propriedades rurais: estrutura fundiária e integração

Regina Célia Corbucci[1]

Apresentação

Os conceitos de pequena e média propriedade rural no Brasil têm sido objeto de discussão e de entendimentos diferentes por parte de especialistas e organizações que trabalham na área, sejam elas públicas, privadas, não-governamentais ou acadêmicas.

Somente com a sanção da Lei 8.629, de 25.2.93, que definiu o que é pequena, média e grande propriedade rural, vem sendo possível classificar os imóveis rurais na estrutura fundiária brasileira, com base em uma instituição legal.

Fundamentando-se nesses conceitos e apoiando-se nos dados do Recadastramento de Imóveis Rurais, de 1992, efetuado pelo Instituto Nacional de Colonização e Reforma Agrária – INCRA, foram identificadas por Estado e agrupadas por Região informações sobre as pequenas e médias propriedades rurais, número de imóveis e de hectares, com respectivos percentuais por Região e nacional, no contexto da estrutura fundiária brasileira.

Esses dados, analisados de forma contextualizada – regional e nacional, mostram o quantitativo das pequenas e médias propriedades, a área por elas ocupadas, e o significado econômico-social nas Regiões em que se situam e para o Brasil.

---

1 Consultora.

Introdução

O dissensso observado nas discussões e demais trabalhos sobre a classificação de pequenos e médios imóveis rurais no Brasil pode estar vinculado a: 1) heterogeneidade de situações encontradas em um país de dimensão continental como o Brasil, manifesta com excelência na área rural e conseqüentemente dificultando a definição de critérios de classificação e, 2) grupos de interesses com compromissos diferenciados nesse setor, levando a entendimentos também diferentes sobre a mesma matéria.

Somando-se às dificuldades de conceituação, outros fatores como ausência de políticas rurais, não apenas agrícolas, harmonização e compatibilização das políticas macroeconômicas com as agrícolas, voltadas para esse setor da agricultura, evidenciam o baixo nível de entendimento, notadamente do setor público, sobre o significado e a importância das pequenas e médias propriedades rurais na produção agrícola, no desenvolvimento da área rural/municipal, e do nacional como um todo.

Assim, as propriedades rurais, que detêm até 100 (cem) hectares, são responsáveis pela produção nacional de produtos básicos da dieta alimentar brasileira nas seguintes proporções[2]:

- 87% – mandioca;
- 70% – feijão;
- 69% – milho;
- 66% – algodão;
- 46% – soja;
- 37% – arroz; e
- 20% – rebanho bovino.

Além de significativa participação na produção agrícola nacional, essas propriedades rurais ocupam 84% do total do pessoal que trabalha na agricultura (IBGE, *op. cit.*).

Aliada à efetiva participação dos pequenos e médios imóveis rurais na produção agrícola nacional, observa-se, principalmente após a recente integração de mercados, uma crescente diversificação de atividades não agrícolas nesses mesmos imóveis (Graziano de S. J., 1996), evidenciando transformações no perfil sócio-produtivo até então desenhado[3].

Entende-se que um dentre outros fatores, a ser examinado nesse processo de transformação, é a estrutura fundiária nacional na qual se insere esses imóveis no novo contexto

2 Censo Agropecuário – IBGE, 1985.

3 Os resultados do Censo Agropecuário – 1996, quando finalizados, deverão apontar com maior precisão o novo perfil sócio-produtivo dos pequenos e médios imóveis rurais.

de integração. O estudo fundiário, descentralizado por Regiões, focalizando os pequenos e médios imóveis rurais, poderá ensejar a formulação de políticas rurais, fundiárias, e agrícolas mais consentâneas com as necessidades que vêm sendo mostradas por esse setor no processo de integração vigente – informacional, econômico, cultural, ambiental e social.

Pequenas e médias propriedades rurais

A Lei 8.629, de 25.2.93, conceituou Imóvel Rural como "o prédio rústico de área contínua, qualquer que seja a sua localização, que se destine ou possa se destinar à exploração agrícola, pecuária, extrativa, vegetal, florestal ou agro-industrial".

Decorrente dessa conceituação, a pequena propriedade – imóvel rural, foi definida como a área compreendida entre 1 (um) a 4 (quatro) módulos fiscais; a média propriedade – o imóvel rural com área superior a 4 (quatro) e até 15 (quinze) módulos fiscais e a grande propriedade – imóvel rural com área superior a 15 (quinze) módulos fiscais em diante.

Vale ressaltar que, para cada município, o módulo fiscal tem um tamanho em hectare. Assim, o módulo fiscal de um município poderá diferir em tamanho daqueles dos demais municípios.

Contudo, mesmo à luz da diferença de tamanho do módulo fiscal por município[4], esse tamanho é definido levando-se em consideração as seguintes variáveis:

- tipo de exploração agrícola dominante no município;
- outras explorações;
- renda obtida;
- conceito de propriedade familiar, e suas características socioeconômica, ecológica; e a
- microrregião homogênea, conforme definido pelo IBGE, onde o imóvel está localizado.

Com base nesses parâmetros, é a seguir apresentada por grandes regiões: Centro-Oeste, Norte, Nordeste, Sudeste e Sul, a estrutura fundiária, destacando-se nela os pequenos e médios imóveis rurais, por classe de número de módulo fiscal e área em hectares. A descrição, a análise dos dados pesquisados e sugestões de políticas também fazem parte desse trabalho.

4 Para melhor entendimento do conceito e conhecimento do tamanho do módulo fiscal por município, sugiro ler o documento "Índices Básicos, 92" – Publicação INCRA, 1993.

Região Centro-Oeste

A Região Centro-Oeste, constituída pelos Estados de Goiás, Mato Grosso, Mato Grosso do Sul e do Distrito Federal, tem uma superfície territorial de 1.612.077,2 km^2, conforme a Resolução IBGE n.º 5/94.

Em termos populacionais essa Região possui 10.501,480 (dez milhões e quinhentos e um mil e quatrocentos e oitenta) habitantes, sendo que 8.865.836 (oito milhões e oitocentos e sessenta e cinco mil e oitocentos e trinta e seis) pessoas, ou seja, 84,42% vivem na área urbana, e apenas 1.635.644, ou 15,58%, vivem na área rural (Contagem da População IBGE, 1996).

Nessa Região, o INCRA, pelo Recadastramento de 1992, cadastrou 213.937 (duzentos e treze mil e novecentos e trinta e sete) imóveis rurais, com uma área total de 98.001.651 (noventa e oito milhões, um mil e seiscentos e cinqüenta e um) hectares.

Pequenas propriedades rurais

As pequenas propriedades rurais na Região Centro-Oeste somam 144.545 (cento e quarenta e quatro mil e quinhentos e quarenta e cinco) imóveis (Quadro 1) e representam 67,6% do número total das propriedades rurais da Região.

Quanto à área em hectares, ocupam aproximadamente 8.850.814 (oito milhões, oitocentos e cinqüenta mil e oitocentos e quatorze) hectares (Quadro 1), o que representa 9% da área total das propriedades rurais da Região Centro-Oeste.

Quadro 1 – Região Centro-Oeste –
Pequenas propriedades rurais

Classe de número de módulos fiscais	Total de imóveis	Área em hectares
> ou = 0,5	45.371	770.052
< 0,5 a 1,0	34.859	1.391.830
< 1,0 a 2,0	34.414	2.517.617
< 2,0 a 3,0	18.250	2.227.122
< 3,0 a 4,0	11.651	1.944.193
TOTAL	144.545	8.850.814

Fonte: Estatísticas do Recadastramento do INCRA, 1992.

Observando-se os dados do Quadro 1, vê-se que o maior número dos pequenos imóveis rurais da Região Centro-Oeste concentra-se na faixa menor ou igual a 0,5 até 2,0 módulos fiscais, perfazendo um total de 114.644 (cento e quatorze mil e seiscentos e quarenta e quatro) imóveis, em um universo de 144.545 (cento quarenta e quatro mil, quinhentos e quarenta e cinco) pequenos imóveis rurais. Isso equivale a dizer que esse estrato de imóveis rurais representa aproximadamente 79,5% do total das pequenas propriedades rurais, e 53,6% do total das propriedades rurais da Região Centro-Oeste, mostrando que, mesmo na categoria das pequenas propriedades, existe uma concentração de imóveis na faixa de menor número de módulos fiscais.

Médias propriedades rurais

As médias propriedades rurais da Região Centro-Oeste somam em torno de 43.300 (quarenta e três mil e trezentos) imóveis e ocupam uma área de 16.974.986 (dezesseis milhões, novecentos e setenta e quatro mil e novecentos e oitenta e seis) hectares (Quadro 2). Essas propriedades representam 20,2% do total das propriedades rurais da Região. Em termos de área ocupam 17,30% da área sob o domínio rural na mesma Região.

Quadro 2 – Região Centro-Oeste – Médias propriedades rurais

Classe de número de módulos fiscais	Total de imóveis	Área em hectares
< 4,0 a 5,0	9.474	2.246.725
< 5,0 a 6,0	6.330	1.701.544
< 6,0 a 10,0	16.723	6.355.709
< 10,0 a 15,0	10.773	6.671.008
TOTAL	43.300	16.974.986

Fonte: Estatísticas do Recadastramento do INCRA, 1992.

Comparando-se o número de imóveis rurais pequenos e médios, vê-se que o quantitativo dos médios corresponde a menos de 30% do quantitativo dos pequenos, apesar de que, quando comparados em área, os médios imóveis detêm uma área em hectares que corresponde a quase duas vezes mais aquela ocupada pelas pequenas propriedades (Ver Quadros 1 e 2).

As grandes propriedades rurais cadastradas com área superior a 15 (quinze) módulos fiscais foram apenas 25.327 (vinte cinco mil e trezentos e vinte e sete) e representam somente 11,8% do total no número de imóveis da Região Centro-Oeste. No entanto, essa categoria de propriedade rural ocupa uma área de 72.175.851 (setenta e dois milhões, cento e setenta e cinco mil e oitocentos e cinqüenta e um) hectares, o que equivale a 73,7% da área ocupada por imóveis rurais em toda Região Centro-Oeste.

Assim, em termos gerais, a estrutura fundiária da Região Centro-Oeste apresenta-se da seguinte forma: 213.937 (duzentos e treze mil e novecentos e trinta e sete) imóveis rurais recadastrados pelo INCRA que ocupam uma área de 98.001.651 (noventa e oito milhões, um mil e seiscentos e cinqüenta e um) hectares; desses, 144.545 (cento e quarenta e quatro mil e quinhentos e quarenta e cinco) são pequenas propriedades rurais; 43.300 (quarenta e três mil e trezentos) são médias propriedades e, 25.327 (vinte e cinco mil, trezentos e vinte e sete) são grandes propriedades (Gráfico 1).

Gráfico 1 – Estrutura fundiária da Região Centro-Oeste

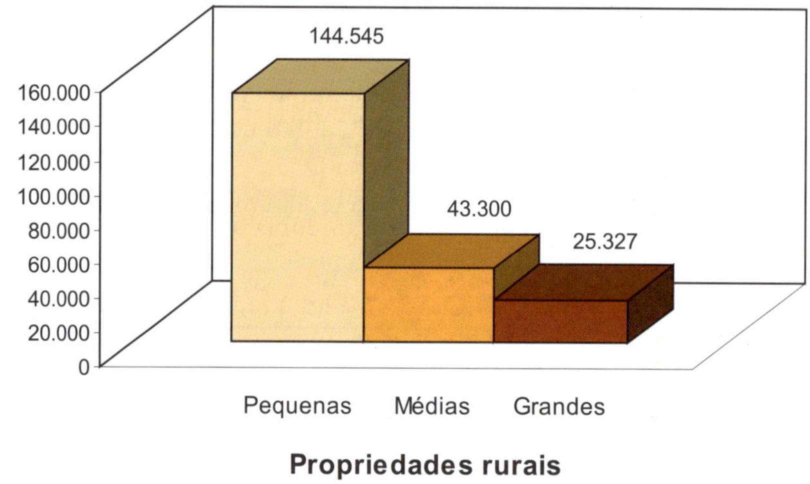

Em termos percentuais, as pequenas propriedades representam 67,6% do número total de propriedades rurais da Região, enquanto as médias propriedades representam 20,4% e as grandes, apenas 12% (Gráfico 2).

Gráfico 2 – Percentual das propriedades rurais por categoria – Região Centro-Oeste

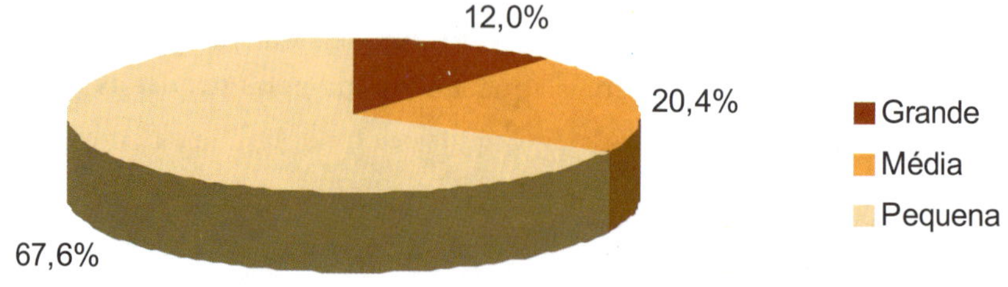

No que se refere à área ocupada pelas propriedades rurais na Região Centro-Oeste, têm-se o seguinte quadro. As pequenas propriedades ocupam apenas 9% da área total de todas as propriedades rurais da Região; as médias ocupam 17,3% e as grandes ocupam 73,7% (Gráfico 3).

Gráfico 3 – Categoria das propriedades rurais por área ocupada – Região Centro-Oeste

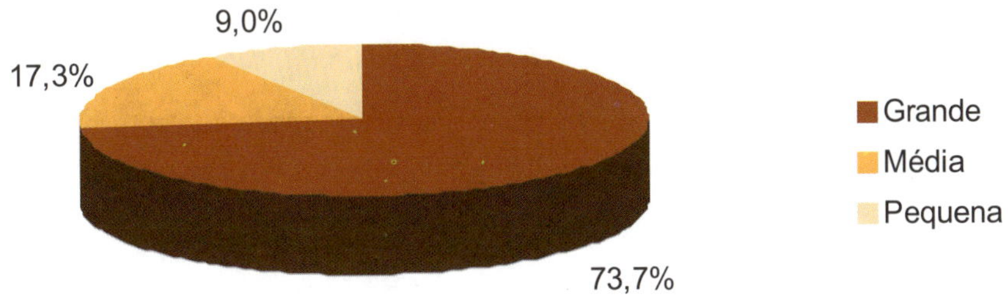

Região Norte

A Região Norte é integrada pelos Estados de Rondônia, Amazonas, Roraima, Acre, Pará, Amapá e Tocantins.

De acordo com a Resolução IBGE n.º 5/94, essa Região tem uma superfície territorial de 3.869.637,9% (três milhões, oitocentos e sessenta e nove mil e seiscentos e trinta e sete vírgula nove) km^2.

A população da Região Norte está em torno de 11.290.093 (onze milhões, duzentos e noventa mil e noventa e três) habitantes. Desse total, 7.039.327 (sete milhões, trinta e nove mil e trezentos e vinte e sete) de pessoas estão na área urbana, e 4.250.766 (quatro milhões e duzentos e cinqüenta mil e setecentos e sessenta e seis) vivem na área rural (Contagem da População – IBGE, 1996).

Dentre as regiões estudadas, a Região Norte apresenta, em termos demográficos, uma característica que a distingue das demais. Apesar de todas as Regiões terem sofrido uma diminuição no volume da população rural no período 1991 – 1996, a Região Norte, nesse período, teve um incremento dessa população na ordem de 3,5% (IBGE, *op. cit.*).

Em termos fundiários, o Recadastramento do INCRA (1992) identificou 136.822 (cento e trinta e seis mil e oitocentos e vinte e dois) imóveis rurais, que ocupavam uma área de 63.855.952 (sessenta e três milhões e oitocentos e cinqüenta e cinco mil e novecentos e cinqüenta e dois) hectares.

Pequenas propriedades rurais

As pequenas propriedades rurais, ao contrário do apregoado pelo "senso comum", perfazem a grande maioria das propriedades rurais da Região Norte.

Dos 136.822 (cento e trinta e seis mil e oitocentos e vinte e dois) imóveis rurais recadastrados pelo INCRA em 1992, 115.231 (cento e quinze mil, duzentos e trinta e um) se enquadravam na categoria de pequenas propriedades e ocupavam uma área de 8.956.794 (oito milhões, novecentos e cinqüenta e seis mil e setecentos e noventa e quatro) hectares (Quadro 3).

Contudo, apesar das pequenas propriedades rurais representarem 84,2% do total dos imóveis rurais da Região Norte, elas ocupavam apenas 14% da área total de todos os imóveis dessa Região.

Quadro 3 – Região Norte – Pequenas propriedades rurais

Classe de número de módulos fiscais	Total de imóveis	Área em hectares
> ou = 0,5	29.032	606.163
< 0,5 a 1,0	38.132	2.139.315
< 1,0 a 2,0	35.333	3.583.354
< 2,0 a 3,0	7.897	1.407.648
< 3,0 a 4,0	4.837	1.220.314
TOTAL	115.231	8.956.794

Fonte: Estatísticas do Recadastramento do INCRA, 1992.

Analisando-se o tamanho das pequenas propriedades rurais da Região Norte, observa-se que a grande maioria, isto é, 74,9%, tem até 02 (dois) módulos fiscais (Quadro 3), o que evidencia o pequeno tamanho da maioria das propriedades rurais de uma Região considerada como sendo de vastas extensões de áreas agricultáveis, e na qual está o maior número de latifúndios do Brasil (Gráfico 5), e, conseqüentemente, tem também o maior índice de concentração fundiária.

Médias propriedades rurais

As propriedades rurais que se enquadram dentro da categoria "Média" na Região Norte somam apenas 13.508 (treze mil quinhentos e oito) imóveis, e ocupam uma área aproximada de 7.601.528 (sete milhões, seiscentos e um mil e quinhentos e vinte e oito) hectares (Quadro 4).

Quadro 4 – Região Norte – Médias propriedades rurais

Classe de número de módulos fiscais	Total de imóveis	Área em hectares
< 4,0 a 5,0	3.221	1.058.220
< 5,0 a 6,0	2.034	830.767
< 6,0 a 10,0	5.453	3.098.514
< 10,0 a 15,0	2.800	2.614.027
TOTAL	13.508	7.601.528

Fonte: Estatísticas do Recadastramento do INCRA, 1992.

Dentre as médias propriedades rurais, o maior número de imóveis – 5.453 (cinco mil, quatrocentos e cinqüenta e três), ou seja, aproximadamente 40%, está na faixa compreendida entre mais de 6 a 10 módulos fiscais, com uma área em torno de 3.098.514 (três milhões, noventa e oito mil e quinhentos e quatorze) hectares.

Contudo, no seu conjunto, as médias propriedades rurais da Região Norte ocupam, aproximadamente, apenas 11,9% da área total dos imóveis rurais da Região (Gráfico 4).

Gráfico 4 – Percentual das propriedades rurais por área ocupada – Região Norte

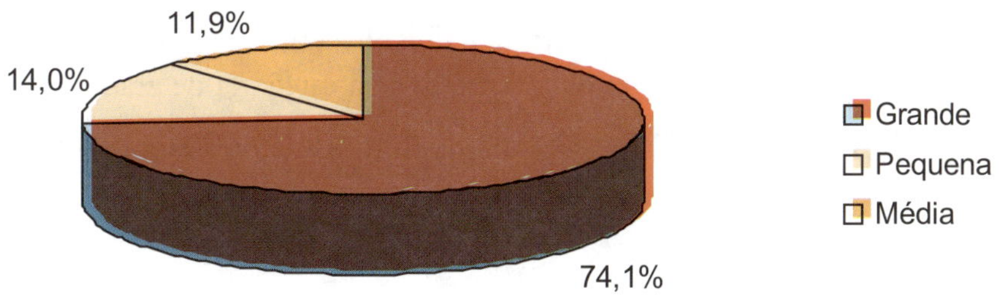

As pequenas e médias propriedades rurais, quando analisadas de forma conjunta, no contexto fundiário da Região Norte, mostram uma situação de alta concentração fundiária.

Assim, os imóveis rurais da Região Norte (136.822) ocupam uma área estimada em 63.855.952 (sessenta e três milhões, oitocentos e cinqüenta e cinco mil e novecentos e cinqüenta e dois) hectares. No entanto, as pequenas e médias propriedades rurais (128.739) detêm apenas uma área ao redor de 16.558.322 (dezesseis milhões, quinhentos e cinqüenta e oito mil e trezentos e vinte e dois) (Quadros 3 e 4).

Dessa maneira, apesar dos pequenos e médios imóveis rurais representarem 94,1% do total dos imóveis rurais da Região, a área por eles ocupada representa apenas 25,9% do total de área dos imóveis rurais da Região Norte (Gráfico 4).

Gráfico 5 – Estrutura fundiária da Região Norte

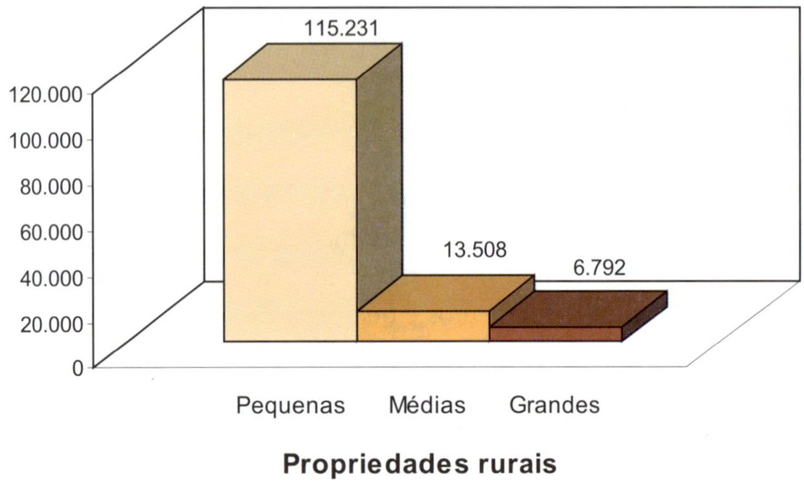

O restante da área dos imóveis rurais – 47.297.632 (quarenta e sete milhões, duzentos e noventa e sete mil e seiscentos e trinta e dois) hectares, é ocupado por 6.792 (seis mil e setecentos e noventa e dois) imóveis, inscritos na categoria de grandes propriedades.

Esse imóveis representam 5,0% do total de imóveis da área rural da Região, mas ocupam 74,1% do total dessa área (Gráfico 4).

Região Nordeste

Os Estados que compõem a Região Nordeste são Maranhão, Piauí, Ceará, Rio Grande do Norte, Paraíba, Pernambuco, Alagoas, Sergipe e Bahia.

A Região Nordeste tem uma peculiaridade especial, pois é a Região com maior volume de população rural do Brasil (Contagem da População – IBGE, 1996).

De acordo com o estudo acima citado, no Nordeste vivem, aproximadamente, 45% do total da população rural brasileira, ou seja, 15.575.505 (quinze milhões, quinhentos e setenta e cinco mil e quinhentas e cinco) pessoas.

Nessa Região, o Recadastramento do INCRA (1992) identificou 843.390 (oitocentos e quarenta e três mil e trezentos e noventa) imóveis rurais, com uma área aproximada de 67.616.951 (sessenta e sete milhões, seiscentos e dezesseis mil e novecentos e cinqüenta e um) hectares.

A superfície territorial da Região atinge 1.561.177,8 (um milhão, quinhentos e sessenta e um mil, cento e setenta e sete vírgula oito) km^2, de acordo com a Resolução IBGE n.º 5/94.

Pequenas propriedades rurais

As propriedades rurais que se inserem na categoria "Pequena" na Região Nordeste somam 767.608 (setecentos e sessenta e sete mil e seiscentos e oito). Esse número representa 91% do total dos imóveis rurais da Região. Contudo, em termos de área ocupada, as pequenas propriedades rurais da Região detêm 24.606.251 (vinte e quatro milhões, seiscentos e seis mil e duzentos e cinqüenta e um) hectares, o que representa apenas 36,4% da área total ocupada pelos imóveis rurais do Nordeste (Quadro 5).

Quadro 5 – Região Nordeste – Pequenas propriedades rurais

Classe de número de módulos fiscais	Total de imóveis	Área em hectares
> ou = 0,5	473.207	4.571.613
< 0,5 a 1,0	142.212	5.320.895
< 1,0 a 2,0	96.779	6.977.008
< 2,0 a 3,0	36.064	4.397.872
< 3,0 a 4,0	19.346	3.338.863
TOTAL	767.608	24.606.251

Fonte: Estatísticas do Recadastramento do INCRA, 1992.

Os dados do Quadro 5 mostram que a grande maioria desses imóveis rurais – 473.207 (quatrocentos e setenta e três mil e duzentos e sete), ou seja, 56,1% dos pequenos imóveis rurais, está na faixa de até 0,5 (meio) módulo fiscal, ocupando uma área de 4.571.613 (quatro milhões, quinhentos e setenta e um mil e seiscentos e treze) hectares, o que representa 6,8% da área total das propriedades rurais nordestinas. Em seguida, estão os imóveis rurais situados na faixa entre mais de 0,5 (meio) a 1 (um) módulo fiscal, num total de 142.212 (cento e quarenta e dois mil, duzentos e doze) com uma área estimada em 5.320.895 (cinco milhões, trezentos e vinte mil e oitocentos e noventa e cinco) hectares. Entre mais de 1(um) a 2(dois) módulos fiscais, têm-se 96.779

(noventa e seis mil e setecentos e setenta e nove) imóveis rurais, com uma área em torno de 6.977.008 (seis milhões, novecentos e setenta e sete mil e oito) hectares. Entre mais de 2 (dois) a 4(quatro) módulos fiscais situam-se 55.410 (cinqüenta e cinco mil e quatrocentos e dez) imóveis rurais, com uma área de 7.736.735 (sete milhões, setecentos e trinta e seis mil e setecentos e trinta e cinco) hectares (Quadro 5).

Médias propriedades rurais

As médias propriedades rurais da Região Nordeste não são expressivas em número e muito menos na quantidade de hectares que ocupam na estrutura fundiária da Região. Assim, em todo o Nordeste, foram recadastrados apenas 44.762 (quarenta e quatro mil e setecentos e sessenta e dois) imóveis de tamanho médio, ocupando uma área aproximada de 15.683.671 (quinze milhões, seiscentos e oitenta e três mil e seiscentos e setenta e um) hectares (Quadro 6).

Quadro 6 – Região Nordeste – Médias propriedades rurais

Classe de número de módulos fiscais	Total de imóveis	Área em hectares
< 4,0 a 5,0	11.774	2.597.833
< 5,0 a 6,0	7.948	2.135.872
< 6,0 a 10,0	17.027	6.375.539
< 10,0 a 15,0	8.013	4.574.427
TOTAL	44.762	15.683.671

Fonte: Estatísticas do Recadastramento do INCRA, 1992.

Entre esses, a maior incidência de imóveis encontra-se na faixa: maior que 6(seis) a 10(dez) módulos fiscais, sendo que a área ocupada, 6.375.539 (seis milhões, trezentos e setenta e cinco mil e quinhentos e trinta e nove) hectares, representa, aproximadamente, 40% do total dos imóveis rurais de porte médio da Região (Quadro 6).

Em termos quantitativos, estão os imóveis maiores que 4 (quatro) a 5 (cinco) módulos fiscais ocupando uma área de 2.135.872 (dois milhões e cento e trinta e cinco mil e oitocentos e setenta e dois) hectares, que representa apenas 15% do total da área dos imóveis rurais médios da Região Nordeste (Quadro 6).

A estrutura fundiária da Região Nordeste também apresenta um perfil extremamente concentrador. Dos 843.390 (oitocentos e quarenta e três mil e trezentos e noventa) imóveis rurais cadastrados, apenas 12.380 (doze mil, trezentos e oitenta) são considerados como grandes propriedades. No entanto, dos 67.616.951 (sessenta e sete milhões, seiscentos e dezesseis mil e novecentos e cinqüenta e um) hectares ocupados por propriedades rurais na Região, 27.327.028 (vinte e sete milhões, trezentos e vinte e sete mil e vinte e oito) hectares estão sob o domínio das grandes propriedades rurais. Em outras palavras, apesar das grandes propriedades rurais representarem apenas 1,5% do total das propriedades rurais da Região, elas detêm 40,4% do total de hectares de todas as propriedades rurais da Região Nordeste (Gráfico 6).

Gráfico 6 – Estrutura fundiária da Região Nordeste

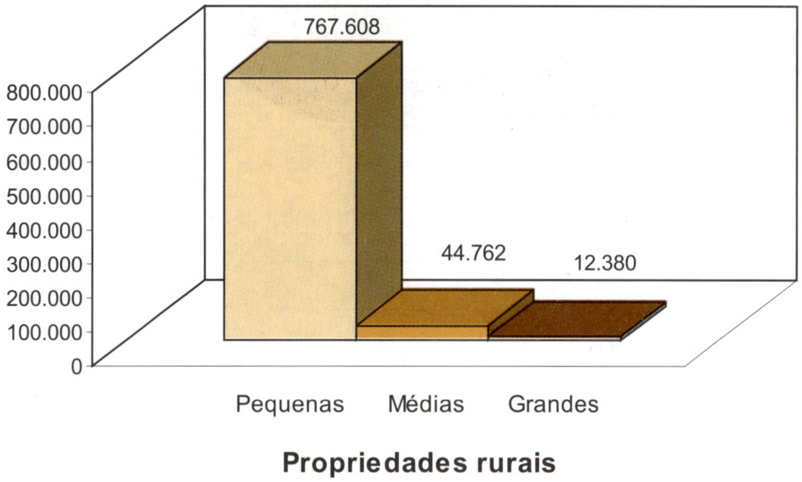

Dessa maneira, observa-se que, percentualmente, as pequenas propriedades equivalem a 91% do número total de propriedades rurais da Região Nordeste, enquanto que as médias propriedades equivalem a 7,5% e as grandes apenas a 1,5% (Gráfico 7).

Gráfico 7 – Percentual das propriedades rurais por categoria – Região Nordeste

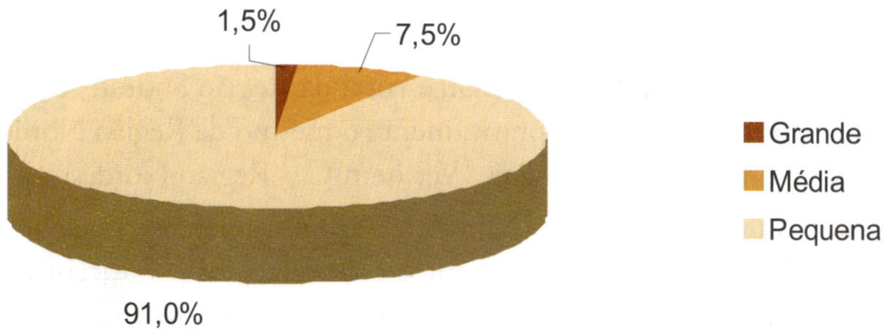

Contudo, quando se analisa a estrutura fundiária da Região Nordeste, por área ocupada, por categoria de propriedade rural, a situação encontrada mostra que as pequenas propriedades rurais ocupam somente 36,4% da área total de todos imóveis rurais do Nordeste; as médias ocupam 23,2% e as grandes 40,4% (Gráfico 8).

Gráfico 8 – Categoria das propriedades rurais por área ocupada – Região Nordeste

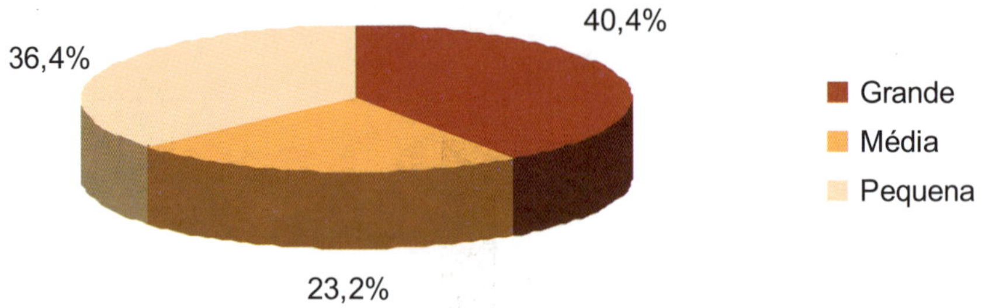

Região Sudeste

Os Estados do Espírito Santo, Minas Gerais, Rio de Janeiro e São Paulo constituem a Região Sudeste.

Ao contrário da Região Nordeste que se caracteriza como a Região com o maior volume de população rural do País, a Região Sudeste concentra em suas cidades (principalmente nas médias e nas grandes) o maior índice de população urbana do Brasil, caracterizando-se essa Região como essencialmente urbana (Contagem da População – IBGE, 1996).

Na Região Sudeste habitam 59.825.952 (cinqüenta e nove milhões, oitocentos e vinte e cinco mil e novecentos e cinqüenta e duas) pessoas, e dessas, apenas 7.177.111 (sete milhões, cento e setenta e sete mil e cento e onze) vivem na área rural. Isso equivale a dizer que 89,29% da população da Região Sudeste é urbana, enquanto que somente 10,71% é rural (IBGE, *op. cit.*).

Apesar da baixa densidade populacional rural da Região Sudeste, o número de imóveis rurais cadastrados na Região é praticamente o mesmo da Região Nordeste, que detêm a maioria da população rural do País (Ver item C – Região Nordeste).

Assim no Recadastramento do INCRA (1992) o número de imóveis rurais recadastrados na Região foi de 817.866 (oitocentos e dezessete mil e oitocentos e sessenta e seis), com uma área de 58.429.148 (cinqüenta e oito milhões, quatrocentos e vinte nove mil e cento e quarenta e oito) hectares.

É importante registrar que dois dos quatro Estados da Região Sudeste – São Paulo e Minas Gerais, detêm a grande maioria do número de hectares cadastrados na Região, isto é, 53.094.761 (cinqüenta e três milhões, noventa e quatro mil e setecentos e sessenta e um) hectares, enquanto que os Estados do Espírito Santo e do Rio de Janeiro detêm apenas 5.334.387 (cinco milhões, trezentos e trinta e quatro mil e trezentos e oitenta e sete) hectares.

A superfície territorial da Região Sudeste é estimada em 927.286,2 (novecentos e vinte e sete mil e duzentos e oitenta e seis vírgula dois) km^2, de acordo com a Resolução IBGE n.º 5/94.

Pequenas propriedades rurais

Na Região Sudeste, das 817.866 (oitocentas e dezessete mil e oitocentas e sessenta e seis) propriedade rurais, recadastradas pelo INCRA em 1992, 699.563 (seiscentas e noventa e nove mil e quinhentas e sessenta e três) foram consideradas como pequenas propriedades rurais.

Em contrapartida, apesar dessa categoria de propriedade representar 85,6% do total de propriedades rurais da Região, as mesmas ocupavam 17.999.920 (dezessete milhões, novecentos e noventa e nove mil, novecentos e vinte) hectares, ou seja, apenas 30,8% do número total de hectares sob a forma de propriedades rurais da Região (Quadro 7).

Quadro 7 – Região Sudeste – Pequenas propriedades rurais

Classe de número de módulos fiscais	Total de imóveis	Área em hectares
> ou = 0,5	290.506	1.989.269
< 0,5 a 1,0	160.015	3.166.971
< 1,0 a 2,0	147.373	5.446.597
< 2,0 a 3,0	65.535	4.145.222
< 3,0 a 4,0	36.134	3.251.863
TOTAL	699.563	17.999.922

Fonte: Estatísticas do Recadastramento do INCRA, 1992.

Analisando-se os dados do Quadro 7, observa-se que o quantitativo maior dos pequenos imóveis rurais da Região, ou seja, 35,5%, está na faixa de até 0,5(meio) módulo fiscal. A seguir, estão os que se enquadram na faixa maior que 0,5(meio) a 1(um) módulo fiscal, isto é, 19,6%. Em seguida, os que se situam entre maior que 1(um) a 2(dois) módulos fiscais, equivalendo a 18% do total de propriedades rurais da Região Sudeste.

Observa-se também que, aproximadamente, mais de 40% dos imóveis rurais da Região Sudeste não dispõem nem de 1(um) módulo fiscal, tamanho considerado mínimo, para se desenvolver atividades agrícolas nos locais onde esses imóveis se situam.

Médias propriedades rurais

No Recadastramento do INCRA (1992) foram recadastradas na Região Sudeste, como médias propriedades, 86.855 (oitenta e seis mil e oitocentos e cinqüenta e cinco)imóveis rurais, com uma área aproximada de 16.684.012 (dezesseis milhões, seiscentos e oitenta e quatro mil e doze) hectares (Quadro 8).

Percentualmente, as médias propriedades rurais do Sudeste equivalem a 10,6% do número total de imóveis rurais da Região e ocupam 28,6% do total da área desses imóveis.

Quadro 8 – Região Sudeste – Médias propriedades rurais

Classe de número de módulos fiscais	Total de imóveis	Área em hectares
< 4,0 a 5,0	23.156	2.717.966
< 5,0 a 6,0	15.336	2.232.266
< 6,0 a 10,0	32.413	6.601.783
< 10,0 a 15,0	15.950	5.131.997
TOTAL	86.855	16.684.012

Fonte: Estatísticas do Recadastramento do INCRA, 1992.

A grande maioria das médias propriedades rurais da Região Sudeste, ou seja, aproximadamente 40%, situa-se na faixa entre 6(seis) a 10(dez) módulos fiscais, e ocupam, também, em torno de 40% do total de hectares sob o controle dessa categoria de propriedade. A seguir estão as médias propriedades rurais com mais de 4(quatro) a 5(cinco) módulos fiscais, que equivalem a 26% do total desses imóveis, mas controlam apenas 17% dos hectares detidos por essa categoria (Quadro 8).

Com quantidades próximas em termos de números de imóveis, estão os que se situam entre maior que 10(dez) a 15(quinze) módulos fiscais e os que se situam entre maior que 5(cinco) a 6(seis) módulos fiscais, equivalendo a 18%, e 17% do total de médios imóveis rurais, respectivamente (Quadro 8).

Os imóveis com mais de 15(quinze) módulos fiscais, ou seja, as grandes propriedades rurais recadastradas na Região Sudeste, ficaram em 23.462 (vinte e três mil e quatrocentas e sessenta e duas) e detêm aproximadamente uma área de 23.745.215 (vinte e três milhões, setecentos e quarenta e cinco mil e duzentos e quinze) hectares.

No contexto fundiário da Região Sudeste, é importante comparar os dados das pequenas com as grandes propriedades rurais. Enquanto aquelas somam 699.563 (seiscentas e noventa e nove mil e quinhentas e sessenta e três), ocupando uma área de 17.999.922 (dezessete milhões, novecentos e noventa e nove mil e novecentos e vinte e dois) hectares, as grandes propriedades chegam apenas a 23.462 (vinte e três mil e quatrocentos e sessenta e dois), mas ocupam uma área de 23.745.215 (vinte e três milhões, setecentos e quarenta e cinco mil e duzentos e quinze) hectares, ou seja, 40,6% de toda a área sob o domínio de propriedades rurais da Região Sudeste (Gráfico 9).

Gráfico 9 – Estrutura fundiária da Região Sudeste

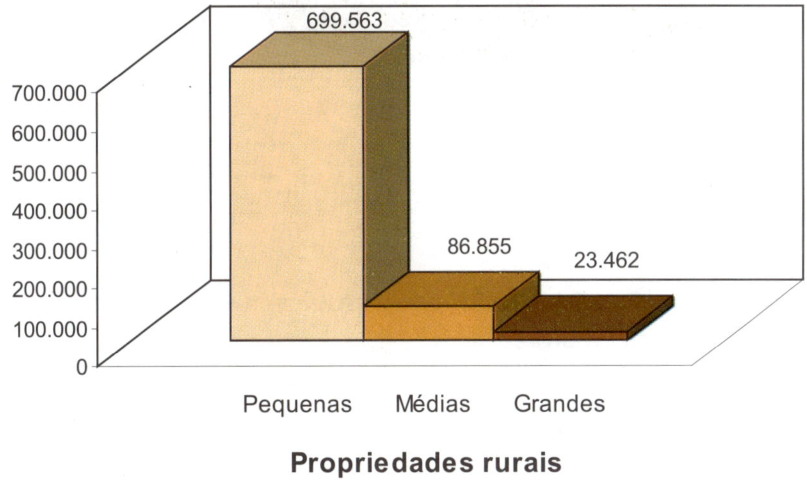

Assim, na Região Sudeste, as pequenas propriedades rurais representam 85,6% do número total de propriedades rurais dessa Região, as médias representam 10,6% e as grandes tão somente 3,8% (Gráfico 10).

Gráfico 10 – Percentual das propriedades rurais por categoria – Região Sudeste

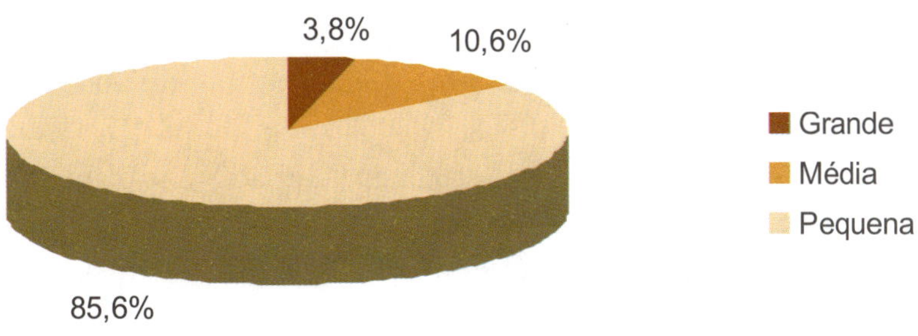

No entanto, em termos de área ocupada por categoria de propriedade rural, observa-se que na Região Sudeste, as pequenas propriedades ocupam apenas 30,8% do total de hectares sob o domínio de todos os imóveis rurais dessa Região, as médias ocupam 28,6% e as grandes 40,6% (Gráfico 11).

Gráfico 11 – Categoria das propriedades rurais por área ocupada – Região Sudeste

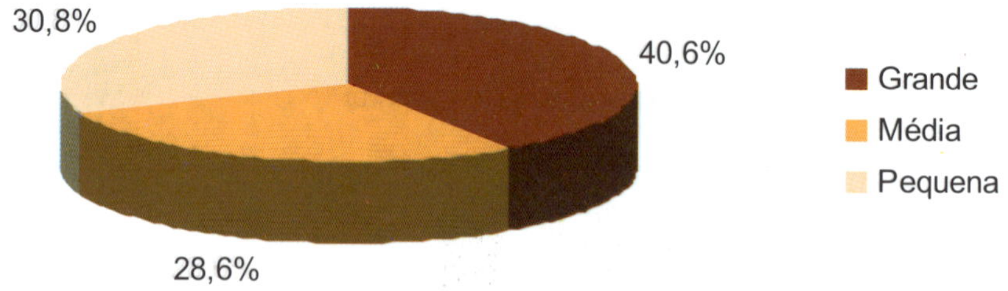

Região Sul

A Região Sul, constituída pelos Estados do Paraná, Santa Catarina e do Rio Grande do Sul, tem uma superfície territorial de 577.214,0 (quinhentos e setenta e sete mil e duzentos e quatorze) km^2, de acordo com a Resolução do IBGE n.º 5/94.

O perfil demográfico da Região é também essencialmente urbano, visto que dos seus 23.516.730 (vinte e três milhões, quinhentos e dezesseis mil e setecentos e trinta) habitantes, apenas 5.358.380 (cinco milhões trezentos e cinqüenta e oito mil e trezentos e oitenta) pessoas, ou seja, 22,79% habitam na área rural (Contagem da População – IBGE, 1996).

A estrutura fundiária da Região Sul é integrada por 1.102.504 (um milhão, cento e dois mil e quinhentos e quatro) imóveis rurais que ocupam uma área aproximada de 42.393.272 (quarenta e dois milhões, trezentos e noventa e três mil e duzentos e setenta e dois) hectares (Recadastramento do INCRA, 1992). Das regiões estudadas, é a que detém o maior número de imóveis rurais no Brasil.

Pequenas propriedades rurais

As pequenas propriedades rurais cadastradas na Região Sul somam 1.002.121 (um milhão, dois mil e cento e vinte e um) imóveis, que ocupam uma área de 17.215.024 (dezessete milhões, duzentos e quinze mil e vinte e quatro) hectares (Quadro 9).

Quadro 9 – Região Sul – Pequenas propriedades rurais

Classe de número de módulos fiscais	Total de imóveis	Área em hectares
> ou = 0,5	368.462	1.987.529
< 0,5 a 1,0	307.904	4.235.760
< 1,0 a 2,0	228.875	5.967.421
< 2,0 a 3,0	67.454	3.069.467
< 3,0 a 4,0	29.426	1.954.847
TOTAL	1.002.121	17.215.024

Fonte: Estatísticas do Recadastramento do INCRA, 1992.

Em termos percentuais, as pequenas propriedades rurais da Região Sul equivalem a 90,8% do total de propriedades rurais da Região, e detêm apenas 40,6% do total da área de todas essas propriedades.

Além disso, das 1.002.121 (um milhão, dois mil e cento e vinte e uma) pequenas propriedades rurais cadastradas, 676.366 (seiscentas e setenta e seis mil e trezentos e sessenta e seis), ou seja, aproximadamente, 60% situam-se nas classes de tamanho menor ou igual a um módulo fiscal (Quadro 9).

As pequenas propriedades rurais com área maior que 1(um) a 2(dois) módulos fiscais representam em torno de 23% do total das pequenas propriedades rurais, e ocupam 14,1% da área total do conjunto dos imóveis rurais cadastrados na Região Sul.

Entre maior que 2(dois) até 4(quatro) módulos fiscais, têm-se 96.880 (noventa e seis mil e oitocentos e oitenta) pequenas propriedades rurais, representando aproximadamente 9% do total das pequenas propriedades da Região Sul e 8,8% do total de imóveis rurais da mesma Região. Esse extrato das pequenas propriedades rurais detêm uma área de 11,8% da área total de imóveis rurais cadastrados na Região Sul.

Como se pode observar pelos dados apresentados, dentro da categoria das pequenas propriedades rurais da Região Sul, existe uma simetria com a estrutura fundiária nacional. Isto é, essa categoria apresenta uma expressiva concentração do número de imóveis dentro da faixa de até 1(um) módulo fiscal, quando comparados com o número de imóveis das faixas maior que 1(um) a 4(quatro) módulos fiscais, ao tempo que detêm o menor número de hectares quando mantidos os mesmos critérios comparativos (Quadro 9).

Médias propriedades rurais

As médias propriedades rurais na Região Sul atingiram um total de 60.985 (sessenta mil e novecentos e oitenta e cinco) com uma área de 9.012.902 (nove milhões e doze mil e novecentos e dois) hectares (Quadro 10). Esses totais equivalem a 5,5% do número de imóveis rurais e 21,3% da área ocupada por todos os imóveis rurais da Região.

Quadro 10 – Região Sul – Médias propriedades rurais

Classe de número de módulos fiscais	Total de imóveis	Área em hectares
< 4,0 a 5,0	16.882	1.488.282
< 5,0 a 6,0	10.840	1.190.305
< 6,0 a 10,0	21.594	3.369.768
< 10,0 a 15,0	11.669	2.964.547
TOTAL	60.895	9.012.902

Fonte: Estatísticas do Recadastramento do INCRA, 1992.

Os dados sobre o tamanho das médias propriedades rurais da Região Sul evidenciam um número significativo de imóveis no estrato maior que 6(seis) a 10(dez) módulos fiscais, equivalente a 35,5% do total dessa categoria de propriedades rurais nessa Região (Quadro 10).

A seguir, estão as propriedades rurais com tamanho maior que 4(quatro) a 5(cinco) módulos fiscais que representam 26,5% do total das médias propriedades rurais na Região Sul (Quadro 10).

Os imóveis com tamanho maior que 5(cinco) a 6(seis), e maior que 10(dez) a 15(quinze) módulos fiscais, representam 16,5% e 21,5%, respectivamente, do número total de médias propriedades rurais da Região Sul.

No que tange às grandes propriedades rurais na Região Sul, essas alcançam o montante de 19.593 (dezenove mil e quinhentas e noventa e três), o que significa 1,8% do total de imóveis rurais da Região, mas detêm 16.165.344 (dezesseis milhões e cento e sessenta e cinco mil e trezentos e quarenta e quatro) hectares, significando 38,1% de toda área ocupada com propriedades rurais (Gráfico 12).

Gráfico 12 – Estrutura fundiária da Região Sul

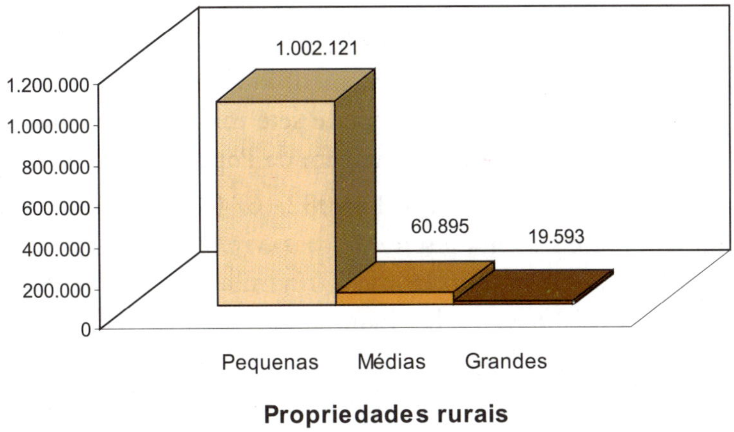

Na Região Sul, as pequenas propriedades rurais representam 90,8 do total de prorie-dades rurais, enquanto as médias representam apenas 5,5% e as grandes tão somente 1,8% (Gráfico 13).

Gráfico 13 – Percentual das propriedades rurais por categoria – Região Sul

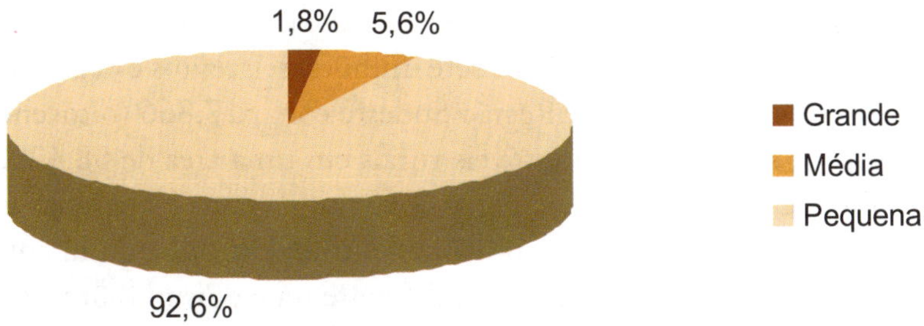

No que diz respeito à área ocupada por essas propriedades, a situação mostra-se inversa à do número de propriedades rurais. Assim, as pequenas propriedades rurais detém apenas 40,6% da área total dos imóveis rurais da Região Sul, as médias 21,3% e as grandes propriedades rurais 38,1% (Gráfico 14).

Gráfico 14 – Categoria das propriedades rurais por área ocupada – Região Sul

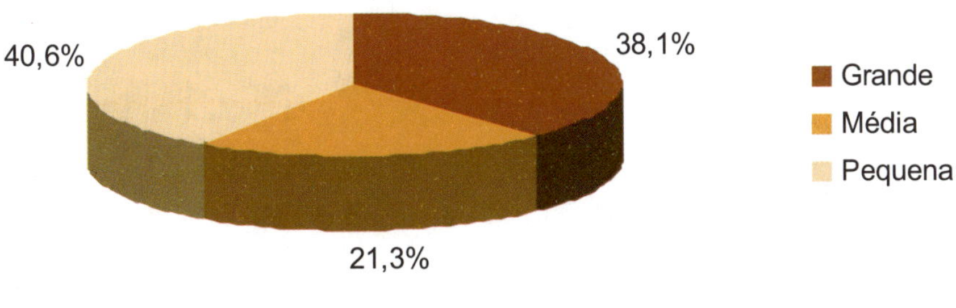

Conclusões

A superfície territorial brasileira é de 8.547.403,5 (oito milhões e quinhentos e quarenta e sete mil e quatrocentos e três vírgula cinco) km^2. Nesta superfície habita uma população de 157.079.573 (cento e cinqüenta e sete milhões e setenta e nove mil e quinhentos e setenta e três) habitantes (Contagem da População – IBGE, 1996).

Desse total populacional, 78,36%, ou seja, 123.082.167 (cento e vinte e três milhões e oitenta e dois mil, e cento e sessenta e sete) pessoas ,vivem no espaço urbano. Os demais, ou seja, 21,64%, ou 33.997.406 (trinta e três milhões e novecentos e noventa e sete mil e quatrocentos e seis) pessoas, habitam na área rural (IBGE, *op. cit.*).

No que diz respeito à estrutura fundiária nacional, os dados do Recadastramento de 1992, efetivado pelo INCRA, mostraram que a área total ocupada por imóveis rurais é de 331.364.012 (trezentos e trinta e um milhões e trezentos e sessenta e quatro mil e doze) hectares com 3.114.898 (três milhões, cento e quatorze mil e oitocentos e noventa e oito) imóveis rurais.

Desses totais, número de imóveis rurais e área ocupada, por Região, vê-se a seguinte situação. A Região Norte com 136.822 (cento e trinta e seis mil e oitocentos e vinte e dois) imóveis cadastrados em uma área de 63.855.952 (sessenta e três milhões, oitocentos e cinqüenta e cinco mil e quinhentos e noventa e dois) hectares. A Região Nordeste com 843.390 (oitocentos e quarenta e três mil e trezentos e noventa) imóveis rurais em uma área de 67.616.951 (sessenta e sete milhões, seiscentos e dezesseis mil e novecentos e cinqüenta e um) hectares. A Região Sudeste com 817.866 (oitocentos e dezessete mil e oitocentos e sessenta e seis) imóveis rurais em uma área de 58.429.148 (cinqüenta e oito milhões e quatrocentos e vinte e nove mil e cento e quarenta e oito) hectares. A Região Sul com 1.102.504 (um milhão, cento e dois mil e quinhentos e quatro) imóveis rurais, em uma área de 42.393.272 (quarenta e dois milhões e trezentos e noventa e três mil e duzentos e setenta e dois) hectares. Por último, na Região Centro-Oeste foram cadastrados 213.937 (duzentos e treze mil e novecentos e trinta e sete) imóveis rurais em uma área de 98.001.651 (noventa e oito milhões e um mil e seiscentos e cinqüenta e um) hectares (Gráfico 15).

Gráfico 15 – Número de imóveis rurais por grande região

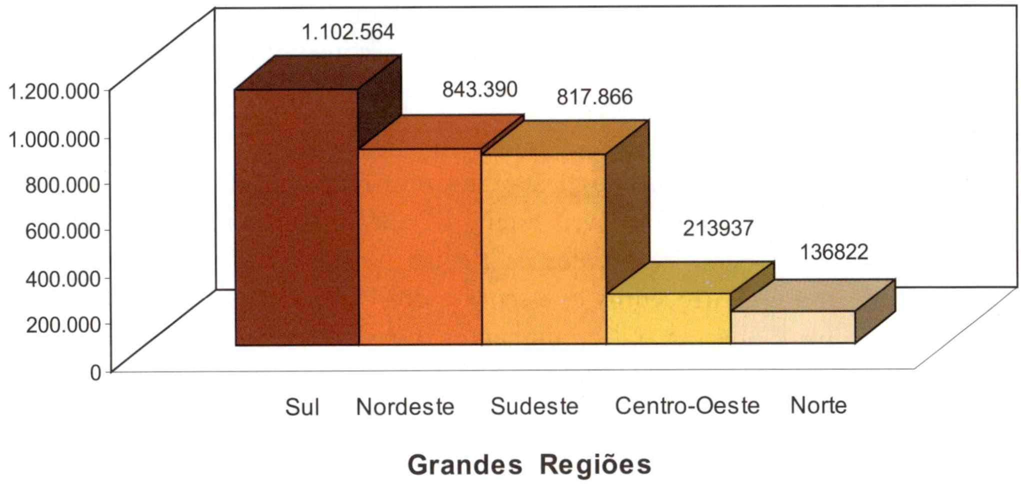

Nesse quadro fundiário as pequenas propriedades rurais no Brasil são de expressiva importância, visto representarem 87,6% do número total de imóveis rurais, ainda que ocupem apenas 23,4% do total de toda área dos imóveis rurais cadastrados (Quadro 11). Isso implica, também, em considerar que nesses imóveis está o maior contigente de pessoas residentes na área rural.

Quadro 11 – Brasil – Pequenas propriedades rurais

Classe de número de módulos fiscais	Total de imóveis	Área em hectares	%	
			Área	Nº de imóveis
> ou = 0,5	1.206.584	9.924.626	3,0	38,7
< 0,5 a 1,0	683.122	16.254.771	4,9	21,9
< 1,0 a 2,0	542.774	24.494.396	7,4	17,4
< 2,0 a 3,0	195.200	15.247.331	4,6	6,3
< 3,0 a 4,0	101.394	11.710.080	3,5	3,3
TOTAL	2.729.074	77.631.204	23,4	87,6

Fonte: Estatísticas do Recadastramento do INCRA, 1992.

Contudo, um importante aspecto a ser enfocado no âmbito do estudo sobre as pequenas propriedades rurais é que 38,7% dos imóveis rurais detêm uma área compreendida entre menor ou igual a meio módulo fiscal, medida essa considerada insuficiente para o desenvolvimento de atividades agrícolas sustentáveis.

Esse percentual que equivale a 1.206.584 (um milhão e duzentos e seis mil e quinhentos e oitenta e quatro) imóveis, que ocupam uma área de quase 10(dez) milhões de hectares (Quadro 11), e abrigam um contingente humano estimado em 6(seis) milhões de pessoas, sinaliza uma situação de extrema gravidade, visto a magnitude populacional e a quantidade de hectares envolvidos em atividades que em sua grande maioria não apresentam níveis de sustentabilidade. Exceções devem ser feitas àqueles imóveis localizados próximos aos mercados consumidores e que desenvolvem atividades intensivas, como, por exemplo: cultivos de flores, frutas, hortaliças, criações integradas, entre outros.

Assim levando-se em conta que dos 1.206.584 (um milhão e duzentos e seis mil e quinhentos e oitenta e quatro) imóveis rurais, 473.207 (quatrocentos e setenta e três mil duzentos e sete) estão localizados na Região Nordeste; 368.462 (trezentos e sessenta e oito mil e quatrocentos e sessenta e dois) imóveis estão na Região Sul; 290.506 (duzentos e noventa mil e quinhentos e seis) imóveis estão na Região Sudeste e, 45.377 (quarenta e cinco mil e trezentos e setenta e sete) imóveis e 29.032 (vinte e nove mil e trinta e dois) imóveis, nas Regiões Centro-Oeste e Norte, respectivamente, pode-se inferir em que Região se concentra a magnitude maior dessa problemática.

Essa situação se torna mais grave quando a ela se acrescentam os imóveis que estão no estrato maior que meio até um módulo fiscal, que também estão em situação de risco similar. Nessa categoria têm-se 21,9% dos imóveis rurais, o que equivale a 683.122 (seiscentos e oitenta e três mil e cento e vinte e dois) imóveis, ocupando uma área de 16.254.771 (dezesseis milhões e duzentos e cinqüenta e quatro mil e setecentos e setenta e um) hectares (Quadro 11), e abrigando uma população ao redor de 3(três) milhões de pessoas.

Ressalte-se que aproximadamente 50% dos imóveis rurais na faixa maior que 0,5(meio) até 1(um) módulo fiscal encontram-se na Região Sul. Região esta também, sob o impacto dos efeitos diretos do MERCOSUL no campo.

Somando-se todos os imóveis rurais com tamanho até 1(um) módulo fiscal chega-se a 1.889.706 (um milhão e oitocentos e oitenta e nove mil e setecentos e seis) imóveis, ocupando uma área de 26.179.397 (vinte e seis milhões e cento e setenta e nove mil e trezentos e noventa e sete) hectares (Quadro 11), com uma população estimada em 9(nove) milhões de habitantes.

Outro fator, contemporâneo, que tem influenciado nos baixos níveis, ou até na inexistência de sustentabilidade, da produção e dos moradores desses imóveis rurais, diz respeito aos efeitos diretos da recente opção das políticas macroeconômica e agrícola pela abertura e integração de mercados e a conseqüente mudança do papel do Estado na agricultura nacional.

A abrupta retirada do Estado do cenário agrícola nacional, notadamente dos seus instrumentos tradicionais de financiamento e de comercialização, não logrou condições imediatas de adaptação desse setor da agricultura às novas regras vigentes.

Além disso, nesse cenário, a produção oriunda desses imóveis está concorrendo, em condições desfavoráveis no mercado interno, com produções oriundas de outros mercados que diferentemente do Brasil, praticam subsídios na origem e também subsídios à exportações de produtos agrícolas, além de disporem de superior infra-estrutura de apoio à produção e à vida no campo.

A persistir condições (fundiária e socioeconômica) tão adversas ao negócio agrícola desses imóveis, provavelmente, em um curto período, se oportunizará a saída desses agricultores da produção e também do campo. Dessa maneira, somente no período 1991 – 1996, houve uma diminuição do volume de população rural na ordem de 1.800.000 (um milhão e oitocentas mil) pessoas (IBGE, 1996). Para esse mesmo período, a maior perda populacional ocorrida no setor rural foi na Região Nordeste, com decréscimo de 1.100.000 (um milhão e cem mil) habitantes (IBGE *op. cit.*).

Levando-se em conta que o poder público ainda não dispõe de políticas e estratégias estruturantes para o setor rural, contando, hoje, apenas com programas de perfil compensatório como o PRONAF – Programa Nacional de Agricultura Familiar e o de Assentamento de Trabalhadores Rurais, tal quadro poderá ser agravado no futuro próximo, facultando o incremento de levas de migrantes em direção às pequenas e médias cidades, em busca de melhores condições de vida, mas que também no contexto atual sofrem ausência de oportunidades de trabalho, de infra-estrutura e serviços sociais suficientes e adequados, não tendo condições de atender à essa demanda.

No que tange às médias propriedades rurais, essas perfazem um total de 249.410 (duzentos e quarenta e nove mil e quatrocentos e dez) imóveis, e ocupam uma área de 65.957.099 (sessenta e cinco milhões, novecentos e cinquenta e sete mil e noventa e nove) hectares (Quadro 12).

Em termos percentuais, as médias propriedades rurais representam 19,9% da área de todas as propriedades rurais cadastradas, mas apenas 8,1% do número total dessas propriedades (Quadro 12).

Quadro 12 – Brasil – Médias propriedades rurais

Classe de número de módulos fiscais	Total de imóveis	Área em hectares	%	
			Área	Nº de imóveis
> 04 A 05	64.507	10.109.026	3,1	2,1
> 05 A 06	42.488	8.090.754	2,4	1,4
> 06 A 10	93.210	25.801.313	7,8	3,0
> 10 a 15	49.205	21.956.006	6,6	1,6
TOTAL	249.410	65.967.099	19,9	8,1

Fonte: Estatísticas do Recadastramento do INCRA, 1992.

Em todas as Regiões estudadas observou-se uma maior incidência do número de médias propriedades na faixa maior que 6(seis) a 10(dez) módulos fiscais. Seria interessante tomar os dados do Censo Agropecuário – 96 (após concluído) e estudar a organização da produção, as relações sociais e de trabalho, existentes nesses imóveis, com o objetivo de entender o significado atual desse estrato de propriedade na produção agrícola regional e nacional.

Há indícios de que essa categoria de imóveis rurais venha nos dias de hoje capitaneando expressiva porcentagem da produção agrícola nacional, ao tempo que se encontra sem condições de investimentos e sem financiamentos que sejam compatíveis com as exigências já impostas pela securitização das dívidas agrícolas.

A emergência da definição de uma política estruturante, de longo prazo, para a área rural, pautada em princípios que oportunizem a viabilidade dos negócios rurais, particularmente dos pequenos e médios imóveis, no novo contexto de integração e das necessidades pós-industriais, incluindo aqui, também, aquelas de seus habitantes, deve ser uma das prioridades na agenda das grandes discussões nacionais.

Essa política deverá ser formulada de tal forma que privilegie as características, as neces-sidades e as potencialidades dos diferentes espaços e sub-espaços físicos, que pelas suas similitudes possam ser agrupadas em regiões. Tal proposta implica em conceber uma política descentralizada e participativa, que envolva as três(3) esferas governamentais e as representações afins da sociedade civil organizada.

Referências bibliográficas

Censo Agropecuário – IBGE, 1985.

Contagem da População – IBGE, 1996.

Graziano da Silva, José. O Novo Rural Brasileiro, *in: Agricultura, Meio-Ambiente e Sustentabilidade do Cerrado Brasileiro*. Uberlândia, 1997.

Índices Básicos – 92 – Publicação INCRA, 1993 – Brasília, DF.

Impressão e Acabamento:

QUICK PRINTER
IMPRESSOS RÁPIDOS

SETOR DE INDÚSTRIAS GRÁFICAS - Q. 02 - Nº 460 - "PARTE A" - CEP 70.610-400
BRASÍLIA-DF - FONES (061) 343-1300 / 343-1706 / 343-1778 - FAX: (061) 343-1495